绍兴市社科特色智库成果

# 一体化视野下长三角医药产业高质量发展研究

袁建伟 尉理梁 李小明 叶文静 著

浙江工商大学出版社
ZHEJIANG GONGSHANG UNIVERSITY PRESS
·杭州·

**图书在版编目(CIP)数据**

一体化视野下长三角医药产业高质量发展研究 / 袁建伟等著. —杭州:浙江工商大学出版社,2021.8
ISBN 978-7-5178-4507-2

Ⅰ. ①一… Ⅱ. ①袁… Ⅲ. ①长江三角洲—制药工业—产业发展—研究 Ⅳ. ①F426.7

中国版本图书馆 CIP 数据核字(2021)第098882号

**一体化视野下长三角医药产业高质量发展研究**

YITIHUA SHIYE XIA CHANGSANJIAO YIYAO CHANYE GAOZHILIANG FAZHAN YANJIU

袁建伟　尉理梁　李小明　叶文静 著

**责任编辑** 唐　红
**封面设计** 王　辉　张俊妙
**出版发行** 浙江工商大学出版社
(杭州市教工路198号　邮政编码310012)
(E-mail:zjgsupress@163.com)
(网址:http://www.zjgsupress.com)
电话:0571-88904980,88831806(传真)
**排　　版** 杭州朝曦图文设计有限公司
**印　　刷** 杭州宏雅印刷有限公司
**开　　本** 710mm×1000mm　1/16
**印　　张** 25.25
**字　　数** 305千
**版 印 次** 2021年8月第1版　2021年8月第1次印刷
**书　　号** ISBN 978-7-5178-4507-2
**定　　价** 75.00元

# 目 录

Contents

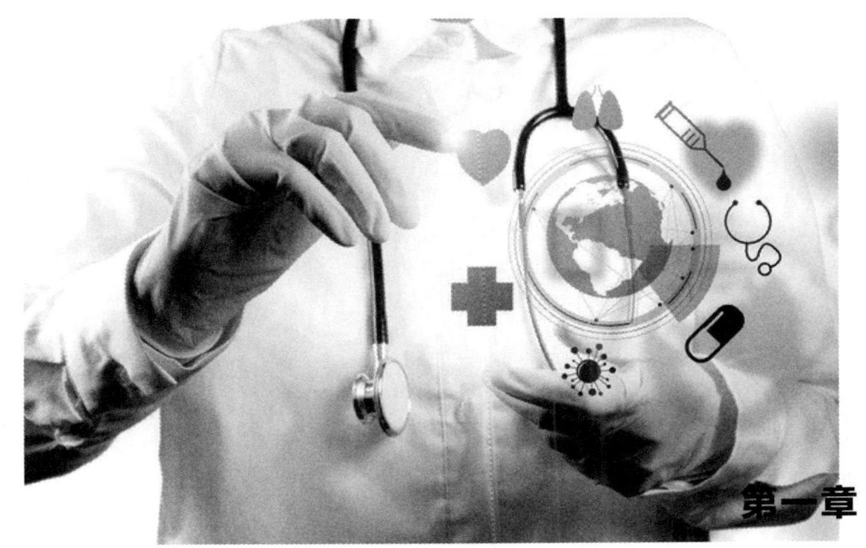

# 第一章

# 一体化视野下长三角医药产业创新发展的现状、挑战与未来趋势

互联网技术与信息化时代加速了区域经济一体化的进程。无论是(珠三角)粤港澳大湾区、京津冀一体化,还是长三角一体化,都践行着区域经济一体化的理念。区域经济一体化是指通过区域个体合作、互补等形式来实现资源的最优配置,以推动各产业发展的一种模式。

自1997年长江三角洲城市经济协调会正式成立起,长三角地区就不断统筹资源,实现区域的共同发展。2018年,随着长三角区域一体化发展上升为国家战略,长三角开始承载起国家的使命。2019年,《长江三角洲区域一体化发展规划纲要》正式发布,标志着该区域一体化战略的全面落实。与此同时,该区域各产业的发展也成为国民乃至世界关注的重点。

在长三角一体化进程中发展较好,且与民生息息相关的医药产业,由此成为焦点。现阶段,与北美、欧洲等区域相比,我国的医药产业存在很多不足,总体进程相对落后。因此,借助一体化发展的优势来推动长三角医药产业乃至我国医药产业的发展成为关键。

## 一、一体化视野下长三角医药产业发展趋势

区域一体化在20世纪中期被学界认为是零星的经济通过合作等形式调整为规模化经济的一种进程。陈建军(2008)指出在一体化地区内,各种要素之间可不受限地流动。同时,该区域内的各省份/地区共同使用交通等基础设施,有共同的信息资源库。后来,因大众更侧重经济,区域经济一体化便成为焦点。韦伟(2019)指出"区域一体化"这一名词在长期的发展中已演变为不同国家/地区经济的构成进程。该概念中的"区域"又被界定为微观的国内经济合作区域、中观的区域经济合作区域和宏观的经济合作区域三部分。目前,较多学者探讨的是微观层面的国内经济合作区域,比如长三角、珠三角、京津冀、长株潭等。

区域经济一体化的动机、方针及内容三者之间存在必然的联系。区域经济一体化最根本的动机是扩大经济范围,以此提高规模经济效益(韦伟,2019)。它的方针是通过合作等多样化形式来增强医药、电子等产业内各环节的分工与合作(郭湖斌、邓智团,2019)。从具体内容来看,陈建军(2019)指出区域一体化包含三部分内容:市场的一体化;政府间的合作;区域协调发展目标的实现。从发展阶段来看,韦伟(2019)指出区域经济一体化的发展经历了四个时期:贸易一体化时期;要素一体化时期;政策一体化时期和完全一体化时期。从内容应用的学说来看,"边界效应"在其中的应用比较普遍。该效应是指基于相称间隔,同样一个经济体内部的贸易量远远大于有差异但相近经济体的贸易总量(郭湖斌、邓智团,2019)。

聚焦到微观层面的一体化,罗睿(2020)指出这种一体化的本质便是冲破地区划分与看法理念的界限,使该区域内不同地区/经济单元的差距得以减小,以达到本区域内各经济的空间均衡成长和综合

实力增强的目标。对微观一体化的研究有助于我国各地区/区域产业实现高质量发展，最终有效带动我国经济的成长。

医药制造业在近几十年的发展中受到了国家与民众的普遍关注。学者对医药产业的研究包括医药产业竞争力、医药产品创新效率和医药产业升级，而多数学者更关注医药产业的区域发展。杨静（2010）等学者侧重对各地区医药制造业的竞争优势开展综合性的评估，陈启宇（2020）等学者则对医药相关产业在重点区域中的产业链进行了研究探讨，胡蓉（2019）等学者对深圳区域的生物医药产业开展了针对性研究。

纵观医药产业多年的发展，众学者认为其实际是传统与现代的结合，是三大产业融合的一种产业，它主要包含中药材在内的13种不同项目。医药产业因发展速度之快与发展前景之佳而逐步成为竞争性极强的高新技术产业。在我国，这种产业还发展成关系到国家发展的关键。

聚焦近几年医药产业的发展，可观察到全球医药行业在近10年内都保持着高速增长的趋势。这一结果是老龄化程度上升、公众生命意识增强的反映。截至2020年初，全球的医药研发总支出约为1598亿美元，呈上升趋势；同时，医药企业也在持续发展。美国的强生、瑞士的罗氏及美国的辉瑞等医药企业凭借强大的科技实力与制药能力获得高额的收入，引领着全球医药产业的发展，如表1–1所示。虽然美国在医药产业上处于较为领先的位置，但在医药产业发展的进程中，我国也逐渐成为全球最大新兴医药市场，其他国家也不断对医药产业进行创新，以此促进各国医药产业的高质量发展。

**表 1-1 全球医药企业排名①**

| 全球医药企业排名(以2026年预计销售额为参数) | | | |
|---|---|---|---|
| 排名 | 企业 | 2019年销售额(亿美元) | 2026年销售额(亿美元)(预计) |
| 1 | 豪夫迈·罗氏有限公司(Hoffmann-La Roche) | 482.0 | 619.0 |
| 2 | 辉瑞制药有限公司(Pfizer Pharmaceuticals) | 461.0 | 561.0 |
| 3 | 强生公司(Johnson & Johnson) | 424.0 | 546.0 |
| 4 | 瑞士诺华公司(Novartis) | 460.8 | 542.5 |
| 5 | 艾伯维(AbbVie) | 323.5 | 535.6 |
| 6 | 默沙东(MSD) | 409.0 | 519.6 |
| 7 | 赛诺菲(Sanofi) | 401.7 | 495.0 |
| 8 | 葛兰素史克(GSK) | 370.7 | 475.0 |
| 9 | 跨国生物制药公司(BMS) | 251.7 | 438.0 |
| 10 | 阿斯利康制药有限公司(AstraZeneca) | 232.0 | 410.0 |
| 11 | 武田制药(Takeda) | 297.6 | 352.6 |
| 12 | 美国礼来公司(Eli Lilly and Company) | 200.9 | 298.1 |
| 13 | 安进公司(Amgen) | 222.0 | 283.7 |
| 14 | 诺和诺德(Novo Nordisk) | 183.0 | 273.2 |
| 15 | 吉利德科学公司(Gilead Sciences) | 217.0 | 223.0 |

聚焦中国,医药产业虽面临国际化竞争,但也在不断进行调整。

① 数据来源:Fierce Pharma

在过去的20年间，中国的医药企业享受着政策红利而野蛮生长。当下，医药产业面临的最大现实是老龄化加速，医药产业已完成全民覆盖。在这样的情况下，医疗控费主导下的产业结构调整已经是确定的趋势。国内的医药产业已经全面对外开放，在靶向治疗、免疫治疗领域，中国试图躲避国际化竞争，但2018年后，中国的医药产业和医药企业已然直面这种竞争。在国际化竞争中，中国的医药企业也不断发展，截至2020年7月16日，恒瑞医药、迈瑞医疗和药明康德等10家国内医药企业凭借高额市值占据了我国药企十强的位置，如表1-2所示。

表1-2　2020年中国医药企业市值十强[①]（截至2020年7月16日）

| 2020年中国药企市值排名十强 | | | |
|---|---|---|---|
| 排名 | 企　业 | 市值（亿元） | 股价（元/股） |
| 1 | 恒瑞医药 | 5113 | 96.35 |
| 2 | 迈瑞医疗 | 4020 | 330.70 |
| 3 | 药明康德 | 2325 | 100.58 |
| 4 | 智飞生物 | 1977 | 123.55 |
| 5 | 长春高新 | 1822 | 470.50 |
| 6 | 爱尔眼科 | 1331 | 44.20 |
| 7 | 云南白药 | 1302 | 104.17 |
| 8 | 康泰生物 | 1103 | 193.68 |
| 9 | 片仔癀 | 1100 | 182.90 |
| 10 | 君实生物 | 1033 | 126.30 |

① 数据来源：米内网、东方财富网、上市公司公告

将中国融入全球化背景便可发现，中国的医药品牌近几年的影响力在不断变化。2019 年第二季度医药供应商的排名便是最好的证明，如表 1–3 所示。

表 1–3　2019 年第二季度十大医院药品供应商（按 MAT 年度销售额）①

| 排　名 | 公　司 | MAT 同比增长率% |
|---|---|---|
| 1 | 辉瑞 | 13.6 |
| 2 | 阿斯利康 | 20.5 |
| 3 | 扬子江药业 | 17.2 |
| 4 | 恒瑞医药 | 20.4 |
| 5 | 赛诺菲 | 12.7 |
| 6 | 罗氏 | 41.1 |
| 7 | 拜耳 | 20.6 |
| 8 | 正大天晴 | 13.3 |
| 9 | 复星药业 | 4.1 |
| 10 | 齐鲁制药 | –6.2 |

## 二、医药产业创新发展

### （一）中国医药产业发展现状

医药产业，因与个人生命健康联系密切，成为各个国家关注的重点。如图 1–1 所示，从药品结构来看，中国医药市场的规模超过日本，与欧洲接近，但是中国创新药在终端用药结构中占比较低，不足 20%②，欧、美、日三大发达国家/地区创新药的市场份额达到 60% 及

① 数据来源：IQVIA 艾昆纬 CHPA（中国医院药品统计报告）

② 数据来源：平安证券研究所

以上。从医药产业整体市场份额来看，中国在全球医药产业所占的市场份额约为20%[①]，落后于北美，但随着中国经济的快速发展及对该产业重视度的提高，中国的医药产业保持了较为稳定的增长态势。

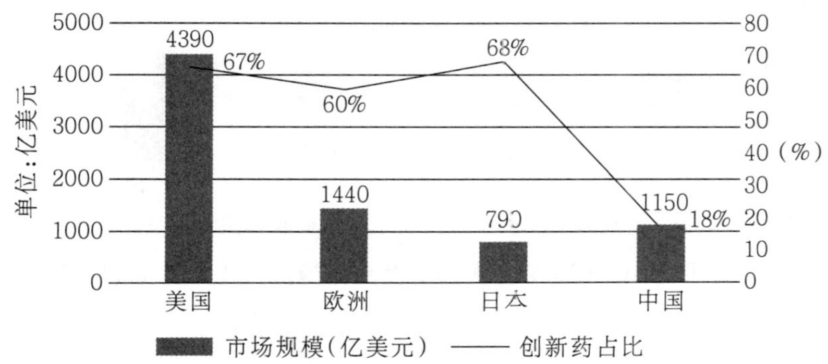


**图1-1　全球医药产业市场规模分布及创新药占比[②]**

中国"十二五"时期，医药行业的成长明显。这一时期，中国规模以上医药工业增加值占全国工业增加值的比重提至3.0%。[③]2016年，规模以上企业实现利润总额约3115亿元[④]，如图1-2所示。相关医药公司投入约450亿元用于药品的研发环节，该数值是2010年的两倍。虽然该期间成果显著，但也存在着创新能力较弱、科研与转化能力较弱、产品质量有待加强、各企业之间的市场集中度较低、产品较为类似等问题。

2016年起，中国医药企业的利润较为稳定。这主要是"十三五"时期中国对医药产业的发展提出的专项计划带来的成效，计划中详细指出医药产业的成长方针与目标，如表1-4所示，为其进一步发展点明

① 数据来源：平安证券研究所
② 数据来源：平安证券研究所
③ 数据来源：国家统计局（http://www.stats.gov.cn/）
④ 数据来源：国家统计局（http://www.stats.gov.cn/）

了方向。

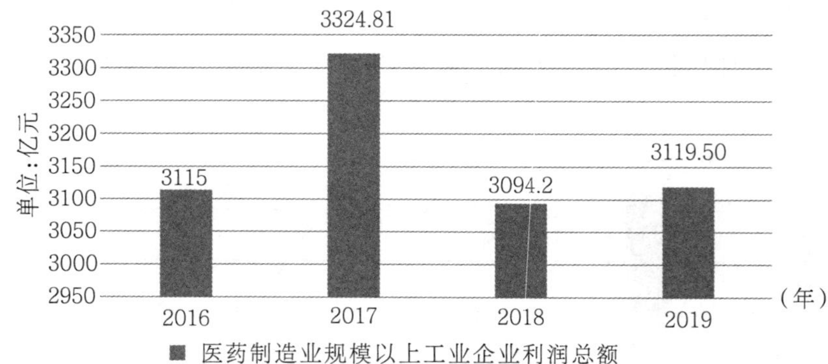


**图 1-2　我国 2016—2019 年医药制造业规模以上工业企业利润总额①**

**表 1-4　“十三五”期间医药产业发展的主要目标②**

| 目标 | 具体指标 |
| --- | --- |
| 行业规模 | 主营业务收入保持中高速增长,年均增速高于 10%,占工业经济的比重显著提高 |
| 技术创新 | 企业研发投入持续增加,到 2020 年,全行业规模以上企业研发投入占比在 2% 以上 |
| 产业品质 | 基本完成基本药物口服固体制剂仿制药质量和疗效一致性评价,通过国际先进水平 GMP 认证的制剂企业在 100 家以上 |
| 供应保障 | 国际基本药物、常用低价药供应保障能力加强,临床用药短缺情况明显改善,临床急需的专利到期药物基本实现仿制上市 |
| 智能制造 | 医药生产过程自动化、信息化水平显著提升,大型企业关键工艺过程基本实现自动化,制造执行系统(MES)使用率在 30% 以上,建成一批智能制造示范车间 |
| 绿色发展 | 与 2015 年相比,2020 年规模以上企业单位工业增加值能耗下降 18%,单位工业增加值 $CO_2$ 排放量下降 22%,单位工业增加值用水量下降 23%,挥发性有机物(VOCs)排放量下降 10% 以上,化学原料药绿色生产水平明显提高 |

① 数据来源:国家统计局(http://www.stats.gov.cn/)

② 数据来源:《医药工业发展规划指南》

续表

| 目标 | 具体指标 |
| --- | --- |
| 组织结构 | 行业重组整合加快，集中度不断提高，到 2020 年前 100 家企业主营业务收入所占比重提高 10% |
| 国际化 | 医药出口稳定增长，出口交货值占销售收入的比重力争达到 10%，出口结构显著改善，制剂和医药设备出口比重提高 |

受该发展目标的指引，“十三五”期间中国医药产业发展状况良好。如图 1-3 所示，在医药收入层面，医药制造业主营业务收入持续增长，2018 年增至 23986.30 亿元；在医药市场规模层面，2018 年中国医药产业市场规模达 33775 亿元，比 2017 年增长了 9.07%；在药企数量层面，因医药需求的不断扩大，相关企业也不断往医药企业转型。截至 2019 年初，中国医药相关企业有 7000 多家。

**图 1-3　2010—2018 年中国医药产业市场规模及市场规模增速[①]**

① 数据来源：中国报告网（http://www.chinabaogao.com/）

## (二)长三角医药产业发展

聚焦长三角的医药产业发展,可以发现长三角地区的医药产业集群最早在19世纪后期形成,20世纪90年代才开始规模化崛起。21世纪初期,国际医药资本向长三角汇聚,长三角的医药产业带加速发展。目前,我国长三角区域的医药产业形成了以上海为龙头,江苏、浙江为两翼的医药产业园区布局。该区域中的上海生物医药产业规模不断壮大,并呈现出良好的发展趋势。到2025年,长三角地区基本可以建成具有国际影响力的生物医药创新策源地。

### 1. 长三角医药产业发展特色

(1)长三角医药产业链

长三角地区医药行业在长期的发展中形成了独特的产业链。产业链主要由三部分组成:医药原料;医药研发与制造;医药流通,如图1-4所示。

长三角医药产业链上游的医药原料是用作生产化学药、中药和生物药的原料。上游的这些原料品质高、需求大,有极大的销售潜力,能够助推我国医药制造业的转型升级。中游环节包括化学药、中药、

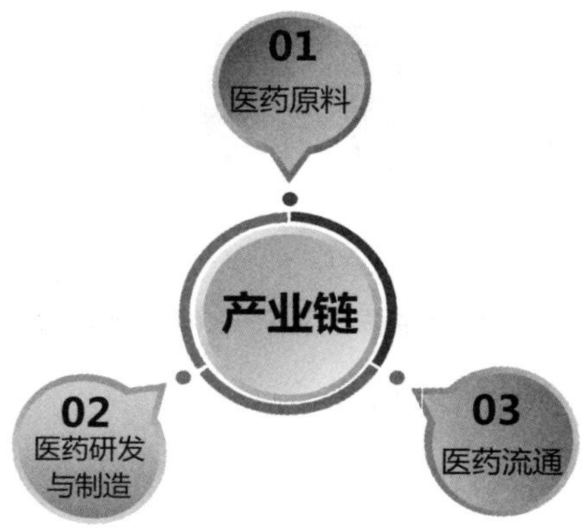


图1-4 长三角地区医药行业产业链

生物药的研发与制造。中游医药研发持续增长，生物医药将率先受益，迎来发展机遇。下游环节则经由物流等途径到达各类客户销售平台，最终流向需用药的个体或组织。同时，受到下游"两票制"政策持续影响，未来医药流通行业集中度将继续提升。

如图1–5所示，上中下游会有不同的企业来负责医药产业链的不同环节，以此形成专业化分工，使得长江三角洲地区的整个医药产业链具有较强的竞争力。以医药产业中的生物医药为例，该医药行业的产业链模式分工明显：上海市主要负责基础研究，专攻医药难题；江苏省和浙江省则侧重常规医药产品的生产制造。与此同时，从长三角地区新三板医药企业的具体分布来看，也可发现医药企业在产业链上的分工极为明确，优势互补，共创繁荣，如表1–5所示。

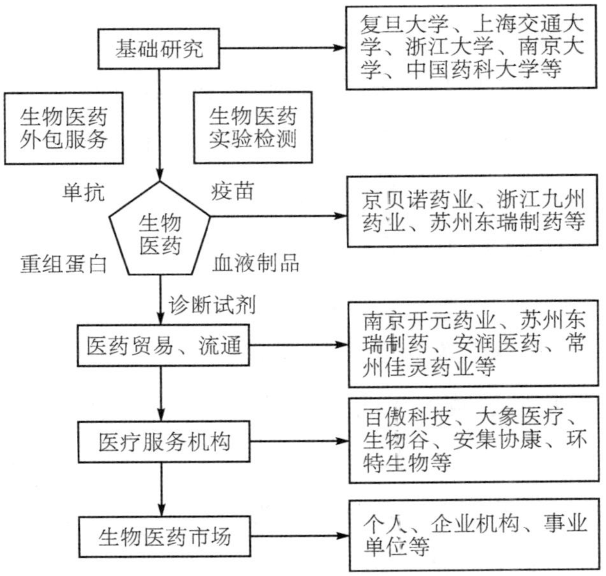


**图1–5　长三角地区生物医药产业链分工**

表 1-5 长三角地区新三板医药企业分布[①]

| | 研发、设计、咨询 | 生产、加工、制造 | 外包、应用、服务 |
|---|---|---|---|
| 江苏省 | 吉玛基因、红冠庄、新海生物、贝迪生物 | 红冠庄、东南药业、曼氏生物、新海生物、贝迪生物 | 新海生物、凯基生物、吉玛基因、药石科技、贝迪生物 |
| 上海市 | 百傲科技、药明康德新药、君实生物、源培生物、安集协康、之江生物、赛伦生物、皓元生物、泓博智源医药 | 丰汇药业、新兴药业、君实生物、源培生物、安集协康、之江生物、赛伦生物、优宁维、皓元生物 | 合全药业、健耕医药、生物谷、源培生物、安集协康、之江生物、赛伦生物、宝腾生物、皓元生物 |
| 浙江省 | 康能生物、奥默医药、圣兆药物、星博生物、百诚医药、硕华生命 | 康能生物、康乐药业、益立胶囊、亚克药业、圣兆药物、天杭生物、长兴制药、星博生物、天草生物 | 联科生物、益立胶囊、环特生物、星博生物、天草生物、百诚医药、硕华生命 |

（2）长三角医药产业特色

在长期的发展中，我国长三角地区的医药产业呈现出一定的特色：医药企业之间由竞争不断地走向融合，行业内相互融合以达到优化资源配置的意识已逐步形成，民营企业的蓬勃发展拉动了医药产业的集聚，借助技术创新建设国内外知名中医药品牌。

第一，医药企业由竞争走向融合。

在长江三角洲医药发展的最初阶段，区域内各地区侧重于利用各自优势发展壮大各区域的医药企业，不断开展竞争。此后，江浙沪三地联手打造医药科工贸一体化，探讨以产业规划为主题的高层次合作联动，促进了各地区、各类别资本的相互融合。每年举办的"长三角药品、医疗机械交易会"，以及新冠肺炎疫情下的长三角产业圈携手复苏，都充分显示了长三角区域医药产业在由竞争不断地走向

① 数据来源：前瞻产业研究院（https://bg.qianzhan.com/）

融合。

第二，医药行业内相互融合以达到优化资源配置的意识逐步形成。

医药产业发展的核心是资源，只有长三角各地区优势互补，才易建立起药业大物流、大生产、规模化的体系。在营商环境层面，长三角地区突破区域限制建立合并/重组的相关机构，设立信贷、信息等资源一体化的平台，同享三省一市的医药信息，解决三省一市之间的信息不对称问题。在顶层设计层面，长三角地区共同设计与规划医药工业基地改造方案，打造“长三角医药经济圈”，以此实现资源的有效配置。

第三，民营企业蓬勃发展拉动医药产业集聚。

民营经济拥有极强的活力与创造力，对拉动产业的集聚与发展具有不可估量的作用。同时，民营经济也是该地区内医药制造业崛起的重要因素。长三角地区的数家医药企业，如作为民营企业的杭州民生、浙江康恩贝等能入选全国重点医药企业，可见民营企业的作用之大。另一家长三角民营医药企业恒瑞医药更是凭借3720亿元的市值入围“2020胡润中国百强大健康民营企业”，成为中国大健康领域价值最高的企业。这类民营医药企业的发展，带来了民营资本的活跃，为医药产业的集群提供了资本支撑与创新动力。

第四，在技术创新中潜心打造中医药品牌。

技术的创新能够赋予医药品牌新的活力与潜力，使得投入的资源尽快转化为成品，以此缔造出品牌的核心价值。在长三角地区，医药企业，尤其是中医药企业，注重中医药生产现代化。该类企业采取先进的技术，并将其应用于中药的提取、饮片和成药环节，全面提升中医药的技术创新水平，打造出各类中医药品牌，其中“排石冲剂”等品牌中成药还进入了国际市场。

**2. 长三角医药产业发展进程与市场机遇**

(1)长三角医药产业发展进程

长三角地区医药产业的发展大致经历了四个阶段,如图 1–6 所示。阶段一是集而不群阶段(1979 年以前)。在这一时期,该地区维持着医药企业的高集聚。阶段二是分散集群化阶段(1980—1990 年)。该时期,长三角地区医药创造的产值及医药企业的数量都在不断减少,并且呈现出分散化的特点。阶段三是集聚集群化阶段(1991—2000 年)。这一阶段与前几个阶段的差别极为明显,这一时期因外资的大量涌入和国家对各种传统药企的深度改革,当代医药企业的集群现象更为明显。阶段四是整合集群化阶段(2001 年至今)。进入该时期后,国家对高等学府、重点研究所更为重视,不断强化这些机构/组织的转型升级。

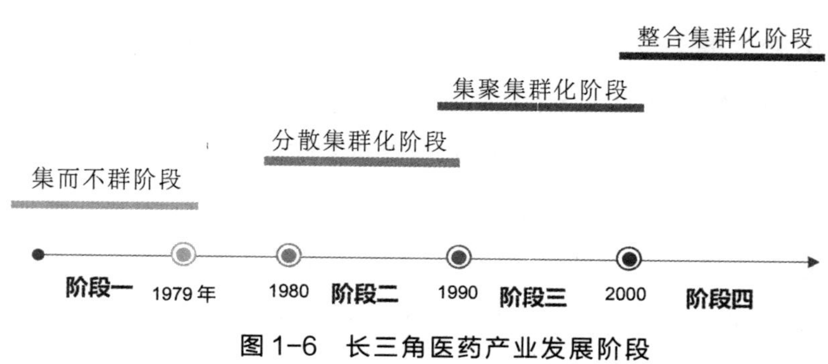


**图 1–6 长三角医药产业发展阶段**

(2)长三角医药产业发展机遇

①国际认可度。屠呦呦教授成功研制出中药青蒿素,更获得了诺贝尔生物学和医学奖。这一事件使中药在西方医学界产生了重要影响,助推中药走向世界。

②政策支撑。近年来,国家对医药的发展越来越重视,密集出台一系列文件,颁布一系列政策,来指导并推进医药产业的发展,如表

1–6所示。进入2019年,“一带一路”全面推进,“健康中国2030”全面实施,国际市场需求回暖,国内健康消费升级加快,医药工业将呈现企业创新更加活跃、行业洗牌持续加剧等趋势,长三角地区医药产业的发展也正进入创新跨越的新阶段。现代科学技术的不断突破,为学者开展新药研究带来了新的机遇与挑战。基因治疗、干细胞等的研究持续引领创新前沿。社会需求鞭策着研发模式的改变。学科的交融有力促进了高新技术的变革。

**表1–6　国家对医药产业发展的支撑/政策①**

| 政策/要闻 | 主要内容 |
|---|---|
| 央视《焦点访谈》报道专题《辅助用药,从滥用到规矩用》 | 聚焦辅助用药滥用现象,提到“自从2018年12月12日国家卫健委发布通知,明确要尽快建立全国辅助用药目录以来,各地已经将汇总的目录上报,目前专家正在进行论证” |
| 工信部表示2019年要全力做好药品供应保障,推动疫苗行业重组整合 | 工信部正在研究制定推动疫苗行业重组整合的方案,将协调相关部门提供优惠政策,支持企业通过收购、批文转移、生产技术入股等方式展开重组,推动疫苗产业升级和发展 |
| 首个国产抗PD–1单抗拓益在北京开出首张处方 | 君实生物PD–1的上市,标志着中国药企初步具备追赶全球创新的能力,同时相对较低的定价增加了中国患者用药可及性,抗PD–1/L1类抗体药物的竞争将逐步升温 |
| 《“十三五”深化医药卫生体制改革规划》 | 全面深化医药卫生体制改革,推进健康中国建设 |
| 《国务院改革药品生产流通使用“十七条”》 | 从各环节来促进提高药品质量和疗效 |
| “两票制” | 减少流通环节的层层盘剥,缓解市民“看病贵”之痛 |

① 数据来源:医药经济报、相关政府网站、药智网

续表

| 政策/要闻 | 主要内容 |
| --- | --- |
| “仿制药一致性评价” | 对已经批准上市的仿制药，按与原研药品质量和疗效一致的原则，分期分批进行质量一致性评价。节约医疗费用，提升我国的仿制药质量和制药行业的整体发展水平，保证公众用药安全有效 |
| 《“健康中国2030”规划纲要》 | 确立了“以促进健康为中心”的“大健康观”“大卫生观”，提出将这一理念融入公共政策制定、实施的全过程，统筹应对广泛的健康影响因素，全方位、全生命周期维护人民群众健康 |
| 《中医药健康服务发展规划(2015—2020年)》 | 部署大力发展中医医疗服务、中医药健康养老服务等7项任务 |

③疫情催化。COVID-19在全球范围内的传播给中国乃至全世界造成了极大的消极影响。截至2020年7月11日，全球新冠肺炎确诊病例上升至12495231例，累计死亡560427例，影响了全球215个国家/地区。[①]

新冠肺炎疫情给医药产业带来的影响极为复杂。一方面，不论是防疫所需的医用口罩/N95口罩、医用手套等物资，检测所需的水银体温计/多功能红外线体温计、仪器、实验室装备等，还是治疗所需的各类药品、呼吸机等，这些产品的需求均受到疫情带动。但另一方面，由于医疗终端正常秩序被打破，外加出行受限，与疫情关联度不大的产品及服务需求则不同程度地低于疫情前预期。随着国内疫情得到有效控制，医药产业因其刚性需求呈现出快速复苏态势。从长期影响来看，疫情对长三角医药产业的创新是一次“机会”。受疫情的影响，长三角地区的医药行业在四个不同的范畴——中药研发、创新药

① 数据来源：世界卫生组织(https://www.who.int/zh/)

品的研发体、医疗器械与各类诊断定性技术、基于AI与5G技术的医疗信息化技术等中有不同的机遇。第一，基于此次疫情中中药的重要作用及临床效果，“后疫情”时代，中药产业（包括民族药）市场迅速扩大，增强免疫、预防疾病领域的中药及中药材种植等必将迎来非常重要的黄金时期。第二，新药研发一体化发展。2030年左右，在长三角地区等主要发达城市/地区，如上海，政府会借助国内外的知名医药企业来搭建国际化、开放化的平台，同时构建学术界、科研所、医药企业等高效合作的共享网络，不断拓展药物研发的边界。第三，医疗设备、IVD诊断等新行业迅速崛起，AI等智能科技加速应用于未来医疗。疫情之下，为了避免感染的风险，应尽量减少人与人的接触，因此政府与企业都特别重视对医护人员的风险防范。第四，医药营销也在此次疫情影响下，迎来了转型新机遇，数字营销成为“新宠儿”。数字营销包括医生教育、患者教诲，该营销方式是指各公司能够通过对大数据的分析，精准匹配到个体，形成用户画像，构建起立体的营销网络。它的优点是可以助推药企建立以学术为核心的合规营销体系，通过时间、任务、地点和事件，组成全程营销推广证据链，符合“真实业务对应实际成本”的合规要求。

④前沿科技推动。科技对医药发展的作用极其明显，能促进新药的研发，也能带动医药产业的转型升级。基因编辑技术、全人源化抗体技术、合成生物学技术、人工智能、大数据等前沿科学技术在长三角医药产业的发展中发挥着重要作用。前沿的科技，既提高了新药研发的效率，又通过技术与服务的结合促进了制药工业的转型升级。与此同时，在制药设备方面，前沿科技也持续涌现，为医药智能制造提供了支持。实现“制药装备智能化”和“药品生产过程智能化”成为长三角医药产业的新需求。

### 3. 长三角医药产业发展瓶颈

长三角医药制造化学药虽然占据绝对优势地位，企业内外联系密切，许多海归精英人才按照欧美模式创立一批新型医药企业，大大促进了医药产业的集群化发展。但该地区的医药制造业发展在近几年遇到了瓶颈，几大重点问题制约着长三角地区医药产业的发展。该区域医药产业的融资布局不合理、医药企业的研发投入无法满足其技术创新的需要、医药企业原创性技术的缺失等问题都成了该地区医药产业高质发展的障碍。

如图 1–7 所示，将问题细化，可以发现长三角医药产业存在的问题具体表现在产业规模较小与质量规模差距悬殊、管理及协调机制有待改善、选人留人难、技术存在“脱钩”风险、产业链各环节存在阻碍、制造业外流、政策支持力度不够等方面。

图 1–7　长三角医药产业存在的问题

(1)产业规模限制与质量规模差距悬殊

医药产业固然近几年在持续发展，但范围依然受限。长三角地区除了上海市的医药产业规模较大，其他地区的医药产业规模都较有限。从省际比较来看，1999 年浙江生物医药产业总量规模曾位居全国第一，但近年来已逐步滑落至第二梯队，不仅与江苏等省份的差距不断拉大（目前总规模不及江苏的1/3），也相继被河南、四川等后发省份超越。同时，浙江宁波的三大产业园尚处于初期发展阶段，规模受限。并且，浙江整个省份中主营业务收入超百亿元的医药企业仅两家，龙头企业的规模比其他省份较小。长三角地区的另一省份——江苏省则是市场占有率和增幅较小。在国际化深度发展的趋势下，这样的医药产业规模难以支撑长三角地区医药产业的高速发展。

长三角地区的医药产业不仅在产业规模上受限，各医药园区间的质量规模也相差较大。浙江省已打造了杭州生物产业国家高新技术产业基地、台州国家级浙东南化学原料药基地等特点突出的产业园区。但是相比中关村等园区，这些园区在科研转化、人才培养、基地建设等方面仍需努力。

（2）管理及协调机制需改善

长三角地区的医药产业要想获得高质量发展，对人财物等资源的管理及协调机制的把控是极其重要的。但从目前来看，该地区的资源管理及协调机制仍需改善。浙江的生物医药产业涵盖面虽较广，但缺少统一协调机制，对生物医药产业发展缺乏战略规划和统一布局，缺乏对重大问题的协调决策能力。为了更好地推进医药产业在本省高效发展，浙江省还组建了省生物医药产业技术创新战略联盟，但其依旧未能协调好资源的使用，在管理模式上存在很多问题，其中最明显的是无法做到公正、客观地处理问题。联盟作为一种契约式合作组织，有自己设立的规章制度，但联盟设立时主要由牵头单位和秘书单位负责整体事宜，没有单设独立执行机构，存在较大的主观因素。并且联盟作为试点，运行时间短、可参考性少，由于缺乏经验，在实践中不能充分发挥联盟优势。另外，由于联盟的运行多数由牵头单位主导，无法在成员单位中做到真正平衡，也不能保证联盟成员间都有合作或参与任务程度分明。

聚焦上海，同样的问题也十分明显。在资源环境紧张的约束趋势下，医药制造与城市的融合问题显著，资源紧缺与医药制造、城市融合之间的矛盾成为该地区医药发展的障碍。比如张江生物医药产业在管理机制上精细度不足。从准入上来看，环境影响评估程序趋严，压缩了环境敏感型产业的发展空间，张江生物医药产业的发展空间层层受限。根据区域环评，整个张江生物医药产业腹地剩余用地仅195.2公顷；其中，部分地块因环保限制严格，只能做医疗器械，不接受任何有关“药”的项目。因此，目前张江真正能落户做药的研发用地仅剩31.8公顷，能落户做药的产业化用地仅剩16.2公顷。一些研发项目由于上海环评过于严苛和不可预期，只好落户外省市。从监管上看，排放处置与环境管理体系滞后，造成了以上问题。

（3）选人留人难度大

人才是医药产业发展的枢纽，怎样对人才开展遴选，怎样吸引长三角地区助力医药产业发展的“人”尤为重要。浙江省医药相关领域人才不足，在杭州的“虹吸”效应下，人才难留、人才匮乏成为制约医药产业发展的最大瓶颈。人才机构的充足程度低也是人才匮乏的一大因素。浙江大学健康医疗大数据国家研究院等一批立异平台加速运行，但与其他长三角省份相比，浙江在顶尖大学、研究院，以及生物样本库、细胞库等公共资源层面的差距显著。上海市则缺乏在医药产业创新、生产制造方面的人才。虽然上海外资企业研发中心的高管和归国创业团队的溢出效应明显，但自2018年始，受中美贸易摩擦的影响，上海市未来生物医药核心技术的更新迭代受到巨大阻碍。同时，缺乏有经验的技术工人，说明上海市对技术工人等人才的吸引力还不够。

（4）技术“脱钩”风险显著

国际化趋势、中美贸易压力都使各行业对技术的重视程度得到了较高的提升，但长三角地区医药产业的技术问题依然明显。浙江无论是医药行业还是医疗器械行业，均存在产业技术含量偏低的问题。该产业内供大众使用的创新服务平台数目较少，服务范畴较小。其中，很多基础医疗课题、项目都需要借助一线城市的资源才能开展。在核心技术方面，浙江省也存在不少问题。“十三五”以来，国家药监局共批准创新医疗器械49项，浙江省仅获批2项，少于北京市16项、上海市9项、广东省8项、江苏省5项。江苏省则是在关键技术的引进方面存在问题。江苏省在技术创新和服务风险上，特别是面临可能的“脱钩”风险，许多关键技术的引进与吸收面临困难。因此，如何立足自身技术创新能力的建设，培育本土技术创新和服务机构来谋求突破，就显得更为重要。

（5）产业链各环节存在阻碍

这一问题在上海市表现最为突出。在研发资源方面，上海虽然高校、研究机构、大医院林立，总体科研氛围很浓，但侧重学术研究，各类研发资源得不到有效整合，创新知识技术的外溢效果不显著，限制了整体研发水平的提升。在研发投入方面，与海外医药制造企业相比，中国的医药企业依然存在不小的差距。在转化环节，本地的临床试验资源虽然丰富，但在制度设计上缺少鼓励医院和医生承担临床试验的考核、激励机制，大部分医疗机构更倾向于国际多中心临床试验项目。在生产环节，没有实现产业链上下游的协同和公共资源的共享，存在同质化竞争现象。在使用环节，制度设计弹性不足和药品采购制度在一定程度上影响了产品的推广和使用效率，制约了新药的销量，导致短期内企业无法收回研发成本，影响后续新药的研发。

（6）制造业外流

制造业外流主要表现在上海医药产业的发展上，这给上海高端研发资源产业带来极大影响。近年来，因地价、综合商务成本、人才成本提高等现实问题，上海医药制造业出现外流趋势，研发资源逐步流失，大量原创技术成果外流，本市研发成果转化缺乏竞争力。而上海周边地区已从原先发展生产制造业，逐步向上游挺进，以联合研发、共建实验室，设立企业研发分中心等形式吸引上海高端研发资源流向当地，如江苏恒瑞、浙江华海等企业凭借强大的资本支持和灵活的运作方式，以协作研发、共建实验室、成果转让等形式获得上海市大量的研发成果，并将1/3成果向当地转化，这将是未来上海生物医药产业持续创新和发展的巨大挑战。

（7）政策更新力度与扶持力度相对不足

该问题在长三角医药产业发展中，首要表现为政策的扶持力度、更新力度和适配性不足。在政策扶持力度层面，江苏省内各市政府对药企的扶持力度不足，成品对外贸易不容乐观，2012—2015年均处于贸易逆差的状态。在政策更新力度层面，上海的政策更新力度不足。长三角一体化发展作为国家层面的战略，配套了一系列的政策支持，但政策更新力度在上海仍旧不够。以上海张江面积1.67平方千米的张江药谷地区为例，其早在10多年前就已开发完毕，容积率普遍为1.0—1.5，园区城市功能、城市形态落后，与其药谷身份极不匹配。从需求来看，该地域有较强的更新动力。张江药谷对于张江医药人来说是最具归属感和号召力的符号，哈雷路、蔡伦路上，三步一朋、五步一友，体现了非常显著的生态效应和边界效应。部分小业主普通工业厂房的租金已接近张江甲级写字楼租金水平，但因小业主产权分散、工业地价预期过高、土地收储有效手段不足、对平台公司要求自持比例过高等，造成政策实际操作的动力不足。在政策适配性层面，长三角地区中的上海政策计划用地适配性不高。当前，制造的研发化比重越来越大，越来越多的项目难以界定是制造，还是研发，且随着个性化、定制化生产方式的不断推进和发展，研发与制造从空间上也将更加难以分离。工业用地应升级成科研设计用地，还是继续保留为传统工业用地，这一抉择使得用地规划调整进退两难，越来越多的产业项目难以对应用地分类。比如生物医药的CAR-T领域是当下个性化免疫治疗的一个热点，其研发流程与制造工艺是需要零距离衔接的，企业所希望的用地形态是研发用途高度复合一定的生产功能。

**4. 长三角医药产业发展对策**

聚焦长三角具体省市的医药产业发展，可发现其各有优势与不足。面对医药产业的瓶颈问题，上海、江苏、浙江等各省市均基于区域特色与优势提出了应对的方案或建议。

（1）上海市

上海总体发展良好。如图1-8所示，2014—2018年上海产业园

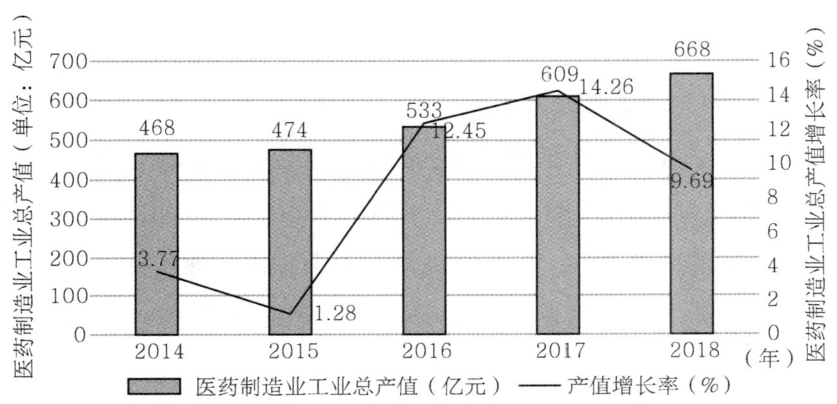


**图1-8　2014—2018年上海产业园区医药制造业工业总产值**[①]

① 数据来源：同花顺财经新闻（http://www.10jqka.com.cn/）

区医药制造业工业总产值和主营业务收入稳步上升，而且增长速度较快，年均增长率分别达到了11.09%和11.17%，远远高于全市开发区的年均增长率，医药制造业呈现出蓬勃发展的趋向。在蓬勃发展中，上海医药产业显现出显著特点：企业组织结构调整进一步优化，医药工业企业集中度提高；但受药品流通等多因素影响，医药商品销售整体有所下滑。因此，上海从三个方面来处理医药产业的难题。

首先，上海市通过制定创新优惠政策来促进高端医药产业的本地化。上海有着一定的高端研发资源，但更多受了经济等因素影响而外流。因此，上海市通过制定优惠政策，鼓励高端医药产业及高端医药项目落地。在项目落地之后，上海市再借助龙头企业的引导与政府出资建立实验室等，使这些高端项目通过成果转化的形式被本市企业获得，以此实现医药产业本地化，留住高端医药产业的核心资源。其次，上海通过制定创新机制和政策，促进创新医药产品面世。上海拟定了以高附加值、核心技术为特点的导向政策，摸索出创新投入的新型模式。与此同时，上海还加快创新产品与创新项目的市场准入。对于那些具备领先意义的生物医药创新产品，上海经由简化上市流程、完善支持本市创新产品优先纳入医药的相关法规及简化高端医疗器械等物资进入医院的招标流程等详细行动，来推进医药产品的面世。最后，在医药产业链的各环节，上海市与国内其他地区、国外都有明显的差距。因此，上海市通过牢牢掌握医药与高端医疗器械领域的核心技术，逐个突破“卡脖子”问题，逐步缩小与领先地区、领先国家之间的差距，最终获得长三角区域医药产业发展的先机。比如，上海市借助颁发科技大奖来瞄准医药核心技术。2014年，上海颁发自然奖给“髓系白血病发病机制与新型靶向治理研究”；2019年，上海将进步奖授予“基于脑可塑理论新发展修复残障上肢功能的新方案”。在掌握核心技术的过程中，2020年1月正式公开的

《上海市贯彻〈长江三角洲区域一体化发展规划纲要〉实施方案》起到了关键作用，该方案明确提出要集中力量掌握核心技术，聚焦生物医药等重点范畴。

（2）江苏省

江苏通过持续发力，在生物医药领域已形成了先发优势，跻身国内重要生物医药产业聚集地，并入选国家产业集群。但在打造苏州生物医药产业新地标的过程中，仍有几个方面亟待加强。一是在原始创新能力建设上要有布局，抢占制高点，支持重大原创研究。这是可持续发展的前瞻性、战略性行动，在相应的载体和重大课题上都应有计划。二是技术创新和服务，特别是在面临可能的“脱钩”风险时，许多关键技术的引进吸收可能面临困难，需要立足自身技术创新能力，培育本土技术创新和服务组织。三是加强临床研究水平的建设，特别是基于国际标准的“双报”临床研究基地建设。四是药物经济和药政工作办事能力的建设等。五是培养和支持当地相关科研机构和高校的创新建设和人才培养。

除了以上几个方面需要被江苏视为重要内容，投入政策、资金等进行支持外，江苏省面对长三角医药产业的瓶颈问题也开展了一系列的应对措施。首先，江苏省踊跃开辟新的国际市场。与浙江省、上海市等不同，江苏省的医药产业竞争力与市场开放程度有较大的关联。因此，江苏省加大了对医药市场的开放度，不断加强与国际市场的合作，共同承接国际合作医药项目，助推江苏省医药国际品牌的培养。其次，江苏省也加大了对高科技产品、产业等方面的资本投入。对于江苏这个医药大省来说，其医药企业主要参与长三角医药产业的药品生产过程，但在医药研发等领域参与度极低，不利于该省医药企业的可持续发展。因此，江苏省重视高科技的投入，加强与本省高校、科研机构的长期合作，建立本省的医药研发中心。最后，在医药产业的外部环境方面，江苏省当局也加大了管控的力度。省、市政府通过制定医药产业政策、提高市场医药准入门槛、引导医药企业优化产品、优化医药产业税收优惠政策等具体举措，营造了规范有效的医药发展环境。比如，江苏省扬州市政府出台了《关于加快先进制造业（集群）发展的政策意见》，对医药相关问题进行了针对性解决，从研发、生产创新、销售国际化等多层面着手，以促进医药企业的蓬勃发展，如表1–7所示。

**表1–7　江苏省扬州市出台《关于加快先进制造业（集群）发展的政策意见》①**

| 关键部分 | 主要内容 |
| --- | --- |
| 鼓励新药研发 | 对获得一类、二类新药注册且在当地生产结算的企业，分别给予不超过300万元、200万元的奖励；对该市研制新药获得国家重大科技发展专项的，按国家资助专项资金给予最高不超过100万元的配套奖励 |
| 鼓励仿制药研发与生产 | 对企业按照国家政策和时限要求通过仿制药一致性评价的品种，给予不超过100万元的奖励；对按照与原研药质量和疗效一致的原则申报，新获得首仿药批准文号，且在该市实际投产、结算的药品生产企业（上市许可持有人），每个品种给予不超过200 万元的奖励 |
| 支持医药器械创新 | 对按照国家“创新医疗器械特别审批程序”申报获准注册且在当地实际投产、结算的创新医疗器械产品生产企业，属第二类创新产品的，给予不超过50万元的奖励，属第三类创新产品的，给予不超过100万元的奖励 |
| 支持药企做大做强 | 对该市药品医疗器械生产企业在药品医疗器械单品种年销售额达到1亿元、5亿元、10亿元的，分别给予不超过50万元、100万元、200万元的奖励 |
| 支持药品医疗器械国际化 | 对该市药品生产企业新获得美国FDA、欧盟CE市场准入认证的，给予20万元的奖励；对该市医疗器械生产企业第二类及以上的医疗器械产品获得美国FDA市场、欧盟CE市场准入认证的，分别给予10万元、5万元的奖励 |

① 数据来源：江苏省人民政府官网（http://www.jiangsu.gov.cn/）

（3）浙江省

浙江省目前的医药发展速度较快，与之相关的产业链也在持续完善。如表1–8所示，2018年浙江省已有约500家国家级别的医药类高新技术企业，以及约1/3的省级及以上高新园区将生物医药作为主导产业；同时，浙江也有多家医药类高新技术企业入选我国“2019年高新技术企业百强榜”。在未来的发展中，浙江省要以产业链为中心发布执行力高的法规等，以营造激励医药发展的稳定生态；持续对核心技术进行攻关；推动产业结构的优化整合；踊跃开辟国内外市场，打响一批生物医药品牌知名度。

**表1–8 浙江省医药类国家高新技术企业名单**[①]

| 企 业 | 地区 |
| --- | --- |
| 杭州中美华东制药有限公司 | 杭州 |
| 浙江海正药业股份有限公司 | 台州 |
| 浙江新东港药业股份有限公司 | 台州 |
| 浙江医药股份有限公司 | 绍兴 |
| 浙江华海药业股份有限公司 | 台州 |

基于浙江省的现状，在面对长三角医药产业的瓶颈问题时，浙江省的举措主要有以下三点。首先，在政策层面，浙江省围绕医药产业链来制定有效的政策，以此营造医药发展的良好生态。浙江省医药企业在项目支持、医药知识产权保护、行政审批流程优化等方面的需求都被纳入该省营造医药发展良好生态的政策之中。与此同时，浙江省政府也调整了医药层面的知识产权诉讼体系，为研发周期较长的重点医药产物开辟特殊通道。其次，攻关重要领域的核心技术。

① 数据来源：浙江新闻频道（http://n.cztv.com/）

关键领域自然是能起到关键作用的部分，因此，浙江省提出重点研发项目向医药关键领域适当倾斜。与此同时，浙江省将化学药、生物药视为重点，有针对性地开展新型抗体药、抗体偶联药等研发，将人工智能技术与医疗有效结合。最后，浙江省专注于形成强有力的产业链全套系统。产业链系统中，浙江省重点掌控的是产业链上下游的合作与配套资源。浙江先对产业链中的薄弱环节进行重点培养，主要表现在投入大量的资金与人才资源；然后建设医药产业多主体合作创新网络和数据共享平台，使信息遍及整个医药产业链；再者，开放式支持医药企业的兼并抑或重组，以此培养一批具备规模、技术、自主权优势的领先型医药公司。

（4）安徽省

相比于上海、浙江、江苏，安徽省在医药产业的发展上显得较弱，但发展潜力较强。安徽省2017年医药主营业务收入仅1103.29亿元①，但增速比上年增长了18%，比全国平均水平高出5.76个百分点。之后，安徽省印发了《支持现代医疗和医药产业发展若干政策》，如表1-9所示，其中包含了激励创新药械产品研发等内容。这一政策的制定给安徽省的医药产业带来了一定程度的发展，如“催化剂”般促进了该省医药产业的提质增速。

**表1-9　安徽省《支持现代医疗和医药产业发展若干政策》②**

| 关键部分 | 主要内容 |
| --- | --- |
| 鼓励创新药械产品研发 | 对本省生产的中药新药（1—4类）、化学药新药（1—2类）、具有新药证书的生物制品（1—5类）等重大药械项目予以补助，单个项目补助总额最高1000万元 |

① 数据来源：国家统计局（http://www.stats.gov.cn/）

② 数据来源：安庆市政府信息公开专栏（http://aqxxgk.anqing.gov.cn/index.html）

续表

| 关键部分 | 主要内容 |
| --- | --- |
| 支持产业创新发展基础能力建设 | 按照支持“三重一创”建设政策规定支持医药企业、科研院所建设重点实验室等创新平台；支持干细胞库、活细胞成像平台等重大医疗医药创新发展基础能力建设，并按照关键设备投资的10%予以补助，最高2000万元 |
| 支持创新药械产品推广应用 | 制定《安徽省创新型医疗器械产品目录》，对纳入目录、经评审认定符合条件的医疗器械的首次应用，对省内研制单位按售价10%予以补助，最高500万元 |
| 支持中药材规范化种植和原料药保障能力建设 | 支持在适宜地区建设中药材规范化种植（养殖）、规模化加工一体化基地，对首次认定的“十大皖药”产业示范基地，一次性奖补20万元 |
| 改善临床试验条件 | 鼓励符合条件的医疗机构、医药高等学校等开展临床试验，将临床试验条件和能力评价纳入医疗机构等级评审 |
| 支持开放发展 | 对总部新落户本省的全国医药行业百强企业，给予一次性奖补200万元 |
| 支持医疗技术创新与转化应用 | 加快推进肿瘤免疫治疗、再生医疗等现代医疗技术创新及临床应用，对经评审认定具备承担条件的项目，按照科研攻关和应用推广发生费用的30%予以资助，最高500万元 |
| 支持发展新型医疗服务模式 | 支持符合条件的“互联网+”智慧医疗、医疗人工智能、医疗大数据等新技术、新模式、新业态项目，按规定程序将其纳入省重大新兴产业专项或省重大新兴产业工程予以支持 |
| 加快人才队伍建设 | 支持安徽医科大学、安徽中医药大学等高等院校创新发展现代医疗和医药类学科，加强专业技术人才培育工作。鼓励市、县创新支持方式集聚一批高水平现代医疗和医药人才队伍 |
| 支持企业做大做强 | 对本省医药生产企业单个品种年销售收入首次突破1亿元、5亿元、8亿元、10亿元的，每上一个台阶给予100万元奖励 |

近几年，面对长三角医药产业发展存在的瓶颈问题，安徽省也因地制宜提出了应对措施。首先，从初始环节起把控医药产业的质量。安徽省的中药十分出名，有四大中药材种植区，如表1–10所示。因此，在控制医药产业质量的过程中，中药显得尤为突出。为更好地保

证质和量，安徽省重点把握住中药材这一医药产业质量的源头，既建立了中药资源保护体系，又鼓励企业参与药材的种植过程，以保证医药产品的高质量。其次，安徽省加强对药品的监督。该省专门组建药品监督管理局，负责对药品从取材到销售全环节的行政和技术监督工作。与此同时，全面整顿药品生产与经营秩序，营造出较为规范有序的医药发展环境，切实保障人民的用药安全。最后，强化医药行业的“奉献”观念。医药产业涉及医药企业、医疗单位及各类机械设备产业，服务意识能够使这些组成部分在发展过程中不因过分追求经济利益而忽视医药的高质量。因此，安徽省从加快医疗流通体制改革、深入调研医药企业与医药环节等方面着手，来增强其服务意识，促进安徽省医药产业的高速高质发展。

表 1-10　安徽省四大中药材种植区

| 类别 | 地区 |
| --- | --- |
| 一区 | 阜阳、亳州——皖北区 |
| 二区 | 六安、安庆——皖西大别山区 |
| 三区 | 滁州、铜陵、芜湖——沿江丘陵区 |
| 四区 | 宣城、黄山——皖南山区种植集聚区 |

## 三、长三角一体化助力医药产业蓬勃发展

### (一)长三角一体化创新发展进程

长三角，即长江三角洲城市群，覆盖沪苏浙皖三省一市的 26 个城市，总面积 35.9 平方千米，2018 年生产总值达 211480 亿元，常住人口总量达 22535 万人，各产业占全国比重如图 1-9 所示，是我国经济技术发达地区。

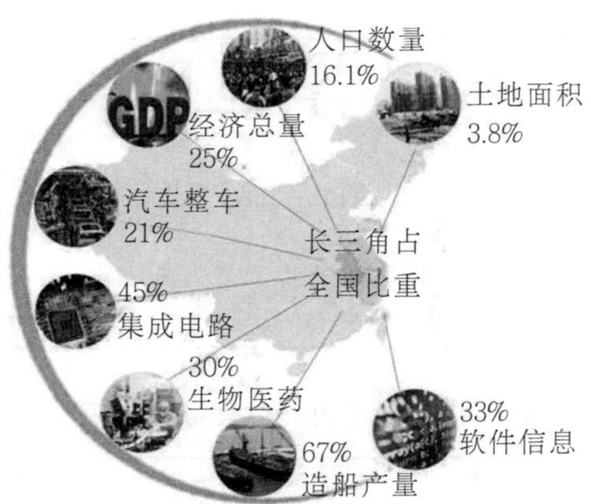


**图 1-9　长三角占全国比重**

长江三角洲的区域界定经过了两个阶段，分别是 2009—2015 年和 2016—2020 年，如表 1-11 所示。到目前为止，我国长江三角洲区域范围涵盖了三省一市，包含上海市，江苏省的南京、无锡、常州、苏州、南通、盐城、扬州、镇江、泰州，浙江省的杭州、宁波、嘉兴、湖州、绍兴、金华、舟山、台州，安徽省的合肥、芜湖、马鞍山、铜陵、安庆、滁州、池州、宣城等 26 市。[①]作为我国一体化发展起步较早的地区，它的发展涵盖了市场的一体化、政府间的合作和区域协调发展目标的实现这三个方面的内容。

长江三角洲一体化进程的推进到目前为止，经历了四个主要阶段，如表 1-12 所示。阶段一：上海经济区的提出。阶段二：长三角地区一体化的自觉互助时期。阶段三：长三角地区一体化的制度建设时期。阶段四：长三角地区一体化的国家战略大时期。

---

① 数据来源：2016 年 5 月国务院批准的《长江三角洲城市群发展规划》

**表 1-11　长三角区域界定**[①]

| 年份 | 文件 | 规划期 | 内容 |
| --- | --- | --- | --- |
| 2010 年 | 《长江三角洲地区区域规划》 | 2009—2015 年 | 明确长三角地区包括上海市、江苏省和浙江省的 16 个城市为核心区 |
| 2016 年 | 《长江三角洲城市群发展规划》 | 2016—2020 年 | 进一步将长三角地区扩容到“三省一市”，即上海市、江苏省、浙江省、安徽省的 26 个城市 |

**表 1-12　长三角一体化推进进程**[②]

| 阶段 | 时间 | 主要内容 |
| --- | --- | --- |
| 阶段一：上海经济区的提出 | 1982—1988 年 | 1982 年，国务院提出建立上海经济区的问题；<br>1984 年，上海经济区的区划扩大为四省一市；<br>1985 年，长江三角洲沿海经济开放区成立；<br>1988 年 6 月，国务院上海经济区规划办公室撤销 |
| 阶段二：长三角地区一体化的自觉互助时期 | 1992—2004 年 | 1992 年，长三角 15 个城市的协作办主任联席会议制度在自发倡议下成立；<br>1996 年，联席会议制度升格为市长峰会；<br>2003 年，16 个城市的市长在南京签署《以承办“世博会”为契机，加快长江三角洲城市联动发展的意见》 |
| 阶段三：长三角地区一体化的制度建设时期 | 2005—2011 年 | 2005 年 3 月，交通运输部发布《长江三角洲地区现代化公路水路交通规划纲要》；<br>2008 年，国务院发布《关于进一步推进长江三角洲改革开放和经济社会发展的指导意见》；<br>2011 年，22 个成员城市领导共同签署《长三角城市合作（镇江）协议》 |
| 阶段四：长三角地区一体化的国家战略大时期 | 2013 年至今 | 2014 年 5 月，习近平总书记在上海考察期间特别强调，要努力促进长三角地区率先发展、一体化发展；<br>2016 年，国家发改委发布《长江三角洲城市群发展规划》（2016—2020），将长三角地区扩容到“三省一市”；<br>2016 年 12 月，安徽省制定了《长江三角洲城市群发展规划安徽实施方案》；<br>2018 年 2 月，长三角区域合作办公室成立 |

① 数据来源：人民论坛网（http://www.rmlt.com.cn/）

② 数据来源：人民论坛网（http://www.rmlt.com.cn/）

第一阶段以建立上海经济区的提议为起点。最初，希望发挥商家的综合优势，促进横向经济的发展。之后，上海经济区的区划扩大为四省一市（上海市、江苏省、浙江省、安徽省和江西省），共51.56平方千米。到了1985年，长江三角洲沿海经济开放区成立，包括江苏的苏州、无锡、常州及所属的12个县，浙江的嘉兴、湖州及所属的4个县，以及上海市所属的10个县。

第二阶段以长三角15个城市的协作办主任联席会议制度建立为起始点。之后，16个城市共同签订了《以承办“世博会”为契机，加快长江三角洲城市联动发展的意见》，进一步推进了长三角地区一体化的进程。

第三阶段以时任浙江省委书记习近平发起设立的“定期会晤机制——座谈会”为起点。之后发布的《关于进一步推进长江三角洲改革开放和经济社会发展的指导意见》《长江三角洲地区区域规划》等计划/纲要对长三角的战略定位、成长方针等都做出了详细的计划。

第四阶段以我国提出“一带一路”和“长江经济带”为出发点。之后，国家发改委公布的《长江三角洲城市群发展规划》又对长三角地区范围进行了新的界定。2018年，习近平总书记在首届CIIE上宣布，支持长三角一体化上升为国家战略。至此，长三角一体化成为国家重大战略的主要组成部分。

长三角一体化是时代要求、国家意志，对促进我国经济发展和本地区的发展都具有重要意义和关键作用。从我国经济发展角度来看，长三角一体化是中国经济从高速度转向高质量的首要引擎，是东中一体应对南北分化的焦点，更是“修建”高质高速发展“长江经济防线”的主体工程。目前我国面临复杂严峻的国际环境，逆全球化、贸易保护主义等问题突出；而国内则面临经济下行的压力，微观生产要素成本快速上升、宏观供求格局深刻变化、经济发展结构性矛盾突出。基于我国面临的国际、国内现状，在长三角地区推进一体化发展，可以有效提高我国资源配置的效率，释放经济增长新动能，催生科技革命。从长三角地区的发展角度来看，一体化的发展可以为该地区带来更大的效益。基于“比较优势”，长三角区域一体化可以从生产效率、专业化程度、市场规模等多方面提升该区域26个城市的竞争力。从2015—2019年长三角三省一市的GDP数值可以看出，一体化的发展确实给长三角的经济带来了促进作用，如图1–10所示。

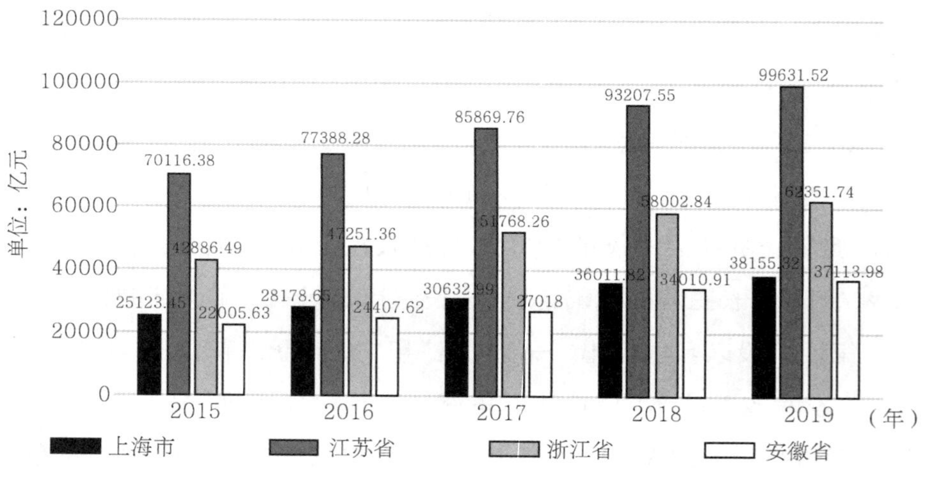

图1–10　2015—2019年长三角三省一市生产总值[①]

长三角作为我国区域一体化的先行区，已取得了一系列有重要意义的成绩。第一，推进改革开放以带动区域一体化发展，使长三角多元多层级的区域合作体制建构完成。第二，市场化改革走在前列，以企业行为主导的市场一体化在推动长三角区域间的联动发展、消解区域间行政壁垒的过程中发挥了先导性作用。第三，以上海为龙头的多元网络化的世界大都市群已粗具规模。第四，区域创新体系的

① 数据来源：国家统计局(http://www.stats.gov.cn/)

框架根基已成型,长三角区域持续开展创新活动。

新时期,长三角一体化又发生了转变。基于“四高”新标准,实现高质高速发展。“四高”新标准包括经济发展的高质量、空间结构的高优化、市场机制的高效率和区域政策的高集成。第一是经济层面的高质量。在资源禀赋差异与技术进步的基础上,各地区围绕产业链的现代化,推进更高水平的产业协同发展。第二是空间层面的高优化。营建“‘多重心’+‘一网络化’”的空间结构,重塑长三角经济地理。第三是市场机制层面的高效率。冲破省行政区的限定,修复建设一体化的交通网、信息网,构建要素一体化的市场。第四是地区政策层面的高集成。进一步完善区域合作机制,三省一市相关政策应在“最大公约数”的基础上相一致。基于“四高”新标准,在新的时期,长三角一体化也呈现出了五大亮点。亮点一:初次以中共中央、国务院联合文件发布规划纲要,长三角同京津冀协同发展,以及与粤港澳大湾区建设“互协共享”,在中国发展进程中补充了高质量发展的关键一环。亮点二:突出“示范区”和“新片区”两个重点区域的引领带动作用,以点带面先行突破,体现了习近平新时代中国特色社会主义思想求真务实的方法论。亮点三:三省一市26城意愿空前高涨、行动空前统一,区域合作协同机制从“三级运作”到合署办公,推动一体化发展从共识逐步变成现实。亮点四:各地牢牢把握“一盘棋”的实践要求,制定了可供操作的行动方案,深化分工,扬长避短,把各自优势变为区域优势,提升了区域发展的整体效能和核心竞争力。亮点五:打破行政壁垒,促进资源高效配置,产业创新协同、交通共建、生态共保、服务共享等一批重大项目进展顺利,成为检验一体化成果的试金石,激发“强劲活跃增长极”。

长三角一体化的发展成效明显、亮点突出,但也存在不足。在日后的发展中,长三角地区应在资源创新、外资引进等方面进行完善。

在资源层面，该地区要提高资源、能源的利用效率，鞭策相关产业的重构与优化升级；同时要重视科技这一要素对一体化发展的空间溢出效应。在外资层面，长三角地区要优化外资，在创造良好外商投资环境的同时，更加注重投资质量与效益。

### （二）长三角一体化发展特色

长三角区域自我国实行城市群发展机制以来，便在持续发展。该区域内的各省市、地区之间的联系和交流也越发密切，相应的合作发展机制也不断进入新的领域。现今该一体化进程在持续推进，长三角城市群也同美国东北部大西洋沿岸城市群、北美五大湖城市群、日本东海道城市群、欧洲西北部城市群和英国中南部城市群一起，并称为“全球六大城市群”，在多方面显示出独特的一体化特色。

从经济优势来看，长三角地区的经济总量惊人，有足够的资金支撑该地区各产业的高速发展。如图 1-11 所示，2019 年长三角地区生产总值为 23.7 万亿元[①]，约占全国的 23.9%，同比增长 6.4%，高于全国增速 0.3 个百分点。经济结构层面，长三角地区以工业投资引领固定资产投资增长；服务经济支撑作用加强，长三角地区 2019 年第三产业增加值同比增长 7.4%[②]。与此同时，金融的支撑也是长三角一体化的优势所在。2019 年，长三角地区中国人民银行分支机构坚持贯彻落实稳健的货币政策，适时加强逆周期调节、货币信贷和社会融资规模适度增长。2019 年底，长三角本外币各项存款余额为 47.6 万亿元，占全国比重的 24.0%，同比增长 9.9%，比全国高 1.3 个百分点；各项贷款余额为 38.2 万亿元，占全国比重的 24.1%，同比增长 13.5%，比全国高

① 数据来源：2019 年央行报告

② 数据来源：2019 年央行报告

1.6个百分点；社会融资增量累计6.2万亿元，同比多增1.4万亿元[①]。充足的资金、优化的经济结构及良好的金融信贷环境等优势，为长三角地区各产业发展提供了强有力的资本基础与经济环境。

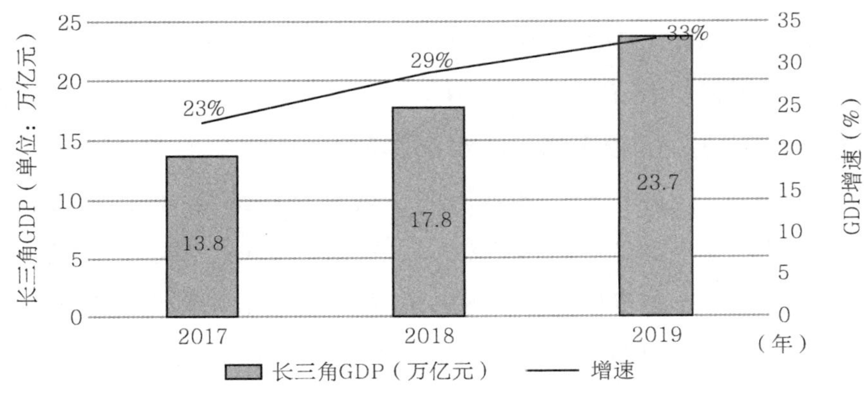


**图 1-11 长三角2017—2019年GDP及增速[②]**

从信息优势来看，长三角城市群一体化的发展使得该区域内各地区间的信息分享有极大的优势。在长三角一体化的历程中，金融数据等共享平台相应成立。2019年，我国构建了长三角金融数据共享信息平台。该平台的打造使长三角能高效开展关键要素的共享，有利于形成该区域经济合力。

从基础设施来看，长三角一体化使得三省一市的基础设施互联互通，城市间距离压缩。随着轨道上的长三角根基建成，省际公路通达能力也得到了提升，世界机场群体系在前两者的协助下也基本形成。到2025年，铁路网密度将达到507千米/万平方千米，高速公路密度达到5千米/百平方千米，5G网络覆盖率达到80%。一系列的重大项目，比如沪杭磁悬浮、南通新机场、沪舟甬跨海通道等，使长三角的立

---

① 数据来源：2019年央行报告

② 数据来源：国家统计局（http://www.stats.gov.cn/）

体化交通体系逐步实现。这些基础设施的互联互通缩短了长三角区域内各地区的时空距离。距离的压缩对产业发展来说是较大的优势，产业间的物流等环节的效率都会提高，这对区域内产业的高质量发展十分有利。

从服务来看，长三角地区在一体化发展中，服务得到了提升，服务均等化与就医养老优势凸显。相比我国其他省市，长三角区域率先完成了基本公共服务均等化的目标，异地之间服务的便捷度也随之得到了增强。比如实现异地就医门诊费用直接结算，强化优质公共服务资源的优化配置。与此同时，长三角跨区域的养老模式凭借其独特的优势而受到普遍欢迎。长三角内的大城市与县级市等小区域的需求不对等，大城市是养老服务跟不上实际需求，而小区域（县级市和城镇）却存在养老资源闲置的情况。伴随着一体化进程的发展，该区域的养老资源逐步与养老需求匹配，无障碍、跨区域式养老成为“焦点”。

从产业的密集度来看，长三角的一体化有助于打造世界级的产业集群，为大众提供更多优质、丰富且合适的岗位。围绕电子信息、生物医药、航空航天、高端装备等十大领域，建设一批国家级战略性新兴产业基地；聚焦集成电路、新型显示、物联网、大数据、人工智能等十大重点领域，培育一批具有国际竞争力的龙头企业。浙江与该区域其他省份共同打造长三角数据中心，借此合力构建世界级别的产业集群。上海进行定位与分工，创造自己在细分功能、产业领域方面的独特优势。这些产业集群与独特优势的发展，使得在长三角地区有更多“高精尖”岗位可供选择。

从生态环境来看，在长三角一体化进程中，我国对生态环境的重视程度也在不断加强。建立了生态环境协同监管体系，预计到2025年，长三角的细颗粒物（PM2.5）平均浓度整体达标，地级及以上城市的空气质量等级为优良的天数比率达 80% 以上，跨界河流断面水质达标率达 80%。

对长三角生态环境的共同保护与联合治理具体反映在施家堰。施家堰南北走向，东岸连接上海，西岸连接浙江，充当着“浙沪界河”的身份。该区域内的各省、市政府通过签订施家堰界河保洁合作协议，明确及细化了各区域的环境管理范围与职责。基于此，各区域负责人及民众对生态的多样化保护行动也在扩展。如今，从南京到杭州的宁杭高速公路沿线，分布着太湖流域最美的风景，涉及的两省也正在共同申报宁杭生态经济带，将“生态共治”进行深化。

### （三）长三角医药产业发展布局

长三角各省市为鞭策医药产业的发展，都颁布了明确且详细的计划。长三角地区三省一市在医药产业发展的规划布局层面也各有侧重，为长三角医药产业的发展提供了方向指引，如表 1–13 所示。

**表 1–13　长三角三省一市医药产业发展布局侧重点**[①]

| 省/市 | 规划侧重点 |
| --- | --- |
| 上海市 | 打造中医药人才高地，提高医药国际化水平 |
| 浙江省 | 改造现有医药工业集聚区，建设一批特色优势突出、产业链协同高效、核心竞争力强、公共服务体系健全的现代制药模式示范基地 |
| 江苏省 | 提升本省医疗机构的服务能力 |
| 安徽省 | 培育大型龙头企业，发挥其带动和资源整合作用，提高产业集中度 |

① 数据来源：中项网—省/市医药工业发展规划（https://www.ccpc360.com/）

1. **上海市**

上海市作为长三角医药产业发展的龙头，充分借助长三角一体化的优势，以统筹发展、继承创新为基本原则，为提高我国医药产业国际化水平做出了极大贡献。上海医药产业的规划侧重于打造中医药的人才高地与助推医药国际化的进程，如表1-14所示。在打造医药人才高地层面，上海围绕国家“世界一流大学和一流学科”建设总体要求，推进上海中医药大学学科建设，为继续保持上海中药学科全国第一的地位、中西医结合学科稳居全国三甲提供支持。并且，上海还结合国家中医药传承与创新“百千万”人才工程的实施，推进本市全国中医药高层次人才培养基地建设。上海借助“名医高级经验传承班”等人才专门化的系统，根据这些人才的“履历”总结出对医药人才培养的经验与模式，以此促进本市中医药人才高地的建设。在医药国际化层面，上海加强与国际组织间的交流与合作，继续支持ISO/TC249秘书处和传统医学疾病分类标准研究与评价中心建设，围绕WHO传统医学发展战略目标，开展医药标准的研究，把握中医药国际标准制定的主导权。与此同时，上海市还对国际化的医药体系的服务能力进行了重新调整，通过多渠道吸引资本进入。基于此，该市便可在资本、体系的基础上，为国外的消费者提供针对性或差别化的医药服务，在发挥我国中药优势的同时又带动了医药产品的消费需求。

**表1-14　上海市医药产业发展布局重点内容**

| 类别 | 主要内容 |
| --- | --- |
| 基本原则 | 以人为本，继承创新，深化改革，统筹发展 |
| 医药发展目标 | 医药对健康服务发展和提高居民健康水平的贡献度进一步凸显，在建设健康城市中发挥积极作用，建立医药事业发展高地 |
| 主要任务 | 完善医疗服务体系，优化医疗资源配置 |

续表

| 类别 | 主要内容 |
| --- | --- |
| 主要任务 | 强化医药内涵建设,提升医药服务能力 |
| | 推进中医药继承与创新,提升中医药竞争力 |
| | 加强医药学科建设,打造医药人才高地 |
| | 推动中医药国际化,促进中医药海外发展 |
| | 弘扬中医药文化,提高中医药健康素养 |
| | 推进医药法治化建设等,提高医药治理能力 |
| | 落实国家规划,引领事业发展 |
| | 强化行业管理,加强发展研究 |

2. **浙江省**

浙江省指出医药产业在"十三五"期间面临医药市场需求持续增长等六大新形势。受新形势的影响,浙江省医药产业通过对国家层面战略的深层次理解,始终坚持"质量为先"等五大基本原则,培育发展了浙江省医药龙头骨干大企业、大集团,形成上下游一体化、核心竞争力强的企业集团。浙江省医药产业发展规划布局的重点内容如表1–15所示。

**表1–15　浙江省医药产业发展规划布局重点内容**

| 类别 | 主要内容 |
| --- | --- |
| 基本原则 | 质量为先,创新驱动,绿色发展,结构优化,"两化"融合 |
| 医药发展目标 | 医药工业整体素质明显提升,产业结构和产品结构不断优化,绿色发展和智能制造水平明显提升,医药储备和供应保障体系更加健全 |
| 主要任务 | 增强创新能力,提高核心竞争力,完善政产学研用的协同创新体系 |
| | 优化产业结构,提升集约发展水平 |
| | 提升质量标准,打造浙产医药品牌 |

续表

| 类别 | 主要内容 |
| --- | --- |
| | 推广现代制药模式，强化绿色安全 |
| | 深化"两化"融合，推动智能制造 |
| 主要任务 | 加快"走出去"步伐，提升国际化水平 |
| | 创新储备新模式，加强药品供应保障 |
| | 培育新兴业态，拓展产业新领域 |

在医药集聚层面，浙江省借助长三角一体化下的充足资本、可共享的信息网络、高质量的服务等优势，集中力量对那些高污染、低成效的医药企业的汇聚模式进行调整并升级，以此打造出具有长三角特色、运作高效的新时期医药典型示范基地，全面提升该区域的医药竞争力。具体而言，就是在本省的各个市级城市或发展良好的区都能有典型的基地/园区，以此打造浙江省医药"名片"，如表1–16、1–17所示。

表1–16 浙江省打造医药"名片"（市级城市）

| 地区（市） | 基地/园区 |
| --- | --- |
| 杭州市 | 杭州生物产业国家高技术产业基地 |
| 台州市 | 台州国家医药新型工业化产业示范基地 |
| 绍兴市 | 绍兴现代医药高技术产业园区 |

表1–17 浙江省打造医药"名片"（发展良好的区/县）

| 地区（区/县） | 产业园/特色医药镇/示范区 |
| --- | --- |
| 杭州东部 | 医药港小镇 |
| 湖州德清 | 德清省级生物医药产业集群示范区 |
| 嘉兴平湖 | 平湖生物技术产业园 |
| 杭州余杭 | 余杭生物医药高技术产业园区 |

续表

| 地区(区/县) | 产业园/特色医药镇/示范区 |
| --- | --- |
| 杭州富阳 | 富阳药谷 |

**3. 江苏省**

当前我国经济发展方式正从规模速度型转向质量效率型，传统行业受“互联网+”等新业态、“大数据”应用等新技术的影响，也发生着深刻变革。医药产业作为经济转型进阶的重点抓手，在经济新常态下面临着许多机遇。因此，江苏省借助长三角的地域优势和一体化发展带来的经济、资源优势，在全国率先完成综合医改任务，其医药产业发展布局重点内容如表1-18所示。

**表1-18　江苏省医药产业发展布局重点内容**

| 类别 | 主要内容 |
| --- | --- |
| 基本原则 | 以人为本，服务大局，政府主导，问题导向，突出重点 |
| 医药发展目标 | 全省中医药服务体系更加健全，规模进一步扩大，效益显著提高。江苏成为在全国具有示范引领作用的中医药发展高地，整体实力保持全国领先地位 |
| 主要任务 | 大力推动中医药服务体系建设 |
| | 全面提升中医医疗机构服务能力 |
| | 持续强化基层中医药服务能力 |
| | 拓展中医药健康服务领域 |
| | 切实推进中医药继承与创新 |
| | 繁荣发展中医药文化 |
| | 加强中医药信息化建设 |
| | 进一步加强中医药人才队伍建设 |
| | 积极开展中医药对外交流合作 |

与浙江省有所差异的是，江苏省更侧重提升本省医疗机构的服务能力。比如，江苏省强化市级以上中医院（中西医结合医院）内涵建设，充分发挥中医药特色优势，着力提升综合医疗救治服务能力；设置更多高品质的中药房及临床科室，建设更具服务意识的综合性医院和专科医院；完善医药的标准，使得95%以上的三级综合医院中医科、中药房达到国家标准，90%以上的二级综合医院达到国家标准；强化中医药监督体系建设，推行属地化管理，规范中医药医疗行为，规范中医药机构、人员、技术准入和信息发布，强化中医药从业人员管理，探索建立中医药行业"负面清单"制度和中医药全行业监管机制，依法严厉打击非法行医和扰乱正常市场秩序的行为。

**4. 安徽省**

安徽省医药产业发展布局的重点内容如表1–19所示。由于自身科技力量总体偏弱、科研创新成果转化低、企业高素质人才不足等原因，在促进医药产业发展的进程中，安徽省把重点放在培育大型龙头企业，发挥龙头带动和资源整合作用，进一步提高产业集中度上。细化后则是集中资源落实骨干企业的培育工程和产业集聚项目。在骨干企业的培育层面，安徽省融合资本、知名度、信息及人才等诸多要素，基于市场的决定性作用和符合法律的兼并重组模式，助推医药产业链上中下游的深度融合，促进医药产品及医药延伸品的推广与销售，最终打造集产业链各环节于一体的具有高竞争力的公司。基于此类企业，安徽省可以再借助其配套资源等优势，支持其他中小型医药企业的新发展。在"大企业"的带动下，又能发展出一批具有竞争力的中小企业，实现"大企业"与"小企业"的互利共赢。在产业集聚层面，安徽省围绕生物制药、现代中药、高端医疗器械等重点领域，引导产业集聚。以亳州谯城、阜阳太和、合肥高新区、巢湖、芜湖等产业园区为载体，加快完善配套设施和产业链配套，提高产业集中度，在医药产业领域建设一批集具发展战略性的新兴产业基地。

表 1-19　安徽省医药产业发展布局重点内容

| 类别 | 主要内容 |
| --- | --- |
| 基本原则 | 质量优先，持续发展；突出重点，集聚发展；创新驱动，科学发展；节能降耗，绿色发展 |
| 医药发展目标 | 基本建成优势突出、结构合理、产业链完整的现代医药产业体系，产业综合实力和产业竞争力显著提高 |
| 主要任务 | 实施创新能力提升工程 |
| | 实施骨干企业培育工程 |
| | 实施产业集聚发展工程 |
| | 实施质量安全水平提升工程 |
| | 实施“徽药”品牌塑造工程 |
| | 实施智能生产工程 |
| | 实施绿色发展工程 |
| | 实施服务平台建设工程 |

### (四)长三角一体化推动医药产业高质量发展

习近平总书记强调推进长三角高质量一体化进程，促进长三角医药产业蓬勃发展，上海要充分发挥龙头作用，苏、浙、皖要各扬所长。长三角地区的医药企业在习近平总书记讲话精神的指引下，不断深化与本区内外的高等院校、科研院所及各大知名医院的合作，提高创新策源能力，打造“一极三区一高地”。与此同时，长三角也要充分发挥上海的引领作用，建设具有长三角特色的世界级城市群，辐射带动全域的高质高速发展。

在新常态下，长三角地区医药产业的发展呈现出新趋势，因此，长三角一体化如何利用好优势进一步推进医药产业的发展成为重点。

新趋势主要体现在以下几个方面：第一，医药这一产业的发展迎来新导向，创新药是该产业的热点，各类与之相关的计划、政策都陆续出台；第二，营商环境助推医药前沿科技等的布局，各类专业化的基金机构、投资公司等都支持着医药相关领域；第三，医药新蓝海出现，医药与技术的融合是当前新趋势，肿瘤免疫治疗、精准医疗成为医药界的“时尚”；第四，深化国际和区域合作成为产业发展的新动力；第五，突破时空局限，中医药在全球竞争中更具竞争力。

基于长三角医药产业发展的新趋势，长三角地区在借助一体化优势推动医药产业高质量发展的过程中需要重视以下五点。第一，政府要在政策层面加大力度，充分借助多形式的优惠来减免医药产业在发展过程中的费用，使得相关公司能有更多的资本投入到医药研发等关键领域。与此同时，政府也需要鼓励各类公益基金组织支持医药的发展，为医药研发、生产制造、物流、销售等各环节提供资金或科技的支持，以强化政府在医药产业高质高速发展中的作用。第二，区域内的企业需要审核调整。长三角地区医药企业不少，但大小规模杂乱，资源分散，带来的效果并不显著。因此，各地负责人需对其规模进行统计，依据大数据或云计算，来规划出合理的资源使用方案，实现既能打造本行业龙头企业，又能带动小企业高效繁荣的局面。第三，长三角地区要充分发挥资金链和产业链的“桥梁”作用，使创新人才能主动聚集。人才的聚集关键是要具备完善的资源，借助资本化或股份化的形式，促进医药成果的转化，以此调动人才的积极性。第四，长三角地区要加强舆论引导，优化医药产业发展环境。当前各类医药造假等问题频发，微博等社交媒体带来的一些舆论易错误引导民众的价值观与认知。因此，政府层面要严格审核“热搜”“头条”等的真实性与准确性，及时向大众公布正确的“回答”，及时扭转公众的错误认知。通过对舆论的正确引导，优化长三角地区医药产业发展的环境。第五，长三角地区要优化产业布局。加强长三角各省、地区医药产业发展的宏观布局，推进长三角医药产业协同，科学编制医药产业规划，合理布局拓展产业发展空间，设立准入门槛。

基于以上新趋势，长三角区域内的各省市政府要对本区特色优势有清晰的认知，借助特色优势来形成自己独特的医药发展路径，以此建立起区域特色鲜明、符合时代需求的高水平医药集群。

具体到长三角地区的各省市，如何借助一体化优势来促进医药产业的发展则各有差异。

**1. 上海：人才优势推动医药产业健康发展**

上海是医药产业的“龙头”，具有独特的产业基础和地理位置优势，“识人”“用人”是其借助一体化推进医药发展的关键。在一体化进程中，上海有组织优势，也有战略优势，是四大直辖市之一，是国家中心城市，并正迈向国际经济中心和科技创新中心。以上这些优势为上海引进海内外的人才奠定了基础。经济总量处于全国前列的上海对知识型人才有着极大吸引力，再加上“上海都市圈”是长三角一体化的经济支柱，对人才入沪提供了经济吸引。与此同时，复旦大学、同济大学、上海海事大学、东华大学等上海知名高校更为流入的医药人才提供了良好的学术气氛和人才互动平台。与其他省市不同的是，上海作为国际著名港口城市，有吸引国外优质医药人才的优势。因此，在推进长三角医药产业发展的过程中，上海市首先要在人才优势的基础上充分识别与挖掘对医药产业发展有利的优质人才，其次要充分利用高校的学术科研能力，为与医药产业发展相关的人才提供学术交流与互动的平台，再次需要制订专门的人才引进计划，从外部引进创新人才，借助经济实力给予入选的专家人才以资助。同时，上海市还应该通过科技转化为成果的政策来激发人才的创新活力。科技转化为成果，意味着可以更好地保护发明人或者科研人的权益，以此进一步对已有的人才进行创新激励，更充分地发挥人才的潜力与作用。借“识人”“用人”，上海市充分强化人才的培育，为整个长三角区域医药产业的发展做好人才供给。

2. 安徽：龙头企业带动医药产业加速发展

整体实力相对较弱的安徽省，在长三角一体化的进程中更多是受到帮扶的，但其也能对长三角医药产业的高质量发展做出贡献。相比上海市，安徽在人才上是弱项；相比浙江省，安徽在科技层面上也较弱；相比江苏，安徽也没有“药谷”的基础。但作为长三角一体化进程中的一环，安徽省可充分借助长三角地区其他城市的力量来孵化一批医药小巨人企业。首先，安徽省需要细化并且确定重点投资的对象。由于本身人、财等资源有限，因此安徽更应将资源集中利用于重点环节、重点对象。其次，安徽省需充分借助长江三角洲一体化带来的资金、政策与科技优势，对本省确定的重点投资对象进行强化培养。再次，安徽省可以通过鼓励企业重组、联合等形式对重点医药企业进行加速培育，以此打造出大型医药龙头企业，充分带动整个安徽省的发展，最终促进长三角医药产业的高质量发展。总体而言，安徽省在长三角一体化的优势下，从资金支持、金融支撑、土地供给、税收减免、政策扶持等多角度、多层面来加快培育医药领域的龙头企业，以龙头企业带动长三角医药产业的高质高速发展。

3. 浙江：科技助推医药产业高速发展

浙江省凭借杭州“数字经济第一城”的优势，在长三角地区城市发展中较为突出。该省虽然在医药人才的吸引方面不敌各方面优越的上海，但科技实力不凡。“科技”将成为浙江省借助长三角一体化优势促进医药产业发展的“底气”。“IT+BT”和大数据、AI 等技术优势，推动着中医药的升级与创新。目前，杭州市已初步形成“一核三园多点”的生物医药产业布局，各有重点。“一核”指杭州经济技术开发区，

“三园”涵盖余杭区、杭州高新开发区（滨江）、杭州大江东产业集聚区，“多点”指湘湖智慧健康小镇、富春山健康城、临安天目医药港等一批生物医药产业特色基地[①]。在整个长三角医药产业的发展中，浙江省需要做的是利用大数据及生物信息技术等优势，打造科技创新园区，建设一批高科技医药基地，为长三角地区医药的发展提供强有力的技术支撑。

与此同时，浙江还可以在长三角一体化优势中，借助工业互联网来实现长三角医药产业的升级，借助现有的AI等技术优势，依靠工业互联网来有效衔接企业、消费者，并确保安全性与准确性，以此更加有效地促进浙江省医药企业的转型与升级。

**4. 江苏:“药谷”促进医药产业高质发展**

与上海市和浙江省相比，江苏省虽有多所知名高校，但其综合的学术能力仍不足以建造“生物医药城”，因此必须另谋出路。BioBAY的兴起也证明了江苏省在长三角医药产业发展进程中可以承担一定的责任。目前，430余家生物医药高科技创新企业在这里聚集，产业集聚的优势为长三角医药产业蓬勃发展带来极大可能。在接下来的医药产业发展中，江苏省应致力于打造“药谷”，使自身成为长三角医药产业的“医疗中心”。这意味着，江苏需要对各类医药、医疗资源进行整合完善，既要对三甲医院及临床研究型医院的配置进行强化，也要促进医药企业的横向和纵向合作，建立创新信息网络。横向合作，具体而言，是指江苏省的医药企业与长三角其他区域的医药企业借助地理位置上的临近优势，形成合作关系。纵向合作，具体则是江苏的企业借助长三角各省市政府的力量达成合作。通过以上举措，从整体上提升江苏省作为长三角医药产业发展“药谷”的实力与水平。

① 数据来源：腾讯·大浙网(https://new.qq.com/d/zj)

## 四、本章小结

作为经济发达地区的长江三角洲，因其独特的经济发展意义与政治、社会意义而被国家乃至世界重点关注。最终，在满足国内外需求的情况下，长三角一体化战略逐步发展并得以实施。包含26个城市的长三角地区，目前处于发展阶段的第四步，在政府和各组织等的支持下，迎来了新的发展。在经历各阶段的发展后，长三角地区仍需在资源创新、外资引进及发展机制等层面进行完善。

随着该区域一体化进程的加快，长三角地区优越的资本环境、共享的信息平台、互联互通的基本设施、均等化的服务、产业集群与生态环境等优势逐渐凸显。在这一进程中，关系民生的医药产业成为焦点。

我国作为全球最大的新兴医药市场，直面国际化的竞争，涌现出了恒瑞医药、迈瑞医疗等知名医药企业。近几年的医药研发投入及医药企业的收入，整体都呈现出增长的趋向。聚焦长三角医药企业的发展，可发现长三角地区的医药制造业在经历了集而不群阶段（1979年以前）、分散集群化阶段（1980—1990年）、集聚集群化阶段（1991—2000年）和整合集群化阶段（2001年以后）之后，逐步形成了完善的医药产业链。

医药产业持续发展，与之相关的问题也开始暴露。比如产业规模较小与质量规模差距悬殊、管理及协调机制有待改善、选人留人难、技术存在“脱钩”风险、产业链各环节存在阻碍、制造业外流、政策支持力度不够等问题都不断涌现。面对这些问题，长三角地区的各省市均进行了应对。上海市通过优化医药企业的组织结构、加强医药工业企业的集中度、加速新旧动能的转换等具体举措来应对。浙江省则是投入大量资金在创新药、生物药、创新医疗器械等多个方面，并取得明显进步。同时，浙江省还建立生物医药类国家高新技术企业近500家，建有余杭生物医药、绍兴现代医药和台州现代医药三个医药类的省级高新园区，为长三角地区医药产业的发展保驾护航。江苏省则是借助三大关键点，在原始创新能力建设上抢占制高点、在技术创新和服务上解决"脱钩"风险、加强临床研究能力和水平的建设、加强药物经济和药政研究及办事能力的建设、培育和支持本地现存相关的科研机构等，以此解决长三角医药企业面临的问题。

近年来，国际对我国医药，尤其是对中医药的认可程度在持续提高。2015年，我国屠呦呦教授因青蒿素获得了诺贝尔生物学和医学奖。这一消息，使得医药，尤其是我国的中医药在国际上的认可度得到了很大程度的提高。之后，"健康中国2030"等战略的支撑，也为长三角医药产业的发展带来了机会。2019—2020年持续蔓延的新型冠状病毒感染的肺炎疫情更是催化了医药产业。

在这些发展机遇及长三角各省/市医药产业发展规划的引导下，长三角借助一体化的发展优势，基于上海市、浙江省、江苏省和安徽省对医药产业发展的详细规划，来鞭策长三角医药产业的蓬勃发展。上海市基于经济对人才的吸引，在较为庞大的"人才库"中进行人才的识别，然后借助政策优惠、科技支撑，对人才进行有效配置，并且通过科技转化为成果的形式来激发这批人才的创新活力，以此推动整个长三角地区医药产业的蓬勃发展。安徽省在其他优势不明显的前提下，集中资源至关键的医药环节，重点培育医药行业里的龙头企业，以龙头企业带动安徽省的中小医药企业发展，最终促进长三角医药产业的发展。浙江省在拥有信息技术、生物技术、大数据、人工智能等独特技术优势的基础上，培育"一核三园多点"的医药产业布局，以此助推长三角地区医药产业的高速发展。江苏省充分集合各类资源，提高医疗产业的服务意识，致力于打造"药谷"，成为长三角医药产业的"医疗中心"，以此促进长三角地区医药产业的高质量发展。

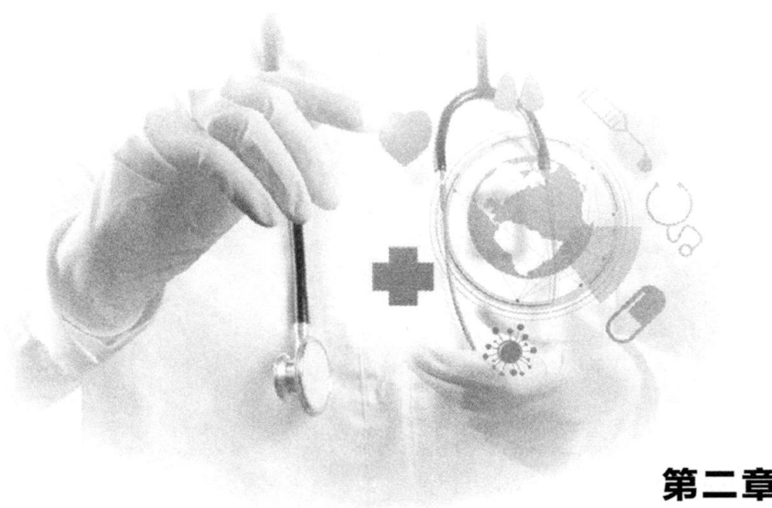

# 第二章

# 长三角医药龙头企业发展质量研究

## 一、中国医药企业研究述评

市场对医药领域产品需求的增强和中国对医药行业的扶持等多方面因素催化着医药行业的发展。2019年底，新冠肺炎疫情暴发使医药行业再次成为大众的焦点。医药作为一个较为宽泛的领域，经过多阶段、多时期的发展，逐步被细化为多个具体领域，涵盖了中药、化学药、生物药、医药商业和医疗器械等领域。在医药的细分领域中，中国也不断涌现出恒瑞医药、迈瑞医疗、智飞生物等实力强劲的典型企业，为长三角地区乃至全国的医药企业发展提供了良好的范本，如表2-1所示。

表2-1　我国医药企业股市值TOP20排名(2020年7月16日)[①]

| 排名 | 企业名称 | 市值(亿元) | 股价(元/每股) | 2020年以来涨跌幅(%) |
| --- | --- | --- | --- | --- |
| 1 | 恒瑞医药 | 5113 | 96.35 | 32.46 |
| 2 | 迈瑞医疗 | 4020 | 330.70 | 83.31 |

① 数据来源：东方财富网(https://www.eastmoney.com/)、上市公司公告、米内网(https://www.menet.com.cn/)

续表

| 排名 | 企业名称 | 市值(亿元) | 股价(元/每股) | 2020 年以来涨跌幅(%) |
| --- | --- | --- | --- | --- |
| 3 | 药明康德 | 2325 | 100.58 | 53.42 |
| 4 | 智飞生物 | 1977 | 123.55 | 148.79 |
| 5 | 长春高新 | 1822 | 470.50 | 110.99 |
| 6 | 爱尔眼科 | 1331 | 44.20 | 45.78 |
| 7 | 云南白药 | 1302 | 104.17 | 20.53 |
| 8 | 康泰生物 | 1103 | 193.68 | 120.62 |
| 9 | 片仔癀 | 1100 | 182.90 | 67.72 |
| 10 | 君实生物 | 1033 | 126.30 | 127.57 |
| 11 | 甘李药业 | 1033 | 257.56 | 306.76 |
| 12 | 复星医药 | 988 | 38.55 | 44.92 |
| 13 | 华兰生物 | 912 | 49.99 | 87.02 |
| 14 | 沃森生物 | 877 | 57.01 | 75.74 |
| 15 | 万泰生物 | 867 | 200.00 | 1286.00 |
| 16 | 康龙化成 | 832 | 104.78 | 103.89 |
| 17 | 泰格医药 | 803 | 107.78 | 70.49 |
| 18 | 乐普医疗 | 771 | 43.25 | 31.54 |
| 19 | 华熙生物 | 694 | 144.55 | 73.32 |
| 20 | 新产业 | 673 | 163.52 | 420.93 |

## 中国医药细分领域研究

### 1. 中药领域

作为既具有较大商业价值，又具备独特历史印记的“产品”，中药一直受到大众的关注与重视。中药这一医药范畴又包括中药饮片、中成药和提取物等多个子行业，其中的中药饮片与中成药是近几年中药发展的重点板块。由于中药的历史特性，中药市场有一定的限制。除了我国这一市场外，越南、泰国及新加坡等东南亚国家和全球化中的华裔也为中药的发展提供了具有一定需求的平台与市场。总体而言，中药的市场规模在全球中较大，而在中国，中药这一领域的市场规模虽有变动，但也已超8109亿元，如图2–1所示。

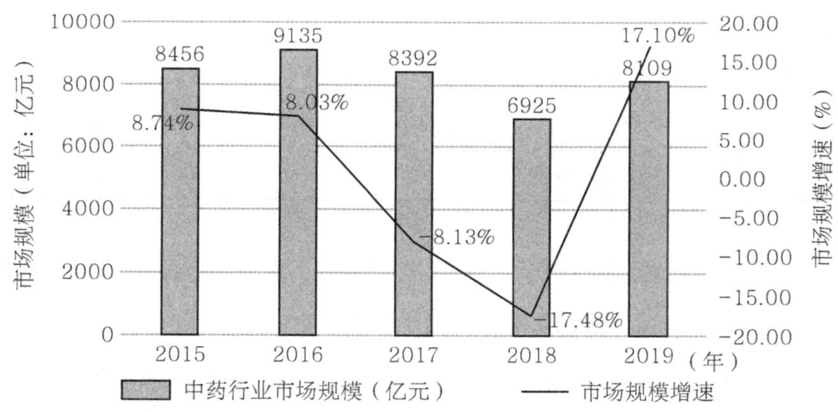


**图2–1　2015—2019年我国中药行业市场规模及其增速①**

聚焦我国中药行业中的企业，可发现该细分领域的企业在各省分布较不均匀，主要分布在吉林、安徽、江西、广西、广东等省。细化到具体的中药类公司，则是云南白药集团股份有限公司、片仔癀（漳州）医药有限公司、中国北京同仁堂（集团）有限公司等企业最为突出。中药领域这些企业的领先作用不仅体现在企业总市值上，也体现在市盈率上，其中云南白药便凭借1403.62亿元的高市值在中药领域占据比较重要的地位，如表2–2所示。

① 数据来源：国家统计局（http://www.stats.gov.cn/）

表 2-2　我国中药领域典型公司市值及市盈率（2020 年 7 月 21 日）[①]

| 企业名称 | 股票代码 | 总市值（亿元） | 市盈率 |
|---|---|---|---|
| 云南白药 | 000538 | 1403.62 | 40.00 |
| 片仔癀 | 600436 | 1169.53 | 81.34 |
| 沃华医药 | 002107 | 68.80 | 44.31 |
| 东阿阿胶 | 000423 | 23.74 | -25.81 |
| 康恩贝 | 600572 | 154.97 | -45.35 |
| 中恒集团 | 600252 | 125.10 | 17.21 |
| 千金药业 | 600479 | 41.22 | 1.86 |
| 中新药业 | 600329 | 143.05 | 23.63 |
| 同仁堂 | 600085 | 373.18 | 42.63 |
| 九芝堂 | 000989 | 85.59 | 43.18 |

中药这一领域，因其历史而被广泛关注，但其发展并非持续顺畅的。自中国全面融入全球化以来，国家与国家之间的交流更加紧密，这有效促进了“中药”“西药”的互相“流入”。由于中西药的不断碰撞，中药的发展在中国显得较为波动，但总体趋向是积极的。中药发展的一个重要时间点是 2016 年 2 月，国务院发布《中医药发展战略规划纲要（2016—2030 年）》，将中药的发展提升到了国家战略层面。随后，中药领域整体发展及该领域相关企业的发展都趋于稳定。当前，中药的发展显现出了两大特征：覆盖城乡的中医医疗服务体系已基本建立，各社会主体在持续推进中药的传承与创新。

新时期，中药迎来了“新发展”，展现了“新风貌”。首先，我国较为丰富的医药层面的资源为中药产业的发展提供了“原料支撑”。我国拥有 8000 多种中医古典，12807 种药用动植物、矿物，这些资源都为中

① 数据来源：同花顺财经（http://www.10jqka.com.cn/）

药的深入发展奠定了基础。其次，作为历史传统，民众对中药的接受度相对较高。老龄化进程的不断加快促使消费者对中医的关注度有了明显的提高，中医逐步成为医药产业的“明星”。具体到中药消费者的需求，我们可发现中药的消费需求分布差异显著，老年群体对中药的需求更高。老年人植根于中国土壤，接触过中医，对中药的认可度及接受度都较高。最后，全球化浪潮、中国国际影响力的提升等因素也促进了中药在全球的发展。在2019年底暴发的新冠肺炎疫情中，中国医药充分体现了在国际上的影响力，同时展示了我国的大国担当风范。

2. **化学药领域**

化学药在多年的发展中又不断进行细分。目前该领域涵盖了大宗原料药及特色原料药。相较于中药，化学药虽起步较晚，但目前总体发展情况良好。总体而言，中国化学药领域中的原料药发展较为成熟，但相应企业在业务模式上处于低端。当前，我国化学药领域的典型企业主要是浙江新和成股份有限公司、湖南尔康制药股份有限公司及天长亿帆制药有限公司等，其中恒瑞医药凭借5269.60亿元的总市值在化学药领域占据着较为重要的地位，如表2-3所示。

**表2-3 我国化学药领域典型公司市值及市盈率（2020年7月21日）①**

| 企业名称 | 股票代码 | 总市值（亿元） | 市盈率 |
| --- | --- | --- | --- |
| 新和成 | 002001 | 655.34 | 25.61 |
| 尔康制药 | 300267 | 99.21 | 99.41 |
| 亿帆制药 | 002019 | 362.13 | 33.54 |
| 恒瑞医药 | 600276 | 5113 | 96.35 |
| 华东医药 | 000963 | 502.02 | 16.44 |
| 信立泰 | 002294 | 365.79 | 67.28 |

① 数据来源：同花顺财经（http://www.10jqka.com.cn/）

续表

| 企业名称 | 股票代码 | 总市值(亿元) | 市盈率 |
|---|---|---|---|
| 浙江医药 | 600216 | 188.10 | 52.51 |
| 恩华药业 | 002262 | 172.33 | 25.52 |
| 人福医药 | 600079 | 445.37 | 55.23 |
| ST 东盛 | 600771 | 71.78 | 71.55 |

对标全球,中国化学药领域的市场规模仍有待发展,但从总体趋势来看,中国在该医药细分领域的发展前景较佳。如图 2-2 所示,自 2013 年起,中国化学药的市场规模便在持续增加,虽然与全球化学药市场规模之比有所波动,但占比总趋势仍在提升。与此同时,该领域中的化学药品原料药销售收入的不断增加,也可证明化学药领域目前总体发展较好。

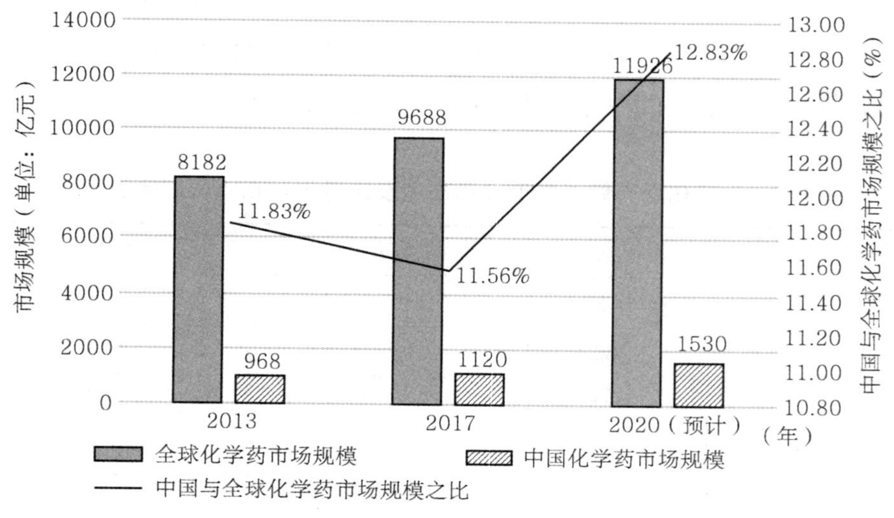


**图 2-2 全球及中国化学药市场规模**[①]

① 数据来源:智研咨询(http://www.ibaogao.com/)

中国是化学原料药的生产大国之一。在医药发展进程的不断加快中，中国逐步将化学原料药作为医药出口的支柱，并继续支持化学药产业与企业的发展。首先，中国的化学原料药集中度高，主要聚集在浙江与河北等6个省份。这些省份内的化学原料药因其产量较为稳定，可进行充分利用，为化学药产业的进一步发展提供了良好的基础。其次，中国该领域的产业链趋于体系化，专注于化学药的企业也由竞争转向合作共赢。化学药这一细分领域在中国的发展已逐步成熟，尤其是其中的大宗原料药行业。成熟的格局与高收益的吸引必然伴随着竞争，但中国各政策的介入及企业本身的转型，促使化学药领域相关企业由竞争转向合作。

**3. 生物药领域**

相比中药的独家秘方与悠久历史，生物药因其高技术含量而具有较高的行业利润。目前，生物药已成为全球医药行业发展最快的细分领域之一，全球市场规模已经超过2000亿美元，国内市场规模已经超过170亿美元。

生物药领域的医药企业主要运用生物技术对动植物材料进行生产，具体包括抗体药物、血液制品、体外诊断、重组蛋白和其他生物制品等，而抗体药物在其中的占比较大。具体到该领域发展较好的企业，则华大基因和长春高新等较为突出，其中的长春高新凭借1939.66亿元的总市值在生物药领域中占据着较为关键的地位，为该领域的企业发展提供了一定的借鉴与参照，如表2–4所示。

**表2–4　我国生物药领域典型公司市值及市盈率（2020年7月21日）**[①]

| 企业名称 | 股票代码 | 总市值(亿元) | 市盈率 |
|---|---|---|---|
| 华大基因 | 300676 | 648.96 | 203.97 |

① 数据来源：同花顺财经(http://www.10jqka.com.cn/)

续表

| 企业名称 | 股票代码 | 总市值(亿元) | 市盈率 |
|---|---|---|---|
| 长春高新 | 000661 | 1939.66 | 99.35 |
| 迈克生物 | 300463 | 286.10 | 59.31 |
| 海王生物 | 000078 | 126.25 | 67.14 |
| 华北制药 | 600812 | 224.89 | 121.15 |
| 四环生物 | 000518 | 47.36 | 126.52 |
| 安科生物 | 300009 | 265.84 | 190.56 |
| 通化东宝 | 600867 | 290.05 | 35.59 |
| 双鹭药业 | 002038 | 135.71 | 39.02 |
| 泰合健康 | 000790 | 33.35 | 59.82 |

生物药近几年在整个医药行业中发展显著,多层面的特征也逐步显现,成为我国乃至全球的新兴领域。首先,从全球层面看,生物技术的更新与优化带来了高品质的生物医药产品,使得获批准与销售的生物药产品显著增加。如图 2–3 所示,自 2015 年起,FDA 批准上市的生物新药每年都在增加,虽然由于基数较小,后期的增速不明显,但是数量的增加是有目共睹的。与此同时,从全球市场销售额层面看,2021 年生物药在全球市场的规模可达 3500 亿美元,市场份额增至 25% 左右。其次,从政策层面看,中国鉴于国内生物药相关企业起步晚、壁垒高等现状,推出相关政策为生物药企业的发展保驾护航。再者,从企业层面看,国内各医药企业逐步加大对生物药的研发投入,以此助推生物药这一细分医药领域产业的发展。此外,中国各级政府结合生物医药产业链的资源共享与生物医药产品获批上市对相关产品价格的拉低,为生物药这一细分领域的发展提供了强有力的支撑。

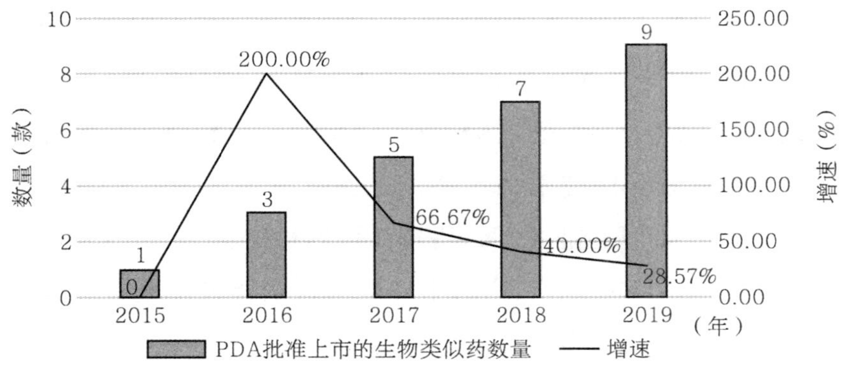


**图 2-3　FDA2015—2019 年批准上市的生物新药数量**[①]

2019 年，生物药领域的相关企业面临着机遇与挑战的"双面夹击"——新冠肺炎疫情的暴发。疫情虽然在短期内导致了中国整个生物药领域企业的股价下滑，但也给生物药企业的分化与整合带来了机遇。政府部门加强了对动植物的管控，也就意味着生物药领域的企业在研发与销售等产业链的各环节需要通过企业的强强联合等形式进一步优化，建造医药产业下的生物药产业生态圈。与此同时，中国这一细分领域的产业也将加速国际化。新冠肺炎疫情将全球各国紧密连接在一起，也见证着抗病毒等疫苗的无国界化。此后，中国抗病毒疫苗等生物药将不断加强国际化的建设，生物药这一细分领域的全球市场规模也将加速扩大。

**4. 医疗器械与医药商业领域**

医疗器械这一领域主要是生产或加工用于人体的仪器、设备、器具、体外诊断试剂及校准物、材料，以及其他类似或相关物品，包括所需要的计算机软件等。医药商业是指医药批发及零售。医疗器械和医药商业更像是医药产业的衍生品，但信息化时代与技术时代的来

① 数据来源：FDA（美国食品和药物管理局）

临使其作用逐步凸显。医疗器械在中国乃至全球都占据着一定的份额,预计2024年全球医疗器械市场销售额达5945亿美元[①]。2019年底暴发的疫情更为全球医疗器械市场销售额这一数值的提升提供了可能。医药商业和医疗器械在中国的医疗行业中往往是有所交融的,大多数医疗器械企业主要是进行医疗器械的销售,也容易与医药商业有所联系。目前,中国这两个细分领域的代表性企业主要是新华医疗和鱼跃医疗,其市值及市盈率如表2–5所示。

表2–5 我国医疗器械、医药商业领域典型上市公司市值及市盈率（2020年7月21日）[②]

| 我国医疗器械/医药商业领域典型上市公司 | | | |
|---|---|---|---|
| 企业名称 | 股票代码 | 总市值(亿元) | 市盈率 |
| 南京医药 | 600713 | 50.00 | 14.26 |
| 第一医药 | 600833 | 28.29 | 49.10 |
| 国药股份 | 600511 | 291.46 | 18.81 |
| 中国医药 | 600056 | 155.68 | 18.62 |
| 同仁堂 | 600085 | 373.18 | 42.63 |
| 国药一致 | 000028 | 205.33 | 16.82 |
| 鱼跃医疗 | 002223 | 370.72 | 41.72 |
| 新华医疗 | 600587 | 68.52 | 20.59 |
| 英特集团 | 000411 | 30.54 | 19.86 |
| 万东医疗 | 600055 | 95.94 | 44.86 |

由于医疗器械往往与医药商业有所交融,加之医疗器械领域在医药商业中较为突出,且在近几年中越来越受重视,因此,本章将对医

① 数据来源:Evaluate MedTech发布的《World Preview 2018, Outlook to 2024》

② 数据来源:同花顺财经(http://www.10jqka.com.cn/)

疗器械这一细分领域进行深入的调研分析。

医疗器械可细分为高值医用耗材、低值医药耗材、IVD、医疗设备等。从中国医疗器械领域的发展来看，高值医用耗材、医疗设备等各细分项目的市场规模有所差异，其中医疗设备的市场规模相对较大，占比高达56.80%，如图2–4所示。而典型的医疗器械企业如迈瑞生物、华大基因等公司则发展较为显著，列入中国2019年度医疗器械企业TOP10排行榜，如表2–6所示。

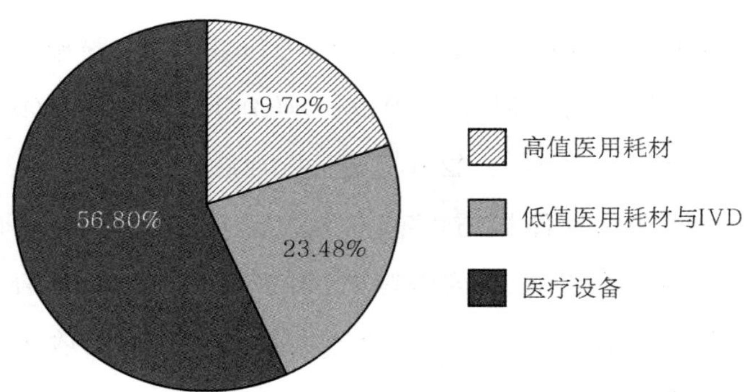


图2–4　我国医疗器械个子项目市场规模占比①

表2–6　中国2019年度医疗器械企业TOP10排行榜②

| 排名 | 企业名称 |
|---|---|
| 1 | 深圳迈瑞生物医疗电子股份有限公司 |
| 2 | 山东威高集团医用高分子制品股份有限公司 |
| 3 | 乐普（北京）医疗器械股份有限公司 |
| 4 | 上海微创医疗器械（集团）有限公司 |
| 5 | 上海联影医疗科技有限公司 |

① 数据来源：医械研究院

② 数据来源：米内网（https://www.menet.com.cn/）

**续表**

| 排名 | 企业名称 |
| --- | --- |
| 6 | 郑州安图生物工程股份有限公司 |
| 7 | 深圳市新产业生物医学工程股份有限公司 |
| 8 | 深圳华大基因科技有限公司 |
| 9 | 健帆生物科技集团股份有限公司 |
| 10 | 江苏鱼跃医疗设备股份有限公司 |

作为多学科与多知识交叉的医药细分行业,医疗器械与医药商业的发展虽迟,但行业势头良好。2017—2019年,医疗器械领域企业的主营收入持续增长,预计2022年可超过10000亿元,如图2-5所示。目前,中国虽然在医疗器械方面有一定的实力,但由于缺乏自主创新技术,医疗器械产品在技术结构等方面的差距影响了该领域相关企业的发展,因此,2017—2019年医疗器械企业主营业务收入的增速有所波动。但从可持续性来看,该医药细分产业的发展前景较为良好。首先,官方报告引领着产业发展的系统化、标准化。2019年10月,中国药品监督管理研究会与社会科学文献出版社共同发布的《医疗器械蓝皮书:中国医疗器械行业发展报告(2019)》,对我国的医疗器械进行了深入分析,为医疗器械领域进一步的成长提供了有力的支撑。与此同时,各类相关政策也陆续发布,其中以“两票制”“零差价”等最具代表性。其次,新冠肺炎疫情给该行业带来了新起点与新机遇。疫情期间,“方舱”模式医院的落地给大家带来了惊喜,随之而来的是配套的监护仪、呼吸机等设备的需求;与此同时,COVID-19核酸检测设备与试剂的需求也急剧增加,这些都引起了对医药器械需求的增长。从长期来看,疫情过后,借助技术创新的医疗器械行业有利于我国医药企业的转型,即从中低端市场逐步过渡至高端市场。

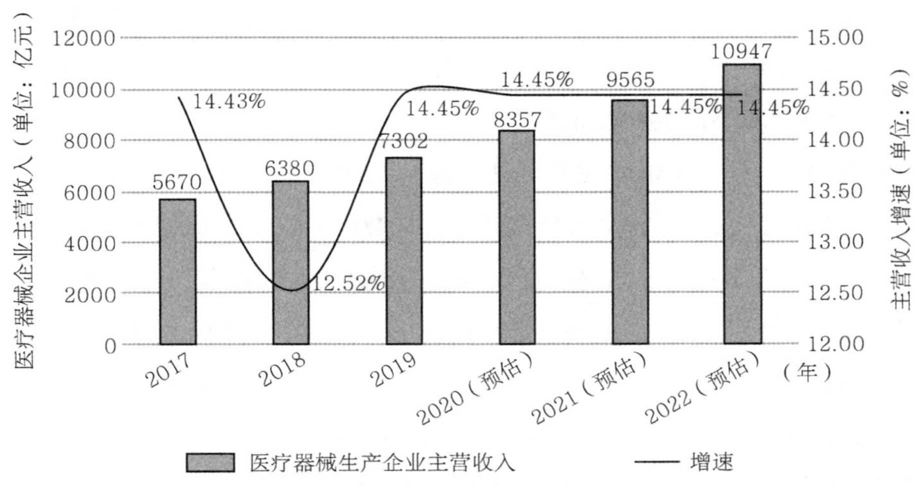


图 2-5　中国 2017—2022 年医疗器械企业主营收入①

## 二、中国医药细分领域对标企业分析

### (一)中药:云南白药

云南白药创制于 1902 年,是百年中华老字号品牌之一。自 2006 年起,该公司持续发展,反映在经济指标上就是各项指标稳居中医药行业前列。2019 年云南白药集团股份有限公司完成混改,努力参与中医药的全球竞争。

云南白药集团股份有限公司作为我国首批国家创新型企业,在多年的发展中获得了多项荣誉。2014 年,云南白药获评中国工业领域的最高奖项"中国工业大奖",是历次评选中唯一入选的云南企业和医药行业企业。2020 年上半年,云南白药在我国市值排行榜中凭借 1198 亿元的市值位居第 140 位。

①数据来源:前瞻产业研究院(https://bg.qianzhan.com/)

该集团旗下有多个品牌产品，涉及药品、医疗器械、中药等多个方面，其中药系列产品极为著名。该公司的经营范围也主要是中成药、中药材等的研制、生产及销售等。

云南白药近几年的发展情况良好。2015—2019 年，云南白药集团股份有限公司营业收入持续增长，从 2015 年的 207 亿元左右上升到 2019 年的 296 亿元左右，增幅高达 43%。对于云南白药这类实力强劲的大型医药企业来说，能实现这么大的增幅是极为不容易的。而其对应的营业收入增幅表现较为相似。云南白药集团股份有限公司在 2015—2019 年间的营业收入增幅与营业收入一样，持续增长，虽然增速没有营业收入快，但持续增长的趋势彰显了该企业良好的发展态势。与此同时，从企业 2019 年营业收入的分布来看，如图 2-6 所示，省医药的收入占比最大，可见云南白药在医药发展方面的投入较多，获利也较多；中药资源这一板块所在的事业部的营业收入占比虽只有 4.61%，但相比细分项目也算是重点，由此可见云南白药集团股份有限公司在中药这一细分领域占有一定的地位。

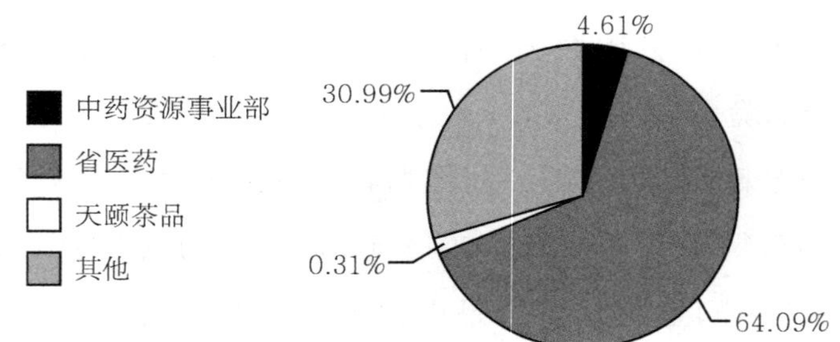


**图 2-6　云南白药集团股份有限公司 2019 年营业收入分布①**

从营业利润来看，该公司的营业利润在这 5 年间持续增长，从

① 数据来源：东方财富网（https://www.eastmoney.com/），云南白药集团股份有限公司 2019 年年报

2015年的31.68亿元上升到2019年的47.43亿元，整体增幅高达50%。而其对应的每年的营业利润增幅则波动相对较为明显。2015—2017年，云南白药集团股份有限公司的营业利润增速持续上升，从4.87%上升到9.06%；然而2017—2018年，该公司的营业利润增速略微有所下降，下降至5.83%，但此后又快速上升到了23.77%，如图2-7所示。总体来看，云南白药集团股份有限公司近5年的营业收入与营业利润都较好，并且依据这两个项目的增速，可预见该公司在中药领域有较好的发展空间与前景。

凭借着良好的营业收入与营业利润，云南白药集团股份有限公司在医药领域的地位及影响力都在不断上升，也陆续取得了不少医药专业领域方面的荣誉，如表2-7所示。

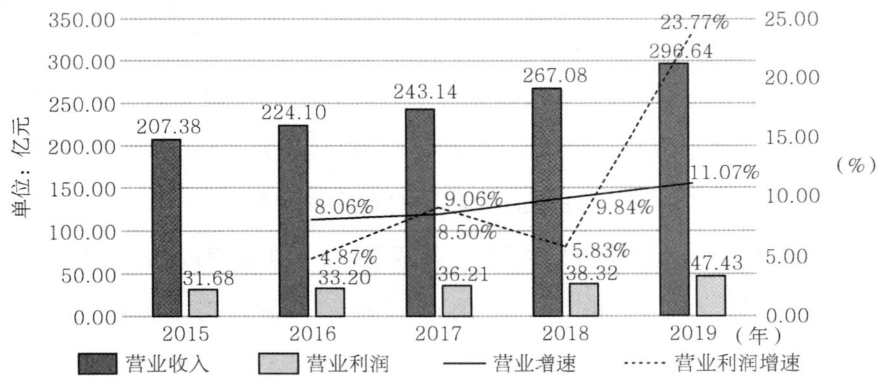


图2-7 云南白药2015—2019年营业收入及营业利润①

表2-7 云南白药集团股份有限公司近期荣誉（医药领域）

| 时间 | 内容 |
| --- | --- |
| 2019年2月 | 云南白药集团荣获由中国医药保健品进出口商会颁发的“中国中成药行业企业出口十强”称号 |

① 数据来源：东方财富网（https://www.eastmoney.com/），云南白药集团股份有限公司2019年年报

续表

| 时间 | 内 容 |
| --- | --- |
| 2019年6月 | 云南白药集团位列“2018年度中国医药工业百强”，云南省医药有限公司位列“中国医药商业百强” |
| 2019年10月 | 2019年中国医药企业家科学家投资家大会在北京召开，发布“中国医药上市公司竞争力20强”榜单，云南白药位列榜单第10位 |
|  | 云南白药系列产品（气雾剂、膏、创可贴、酊）获2019年度中国非处方药产品综合统计排名中成药·骨伤科类第1名 |

在医药领域，云南白药有明确的营销策略与营销模式，以此推进医药，尤其是中医药的发展。首先，公司采取“聚焦、管控、分享”的营销策略与IP场景化营销模式，构建专业化的中医药学术推广体系。其次，云南白药将“豹七三七”的品牌形象与医药材基地种植、生产加工、质量检测及学术开发研究等多环节进行融合，强化从中医药产业链前端到后端，从外包装到内在品牌提升的全流程管控，以此推进“白药生活+体验店”的中医药新零售模式。再次，公司将传承与创新立异相联系，致力于打造“新时期”中药领域的相关产品。作为中华老字号品牌的云南白药，始终坚守着原则——传承不泥古与创新不离宗，借助民族品牌的“精华”，经由过程细化子品牌的立体塑造，采取“互联网+”等新模式与人工智能等新技术，将极具历史韵味的中药发展为既能满足时代需求又能满足人文需求的高质量产品。与此同时，该公司还将IP场景与生活巧妙衔接。云南白药坚守“传统中药融入现代生活”的理念，通过“爱跑538”“云南白药健康操”“白药养生”“白药生活+”等平台的宣传，打造了一条专属于云南白药的传统中药与现代生活有机结合之路，借此提高该公司在中医药方面的核心竞争力。

云南白药在发展各种以中草药为基础的保健产品之余，更凭借独特的洞察力，以“云南白药牙膏”催生了中药领域企业的新发展。“跨界”是近几年的热点词汇，云南白药也充分借助跨界——传统医药企业跨界到日化行业，将中草药资源与生活必需品结合，将地域文化与日常文化结合。

云南白药是一种年代悠久的中草药，常被高度赞扬为“万应百宝丹”，是民众眼中的健康药。如通过市场调研，公司充分了解了消费者牙齿主要问题所在，借助“云南白药”可缓解口腔溃疡及牙龈出血等问题的优势，研发了益生菌牙膏，并将其定位为高端牙膏。这一跨界的起步带来的便是云南白药集团的突破性发展。之后，云南白药牙膏也根据牙齿的敏感度等问题衍生出各种类型的牙膏，包括留香型、薄荷清爽型、青香型、双效抗敏型等。云南白药集团股份有限公司建立了中药与口腔之间的联系，把中药之精华融于口腔之护理，这一跨界塑造了比市面上现有牙膏更专业、健康的“云南白药牙膏”。跨界后结合技术发展，云南白药在中药领域实现再次突破。2019 年 9 月，云南白药集团股份有限公司建成了智慧工厂，只用于云南白药牙膏的生产；同年 9 月 26 日，成功生产了第一支云南白药牙膏。这意味着中药类型的企业在技术的辅助下走出了新的发展路径。2020 年疫情期间，云南白药还以云南白药牙膏为基准，联合人民名医直播平台，科普口腔护理等专业知识。

云南白药凭借匠心制作与持续创新，将中药企业发展成了具有国际知名度的企业。以其旗下的云南白药牙膏为例，基于中草药“云南白药”的活性成分，抓住互联网背景下消费升级的契机，跨界到日化行业，采用智慧化数字化生产，完成数字赋能与研发创新，以此打造了高端牙膏品牌，带来了中药企业发展的突破。

## (二)化学药:尔康制药、石药集团

### 1. 尔康制药

湖南尔康制药股份有限公司是一家品种齐全的药用辅料高新技术企业,更是入选"新华社民族品牌工程"的企业。通过多年的创新与奋斗,公司享有"全国医药上市公司前十强"等多个荣誉,如表2-8所示,在湖南省化学药领域树立了较为稳固的企业地位。

表2-8 湖南尔康制药股份有限公司企业荣誉

| 年份 | 内容 |
| --- | --- |
| 2015年 | 荣获"亚洲中小上市企业200强"。 |
| 2017年 | 在"2017中国化学制药行业成长型优秀企业品牌"品牌榜中位列第一。<br>在"2017中国化学制药行业药用辅料优秀企业品牌"品牌榜中位列第一。 |
| 2019年 | 再次荣登"2019中国化学制药行业药用辅料优秀企业品牌"榜单。 |

在"一切为了药品的安全"这一使命的引领下,湖南尔康制药股份有限公司形成了聚焦药用辅料、原料药和成品药三大领域的模式。该公司在多年的发展中也加深了对药用甘油等产品的认识,并且完善了其研发机制,使得化学药等相关产品的研发更加体系化,如表2-9所示。

表2-9 湖南尔康制药股份有限公司主要产品[①]

| 主要领域 | 典型产品 |
| --- | --- |
| 药用辅料 | ①药用试剂(药用甘油等) |
| | ②药用稳定剂(药用氢氧化钠等) |

① 数据来源:湖南尔康制药股份有限公司官网(http://www.hnerkang.com/)

续表

| 主要领域 | 典型产品 |
| --- | --- |
| 药用辅料 | ③药用蔗糖系列(口服类蔗糖等) |
| | ④淀粉及淀粉囊系列(普通淀粉等) |
| | ⑤其他辅料(乙二胺等) |
| 原料药 | ①抗菌防腐类(磺胺嘧啶、间苯二酚等) |
| | ②其他原料药 |
| 成品药 | ①注射用磺苄西林钠等 |
| | ②其他成品药(炉甘石洗剂等) |

作为医药领域下的化学药企业,尔康制药在2015—2019年间发展较不稳定。从营业收入看,如图2-8所示,在2015—2019年这5年内,尔康制药的营业收入有所波动,但总体呈现数值增加的趋势。

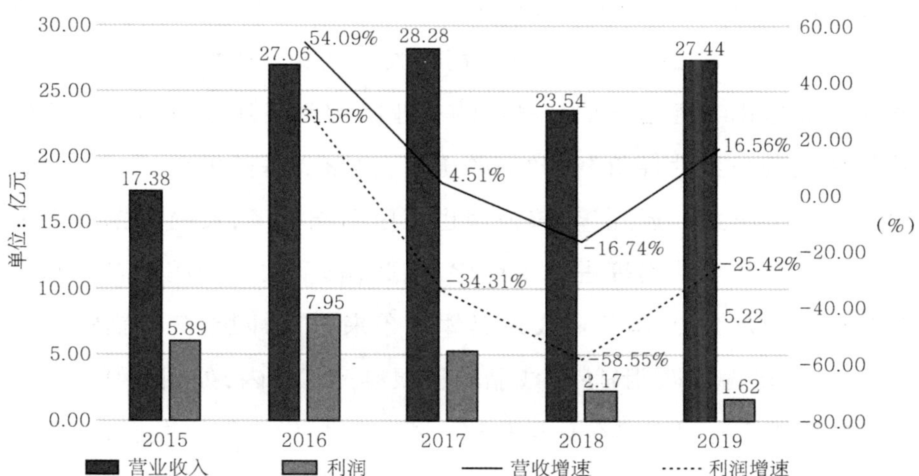


图2-8　湖南尔康制药股份有限公司2015—2019年营业收入及营业利润①

① 数据来源:东方财富网(https://www.eastmoney.com/),湖南尔康制药股份有限公司年报

2015—2017年，该公司的营收数值稳步增加，从2015年的17.38亿元上升到2017年的28.28亿元；但2018年，该数值又回落至23.54亿元；2019年，营业收入又上升至27.44亿元。其对应的营业收入增速也显现出波动式的特征。2015—2018年，该公司的营收增速持续下滑，在2018年滑落至-16.74%，此后又上升至16.56%。营收增速的整体变动比营业收入的变动更大。从营业利润看，该公司在5年内的营业利润变动与营收变动较为相似，2015—2016年，该公司的营业利润持续增长，从5.89亿元上升到7.95亿元；2016—2019年，该数值则持续下滑，在2019年达到最低值1.62亿元。而该公司的营业利润增速与营收增速有着较为相似的变动趋势，都表现为2015—2018年持续下滑，2018—2019年小幅上升，最终营业利润增速仍为负值。总体来看，湖南尔康制药股份有限公司的营业收入及利润虽一直为“正”，但营收增速及利润增速都有明显波动。2015—2016年，该公司在化学药领域的发展情况较好；2017年后，尔康制药的营收增速明显下滑，利润增速更出现了负值；2018年后，该公司营收与利润有所好转。这期间的波动主要是化学药这一细分产业的产业结构调整升级引起的。“两排制”“仿制药一致性评价”等政策的出台，为该类医药细分领域企业的发展带来了压力。近几年，该公司也在压力催化下，及时根据市场需求的变化对产品结构等进行了优化，因此，其营收与利润也有了明显的好转。而从2019年营业收入具体分布来看，依旧是药用辅料占比较大，化学药遍及药用辅料、成品药和原料药三者内，如图2-9所示。

尔康制药公司能够在化学药这一细分领域取得较快发展，主要是基于其在专利技术、专业药品批准文号等方面的实力。截至2019年底，尔康制药已拥有167项授权专利，特许经营权层面的批准文号有333项，如表2-10所示。这些充分证明了尔康制药的科技实力，基于此，消费者才对其有基本的信任。消费者的信任是企业发展的主要源泉。

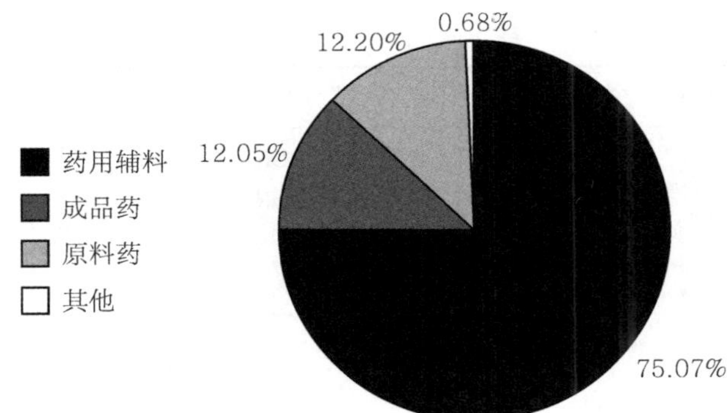


图 2-9　尔康制药 2019 年营业收入分布①

表 2-10　尔康制药专业层面的竞争力②

| 核心竞争力项目 | | 具体项目(部分) | 专利号/批准文号 |
|---|---|---|---|
| 专利技术(授权专利167项) | 国内专利(157项) | 药用苯甲酸钠的制备 | 2009101620227 |
| | | 一种合成药用磺胺嘧啶银的方法 | 2009101621018 |
| | | 一种药用级亚硫酸氢钠的制备方法 | 2009101621022 |
| | 国外专利(10项) | HYDROXYPROPYL STARCH VACANT CAPSULES AND A PROCESS FOR PRODUC-ING THEM | CA 2872290 |
| 专利技术(授权专利167项) | 国外专利(10项) | HYDROXYPROPYL STARCH VACANT CAPSULES AND A PROCESS FOR PRODUC-ING THEM | US 9693964 |

① 数据来源:东方财富网(https://www.eastmoney.com/),湖南尔康制药股份有限公司 2019 年年报

② 数据来源:东方财富网(https://www.eastmoney.com/),湖南尔康制药股份有限公司 2019 年年报

续表

| 核心竞争力项目 | | 具体项目(部分) | 专利号/批准文号 |
|---|---|---|---|
| 专利技术(授权专利167项) | | COMPOUNDING AND EX-TRUDING METHOD FOR PRODUCING STARCH SOFTGEL CAPSULES | CA 2872049 |
| 特许经营权 | 药用辅料批准文号(130个) | 阿司帕坦 | 湘食药辅准字F20070013 |
| | | 苯甲酸钠 | 湘食药辅准字F20050006 |
| | | 对羟基苯甲酸丙酯 | 湘食药辅准字F20090057 |
| | 原料药批准文号(55个) | 阿莫西林 | 国药准字H43021508 |
| | | 氨基己酸 | 国药准字H43020104 |
| | | 二羟丙茶碱 | 国药准字H43021511 |
| | 成品药批准文号(149个) | 复方氢氧化铝片 | 国药准字H43021557 |
| | | 吡喹酮片 | 国药准字H43021506 |
| | | 甲基多巴片 | 国药准字H43021077 |

在专利基础之上,尔康制药也从战略等多方面做出努力,以便在化学药细分领域占据关键地位。首先,该公司采取了“以销定产”的出产模式、规范化的采购模式和“直销—经销—外销”三者为一体的产品售出模式。规范化的采购模式主要是为了确保化学药成分的安全性。由于化学药涉及很多化学物品,对其的审核与把控就显得极为重要。该公司的生产模式则是为了更好地使用GMP规范组织生产,以便公司工作人员从生产的各环节对含有化学产品的药物进行质量检测与质量评价。其次,该公司形成了“原辅料+制药一体化”的商业生态。基于特有的商业生态,尔康制药与多家药企开展商业合

作，进一步开拓基于化学药的成品药业务领域。再者，在投资项目层面，尔康制药2019年借助对外投资这一渠道，对产业链进行优化升级。考虑到原料需用到化学成分，而化学品价格较为昂贵这一问题，尔康制药在产业链布局上进行向上延伸，通过上下游的拓展来减少原料的成本，以便提高整体产品的竞争力。在社会责任层面，该公司充分发挥龙头企业的社会意识与责任，在化学药这一细分领域树立良好的企业形象。该公司近几年间持续承担了协助国家药典委员会完善药用辅料评价体系等责任，已协助起草了硬脂酸、乙二胺、十六醇等7个品种的国家药用辅料标准。2020年6月，依托尔康制药建设的国家药辅中心成为14个药用辅料的"品种监护人"，这一结果充分证明了尔康制药在社会责任层面的贡献。与此同时，尔康制药在2019年底暴发的疫情中也贡献了一份力，如表2-11所示。

**表2-11　湖南尔康制药股份有限公司在新冠肺炎疫情期间所做的贡献**[①]

| 时间 | 内　容 |
| --- | --- |
| 2020年 | 先后组织了8次捐赠，向武汉、长沙、益阳、西藏、常州等地累计捐赠近60吨酒精消毒液 |
| 2020年1月 | 捐赠价值200余万元的药品驰援武汉 |
| 2020年2月 | 向西藏自治区昌都市人民政府捐赠25吨75%酒精消毒液用于疫情防范 |
|  | 向益阳南县和大通湖区政府捐赠共计7吨的酒精 |
|  | 向湖南益阳市政府职能部门捐赠500千克75%酒精消毒液 |
|  | 向长沙市教育局捐赠2吨75%酒精消毒液 |
| 2020年3月 | 向抗疫一线媒体记者捐赠5000瓶75%酒精消毒液 |

① 数据来源：湖南尔康制药股份有限公司官网(Http://www.hnerkang.com/)

续表

| 时间 | 内 容 |
| --- | --- |
| 2020 年 3 月 | 通过湖南省财信公益基金向武汉同济医院、协和医院等十余家医院捐赠 11200 瓶 75% 酒精消毒液 |
| 2020 年 4 月 | 向柬埔寨马德望政府捐赠 5000 只口罩等防疫物资 |

从长期发展来看，在化学药这一细分领域有一定地位的尔康制药，在未来的发展中仍有较大的竞争优势，且有望再回辉煌。虽然近几年因产业的调整，该公司的利润等财务数值有所波动，但是其在硬核实力上依旧有优势。一百多项专利以及多个批准文号，都是不可掩盖的。随着医药需求的加大，以及医药产业发展的契机，基于化学药的药物辅料也在医药发展中发挥着越来越关键的作用。在新时期，该公司在主要策略的把握上也有了调整。在新的阶段，湖南尔康制药股份有限公司计划通过内生发展、外延扩张和合作开发的形式来整合现有资源，推动公司在产品创新领域有所建树；与此同时，在原有商业生态基础上维系基于化学药的药品质量。基于该公司自身的良好基础，加之市场需求与契机的催化，尔康制药应时调整策略，则有助于其在长期发展中重塑以前辉煌，乃至塑造新时期化学药领域的企业辉煌。

**2. 石药集团**

作为医药行业的龙头企业，石药控股集团有限公司在药物的研发、生产等多个方面都有显著的优势，尤其是在香港上市后更是有了较快的发展。与此同时，该公司凭借在科研、人才等方面上的优势获得了医药领域的不少荣誉，如表 2-12 所示。

表 2-12　石药控股集团股份有限公司荣誉[①]

| 时间 | 荣　誉 |
|---|---|
| 2001 年 | 博士后科研工作站 |
| 2003 年 | 国家高技术研究发展计划成果产业化基地 |
|  | 第一批国家级知识产权示范企业 |
| 2018 年 | 位列“2018 年度中国化药企业 Top100 排行榜”第 4 位 |
| 2019 年 | “2019 年中国民营企业 500 强”发布，石药控股集团位列第 283 位 |
|  | “2019 中国民营企业制造业 500 强”发布，位列第 163 位 |
|  | “2019 中国战略性新兴产业领军企业 100 强”榜单发布，位列第 71 位 |
|  | “2019 中国制造业企业 500 强”榜单发布，位列第 259 位 |

石药集团通过多年的发展已经形成了较为完善的产品体系，艾利能（榄香烯注射液）、多美素（盐酸多柔比星脂质体注射液）等产品已成为明星产品，化学药领域的产品也获得了较好的发展，如表 2-13 所示。

表 2-13　石药控股集团有限公司化学药产品[②]

| 类别 | 产品 |
|---|---|
| VC 系列产品 | L-抗坏血酸-2-磷酸酯 |
|  | 2-酮基-L-古龙酸 |
|  | 阿卡波糖原料药 |
|  | 盐酸羟钴胺 |
| 抗生素 | 哌拉西林钠 |
|  | 氨苄西林钠舒巴坦钠混合粉（2:1） |

① 数据来源：石药控股集团有限公司官网（http://www.e-cspc.com/cate/id/25.html）

② 数据来源：石药控股集团有限公司官网（http://www.e-cspc.com/cate/id/25.html）

续表

| 类别 | 产品 |
| --- | --- |
| 抗生素 | 头孢曲松钠(粗品) |
| | 6-氨基青霉烷酸 |
| 葡萄糖系列产品 | 无水葡萄糖 |

石药控股集团有限公司在化学药领域历经多年的发展，才成为如今的国家级创新型企业，并且其在港上市公司也成了恒生指数编制50年来的第一只医药股。该公司在化学药领域有明显成就主要基于以下几方面的努力。

首先，石药集团的研发优势极为显著，这一研发优势涵盖了研发体系、研发平台与研发能力等多个方面。在研发体系层面，公司不仅在中国有化学药物等孵化基地，更在美国等国家有对应的研发中心，并且匹配了硕士、博士等高学历研发人才1800人，形成了集全球研发资源于一体的完备的研发体系。如表2-14所示，在研发平台层面，石药控股集团有限公司针对性地建造了数个技术研发平台，每个平台专门负责对应的研发工作，形成了专业化、技术化、特色化的多层次研发平台，以实现研发实力的提升与研发产品的高质。与此同时，公司为了进一步增强其在研发平台等方面的能力，还与中国乃至全球的10家高校开展合作，建立了联合实验室，如图2-10所示，分别对医药的各个领域进行突破。除此之外，石药集团还创新地采用了合资并购的形式来提升其在化学药乃至整个医药领域的竞争力。在合资并购这一模式中，公司涉及上海创诺制药、永顺科技、武汉友芝友、杭州英创医药科技等数家知名企业。完善的研发体系使石药控股集团有限公司在研发的各环节有相对科学、合理的参照；特色化的研发平台及联合实验室为公司研发夯实了技术层面的基础，加上并购企业等带来的可共享的研发资源,更促进了石药集团竞争优势的进一步提升。

表 2-14　石药控股集团有限公司研发平台

| 序号 | 平台名称 | |
|---|---|---|
| 1 | 脂质体靶向技术平台 | Liposome targeted |
| 2 | 蛋白质定点修饰技术平台 | Site-directed |
| 3 | 双抗技术平台 | Bispecific antibody technology platform |
| 4 | 单抗技术平台 | Monoclonal antibody |
| 5 | 包括 CART 在内的细胞治疗平台 | CAR-T |
| 6 | 酶工程技术平台 | Enzyme engineering technology platform |
| 7 | 小分子筛选和发现平台 | Small molecuie screening and discovery platform |
| 8 | 手性药物技术平台 | Chiral drug technology platform |
| 9 | 缓控释技术平台 | Sustained and controlled |
| 10 | 新型药用辅料技术平台 | Novel pharmaceutical excipients technology |

军事医学科学院
药理学

上海科学院上海药物研究所
肿瘤领域安全评价

北京大学
新型药物制剂

四川大学
新靶点药物设计合成工艺

哥伦比亚大学
药物发现联合实验室

沈阳药科大学
新型药物制剂

中国医学科学院
神经领域

天津大学
药物设计

中科院昆植所
天然药物化学

中国药科大学
酶工程

图 2-10　石药控股集团有限公司联合实验室

其次,石药集团在国际化方面的能力对其实现持续发展有重要作用。当前中国知名的医药企业较多,国内市场对化学药等药品的需求确实有上升的趋势,但相比国际化的“大医药市场”,国内的市场较为饱和。基于这一层面的认识，石药集团在2010年之前就开始布局国际化战略，当前仍有丁苯酞等多个产品处于临床阶段。石药集团的国际化不仅是指销售遍及全球，更是指创新能力的国际化。在销售方面，石药公司的化学药等产品已销售至美国及南美洲等多个国家和地区。在全球化的创新能力方面，公司将国际化的标准运用于企业内部管理上，对药品涉及的质量把控与人员检测都采取了高标准，确保石药集团的产品一次合格率和市场抽查合格率多年来均保持在100%。通过采取国际化的标准，石药控股集团有限公司到2020年已签署了3项高端仿制药的海外产品技术授权和商业化合作协议，有25个产品通过了美国FDA现场检查，取得了16张CEP证书和33个DMF登记号，海外临床品种如表2-15所示。这些充分证明公司已经具备了参与国际化高端医药市场竞争的资格与能力。与同领域的医药企业相比，石药控股集团有限公司最突出、也最为核心的竞争优势便是其国际化的能力与国际化的资源。石药集团在科研能力方面确有优势，但由于中国当前的医药企业不断在科技与科研层面进行突破，因此，各龙头企业在科研层面的差异并不显著。基于此，国际化便显得尤为重要。石药控股集团有限公司因此能够实现较快的发展，盈利层面也有了较大的提升。从长远来看，公司若要维持持续的发展，还需要对国际情况有更为精准的把握，以避免国际化大背景带来的风险。

**表2-15　石药控股集团有限公司海外临床品种①**

| 序号 | 品种 |
| --- | --- |
| 1 | 丁苯酞 |
| 2 | 马来酸 左氨氯地平 |

① 数据来源：石药控股集团有限公司官网(http://www.e-cspc.com/cate/id/25.html)

续表

| 序号 | 品种 |
|---|---|
| 3 | 盐酸米托 蒽醌脂质体 |
| 4 | 伊立替康 脂质体 |
| 5 | 双抗 M802 |
| 6 | 化药创新药 SYHA115 |
| 7 | M701 |
| 8 | ALMB-0166 |

## (三)生物药:智飞生物、华大基因

### 1. 智飞生物

重庆智飞生物制品股份有限公司是第一家在创业板上市的民营疫苗企业。历经多年的发展,智飞生物一直坚持着"讲述疫苗故事,传递疫苗价值"的生物梦,已形成了集疫苗、生物制品研发至销售等环节于一体的发展模式。

在企业产品层面,智飞生物公司的产品涵盖多方面,其中最为重要的是生物药系列中的疫苗。与此同时,该公司的产品既有自主研发的,也有代理销售的,以此形成了产品聚焦、品种较多的特色。根据不同的分类标准,智飞生物的产品可以细分为自主、代理产品及细菌类疫苗产品等,如表2-16、2-17所示。

表2-16　重庆智飞生物制品股份有限公司产品-1[①]

| 自主产品 | AC-HIB(预灌封) |
|---|---|
| | A群C群脑膜炎球菌多糖结合疫苗 |

① 数据来源:东方财富网(https://www.eastmoney.com/),智飞生物2019年年报

续表

| | |
|---|---|
| 自主产品 | A 群 C 群脑膜炎球菌多糖疫苗 |
| | 宜卡®[重组结合杆菌融合蛋白(EC)] |
| | b 型流感嗜血杆菌结合疫苗(预灌封) |
| | 佳达修®[四价人乳头瘤病毒疫苗(酿酒酵母)] |
| 代理产品 | 维康特®(甲型肝炎纯化灭活疫苗) |
| | 乐儿德®[口服五价重配轮状病毒减毒活疫苗(Vero 细胞) |
| | 纽莫法®(23 价肺炎球菌多糖疫苗) |

**表 2-17 重庆智飞生物制品股份有限公司产品-2**①

| | |
|---|---|
| 细菌类疫苗产品(部分) | AC-Hib 联合疫苗 |
| | ACYW135 多糖疫苗 |
| | AC 结合疫苗 |
| 病毒类疫苗产品(部分) | 四价 HPV 疫苗 |
| | 九价 HPV 疫苗 |
| | 五价轮状病毒疫苗 |

基于较为完善的组织结构与产品种类，智飞生物在生物药这一细分领域也不断完善。从 2002 年至今，该公司在生物药领域已占据较为重要的地位，如表 2–18 所示。

**表 2-18 智飞生物在生物领域的发展**②

| 时间 | 内容 |
|---|---|
| 2002 年 | 整合前公司成立智飞生物，正式进入生物制品行业 |

① 数据来源：东方财富网(https://www.eastmoney.com/)，智飞生物 2019 年年报

② 数据来源：重庆智飞生物制品股份有限公司官网(http://www.zhifeishengwu.com/)

续表

| 时间 | 内容 |
|---|---|
| 2003 年 | 创立北京绿竹生物制药有限公司，建立研发、生产基地 |
| 2004 年 | 成立重庆智仁生物技术有限公司，主要从事生物制品的销售等 |
| 2008 年 | 自主研发生产的 AC 多糖结合疫苗和 ACYW135 群多糖疫苗成功上市 |
| 2012 年 | 自主研发的新产品 Hib 疫苗投产上市 |
| 2014 年 | 自主研发的产品 AC-hib 联合疫苗上市，成为全球独家产品，填补了国内流脑和流感嗜血杆菌联苗空白；<br>公司以自筹资金与公司控股股东、实际控制人蒋仁生先生共同出资设立股权投资公司——重庆智睿投资有限公司，布局大生物产业 |
| 2017 年 | 公司与美国默沙东续签经销与推广合作协议，代理进口四价人乳头瘤病毒疫苗（酿酒酵母），打造生命科学和大健康平台 |
| 2019 年 | 自主研发产品重组结核杆菌融合蛋白（EC）和母牛分枝杆菌疫苗（结合感染人群用）完成临床现场和生产现场核查 |

作为生物药领域发展较好的上市公司，重庆智飞生物制品股份有限公司在近几年的发展中也有一定的波动性。如图 2–11 所示，在营业收入层面，2015—2016 年小幅下滑；2016—2019 年持续增长，其对应的营收增速变化较大；2015—2018 年持续上升，从 –37.43% 上升到 289.43%，可谓高速增长；2018—2019 年该数值又快速下滑至 102.50%，但 2019 年该公司的营收增速与其他同领域的企业相比仍是较快的，可见智飞生物公司的发展能力较强，但不够稳定。在营业利润层面，2015—2019 年总体持续上升，其对应的营业利润增幅则变动明显；2016—2017 年这两年间，从 –86.95% 上升到 1679.63%；2018 年该数值又快速下降到 234.34%；2019 年该数值又下滑至 64.28%。总体来看，重庆智飞生物制品股份有限公司近几年的发展是良好的，但是发展波动过大，可见其在生物药领域的发展极不稳定。如图 2–12

所示，智飞生物在近期的发展中依旧将生物药领域视为关键发展的市场，但若要在未来有持续性发展，则需要对公司应对风险的能力进行提升，以更好地应对各市场风险，实现稳定且可持续的发展。

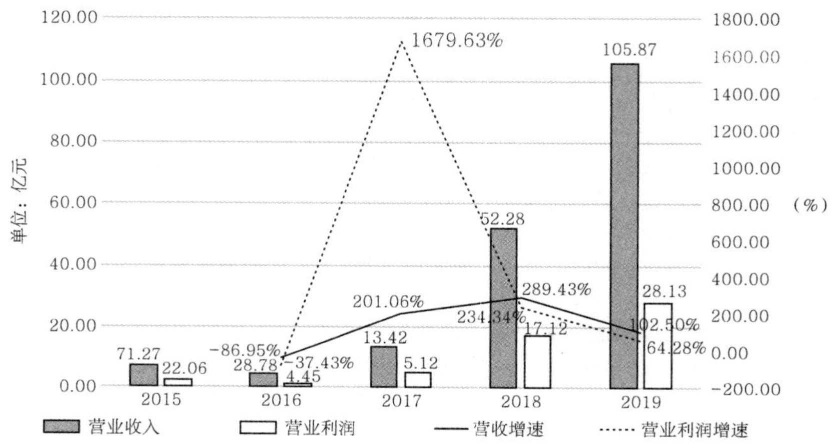


**图2-11 重庆智飞生物制品股份有限公司2015—2019年营业收入及营业利润**[①]

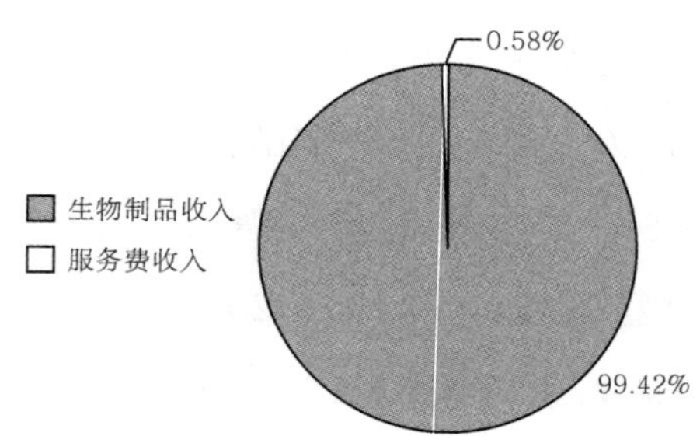


**图2-12 重庆智飞生物制品股份有限公司2019年营业收入分布**[②]

智飞生物公司在生物药领域历经十多年的发展，才成了如今的中国“医药工业百强企业”，同时也是中国生物制品行业大型骨干企业和本土综合实力最强的上市民营生物疫苗供应和服务商之一。该公

① 数据来源：东方财富网(https://www.eastmoney.com/)、智飞生物年报

② 数据来源：东方财富网(https://www.eastmoney.com/)、智飞生物年报

司目前在生物药领域有明显成就主要基于以下几方面的努力。

首先，公司有较为完善的经营模式。作为集生物制品研发、售卖等多环节于一体的公司，体系化、专业化的经营模式是其实现可持续发展的基础。因此，如图 2-13 所示，公司将智飞绿竹、智飞龙科马、智飞生物母公司与默沙东等多主体融为一体，不同主体在该公司的经营模式中承担着不同的功能。这样完备的经营模式为其在生物药领域的规范化、高速化发展提供了支撑。

图 2-13　智飞生物经营模式

其次，智飞生物强有力的研发与技术实力是其在生物药细分领域持续发展的竞争力。该公司在北京市与安徽省各有一家研发基地，并且投入 13.32 亿元建立研发中心。与此同时，智飞生物还参与 20 余项国家级、省级科研项目，比如“现代医学技术”等项目，以提升公司及工作人员的研发能力。而在研发投入与研发人员引进等方面，智飞生物也有很大突破。如图 2-14 所示，研发人员从 2015 年的 176 人增加到 2019 年的 328 人，研发投入也从 2015 年的 0.74 亿元上升到 2019 年的 2.59 亿元。凭借强有力的研发资源与实力，智飞生物已获得了 6 个疫苗产品注册批件，这对该公司在生物药疫苗领域的发展极为有利。

再次，智飞生物以成熟且适合的营销体系加速生物药价值的转化。生物药领域疫苗等产品的质量直接关系着使用者的生命安全，因此，在营销体系的构建过程中，公司既要保证生物药等价值的有效

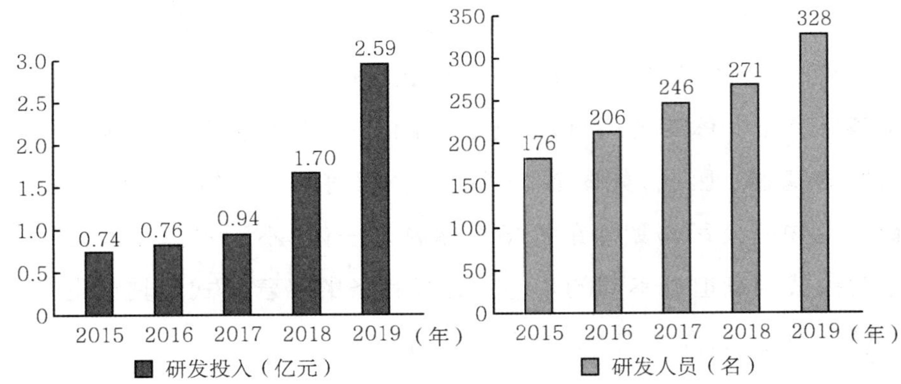


**图 2-14　重庆智飞生物制品股份有限公司 2015—2019 年研发投入与研发人员**[①]

转化，更要确保医药产品的质量安全。智飞生物采用了"技术+市场"的双驱动营销模式，构建了循环持续的机制。公司将营销网络覆盖至全国 31 个省、自治区、直辖市，完善代理推广经销商模式，形成了从研发到销售的多环节一体化体系，以加速疫苗等生物药产品的价值转化，实现获利。在此过程中，智飞生物的运输等环节借助自建的符合国家 GSP 要求的冷链系统等，来确保医药产品在整个营销过程中的质量安全，给使用者以生命安全保障。

从长远发展来看，在生物药领域发展良好的智飞生物公司在未来仍有较好的发展前景。首先，公司已经确定了企业的发展战略方向。由于前期疫苗等生物药领域的发展较好，公司接下来将逐步布局大生物领域，借助参股或者投资等方式来进入治疗性生物制品行业。其次，国家层面也为企业的发展提供了助力。2019 年，我国出台了《疫苗管理法》，进一步规范疫苗等生物药领域的产品。战略与政策是智飞生物公司获得发展的指引，但关键是企业自身的创新运营能

① 数据来源：东方财富网（https://www.eastmoney.com/）、智飞生物年报

力。从智飞生物近些年的研发投入与研发人员来看,数值持续增加,且增幅有所扩大。这些最终将转化为企业自身的创新与研发能力,对智飞生物在应对同领域的竞争时是有利的。

**2. 华大基因**

深圳华大基因股份有限公司作为一家专门致力于生命科学的科技研究企业,在生物药领域中的基因这一层面有着较为关键的影响力,为基因类的企业提供了一定的参照与借鉴价值。

深圳华大基因股份有限公司自1999年成立以来,历经多个生物药领域发展的难点。如表2–19所示,公司从探索基因到成立具有国际先进水平的基因研究团队,都实现了较佳的发展,也获得了"2016自然指数排行榜第12位"、"2018中国创新企业"(中国经济传媒协会组织评选)、"'2019胡润中国500强民营企业'第302位"、"'2020胡润中国百强大健康民营企业'第41位"等多项荣誉。

**表2–19 深圳华大基因股份有限公司发展历程**

| 时间 | 内容 |
|---|---|
| 2001年 | "杭州华大基因研发中心"在杭州市西湖畔成立。 |
| 2002年 | 华大基因牵头中华协作组,承担10%国际人类基因组单体型图计划。 |
| 2003年 | 华大基因在国内第一个破译四株SARS病毒全基因组序列,在全球首个公布SARS诊断试剂盒。 |
| 2004年 | 禽流感病毒基因组测序,同时开发出了相应的检测试剂盒。 |
| 2007年 | 深圳华大基因研究院成立。 |
| 2009年 | 华大农业植物平台成立。 |
| 2010年 | 华大基因购买了 Illumina公司的128台HiSeq 2000测序仪,成为全球测序通量最大的基因组中心。 |
| 2011年 | 国家发展改革委正式批复同意依托深圳华大基因研究院组建深圳国家基因库。 |

续表

| 时间 | 内容 |
| --- | --- |
| 2013年 | 华大基因成功收购人类全基因组精准测序的创新领导者 Complete Genomics。 |
| 2014年 | 华大基因测序仪及胎儿染色体非整倍体检测试剂盒获国家食品药品监督管理总局批准上市。 |

华大基因凭借其在基因这一细分领域的优势，近几年的发展较为良好。如图2-15所示，在营业收入层面，营业收入在2015—2019年间持续增长，从2015年的营收13.19亿元增长到2019年的28.00亿元，增幅高达112.28%。而其对应的营业收入增速的趋势则正好反向变动，公司的营收增速在这5年内均为正值，且均不低于10%，但具体到趋势上，则是持续下滑，增速从2016年的29.72%下滑到2019年的10.41%，可见其在近几年的发展中越来越重视稳定发展，而不过度追求高速发展。在营业利润层面，相比营业收入，营业利润在2015—

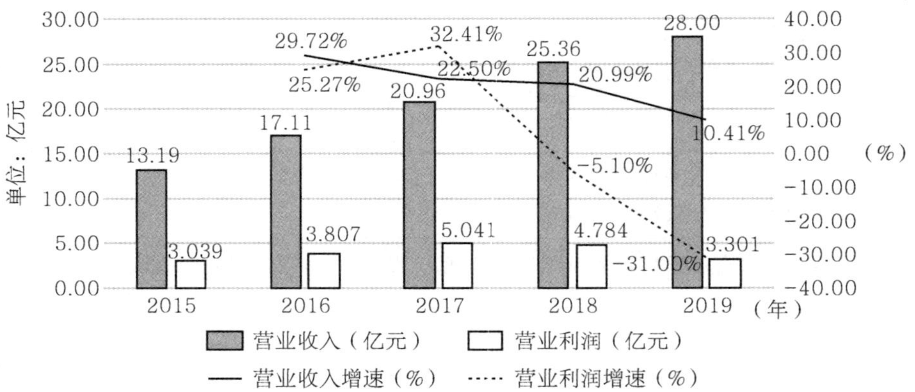


图2-15 深圳华大基因股份有限公司2015—2019年营业收入及营业利润①

① 数据来源：东方财富网（https://www.eastmoney.com/），深圳华大基因股份有限公司年报

2019年间则呈现出倒“V”型的变化。2015—2017年这两年间，华大基因的营业利润不断攀升，从2015年的3.039亿元增长到2017年的5.041亿元；2017—2019年营业利润数值不断下滑，下滑至2019年的3.301亿元。而其对应的利润增速则变化更为明显。2017年之前，华大基因的营业利润增速有了小幅度的上升，而2017—2019年数值急速下滑，2019年更是达到低端，为-31.00%。总体来看，华大基因的营业收入与营业利润都逐步趋于稳定，虽然增速不够明显，但从中可见公司正在从高速发展向高质稳定发展转型。

深圳华大基因股份有限公司目前在生物药的基因领域有较佳的发展，主要是基于其以下几方面的竞争优势，可为同区域乃至长三角区域的企业提供借鉴意义。

首先，华大基因定位精准，相关政策良好。公司选择了生物药中的“基因板块”，精准聚焦于此。而我国在基因这一细分板块的相关政策不断推出，助推了华大基因近几年的稳步成长。《新生儿疾病串联质谱筛查技术专家共识》《新生儿疾病筛查滤纸血片采集和递送及保存专家共识》等政策的陆续出台，为华大基因在基因板块的研究与发展营造了良好的环境。其次，技术与平台的优势是华大基因高速发展的另一关键因素。与基因相关联的技术及设备的完善是华大基因从事该领域研究的根本。一方面，公司有医药基因检测的相关平台，涵盖了BGISEQ-50、BGISEQ-500、MGISEQ-200、MGISEQ-2000、DNBSEQ-T7等，可满足多样化、特殊检测的需求；另一方面，华大基因拥有集高性能计算、云计算于一体的数据分析平台，为基因检测分析解决方案的提出提供了支撑。在技术方面，华大基因作为基因领域的领先者，拥有很多领先技术。公司的串联质谱技术是研究生物体蛋白质组、代谢组和基因组的重要工具，具有一定的领先优势。再次，华大基因科研实力较强，为其成为深圳领先的基因板块企业奠定了科研层面的基础。一方面，公司通过与各类学校和研发机构的交流合作，提升了公司在基因领域的合作优势。比如，华大基因与北京市知名医院合作进行脑炎脑膜炎多中心病原微生物的测试与钻研；与复旦大学附属中山医院、华山医院等开展基于宏基因组高通量测序技术的多中心病原微生物检测研究，利用两者各自的优势来提升整体效应。与此同时，各类交流与合作也促进了华大基因的渠道拓展。如表2-20所示，至2020年，公司业务已经覆盖全球100多个国家和地区，包括中国境内2000多家科研机构和2300多家医疗机构，其中三甲医院近400家；国外的互助式医疗/科研机构/基地超过3000家。另一方面，研发人才的聚集也是华大基因拥有较强研发实力的又一关键因素。这些研发人才带来的科研学术成果便是较好的证明。

政策给华大基因营造了基因板块发展的良好氛围，技术与平台实力使华大基因拥有我国生物药这一板块内的专业化与技术化的优势，而科研的实力则是公司能够持续开展基因相关研究工作的强有力的支撑。

**表2-20 深圳华大基因股份有限公司科研实力（部分）**

| 类别 | 主要内容 | |
|---|---|---|
| 科研机构 | 国内 | 业务覆盖2000多家科研机构和2300多家医疗机构 |
| | 国外 | 互助式医疗/科研机构/基地超过3000家 |
| 学术成果 | 累计参与发表1379篇文章（其中SCI1253篇，CNS116篇），累计影响因子为11401.7 | |

从长期的发展来看，深圳华大基因股份有限公司已经从高速发展转向了高质发展，未来的发展潜力与空间都较大。与其他生物药领域的企业有所不同，华大基因聚焦的领域较为细化——基因，细分领域的产业空间还未饱和。并且，基因组学技术的不断发展带来了临

床诊断与医药检测等多方面的变革，使得社会各界对基因的关注逐步加强。基因在新生儿领域的应用较为广泛，而近几年《全国出生缺陷综合防治方案》等的出现，更使基因的应用产业有了拓展。基因的检测技术可以充分应用于新生儿遗传病的筛选，从根本上遏制部分疾病，减少新生儿的成长风险。这一系列的发展有效证明了基因板块具有良好的发展趋势，加之华大基因在发展战略上的调整，从原本的高速度发展逐渐转型为高质量稳定的发展，这对公司未来的可持续发展是十分有利的。

### （四）医疗器械与医药商业：迈瑞医疗、爱尔眼科、稳健医疗

#### 1. 迈瑞医疗

深圳迈瑞生物医疗电子股份有限公司历经多年的发展，在医疗器械这一细分领域占据了较为重要的位置。从为中国企业及医疗机构提供相关器械产品，到为全球市场供给该类型的产品，迈瑞医疗一步步实现着突破。在2019年全球医疗设备供应商排行榜中，迈瑞医疗位列第42位。

当前，迈瑞医疗主要涉及生命信息与支持、体外诊断及医学影像三个领域，如表2–21所示，代表产品主要是麻醉剂、流式细胞仪、台式彩超等。迈瑞医疗借助这三个领域的发展，提供完善高质的医疗器械产品，以此助推医药产业的持续发展。

表2–21　迈瑞医疗各领域主要产品[①]

| 领域 | 产品（部分） |
| --- | --- |
| 生命信息与支持 | 监护仪、呼吸机、麻醉剂、手术灯/手术床、输液泵/注射泵 |

① 数据来源：深圳迈瑞生物医疗电子股份有限公司官网（https://www.mindray.com/）

续表

| 领域 | 产品(部分) |
| --- | --- |
| 体外诊断 | 血液细胞检测系统、化学发光免疫检测系统、凝血检测系统、糖化血红蛋白分析仪、流式细胞仪 |
| 医学影像 | 移动数字X射线成像系统、便携彩超、台式彩超 |
| 外科产品 | 内窥镜手术器械、硬镜系统 |

作为国内最大的医药器械生产商，迈瑞医疗虽成立较早，但上市较迟。依据企业财务数据，迈瑞医疗公司近几年的发展态势较佳。如图 2–16 所示，迈瑞医疗 2018 年营业收入超过 137 亿元，2019 年的收入与利润分别显现出 20.38% 与 25.73% 的增长。聚焦其营业收入的分布，如图 2–17 所示，可明显看出公司侧重发展医疗器械中的生命信息与支持类产品，比如呼吸机、监护仪等。

深圳迈瑞生物医疗电子股份有限公司能成为医疗器械领域的佼佼者，主要基于以下几方面的影响。

首先，迈瑞医疗采取的“科研—教育—生产”一体化的研发形式成为该企业医疗器械相关产品创新的“助推剂”。迈瑞医疗在全球已有九大研发中心，其中第九个研发中心（武汉研究院）是 2019 年底因新冠肺炎疫情影响而快速建立的。研发中心提供了良好的研发能力，高等院校及医院等则为研发提供了需求与人才。这一以企业为主导，以市场为导向的产学研一体化模式为迈瑞医疗的产品创新奠定了良好的基础。其次，在全球布局方面，迈瑞医疗已在 30 多个国家设立子公司，与德国等多个国家的领先医疗机构建立了长期的合作伙伴关系。与此同时，迈瑞医疗还将环球 100 多个国家和地区的医疗器械相关产品的登记与审核等项目添加进企业的 MPI 体系中，并结合多方力量建立了迈瑞医疗集效率与创造力于一体的符合全球标准的注册全生命周期管理平台，以助推公司的医疗器械产品较为快速地进入国际市场。

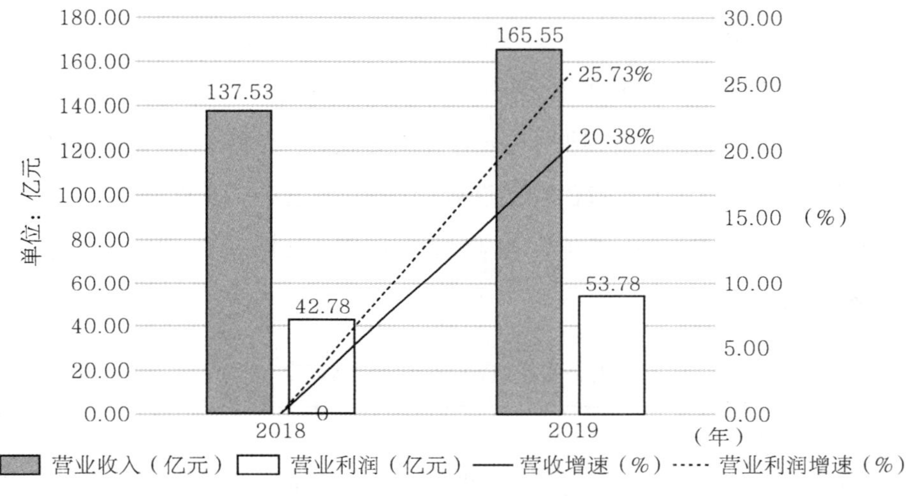


**图 2-16　迈瑞医疗 2018—2019 年营业收入及营业利润[①]**

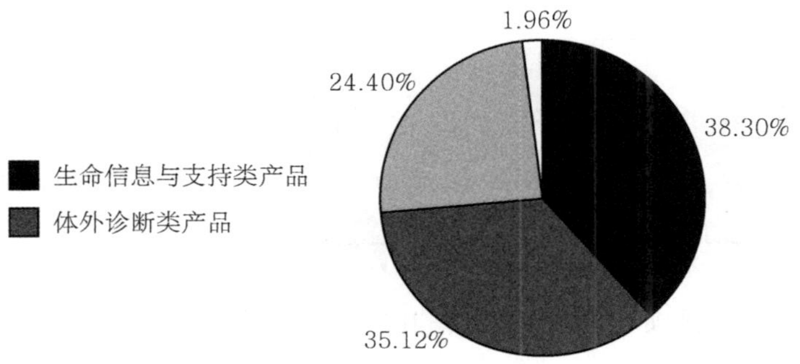


**图 2-17　迈瑞医疗 2019 年营业收入分布[②]**

再次，迈瑞医疗高质量的器械产品和体系化的服务融合一体，具有了双层次的竞争优势。迈瑞公司的医疗器械多次被评为优秀国产

① 数据来源：东方财富网（https://www.eastmoney.com/），迈瑞医疗企业年报

② 数据来源：东方财富网（https://www.eastmoney.com/），迈瑞医疗企业年报

设备，涵盖了2019年5种型号的除颤仪、8种型号的腹腔镜、6种型号的输液泵等。器械等设备的高质量能够获得消费者的信任，而服务的高质量则是保持消费者黏性的关键。迈瑞医疗在多年的发展中已经形成了全方位、全时段、全过程的服务体系。如表2-22所示，这一服务体系不仅通过CRM客户关系管理平台促进服务的全过程运行，而且还构建了从总部到服务分包商的四级别的特色化服务网络架构，即总部—分公司—直属服务站—服务分包商，并通过专业化、体系化的职员团队来进行优质且高效的管理，以提升公司在医疗器械市场的核心竞争力。

表2-22　迈瑞医疗服务体系

| 类别 | 主要内容 |
|---|---|
| 服务站/服务分包商 | 60余家驻地直属服务站，670余家优质授权服务分包商 |
| 客户呼叫中心 | 客户呼叫中心400-700-5652（7×24小时）全天候服务热线 |
| 服务团队 | 100余名专家坐席 |
| | 600余名直属工程师 |
| | 200余名临床应用工程师 |
| | 2700余名经原厂培训、考核及认证的专业服务分包商组成的服务人员 |

从长期发展来看，医疗器械的需求和我国相关政策的支持与保障奠定了深圳迈瑞生物医疗电子股份有限公司长期的发展潜力。2018年全球医疗器械市场容量约为4278亿美元[①]，2024年该数值将上升至5945亿美元。而我国作为全球第二大医疗器械市场，同样有着较大的医疗器械市场需求，且该需求持续增长。与此同时，我国对医疗器械政策环境的优化也越来越重视。各政府主体不断制定或发布一

① 数据来源：EvaluateMedTech

系列优化/扶持/鼓励的政策/计划/规章。“十三五”期间，国家与省级政府出台的政策中，医药器械领域的政策有667个[①]，如表2-23所示，从医疗器械大环境的网络监管到器械中对具体的诊断试剂等的严控，再到该领域各细分产品上市标准的制定，这些多层面、多样化的文件或者政策都为迈瑞医疗在医疗器械这一医药细分板块中的可持续发展提供了有力的保障。

表2-23　医疗器械法规文件清单（部分）[②]

| 类别 | 主要内容 |
| --- | --- |
| 部门规章 | 医疗器械网络销售监督管理办法（CFDA局令第38号） |
| | 医疗器械不良事件监测和再评价管理办法（国家市场监督管理总局令第1号） |
| | 体外诊断试剂注册管理办法修正案（CFDA局令第30号） |
| 通告 | 关于发布医疗器械审评沟通交流管理办法（试行）的通告（CFDA通告2017年第19号） |
| | 关于发布创新医疗器械特别审查申报资料编写指南的通告（NMPA通告2018年第127号） |
| | 关于发布医疗器械通用名称命名指导原则的通告（NMPA通告2019年第99号） |
| 公告 | 关于发布医疗器械标准制修订工作管理规范的公告（CFDA公告2017年第156号） |
| | 关于发布创新医疗器械特别审查程序的公告（NMPA公告2018年第83号） |
| | 关于发布定制式医疗器械监督管理规定（试行）的公告（NMPA公告2019年第53号） |
| 政策解读 | 图解政策：医疗器械注册技术审查指导原则制修订工作管理规范（2018年9月28日发布） |

① 数据来源：中国药招联盟（CAPD）政策研究室统计

② 数据来源：深圳市医疗器械行业协会

续表

| 类别 | 主要内容 |
| --- | --- |
| 政策解读 | 《定制式医疗器械监督管理规定(试行)》解读(2019年7月4日发布) |
| | 图解政策:国家药监局关于发布医疗器械附条件批准上市指导原则的通告(2019年第93号)(一)(2020年1月2日发布) |

除了需求与政策带来的保障,迈瑞医疗自身强大的生产科研能力和团队的高效与稳定性才是公司得以可持续发展的关键。公司成员大多有丰富的医疗器械行业研发/销售/生产/管理等经验,多名管理者还具备国际化的视野及国际化的运营能力。团队成员的个人能力极强,同时团队成员之间配合默契,这些都促进了迈瑞医疗的可持续发展。

**2. 爱尔眼科**

爱尔眼科医院集团股份有限公司作为中国仅有的IPO上市的医疗机构,是中国目前最大的眼科医院集团,也是中国仅有的眼科"中国驰名商标"。自成立以来,爱尔眼科持续获得多项荣誉,如表2–24所示。

**表2–24 爱尔眼科医院集团股份有限公司荣誉(部分)**

| 时间 | 荣誉 |
| --- | --- |
| 2009年 | 中国医疗健康产业最佳境内IPO |
| 2010年 | 全国十佳眼科专科医院 |
| 2011年 | 中国服务质量十佳医疗机构 |
| 2012年 | 中国中小上市公司治理50强企业 |
| 2013年 | 最具投资价值医药上市公司10强 |
| 2014年 | 最佳持续投资价值奖 |
| 2015年 | 福布斯最具创新力成长企业 |

从全球来看，爱尔眼科在国外已经有93家眼科医院/中心机构，遍布的国家多、地域广。爱尔眼科相关医疗机构或者中心在国内共有507家，真正做到了遍布全国。

爱尔眼科不仅实现了企业的全球化，更实现了企业精神与医疗精神的国际化。在2019年底暴发的新冠肺炎疫情中，爱尔眼科积极承担起社会责任。在国内，公司2400余名员工主动投身于一线抗疫，为中国的疫情防控做出贡献；在国际上，爱尔眼科通过物资捐赠的形式支援西班牙等国家的疫情防控，积极承担起社会责任，发扬了医疗精神。

作为眼科领域的典型企业，爱尔眼科医院集团股份有限公司近几年展现出了较强的发展潜力。如图2-18所示，2015—2019年爱尔眼科的营业收入及利润不断攀升。营业收入从2015年的31.66亿元增长到2019年的99.90亿元，增幅高达216%；营业利润则从2015年的6.01亿元增长到2019年的20.22亿元，增幅高达236%；2015—2019年间营业收入与利润均实现了不同程度的增长。而营业利润增速与营收增速则显现出与营收、利润不同的表现：变动相比前两者较大。2016—2017年爱尔眼科整体发展速度较快，营业利润增速与营收增速分别高达86.33%、49.08%；2017年后，虽然公司的营收增速下降，但整体营业收入与营业利润仍维持增长的状态；2019年，爱尔眼科营收达99.90亿元，实现了2015至2019年较为快速的发展。从2019年公司的营收分布来看，如图2-19所示，屈光项目、视光服务项目占比较大，是公司主要收入来源。

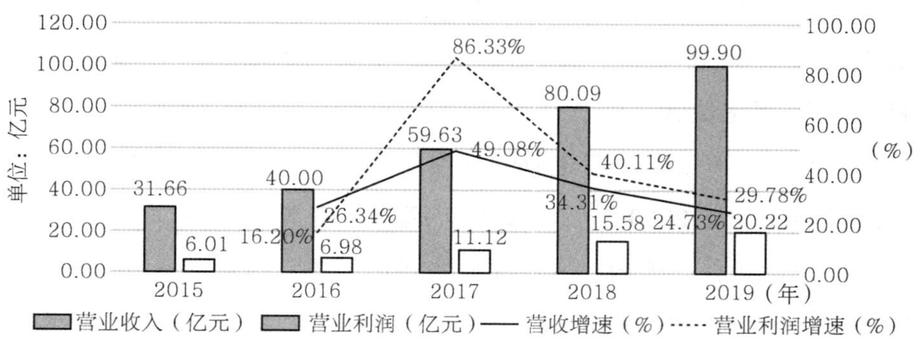


**图 2-18　爱尔眼科 2015—2019 年营业收入及营业利润**[①]

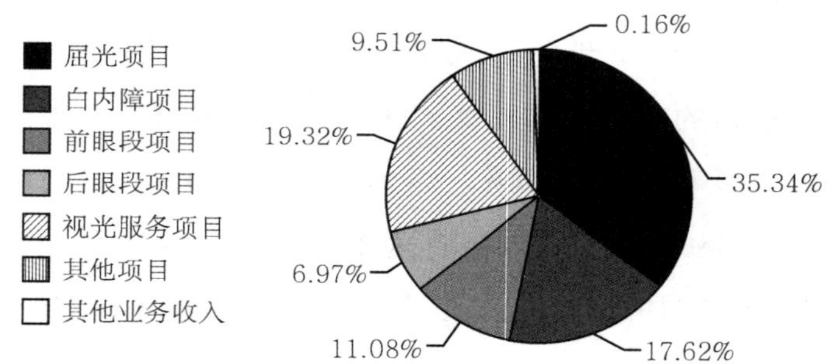


**图 2-19　爱尔眼科 2019 年营业收入分布**[②]

爱尔眼科近几年的快速发展主要基于以下几点。首先，医疗这一大产业的市场需求在持续增加，其中眼科的需求增长极为明显。信息化时代，电子产品的普及使青少年眼部疾病的发生率增加，青少年的近视率在近十几年间上升较快。如图 2-20 所示，2018 年我国青少年高中阶段近视率高达 81.00%[③]，当前我国总近视人数多达 6 亿[④]。与此同时，老龄化带来的老年人的眼部疾病也逐渐增多，比如白内障等

① 数据来源：东方财富网（https://www.eastmoney.com/），爱尔眼科企业年报

② 数据来源：东方财富网（https://www.eastmoney.com/），爱尔眼科企业年报

③ 数据来源：国家卫健委公布的 2018 年全国儿童青少年近视调查结果

④ 数据来源：国家体育总局《国民体质监测报告》

眼部疾病。相比其他综合领域的医疗机构或公司，爱尔眼科这类专注于眼科疾病治疗的企业更容易得到消费者的信赖，尤其是有治疗眼部疾病需求的患者。

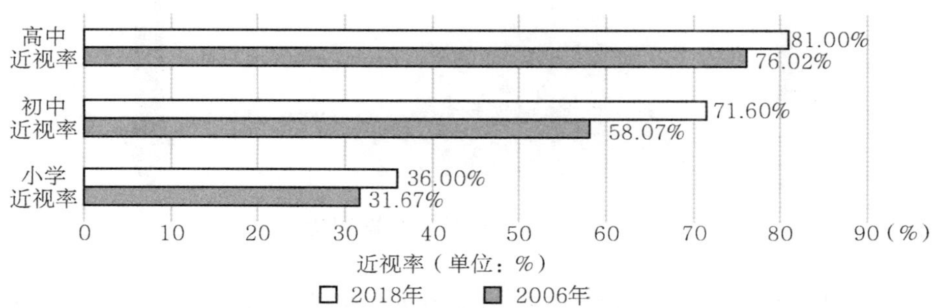


**图 2-20　2006—2018 年青少年各阶段近视率①**

其次，该公司充分借助全球资源，整合形成分级连锁优势。聚焦国际化的布局策略不仅是爱尔眼科实现高速度发展的方针，也是该公司实现进一步突破的助力剂。在布局国际化层面，公司通过投资或收购海外眼科机构/集团，并借助国际化的眼科论坛来促进投资者间的技术交流、战略交流等，借此充分展开合作，同时借助海外资源来拓宽爱尔眼科的发展。有了海外提供的先进技术等资源的支撑，爱尔眼科可以完善国内的纵向分级网络。在国内，爱尔眼科充分了解地、县等不同层级的需求与差异，结合门诊部与医院，打造“横向成片、纵向成网”的模式，提供不同区域间的共享度，上级病院可以按期为下级病院供给技术等“硬性资源”；下级病院的患者若因“高难度病”难以就医，则可以转诊到上级病院得到该区域专家的医治，以达成医院资源的共享，形成生命安全度的保障，如图 2-23 所示。爱尔眼科这种国内分级连锁的模式，以及国内与国外的交流，为其专业性提

① 数据来源：国家体育总局《国民体质监测报告》

供了保障，因此也更易得到市场的机会及消费者的信赖。

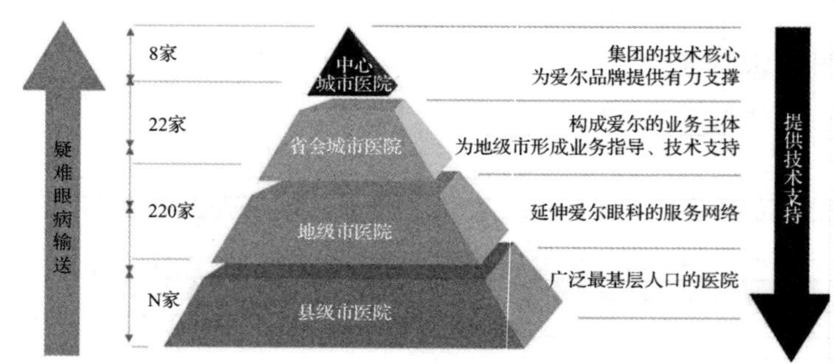


图 2-21　爱尔眼科分级连锁优势

再次，医教研平台优势与人才体系为爱尔眼科近几年的发展提供了强有力的支撑。公司已成功打造了融合“三院”“七所”“两站”的一体化医教研体系。医教研体系可以将眼科专业人才与医疗机构进行充分连接，将技术与资源进行充分连接。与此同时，爱尔眼科将人才的聚集延申到国际人才层面，陆续开展多项全球性的引才引智计划，将国内外权威的眼科人才汇集到公司中。人才的汇集带来的是各类相关学术成果的突破。对于医疗类产业而言，学术层面的突破必将带来治疗效果的突破。

从长期发展前景与潜力来看，爱尔眼科在眼科这一细分领域的发展仍旧有很大空间与潜力。爱尔眼科有稳定的人才模式——“合伙人模式”，将医生与企业充分衔接，改变了医生的职业生态，实现人才与企业的共赢。爱尔眼科在国内外有约600家医疗机构/中心，“合伙人模式”则能促进医院尽快形成规模，形成品牌，增强整个生态链的稳定性与公司的整体品牌影响力。在这一人才模式下，爱尔眼科将不断积聚人才，不断扩展影响力，能够有较为良好的发展。

不断延续的人才模式以战略作为指引是极为必要的。如图 2-22 所示，爱尔眼科医院集团股份有限公司早就明确了公司到 2025 年的战略目标及计划的重点，以便公司在发展的过程中不出现方向层面的失误，有效避免毁灭性的损失。在战略规划层面，公司对国际、省级、地级、县级等都有不同的规划，较为明确的战略规划可作为人才模式的指引。基于此，“合伙人模式”可以充分发挥其效用，以促进爱尔眼科在新时期的发展。

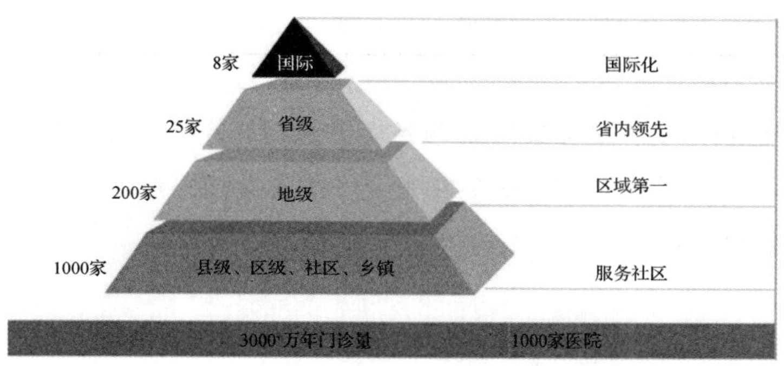


图 2–22　爱尔眼科 2025 年战略目标

3. **稳健医疗**

稳健医疗是 2020 年 9 月 17 日刚上市的医疗企业，主要专注于伤口敷料、手术耗材等医疗器械领域。作为一家致力于成为全球领先的医疗用品解决方案的供应商，稳健医疗不断开发国内、国际业务，赢得了深圳市自主创新行业龙头企业等多个荣誉，如表 2–25 所示。

表 2–25　稳健医疗荣誉①

| 荣誉 | 颁奖单位 |
| --- | --- |
| 宝安区质量奖 | 深圳市市场监督管理局宝安分局 |
| 国家高新技术中心 | 深圳市科技局、深圳市财政局 |

① 数据来源：稳健医疗官方网站（http://www.winnermedical.cn/cn/about/82.html）

续表

| 荣誉 | 颁奖单位 |
|---|---|
| 2006年全国外商投资双优企业 | 中国外商投资企业协会、深圳市外商投资企业协会 |
| 深圳市自主创新百强中小企业 | 深圳市中小企业发展促进会 |
| 深圳市科学技术奖 | 深圳市人民政府 |
| 深圳市宝安区全面推进循环经济发展 | 深圳市人民政府 |

稳健医疗的产品遍及生活的各个方面，在多年的发展中已形成了较为完善的产品体系，如表2-26所示，其在中国医疗行业的细分领域内有着较稳固的地位。

**表2-26 稳健医疗产品（部分）①**

| 类别 | 产品 | |
|---|---|---|
| 家庭护理 | 呼吸防护 | PM2.5防护口罩、医用护理口罩 |
| | 创伤护理 | 碘伏消毒片、接触性创面敷贴 |
| | 慢病护理 | 医用检查垫、橡胶手套 |
| | 日常护理 | 酒精消毒片、自粘弹性绷带 |
| 感染预防 | 标准疾控预防 | 医用防护服、医用防护口罩、防护面罩 |
| | 院内感染防护 | 手术薄膜、分级手术衣、手术组合包 |
| 伤口护理 | 急性伤口护理 | 石膏绷带、不显影全面无纺布外科敷料、显影纱布片 |
| | 慢性伤口护理 | 水胶体敷料、负压引流系统 |
| | 全面水刺无纺布 | 平纹交铺无纺布 |
| | 全面水刺无纺布成品 | 防晒口罩 |

① 数据来源：稳健医疗官方网站（http://www.winnermedical.cn/cn/about/82.html）

凭借着专利与技术等的优势，稳健医疗在2015—2019年实现了较快发展，并于2020年9月成功登陆创业板。如图2-23所示，2015—2019年，稳健医疗的营业收入在这5年内是在不断攀升的，从2015年的18.19亿元增加到2019年的45.75亿元，增速高达151.51%。与之相对应的营收的增速则波动明显。2017年及之前，稳健医疗的营收增速均维持在35%以上，但2018年骤滑至9%左右，2019年又出现增长；总体营收增速的变化虽然有波动，但始终为正值。在营业利润层面，公司总体的营业利润是在增长的，从2015年的2.513亿元增加至2019年的6.418亿元，增加的速度为155.39%，但中途有细微的波动。2018年营业利润虽下滑了0.2亿元，但符合市场数据变化的正常区间。与之相对应的营业利润增速的变化则具有戏剧性。2015—2016年，公司的营业利润增速高达95.46%，此后持续下落，2018年该数值为负值，2019年虽回归正值，但相比最初的增速仍有较大的差距。总体来看，稳健医疗近5年内营业收入与营业利润都呈现增长的

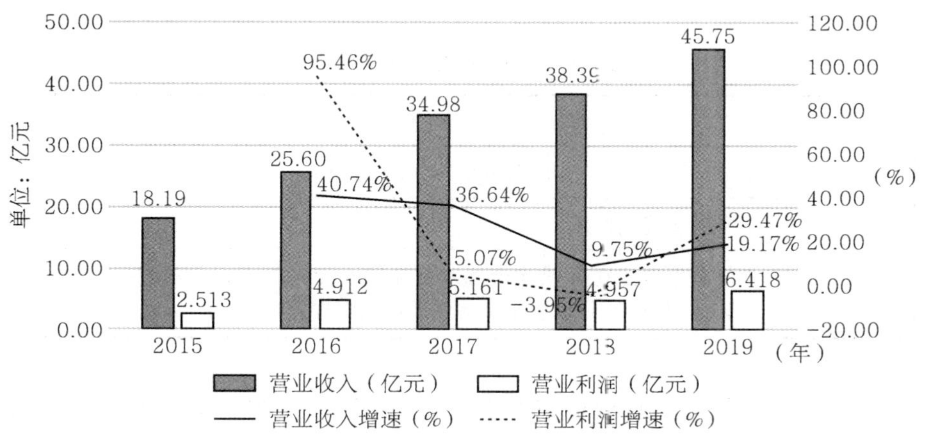


图2-23　稳健医疗2015—2019年营业收入与营业利润[①]

---

① 数据来源：东方财富网（https://www.eastmoney.com/）-稳健医疗企业数据整理

趋势，虽然这两个标准对应的变化速度波动较大，但该波动实际隐含的信息是发展趋于平稳。在这5年的前期阶段，增长较快，公司处于快速发展的阶段；而后期公司有了开拓业务及上市的打算，投入的成本增多，发展逐步趋向平稳而不是追求速度。

从稳健医疗近十几年的发展来看，公司可以成功上市，并且在医疗器械这一医疗的细分领域有一定的竞争力，原因是其专利技术优势及双业务发展带来的成效。专利与技术层面，该公司共拥有456项专利与1008项注册商标，基于这些专利的独特性，公司在研发方面具有不可复制的竞争优势。与此同时，稳健医疗与其他医疗器械企业都采取了与高校合作的形式来提升公司的技术研发实力。稳健医疗与香港理工大学、武汉大学、武汉理工大学、深圳清华大学研究院都有技术层面的合作，通过依托高校或者研究院的人才与技术力量来提升公司研发的积极性及资源的补充性。有了硬件实力，该公司也匹配了人才等软性实力，目前已有760名研发人员投身于各类医疗器械产品的研发中。

表2-27　稳健医疗硬件实力

| 类别 | 情况 |
| --- | --- |
| 专利 | 发明专利86项、实用新型专利252项、外观设计专利118项 |
| 注册商标 | 1008项注册商标 |
| 自主研发技术 | 2005年自主研发成功全棉水刺无纺布专利技术，已在中国、美国、欧盟、日本等全球30多个国家和地区取得专利证书 |

其次，稳健医疗的双业务拓展也为其竞争力的塑造贡献了力量。国际国内的双业务发展意味着公司在全球可充分使用的资源更为广泛。在国际业务层面，稳健医疗的“消费圈”与“客户圈”已遍及全球70多个国家和地区，在日本和欧洲的市场更是占据了相对稳定的地

位。并且在这些市场中，与稳健医疗有联系的企业大多为有较大规模或知名品牌的经销商，更有数家世界500强企业为其提供一定的资源。与国际市场强者的长期合作，为稳健医疗的发展带来了助力。在国内业务层面，稳健医疗主要依靠企业设立的办事处及合作的医院和药店开展业务，推进发展。当前，公司已在深圳、北京和浙江等地设立了14个办事处，与2000多家医院及40000多家药店有合作，可充分将其研发生产的医疗产品进行销售，以此打造集医院、药店与企业于一体的可持续的生态圈。

作为一家刚上市的企业，稳健医疗虽然有业务与专利等优势，但其发展面临的不确定性仍然存在。从长期来看，公司总体实现可持续发展的潜力较大。稳健医疗拥有19家一级全资公司/二级全资公司/控股子公司，庞大的公司群体使得其能汇集的资源是其他医疗器械企业难以比拟的。基于这些充足的医疗资源，公司的发展有了强大的基础。与此同时，稳健医疗的业务已经遍及家庭护理、医用护理等生活的方方面面，业务的全面性也使得该企业有较为广泛的调整空间，不会因为一个市场的“风险”而导致企业出现危机。2019年底暴发的新冠肺炎疫情一定程度上也为稳健医疗的发展提供了助力。疫情期间，防护口罩、医用防护服等物资成了抗疫的重要产品，而该公司的生产线在疫情期间24小时不停机，向海内外供应了10.73亿只口罩、439万件防护服、470万件隔离衣、250万件手术衣，被中共中央国务院授予了“全国抗击新冠肺炎疫情先进集体”称号。这一荣誉使公司的品牌形象有了极大的提升，对稳健医疗上市后的发展是有积极作用的。

### （五）新型医药企业

新型医药企业主要是指在信息化时代逐步兴起的“互联网医院”。这类医院由于其“价值医疗”而受到消费者的广泛关注，如图2-24所示。与此同时，指导型政策及涵盖绩效、监管等多方面的落地型政策也推动了该类型医药企业的发展，2016—2019年，互联网医院的问诊量从0.04亿次“突飞”至2.7亿次。

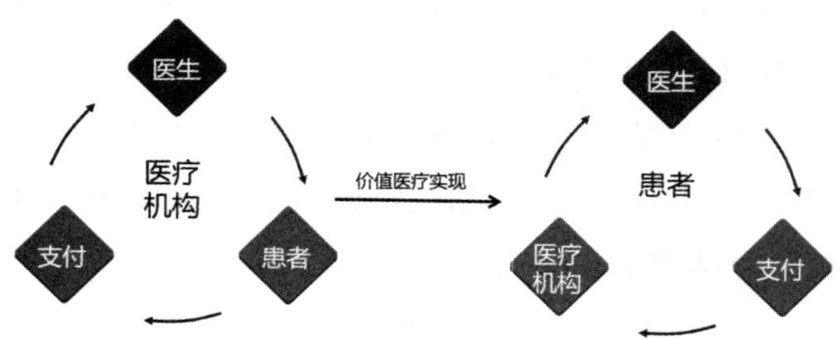


图2-24　互联网医院价值医疗的实现

**1. 阿里健康**

阿里健康是阿里巴巴控股的在香港上市的公司，也是新型企业中成功使用O2O模式的医药企业。虽然相比云南白药、尔康制药等企业，阿里健康起步较迟，但作为互联网健康系列公司，其带来的新模式对医药产业的发展有积极的借鉴与参考意义。

阿里健康通过不断地自我提升，已经进军了多个板块，比如医药电商及新零售、互联网医疗、消费医疗等，如表2-28所示，并在这些基础板块中创建了独属于本企业的特色业务。基于这些特色业务，阿里健康近几年的发展速度较快，2020年公司凭借1620亿元的市值在“2020年胡润中国百强大健康民营企业”中位列第四。

表2-28　阿里健康产品与服务①

| 医药电商 | 互联网医疗 | 智慧医疗 | 消费医疗 | 药品追溯 |
|---|---|---|---|---|
| 阿里健康大药房 | 医知鹿健康百科 | 人工智能开放平台 | 医疗与健康服务 | 药品追溯 |

① 数据来源：阿里健康官方网站（https://www.alihealth.cn/）

续表

| 医药电商 | 互联网医疗 | 智慧医疗 | 消费医疗 | 药品追溯 |
| --- | --- | --- | --- | --- |
| 天猫医药馆 | 复诊开方 | 智能识别能力 | 海外服务 | / |
| O2O 先锋联盟 | 预约挂号 | / | 美丽日记 | / |

2015—2019 年，阿里健康的发展变化较为明显。如图 2–25 所示，在营业收入方面，阿里健康在 2015—2019 年间不断攀升，从 2015 年的 0.30 亿元增长到 2019 年的 50.96 亿元，并且其对应的营业收入的增幅每年均高于 90%，2017 年与 2018 年的营业收入增长特别明显，比例高达 733.33%、414.32%。在净利润层面，公司并未表现出较好的发展态势。2015—2019 年这 5 年内的净利润一直为负值，可见作为新型医药企业，阿里健康在发展的初期仍然有很多挑战与阻碍。而其对应的净利润增速略有不同的表现。2015—2018 年，阿里健康净

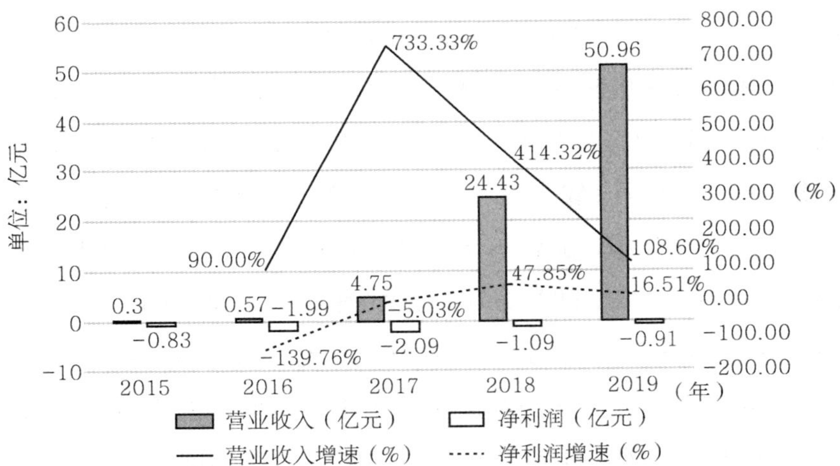


图 2–25　阿里健康 2015—2019 年营业收入及净利润[①]

① 数据来源：东方财富网（https://www.eastmoney.com/），阿里健康企业年报

利润增速持续增长，从-139.76%增长到47.85%，从负值到正值，可谓是公司的一大突破；但2018—2019年，该数值则开始下滑，最终下滑至2019年的16.51%。总体来说，虽然阿里健康近5年的净利润一直为负值，但2018—2019年公司的净利润增长比例为正，说明公司的发展在逐步进入正轨，且接下来将会有较好的发展前景。

阿里健康能够受到广泛关注的原因主要是其不像传统的医药企业聚焦某一医药细分领域，而是采用了线上线下相辅相成的模式。实现这一特色的模式需要基于一定的技术及数据的优势，而阿里健康正好可以借助其控股公司——阿里巴巴在互联网/信息化时代积累下的优势，该优势涵盖了互联网金融、物流配送、大数据核算、云储存等多个方面。凭借创新模式，阿里健康对消费者就医便利性的提高极为明显，这种线上线下一体化的模式也符合当下人们对“足不出户”生活方式的追求。从消费者基础医药需求来看，阿里健康线上大药房的商品涵盖中西药品等多个类别，“线上下单、线下收货”也极大地缩短了消费者买药的时间成本，并且“阿里健康大药房”内的产品均有官方担保，质量有保证。从消费者较高层次的就诊需求来看，阿里健康的“互联网医疗”正好可以使消费者就诊这一“目标”得到实现。线上登记/挂号、线上复诊，削减了患者线下医院挂号或者复诊的复杂性，并且有专门的线下医院和医疗机构进行对接，便利了该层次患者的就诊。与此同时，公司在2018年还与国家级的平台、出版社和医院等开展合作，合作方从医疗健康大数据平台到科学技术文献出版社，从国内名牌大学的肿瘤医院到中国各区域的官方政府机构，以此联合启动了权威的医学智库“医知鹿”。“医知鹿”可有效缓解网络对医学问题“乱解答”的现象，给有需求者提供一个官方、专业的医学资讯平台。线上“阿里医务室”、阿里健康APP及“未来医院”为公司的智能化服务增添了新色彩。

虽然目前阿里健康净利润仍然是负值，但从整体发展态势来看，该公司未来发展的潜力较大。信息化、智能化是长期的需求，足不出户便可享受就医体验是未来的“大势”。作为新型医药企业，虽在目前的发展初期因消费者观念未完全转变，以及市场的完善性不足等而受到了限制，但阿里健康的医药模式有医疗资源有效配置与供给高效性、服务高黏性等特点，符合未来的发展趋势，因而有较大的发展潜力。新冠肺炎疫情期间，智慧化、智能化的模式彰显了其关键优势，为我国在特殊时期的生活提供了新的可能。受此影响，消费者对此类产品/公司的接受度也会逐步提高，相信阿里健康等新型医药企业在未来将获得较佳的发展。

**2. 微医**

与阿里健康类似，微医也是互联网的产物，但两者的差异主要在于微医只是互联网医疗类平台，而阿里健康已发展成了专业的医疗上市企业。

微医作为2010年成立的一个移动式互联网医疗健康服务平台，充分利用了当前信息化时代下的“先进技术”和互联网时代下的“新型模式”。在“先进技术”层面，该平台主要涉及云计算等；在“新型模式”层面，该平台则构建了“O2O+‘专科—全科’”的模式。之后微医发展成为专业化的企业，成为微医集团（浙江）有限公司，主要从事健康管理咨询等。在近几年的发展中，微医显得较为突出，多次获得相关荣誉，如表2–29所示。

**表2–29 微医荣誉**

| 时间 | 荣誉 |
|---|---|
| 2019年6月 | 微医入选“2019福布斯中国最具创新力企业榜”。 |
| 2019年10月 | 微医在胡润研究院发布的“2019胡润全球独角兽榜”中位列第43位。 |

续表

| 时　间 | 荣　誉 |
|---|---|
| 2019 年 11 月 | 微医上榜“世茂海峡·2019 三季度胡润大中华区独角兽指数”。 |
| 2020 年 1 月 | 微医在“2019 胡润中国 500 强民营企业”中位列第 175 位。 |
| 2020 年 3 月 | 微医在“2020 胡润中国百强大健康民营企业”中位列第 33 位。 |

微医集团（浙江）有限公司依靠微医这一专业化与信息化结合的健康医疗平台，在多年的发展中已形成连接“微医云”“微医金融”“微医家庭医生”“微医合作药店”的较为完善的体系，如图 2-26 所示。

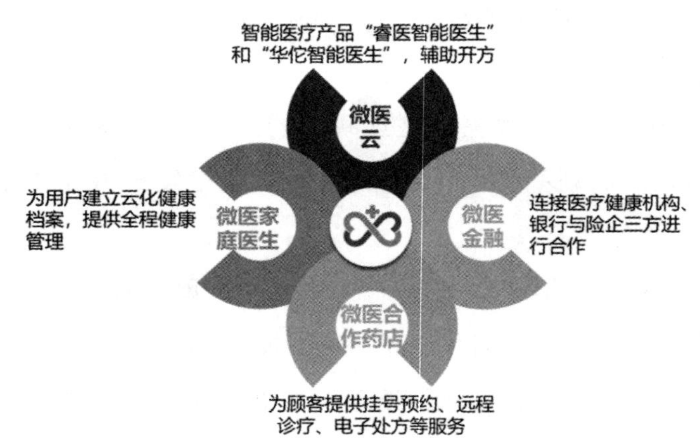


图 2-26　微医业务体系

在该业务体系中，微医云是全球第一个聚焦于智能医疗这一领域的线上平台。借助微医云将智能医生连接线下的中西医药馆，以实现智能化与专业化的辅助开方。微医家庭则是一种特色化、专业化的线上中心，负责家庭健康档案的管理。通过消费者购买相应检测设备，将健康数据发送给微医家庭医生，形成云端的家庭健康档案。微医金融则是将保险机构、医疗机构及银行（支付机构）汇集于此，形成全面化的服务体系。微医药店则是与微医平台有合作关系的实体药店，平台的产品与服务是由实体药店来提供支持的。而贯穿微医云、微医家庭医生、微医金融与微医药店这四大主体的便是微医这一互联网医疗平台，如图 2-27 所示，可实现挂号—就诊咨询—线上会诊—健康问答—就医档案整理—全科/专科诊疗等内容于一体的目标。

图 2-27　微医界面①

作为 2019 年估值排名全球第一的医疗科技独角兽微医集团，除了完善的业务体系之外，微医在线下还有数家医院及医疗团队，如表 2-30，所示为其服务的专业化提供保障。专业的医疗团队、逐步拓展的线下服务网点、一系列辅助的医疗设备，都为微医实现智能化提供了人才层面的强有力支持，从而助力其成为我国“三医”联动的平台。

表 2-30　微医配套“设施”

| 序号 | 配套“设施” |
| --- | --- |
| 1 | 在线下医院部署 1700 多套前置服务器。 |
| 2 | 组建了 7500 人专家团队（含院士、国医大师）。 |

① 数据来源：微医官方网站（https://www.guahao.com/）

续表

| 序号 | 配套"设施" |
|---|---|
| 3 | 创建了乌镇互联网医院,落地于19个省市。 |
| 4 | 与全国100多家医院合作建设医联体。 |
| 5 | 搭建了1.9万家医疗健康服务网点。 |
| 6 | 深度连接了全国2700多家重点医院、26万名医生。 |
| 7 | 研发了20多个专科的人工智能辅助诊断诊疗系统和一系列软硬件终端产品。 |

在互联网与信息化的时代,微医能够实现较为长期的发展,也有可能成为未来医疗发展的参照。在线上接受医疗服务的关键在于时间成本的有效减少,而主要的问题在于线上医疗质量是否得到保障。医药与医疗作为关系个人身体健康的重点,些许的误差带来的后果便可能是毁灭性的,因此目前像微医、阿里健康等互联网产物的企业或者平台的受众仍然较为有限。但市场需求的扩展及线上医疗与线下医疗结合带来的安全保障,会逐步促进新型医药企业的发展,助推整个医药行业的转型与升级。

## 三、长三角地区典型龙头医药企业研究

### (一)中药对标企业

#### 1. 上海市:上海辅仁

上海辅仁堂医药科技有限公司是辅仁药业集团制药股份有限公司在2017年设立的,当前主要在中药领域从事研发等事项。上海辅仁堂医药科技有限公司致力于传承中医药文化,通过各类中医平台,为消费者提供高端的中医养生保健服务。

上海辅仁的总集团最初是单一的中药企业,而后发展成综合类医

药企业，在中医药领域的竞争力及实力都不容小觑。从上海辅仁所属总集团的发展情况来看，上海辅仁从事中药相关工作有一定的基础。如图2–28所示，2015—2016年，辅仁药业发展极为迅速，营业收入与营业利润的增速达到了极高的比例。2016年及之后的几年，上海辅仁的发展比较平稳，营收从50.13亿元增长到2018年的63.17亿元，营业利润也从8.01亿元增长到2018年的11.17亿元，这二者的增速均保持在8.0%—20%之间；2019年则呈现出5年内初次利润与收入均下降的现象。这主要是因为2019年集团的管理层为了化解债务风险，带来部分业务的下滑；而且2019年底暴发的新冠肺炎疫情也给医药产业带来了一定的影响，一定程度上造成了辅仁集团营收等的下滑。从近5年发展的总体状况来看，虽然总集团的业绩等有一定幅度的变动，但该公司研发等层面的竞争优势仍然存在，这对上海辅仁的发展仍是有一定促进作用的。

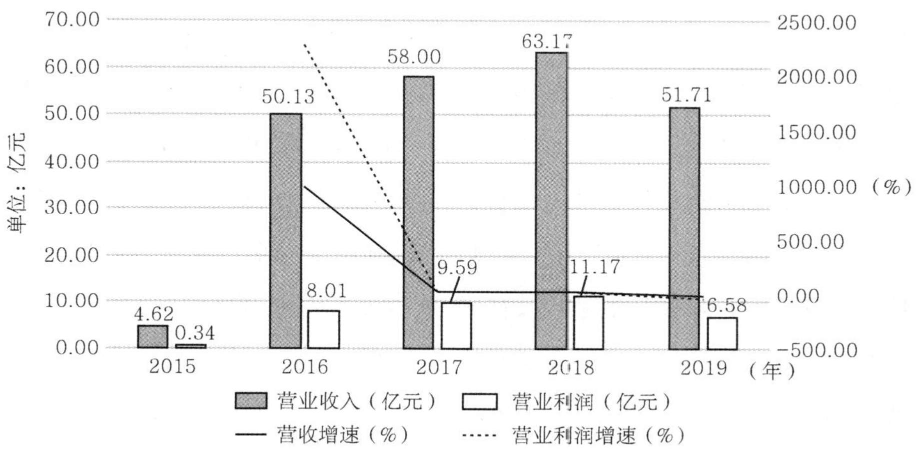


图2–28 辅仁药业集团制药股份有限公司2015—2019年营业收入及营业利润①

① 数据来源：东方财富网(https://www.eastmoney.com/)，上海辅仁2019年年报

因为聚焦中药领域，辅仁药业集团为上海辅仁堂医药科技有限公司的发展提供了以下的竞争优势。首先，品牌优势显著。该集团成立较早，在不断发展中已设立了多家子公司和研究型公司作为公司的创新研发基地，因此产业链较为完善，在医药产业有一定的地位，品牌优势也被持续保留。基于此，集团不断引进先进的技艺，同时拥有补骨脂注射液等多个中药保护品种，增强了消费者对品牌的信任度。其次，辅仁药业集团在科技、研发等方面竞争优势显著，与上海市同领域的企业相比也具备较佳的渠道资源。在中药项目方面，辅仁集团累计投入3463.62万元[①]，研发资金充沛。并且，该集团将研发及科技资源等下放到专业的子公司，"各司其职"的模式使其创新技术研发优势能够共享给该集团及其各类细分子公司/研发基地等。与此同时，该集团在国内有近2000家商业合作伙伴，可确保其中医药等产品可以遍及国内3000家各级医院和80000家药店。

基于集团共享的品牌与技术研发等的竞争优势，以及上海的区域优势（上海作为长三角地区医药产业发展的"领头羊"，其经济、人才等优势为上海辅仁的发展提供了一系列的支撑），上海辅仁堂医药科技有限公司通过以下几方面的努力，在中药领域站稳了脚跟。

首先，公司始终坚持"生物技术+传统医药"的研究思路。传统医药给大众的第一印象是"历史悠久""草药为主，副作用小"，但随着科技的不断发展和西药的引进，传统中药因其经受的科学实验较少而逐步被消费者"淡忘"，尤其是年轻一代的消费者。公司关注到这一现象，因此在发展中药这一方面，上海辅仁堂医药科技有限公司创新性地采用了"生物技术+传统医药"的研究思路，通过技术来克服中药原有的"被信任度低"的瓶颈问题，研发出更高水平、更高质量的创新

① 数据来源：上海辅仁企业官网（http://www.shfurent.com/）

中药新药。比如，上海辅仁堂医药科技有限公司在2018年提出将中药的发酵技术与生物技术进行结合。

其次，上海辅仁堂医药科技有限公司明确重点中药项目，聚集资源重点突破重点项目。如配方颗粒是项目重点，公司就通过集团所共享的资金、技术等优势来获取配方颗粒研发所需要的物资，也通过自身的实力来创造可能。集团对该公司重点项目的支持主要体现在两大方面。在资金方面，集团为该公司的中药配方颗粒项目投入3463.62万元作为资金支持；在人才方面，集团打造赋能工程，建立"名医库"等五大具体赋能板块，将知名的中医药专家、配方颗粒研发专员、中药研发带头人、中药制剂工艺研发带头人、中药药材资源研发带头人及其他中医领域的人才聚集在一起，为配方颗粒的研发提供人才的支撑。与此同时，上海辅仁堂医药科技有限公司也通过两大方面来突破中药难点。一方面，公司与河南辅仁堂一起筹备中药研究所与中试车间，集中力量进行配方颗粒的创新研发；另一方面，公司不断招募专业人员来参与配方颗粒这一重点项目的研发创新工作。

坐落于上海的上海辅仁堂医药科技有限公司既有上海的地域优势，又有人才招募及政策等方面的优势，同时也在集团资源共享和自身公司的基础上发展，为重点发展医药细分领域——中药的企业提供了一定的参照。

**2. 浙江省：胡庆余堂**

胡庆余堂有"江南药王"之称，坚持"戒欺"祖训，传承了五千年的中华中药精髓。21世纪初，此中药文化还成为第一批国家级非物质文化遗产名录中的一员，而其对应的国药号也被认定为第一批中华老字号。历史印记深刻、历史底蕴深厚的胡庆余堂在中药领域的地位"难以撼动"。

杭州胡庆余堂药业有限公司基于“胡庆余堂”的历史价值与中药价值，从历史作坊不断走向现代化，是我国知名的老字号中药企业。在持续创新的发展过程中，杭州胡庆余堂药业有限公司获得了多项荣誉，如表2-31所示，不断向消费者及医药相关企业证明着其在中药领域的活力与实力。

表2-31 杭州胡庆余堂药业有限公司近年荣誉（部分）[①]

| 时间 | 荣誉 |
| --- | --- |
| 2020年5月 | 获2019年余杭区政府质量奖 |
| 2019年5月 | 胡庆余堂胃复春片、强力枇杷露获列入2019首批“浙产名药”名单 |
| 2018年10月 | 公司产品铁皮枫斗晶、增乳口服液、神香苏合丸、调经养血丸、五子衍宗丸荣登2018年浙江省优秀工业产品（食品、保健品、医药类）榜单 |
| 2018年4月 | 公司产品胃复春片/胶囊参加医药观察家报社联合全国医药精英俱乐部发起的“寻找品种之王——2018年度最具市场潜力肿瘤用药‘金砖品种’”评选，并一举摘获桂冠 |
| 2018年1月 | 公司产品安宫牛黄丸获得“2018品牌杭州·产品品牌——生活品质奖” |

杭州胡庆余堂药业有限公司发展至今，充分将中药进行整合，已形成了较为完善的产品体系。目前公司已有保健品系列、处方药系列、非处方药系列、药品剂型、医保系列、非医保系列及症状目录系列等七大系列产品，被批准生产184个药品及9个保健食品。与此同时，公司基于中药生产的胃复春片等多个产品多次荣获省、市级的优秀产品奖，为中药在医药产业中的地位打下了基础。此外，杭州胡庆余堂药业有限公司旗下的很多中药产品是国家首家研制药品或者是

① 数据来源：杭州胡庆余堂药业有限公司官网（http://www.hqyt.com/）

具有自主知识产权的，这些“独特”的中药领域的产品“充分被认可”，代表着中药产品在如今的市场已经逐步跨越其瓶颈阶段。

杭州胡庆余堂药业有限公司作为浙江省中药领域的企业，能够在西药被广泛使用的今天仍然发展良好，是有很多因素的。首先，国家层面对中药的弘扬及重视为中药企业的发展营造了较好的宏观背景。其次，胡庆余堂药业的文化底蕴深厚。作为“江南药王”的“接班者”，公司进入市场主打的品牌文化就是胡庆余堂的文化——“戒欺”“采办务真”“修制务精”。对于中药企业来说，企业背后的中药文化便是建立消费者信任的桥梁。这一品牌的文化内涵不仅体现在运营诚信与中药相关产品的高质量上，还体现在中药价格实惠与企业稳步成长上。作为民族性的中药企业，杭州胡庆余堂药业有限公司弘扬着百年老店的精神，传承着百年老品牌的文化，在面向市场时所呈现的也是“为民”的形象。强大的品牌文化能够给公司带来极强的客户信任度与黏性，为企业未来在中药领域的创新发展奠定良好的基础。

再次，技术与中药相结合，全面提升了杭州胡庆余堂药业有限公司的科研实力，为创新性中药的研发提供了更多的可能。一方面，胡庆余堂的科研学术成果较多且质量高，除了完成多项基于中药的产品研发工作，更拥有多项发明专利与实用专利，如表2–32所示。专利等科研成果代表着杭州胡庆余堂药业有限公司在生产中医药产品过程中能够提升中药材的提取率及确保产品的高效率生产，将传统的中药借助科研与技术等方式转型为创新型的中药。另一方面，杭州胡庆余堂药业有限公司有专属于本企业的研究中心，如图2–29所示，拥有专业的研发设施和从事中药研发的专业人员，已被浙江省评为“浙江省中药现代化研究中心”，为全省医药产业中的中药细分领域企业的发展提供了研发典范。与此同时，公司基于技术，与中药结合所研发的产品也得到了官方认证（公司生产的药品全部通过GMP认证），并且设有专门的部门——质量管理部，来负责研发生产的产品的质量安全，确保消费者使用的中医药产品的质量安全。

表 2-32　杭州胡庆余堂药业有限公司研发实力

| 研发领域 | 内容 |
| --- | --- |
| 产品研发成果 | 完成胃复春片/胶囊、六味地黄丸（浓缩丸）、矽肺宁、大补阴丸浓缩丸、沉香化气胶囊等产品的研发并获注册批件和生产批件 |
| | 完成保健食品铁皮枫斗晶、蜂胶胶囊、铁皮石斛西洋参胶囊等产品的研发 |
| 专利成果 | 已授权发明专利 6 项、实用新型专利 7 项 |
| 研发中心 | 公司研发中心于 2002 年被浙江省科技厅批准为“浙江省中药现代化研究中心”，2017 年又被浙江省科技厅批准为“浙江省胡庆余堂中药现代化研究院” |

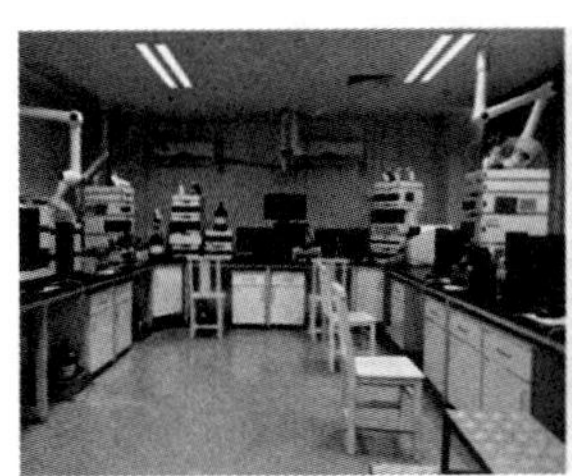
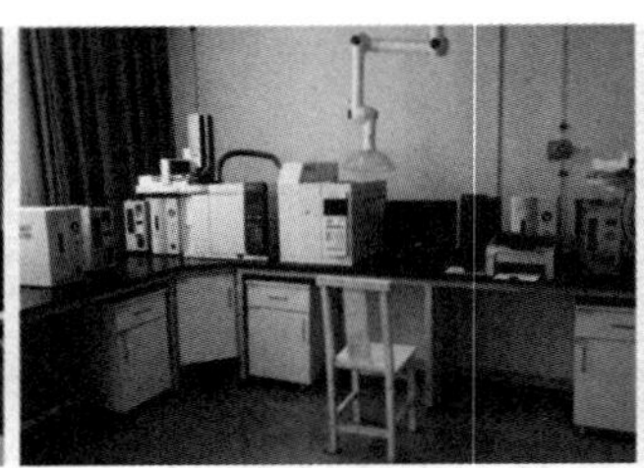
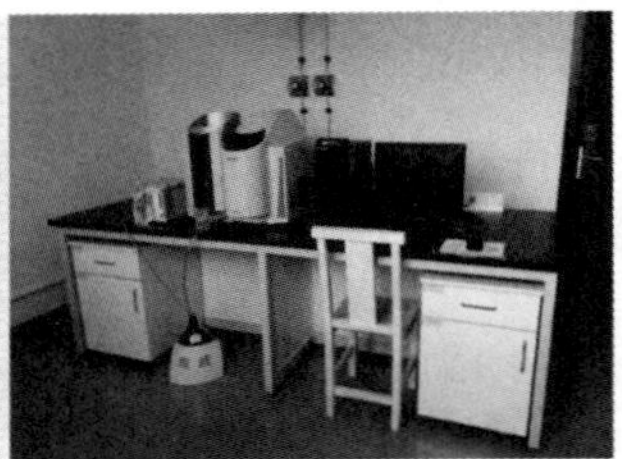

图 2-29　杭州胡庆余堂药业有限公司研发中心

除了文化与科研，杭州胡庆余堂药业有限公司的人才发展也是公司得以在中药这一医药细分领域发展较好的关键因素之一。公司在人才选取与管理方面传承了胡庆余堂的理念，秉持“才尽其用”“不拘一格”“唯德重用”“唯才是用”的用人理念，通过“人才培养‘启航’项目”，对不同岗位的人才实行不同的培养方案。2020 年，杭州胡庆余堂药业有限公司逐步发展精细化管理体系，进一步发挥人才的优势，为该企业在习近平总书记强调的“传承精华，守正创新”这一中医药行业指导思想下的创新发展提供人才层面的助力。

### 3. 江苏省:精华制药

精华制药集团股份有限公司是一家有60多年制药历史的企业,如今已发展成为一家综合性的现代化GMP制药公司,其经营业务主要涉及传统的中成药制剂、中药材及中药饮片等的研发、生产与销售。在多年的发展中,精华制药集团股份有限公司不仅在品牌影响力、产品品质及企业文化等多方面获得了竞争优势,也在医药领域赢得了“南通民营企业500强”(2009年度)、“江苏省医药行业诚信企业”、“南通市产学研示范企业”等多项荣誉,如表2-33所示。

表2-33 精华制药集团股份有限公司荣誉

| 时间 | 荣誉 |
| --- | --- |
| 2006年8月 | 南通市产学研示范企业 |
| 2007年2月 | 荣获江苏省名牌产品荣誉证书 |
| 2007年12月 | 荣获高新技术企业认定证书 |
| 2008年3月 | 荣获采购管理系统在医药企业中的应用获奖证书 |
| 2009年8月 | 荣获江苏省医药行业诚信企业证书 |
| 2010年4月 | 南通民营企业500强(2009年度) |
| 2011年9月 | 江苏省职业药师协会理事单位 |
| 2011年12月 | 荣获江苏省医药行业统计工作荣誉证书、国家火炬计划重点高兴技术企业证书 |
| 2013年8月 | 药品质量诚信建设示范企业 |
| 2014年12月 | 江苏省医药行业统计工作先进单位(2013年度) |

精华制药集团股份有限公司虽然已是综合性的制药公司,产品涉及中药、化学药等,如表2-34所示,但是其在中药领域的发展较为突出,可作为江苏省乃至我国中药领域其他企业的对标与参照。

表 2-34 精华制药集团股份有限公司主要产品

| 类别 | 产品 |
|---|---|
| 中成药制剂 | 王氏保赤丸、季德胜蛇药片、正柴胡饮颗粒 |
| 中药材及中药饮片 | 当归、白芍等 |
| 化学原料药及中间体 | 苯巴比妥、氟尿嘧啶 |
| 化工医药中间体 | 二氧六环、甲基肼 |

凭借产品的高质量及精华制药在医药层面的营销与管理，精华制药集团股份有限公司在近几年中发展较好，呈现波动式发展。如图2–30所示，2015—2019年，精华制药集团股份有限公司营业收入有波动式变化，但总体呈增长的趋势。2015—2018年，精华制药的营收不断增加，从7.80亿元增长到13.55亿元，在2018年该数值达到顶峰，此期间的增幅高达73.7%；此后的1年内，该数值出现下降，下降至11.57亿元。总体来看，2015—2019年，公司的营业收入数值较高，总体保持在7亿元之上，虽然2019年的营业收入有所下滑，但依旧高于10亿元，反映了精华制药积极发展的趋势。而在营业收入的增长速度层面，2015—2017年，精华制药的营收增速持续上涨，从13.08%上升到27.10%，营收增速在2017年达到最高值；2017—2019年，该数值则持续下滑，2019年甚至下滑到–14.61%。在利润层面，也呈现颠簸式的发展特点。2018年及之前，营业利润维持在1亿—2亿元，2016年，营业利润增速极为明显，达到108.30%；但是2019年出现了“滑坡”现象，营业利润跌至–4.98亿元，对应的增速为–269.74%。这一“滑坡”主要是由2019年新冠肺炎疫情等多种因素影响导致的全球经济下行，医药行业进入低谷所带来的。因此，从整个医药行业在2019年遭遇的突发情况来看，精华制药在医药（尤其是中药）领域的发展总体趋势是良好的，并且根据2018年的营业利润与营收增速可预估

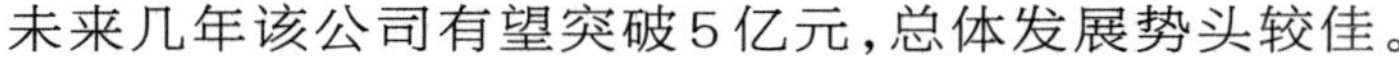
未来几年该公司有望突破5亿元，总体发展势头较佳。

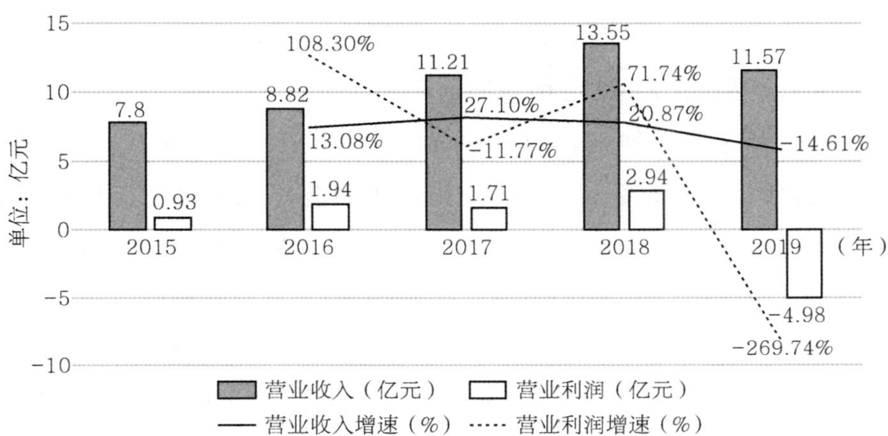


**图2-30　精华制药集团股份有限公司2015—2019年营业收入及营业利润①**

精华制药集团股份有限公司发展良好，并能成为中药领域其他企业的对标企业，主要有以下几大因素。首先，精华制药的整体战略与品牌形象是互相匹配的，并始终跟随国家政策的发展。精华制药对国家战略的把握极为到位。“健康中国”这一国家层面的战略的出台，是医药企业发展的指向标。精华制药数次钻研探究政策的导向，以此选择一体化发展的企业战略，并经由几年内外部的高强度管理与多主体合作交流，构成了“纵向一体化”的企业成长模式，即聚焦中成药制剂及中药饮片、化学原料药及中间体、生物制药及研发三大板块，将产业的结构与安排有效遍及上下游等多个环节，建立协同效应，促进自身发展。这种一体化的模式与战略，使得各医药领域的资源共享成为可能，对中药领域的发展是有促进作用的。与此同时，在品牌声誉方面，流传下来的中药传统配方，以及著名书法大家范仲淹

①数据来源：东方财富网(https://www.eastmoney.com/)，精华制药企业年报

后人所书的“精华制药集团股份有限公司”等都为企业的发展赢得了消费者的信赖。

其次，中药产品自身的高质量与独特性是精华制药集团得以在中药领域良好发展的关键。精华制药的中成药产品大多是独家品种或是国家中药保密品种，有“响亮可靠的名声”来证实其中成药产品的“不可替代性”。如图 2–31 所示，公司中成药产品中的王氏保赤丸、季德胜蛇药片便是独家品种，且二者均是中国的中药保密品种，其中季德胜蛇药片更被评为“绝密”，可见其中药产品之独特性。除了“保密型”的产品，其余中成药产品也有其独特性。比如正柴胡饮颗粒只有精华制药集团股份有限公司和中国中医科学院实验药厂才持有生产批件，可见其珍贵。这几种产品的独特性如表 2–35 所示。除了这种“不可替代性”带来的优势外，其中药产品也符合官方的各类认证。精华制药公司与中药相关的产品均严格按照中国药典及GMP生产要求的质量控制标准进行研发与生产，而且公司有专业职员组成特定团队来负责质量的把控。该质量管理团队有60多人具有专职质量管理资格，其中11人是国家认定的执业药师，确保了中药从取材、研发到销售的全过程都是保质确质的。相比西药要经过数百次、数千次的实验，中药的科学性就显得较为不足，这是其发展的瓶颈，而精华制药集团股份有限公司的中成药产品有国家的认证，且由多方把控，其高质量与独特性给消费者带来很高的信任度，也因此提升了该公司在中药领域的地位，能够为本省乃至长三角地区，甚至是我国中药领域的其他企业提供一定的参照与借鉴。

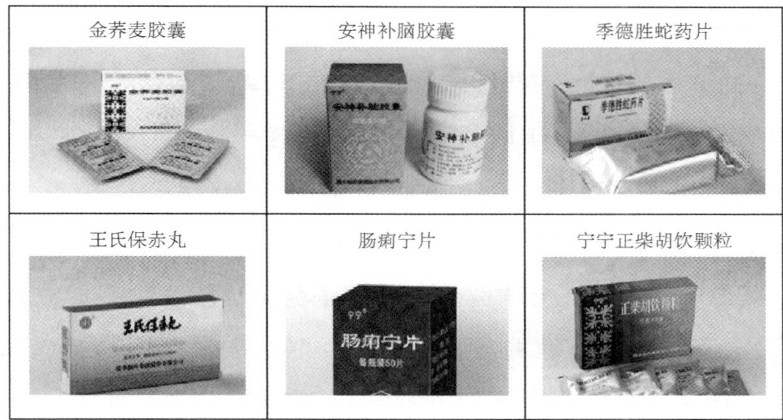


图 2-31　精华制药集团股份有限公司中药产品

表 2-35　精华制药集团股份有限公司中成药产品的独特性

| 产品名称 | 独特性 |
| --- | --- |
| 王氏保赤丸 | ①该产品为国家机密级工艺、配方，是根据清代南通名医王胪卿祖传九世秘方，并由其嫡孙——首届国医大师、中国中医方剂学创始人、北京中医药大学终身教授王绵之先生监制的纯中药胃肠动力药。<br>②被列入中华中医药学会主编的《中医临床诊疗指南释义》，用于治疗儿童厌食症，2018 年被列入江苏省流感诊疗方案。 |
| 季德胜蛇药片 | ①该产品为国家绝密级工艺、配方，是根据中国医学科学院特约研究员、著名蛇医专家季德胜祖传六世秘方研制而成的，为国家级非物质文化遗产。<br>②具有抗病毒、抗癌毒、抗过敏等作用，被列入中华中医药学会主编的《中医临床诊疗指南释义》，用于治疗带状疱疹及流行性腮腺炎。 |
| 正柴胡饮颗粒 | ①该产品的处方出自明代名医张景岳《景岳全书》解表平散代表方“柴胡饮”方，是由中国中医研究院根据周恩来总理指示充分研究并开发的用于治疗感冒的中成药品种。<br>②先后获得了多项国家级奖项，为全国中医医院急诊科(室)必备中成药。<br>③2015 年被列入中华中医药学会主编的《中医临床诊疗指南释义》“呼吸疾病分册”中，用于治疗外感发热、普通感冒及流行性感冒。 |

从未来发展来看，精华制药集团股份有限公司有较好的发展前景。一方面，精华制药对中药系列产品的研发、关注程度在不断提升，对应的资本投入也在持续增加。2019 年，精华制药的研发投入额是 0.50 亿元，相比 2018 年增长了 20.13%。这一数值的变化充分体现了该公司对医药产品研发的重视度在提高，有充足的资本才有中医药发展的希望。另一方面，国家对中医药的高度重视促进了企业的发展。如 2019 年 3 月，全球首个中国中医药循证医学中心成立；2019 年 7 月，国家中医药管理局与国家卫健委联合印发《关于在医疗联合体建设中切实加强中医药工作的通知》；2019 年 10 月，国家中医药大会召开；2019 年 12 月，《关于促进中医药传承创新发展的意见》落地。精华制药集团股份有限公司作为长三角一体化医药发展的知名中药企业，还拥有国家认证的王氏保赤丸等中成药产品，在推动中医药发展的政策环境下有更多的机会获得各种资源及优惠政策。

除此之外，精华制药作为中药领域的对标企业，能够在未来有较好的发展，也缘于公司对中药等产品的发展有较为完善的战略。公司的中药产品主要是中成药与中药饮片两大类，公司对这两大类有差别化的推进路径，如表 2-36 所示。中成药将经由学术层面的推广和与医药媒体的协作来陆续推进，而中药饮片则通过强化道地中药材的规模化无硫加工来提升产品质量。在中药产品的创新与学术发展方面，两者有较为相似的发展规划，如创新层面，精华制药明确提出要完成多种中药产品的全国多中心临床试验工作，并且计划在北京大学、上海第二军医大学等高校开展中药的共同研究；在学术推广层面，公司计划成立“国医大师王绵之学术思想研究会”，并持续加强与全国相关专业委员会的沟通，做好中药产品的推广。

表 2-36　精华制药集团股份有限公司中药产品的推进路径

| 中药产品类别 | 发展路径 |
| --- | --- |
| 中成药 | 以学术推广为抓手，以三个终端建设为渠道，以与医联体、学会媒体合作为载体，加快两个非遗产品品牌宣传和适应症的拓展，做大王氏保赤丸、季德胜蛇药片、正柴胡饮颗粒、大柴胡颗粒、金荞麦片五个传世中药品种 |
| 中药饮片 | 推进实施"集中加工+集中仓储+集中贸易"的道地中药材规模化无硫加工，聚焦半夏、亳白芍、亳白术、亳菊花等核心品种的加工经营，开展道地中药材的集中贸易；开展陇西有机种植基地建设，着重加工经营当归、党参、黄芪这类药食同源产品 |

**4. 安徽省：亳州市轩明药业销售有限公司**

安徽省作为长三角区域的一员，由于经济等各方面的资源有限，在医药领域的地位较为薄弱。在中药这一医药细分范畴，安徽省虽有中药类的企业，但上市的极少，其余从事中药出产、售卖等较为出名的是两家企业：安徽谓博中药股份有限公司与亳州市轩明药业销售有限公司。这里主要分析安徽省亳州市轩明药业销售有限公司，以期为安徽的中药事业发展提供一定的指引。

亳州市轩明药业销售有限公司坐落于安徽西北部的亳州。作为中国"四大药都"之一的亳州市有着天然的中药发展资源，更有着"华佗故里，药材之乡"的美誉。与此同时，亳州市还是国际上最大的中药材集散中心与中药产品价格形成中心，并因其地域的独特性而被长江三角洲经济圈辐射，享受着长三角一体化的系列优惠与机遇。借助区域优势，亳州市轩明药业销售有限公司也在不断发展中，目前主要业务涉及中药材的销售。

成立于 2014 年的亳州市轩明药业销售有限公司，虽只经历了 6 年多的发展，但凭借其自身的优势，在安徽省中药领域占据了一定的地位。首先，亳州市轩明药业销售有限公司地理位置优越，有销售的天然优势。一方面,公司所在的亳州市的位置优越。作为安徽省域交汇中心城市,西部、北部与河南省交界,西南部与阜阳市邻接,东部与淮北市、蚌埠市相倚,东南部与淮南市为邻,可辐射的地区规模极其广阔。辐射范围广带来的结果是销售市场易扩散,这对中药销售企业有极大的优势。另一方面,亳州市轩明药业销售有限公司的位置优越。公司比邻京九线,交通较为便利,也使得中药材等的销售运输变得简易而快捷。其次,中药相关产物的来源较为可靠且稳定,并且品种繁多。作为"药都"的亳州市,有着丰富的中药材资源,并且很多中药材较为名贵,"就近"的原料来源更为作为中药材的销售公司提供了便利与更多机会。虽然相比江苏省或浙江省的中药上市公司,亳州市轩明药业销售有限公司显得相对"渺小",但是差异化经营的定位使中药材的销售为其带来了差别化的"收入"。再者,公司已与多家企业建立了长期的合作伙伴关系,在安徽省内的中药领域已有一定的地位。

从长期来看,亳州市轩明药业销售有限公司的发展机遇与挑战并存,其发展在某种程度上有较大的不确定性。从中药行业总体发展来看,因上层建筑层面的战略/计划/章程等的"助力",中药企业将迎来"新时期"的"新机遇"。然而对于轩明药业公司来说,因其规模较小,且仅有销售的业务,若无法将其做强,则容易被行业淘汰。因此,在接下来的发展中,公司一方面需要充分发挥中药材的优势,通过上市等途经扩大其品牌乃至企业的价值,另一方面也需要充分挖掘中药材的附加价值,扩大中药领域的产业链,提升其在安徽省乃至长三角地区的中药份额及市场占有率。

### (二)化学药对标企业

#### 1. 上海市:现代制药

上海现代制药股份有限公司作为一家高科技制药企业,与其他医药企业不同的是,它是由上海医药工业研究院发起,由五家企业联合创立的。自2004年上市后,上海现代制药公司发展迅速,在医药行业的化学药细分领域有了举足轻重的地位,也获得了不少的荣誉,如表2-37所示。

表2-37　上海现代制药股份有限公司近年获得的荣誉[①]

| 时间 | 荣誉 |
| --- | --- |
| 2015年 | 2015中国化学制药行业工业企业综合实力百强 |
| 2016年 | 荣登2016中国制药品牌榜基层终端 |
| 2017年 | 2017中国化学制药行业降血压类优秀产品品牌 |
| 2017年 | 2017中国化学制药行业工业企业综合实力百强 |
| 2017年 | 2017年中国创新力医药企业 |
| 2017年 | 2017年中国创新力医药企业奖牌 |
| 2017年 | 2017年化学制药行业原料药出口优秀企业品牌 |

现代制药作为一家发展较为成熟的高新技术企业,遍及抗感染、心脑血管及麻醉精神类等多板块的业务,并拥有化学中间体、生化原料药等产品,如表2-38所示。与此同时,上海现代制药股份有限公司重视化学药这一医药细分领域的布局与规划,2019年在化学原料药层面的收入约有41亿元。

① 数据来源:上海现代制药股份有限公司官网(http://www.shyndec.com/)

表 2-38　上海现代制药股份有限公司产品(部分)

| 原料板块 | 抗感染板块 | 心脑血管板块 | 抗肿瘤板块 | 麻精板块 |
| --- | --- | --- | --- | --- |
| 伏格列波糖(Voglibose) | 注射用头孢西丁钠 | 硝苯地平控释片 | 注射用甘露聚糖肽 | 盐酸米那普仑片 |
| 普伐他汀钠(Pravastin Sodium) | 头孢克肟胶囊 | 马来酸依那普利片 | 醋酸奥曲肽注射液 | 注射用盐酸纳洛酮 |
| 尿促卵泡素(FSH) | 头孢克肟颗粒 | 普伐他汀钠片 | 他克莫司胶囊 | 雪莲注射液 |
| 绒促性素(HCG) | 头孢地尼分散片 | 积雪苷霜软膏 | 环孢素口服溶液 | 复方雪莲胶囊 |

凭借科技与科研的优势,上海现代制药股份有限公司在 2015—2019 年实现了较快的发展,虽然期间有些许波动。如图 2-32 所示,2015—2019 年现代制药的营业收入总趋势是不断攀升的,并且总体的增长速度较快。2015—2016 年现代制药的营收稳定增长,但是增长的幅度相对较小;2016 年后营收有所下滑,增速为-6.66%;但下滑仅维持了一年,2018 年便开始高速回升,营业收入增速在年底达到高峰,为 32.90%;2019 年该数值不断攀升,且增长的速度相对平稳。从营业利润来看,2015—2019 年现代制药维持着相对平稳的状态,不像营业收入有较大的变动幅度。5 年内公司的营业利润均在 10 亿元上下徘徊,但总体营业利润是呈现增长趋势的,且 2018 年的营业利润增速达到高峰,为 38.83%。总体来看,上海现代制药股份有限公司不管是营业收入还是营业利润,在 2016—2018 年间变化较大,这主要是因为该公司的产业整合与资产重组。在这期间,公司根据“上级控股企业”的要求开展了对化学药这一医药细分产业的调整与整合,并在此期间持续推动重大资产重组的相关事项,致使 2016—2017 年营业收

入与利润都出现下滑，而2018年因为经历了调整，重新有了活力，且整合后的企业在定位上更加明确、清晰，产品的研发、生产等多环节也较为顺利，营业收入与营业利润这两大指标也开始走向正轨。

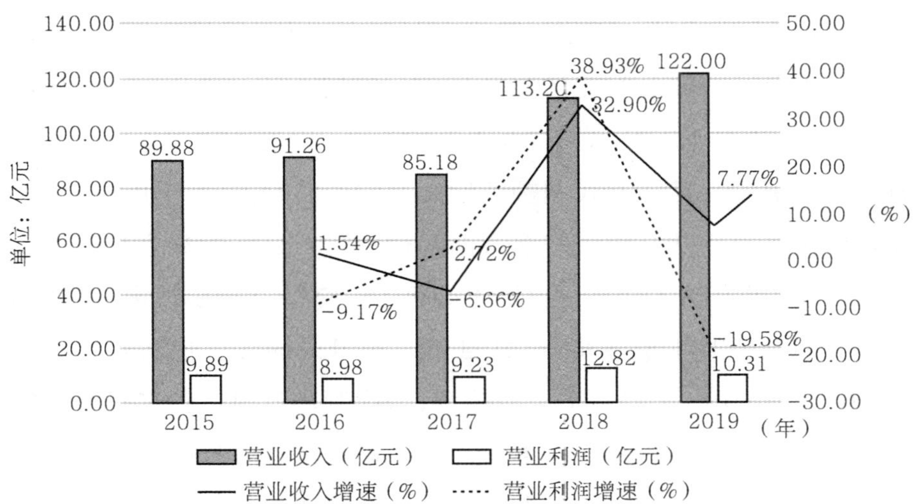


**图2-32　上海现代制药股份有限公司2015—2019年营业收入及营业利润**[①]

上海现代制药股份有限公司在近几年能够获得较佳的发展，主要基于以下原因。首先，公司对技术研发的重视是企业得以明确定位并高效开展工作的关键。作为一家由研究院发起设立的企业，公司始终坚持“创新驱动”发展战略，将技术与研发有效结合，将高校与企业有效结合，使得研发可以有效围绕“一体两翼”开展，以此充分将内部的研发与技术资源有效整合，最终形成以母公司为统筹中心、子公司为技术平台的多层次研发体系，形成了优势引领、专业分工、产学研协调的综合性企业技术创新体系。基于高效特色的研发与技术创新体系，该公司的采购、生产及销售都得以有效地开展。比如技术体

① 数据来源：东方财富网(https://www.eastmoney.com/)，上海现代制药股份有限公司年报

系可以运用于化学药品的生产，开展精益化的管理；技术平台可以运用于销售，使各类营销数据一体化，加速营销的数据化分析与处理。

其次，上海现代制药股份有限公司在化学药这一细分产业方面有对应的平台作为支撑，为企业带来“难以替代性”的优势。与其他化学类医药企业不同的是，该公司隶属于国内最大的“中央企业医药健康产业平台”国药集团，是该集团下的化学药平台。作为这个大集团的一份子，公司可以共享的资源是多方面的，也能够获得集团对其发展方向的指引。目前现代制药的发展方向便是通过对产业的全面协同来深化其在化学药健康产业方面的优势。在这一发展方向的指引下，公司通过搭建各业务之间的共享平台，使母公司在技术、渠道等多方面的优势共享至该企业，并且可以和母公司形成优势互补。同时，由于母公司旗下的各子公司较多，现代制药也可以借其子公司的资源形成其化学药产品的完整产业链，减少其他环节的资本等资源的投入。作为子公司，最关键的优势其实是可以充分借助母公司的品牌效应来引领企业发展。由于母公司强大的资源体系与品牌效应，该公司近几年的市场占有率与品牌知名度都有了较快的提高。与此同时，公司在其中获得的外部协同优势也促进了自身的高速发展。上海现代制药股份有限公司一直积极参与母公司的“自家亲”战略计划，与各子公司保持着良好的合作互助关系。2017 年起，“两票制”的陆续开展给现代制药创造了发展的好时机。由于“两票制”的推进，国药集团内部商业巨头国药控股作为中国最大的分销商与零售商的地位得到了进一步巩固，而上海现代制药股份有限公司一直深化与国药控股的合作，借助其优势，给自身的发展带来了极大的先机。

从长远来看，上海现代制药股份有限公司在化学药领域的发展前景是较为光明的。从其自身实力来看，虽然仅是国药集团下的子公司，但其拥有的资源与实力不仅是其自身，更是其母公司与其他子公司的累加。凭借母公司的资源，现代制药在化学药这一细分的医药板块内实现可持续发展是有较大的潜力与可能性的。从化学药这一范畴来看，目前市场的趋势是越来越多的医药企业往综合型企业发展，虽然其占据的细分领域仍是化学药，但只是体现在其产业投入在该细分领域的占比比生物药等医药细分领域多。而上海现代制药股份有限公司是国药集团下的化学药平台，是专一、聚焦于化学药领域的。如将其拥有的科研、技术及平台等多方面优势均运用于化学药领域的发展，那么其发展状态将是极佳的。从地域优势来看，公司成长于上海，而上海不仅是长江三角洲地区医药产业的"领军者"，也是资本、教育等多范畴内的"佼佼者"。上海对人才、资金等的吸引力对上海现代制药股份有限公司在化学药这一医药细分领域的发展起到了推动作用。依据现代制药公司的自身实力，在细分领域的专业性及地理位置等方面的优势，可预见其在化学药领域的良好发展，甚至有较大可能成长为整个长三角地区化学药发展的对标企业。

**2. 浙江省：新和成**

浙江新和成股份有限公司作为一家中小型企业，在化学药这一医药范畴内有一定的地位与影响力。新和成自2004年上市至今已有十几年的时间，始终专注于精细化工，通过创新发展各类化学药产品，为数百个国家和地区提供医药、生命健康等领域的解决方案，改善人民的生活品质。

浙江新和成股份有限公司自上市后，历经多个发展阶段，如表2-39所示，从工业园区的建立到技术研发中心的不断完善，公司都实现了较佳的发展，是浙江省较为领先的化学药领域的企业，也因此获得了"'2020胡润中国百强大健康民营企业'第21位""浙江省'十五'技术改造优秀企业""浙江省医药工业十强企业(2005年)""中国化工行业技术创新示范企业(2004年)"等多项荣誉。

表 2-39　浙江新和成股份有限公司的发展历程①

| 阶段 | 时间 | 内容 |
|---|---|---|
| 产业初创 | 1999 年 | 在新昌县城关塔山新建新和成工业园区 |
| | 2003 年 | 科技产业园正式落户签约杭州湾精细化工园区 |
| 走向全国 | 2004 年 | 公司技术中心成为绍兴市首家国家企业技术中心 |
| | | 公司原料药、兽药生产通过 GMP 认证，成功跨入医药行业大门 |
| | 2005 年 | 开发合成维生素 E 新路线，拥有自主知识产权 |
| | | 噻嘧啶、环啉两只产品分别被列入“国家火炬计划”和“国家重点新产品”项目 |
| | 2006 年 | 公司“年产 500 吨益生粉红素微囊高技术产业化项目”通过验收 |
| | 2009 年 | 公司山东新和成药业有限公司成功试车投产 |
| | 2010 年 | “脂溶性维生素及类胡萝卜素的绿色合成新工艺及产业化”项目荣获国家技术发明奖二等奖 |
| 内外联合 | 2013 年 | 浙江大学-新和成联合研发中心成立 |
| | 2014 年 | 与中科院上海有机所签署合作框架协议 |
| 整合发展 | 2015 年 | 原料药开发事业部成立，开启原料药发展新篇章 |
| | 2016 年 | “重要营养素超微化制造关键技术创新及产业化”项目荣获国家技术发明奖二等奖 |
| | 2017 年 | 山东新和成氨基酸有限公司 MET 一期项目达产 |
| | 2018 年 | 被评为新昌县首家模范院士专家工作站 |
| 整合发展 | 2019 年 | “IUPAC-Zhejiang NHU 国际绿色化学进步奖”首次颁发 |
| | | 数字化全面转型行动计划编制项目启动 |
| | | 与江南大学签署项目合作协议 |

① 数据来源：浙江新和成股份有限公司官网（https://www.cnhu.com/）

新和成这一高新技术企业在十几年的奋斗中已经自主构建了相对完善且适合公司发展现状的化学药产品体系。该体系以医学化工类产品为主，对其营业收入有较大的贡献，其中又可细分为原料药、香精香料等，如表2–40所示。

表2–40　浙江新和成股份有限公司2019年产品营业收入占比①

| 板块 | 产品 | 2019年营收占比(%) |
|---|---|---|
| 医药化工 | 营养品/原料药 | 61.77 |
| | 香精香料 | 23.53 |
| | 新材料 | 8.78 |
| 其他 | 其他 | 5.92 |

凭借多方面的优势，浙江新和成股份有限公司在近几年的发展中获得了较大的利润空间，并为浙江省化学药这一细分领域的企业提供了参照。如图2–33所示，该公司在2015—2019年间的营业收入总趋势是增长的，虽然期间有细微的波动。具体来看，2015—2018年营业收入持续增长，在2018年达到顶峰，为86.83亿元，且期间增幅维持在15%上下；2019年营收骤然下降，且对应的下降速度为12.23%，但其营收额依然是正数。从营业利润来看，2015—2018年营业利润与营业收入一样持续增长，2018年的营业利润达到最高值，为36.30亿元，但2019年公司的营业利润额降落至25.67亿元。从这5年营业利润增长的速度来看，整体呈下降趋势，从2016年的213.17%下降到2019年的–29.28%，2018年的营业利润增速略有回升。总体来看，浙江新和成股份有限公司拥有较为扎实的基础，这是企业经过多年的市场竞争与产业内的磨炼而形成的。虽然这5年间的营业收入与营

① 数据来源：东方财富网(https://www.eastmoney.com/)，浙江新和成股份有限公司年报

业利润都有波动，且存在明显下滑趋势，但都为正值，可见其自身基础较扎实，能有效应对营收等的波动。2019 年，新和成公司营业收入与营业利润下滑的根本原因是公司实施优化产业布局，但微调后企业营业利润仍高于20亿元，可见其本身在化学药领域的“能力”较强。并且，经过调整与优化产业布局，预计之后的营业收入与利润都会逐步上升。

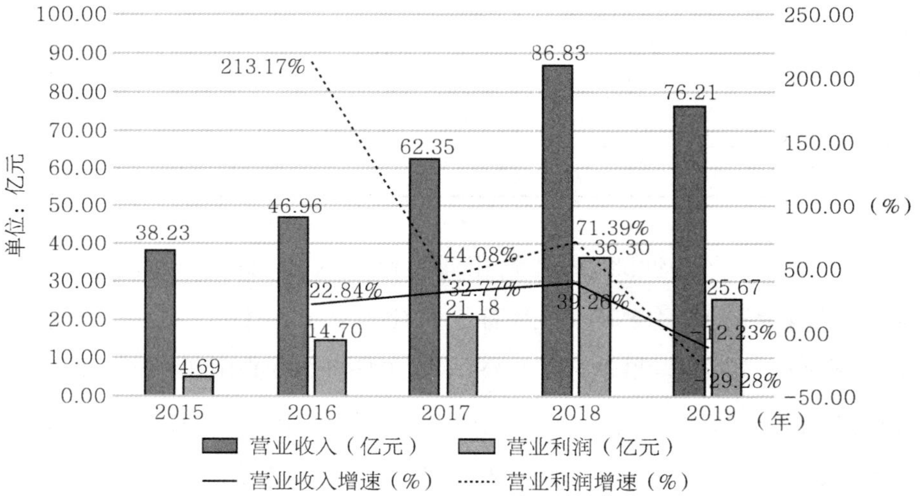


**图 2–33　浙江新和成股份有限公司 2015—2019 年营业收入及营业利润**[①]

浙江新和成股份有限公司自成立后能够高效发展，主要基于以下多方面的努力与机遇。首先，新和成公司的团队优秀且凝聚力强。新和成对人才极为重视，不管是薪酬福利还是职业发展路径，公司都充分做到了为员工考虑，为企业可持续发展考虑。在员工职业成长路径方面，新和成将员工的工作培训与个人的学习进修紧密相连。在培训方面，公司设置了“新人训练营”，主要对新员工进行入职培训

① 数据来源：东方财富网（https://www.eastmoney.com/）、浙江新和成股份有限公司年报

与岗位培训,也包括军训等课题项目实践,以增强新员工对企业文化的了解,加强员工之间的配合与团队意识。与此同时,针对老职员,公司也有定期开展的培训项目,涵盖了以年长员工为主体的培训和新老员工配合介入的培训,如表2-41所示。在职业路径上,新和成与其他医药企业不同,如图2-34、2-35所示,它为人才设置了管理/专业双重晋升通道,以适应多样化的员工,使得不同的人才都可以通过适合自己的方式得到晋升。“双重通道”提高了员工的工作积极性与热情,也为新和成留住了“潜力股”,有利于公司持久繁荣。人才的凝聚力除了是培训与职业发展路径带来的此外,还体现在公司对“员工故事”的宣传上。真正能给企业员工带来激励的不是全球知名企业的管理者,而是员工身边的“一般人”。新和成定期挖掘企业内部的优秀员工,将他们的故事进行宣传,以此来激励企业与员工共同成长。

**表2-41　浙江新和成股份有限公司的人才培训项目**[①]

| | | |
|---|---|---|
| 按照培训课程分类 | 高管后备班 | |
| | 后备人才启程班 | |
| 按照培训课程分类 | 基层干部培训班 | |
| | DOE推广班 | |
| | 车间主任后备班 | |
| 按照培训内容分类 | 新人入职培训 | 大学生军训、企业文化学习、岗位必备知识技能 |
| | 通用技能培训 | 通用产品技术、部门体系培训、内部讲师培养 |
| | 专业技能培训 | 技术等级培训、专业晋级培训 |
| | 管理技能培训 | 基础管理课程、中阶管理课程、高阶管理课程 |

① 数据来源:浙江新和成股份有限公司官网(https://www.cnhu.com/)

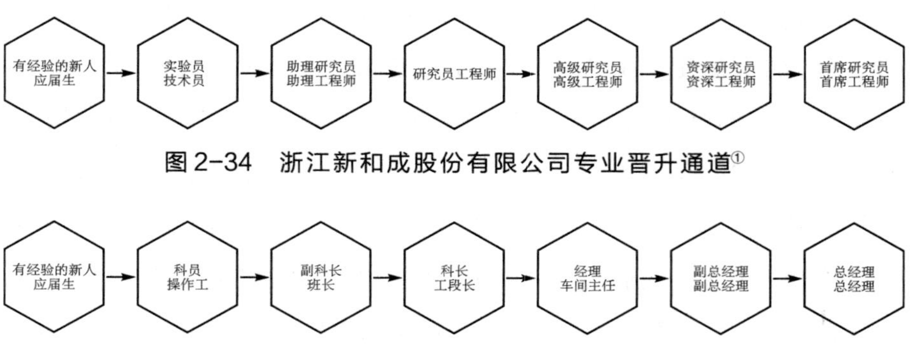


图 2-34　浙江新和成股份有限公司专业晋升通道①



图 2-35　浙江新和成股份有限公司管理晋升通道②

其次，作为医药技术型企业，浙江新和成股份有限公司在技术资源及研发能力方面都是处于较前沿位置的，这也是该公司在近几年能快速发展的重要原因。在技术方面，新和成一方面与国内外著名的高等院校/院所进行科技方面的碰撞交流，促成双方在该领域的技术提升及思维拓展。比如，新和成与浙江大学、中科院、北京化工大学、江南大学等维持着长期稳定的合作关系，借助高校或者院所现有的技术体系来布局企业的发展。另一方面，新和成自主布局技术中心等来拓宽其技术资源。比如，公司自主建造了国家认定的企业技术中心、国家级博士后工作站、国家模范院士专家工作站，还设立了超临界反应实验室、工程装备研究中心实验室等，以此聚集世界先进的技术设备，有助于其自主研发出国内领先技术，为其化学药产品的研发打下坚实的基础。在研发方面，新和成的投入金额一直较大，2019 年公司投入了 4.34 亿元用于研发。在研发资金的支持下，公司近几年陆续建立了精细化工超临界反应技术国家地方联合工程实验室等站点，并以此为研发基地，形成了从各板块研究院、检测中心到化

① 数据来源：浙江新和成股份有限公司官网（https://www.cnhu.com/）
② 数据来源：浙江新和成股份有限公司官网（https://www.cnhu.com/）

学前瞻技术研究中心的研发体系。与此同时，新和成还注重提升整个企业的创新力及研发人员等员工的活力与创造力。公司引进荷兰、法国等知名化学药领域的专家为长期的研发工作者，也定期邀请国内外知名的研发专家给公司员工进行培训与指导，全方面提升企业员工的研发能力，以及企业整体的研发实力与技术实力，如表2-42所示。

**表2-42　浙江新和成股份有限公司研发实力①**

| 板块 | 内容 |
| --- | --- |
| 研发平台 | 国家博士后科研工作站、精细化工超临界反应技术国家地方联合工程实验室、国家模范院士专家工作站 |
| 研发人员 | 2000多人 |
| 研发团队制度 | 导师制、伙伴制、课题传帮带 |
| 研发成果 | 承担国家级省部级项目50多项，荣获国家技术发明奖二等奖2项，国内有效专利达192项，国外授权专利25项，主持、参与制定国家/行业标准31项 |

作为浙江省化学药领域的优秀企业代表，新和成公司在未来的发展中有较好的前景。首先，公司在化学药这一聚焦化的产业中有较为详细且适合的定位。企业长期聚焦精细化工这一领域，围绕香精香料与原料药等营业板块开展优化式发展。香精香料在中国正经历着结构性的优化，缓慢地从“单一型”向“复合型”转变，从中低端市场向高端市场迈入，一系列新的概念与新的技术也被应用于此。这一现状表明未来中国的香精香料市场会不断增长，且由于技术的附加，带来的收益也会快速增长。与此同时，原料药作为化学药的一部分，其行业价值也在不断提升。2017年，中国可生产的原料药就已有

① 数据来源：浙江新和成股份有限公司官网(https://www.cnhu.com/)

1500多种，产量为3478万吨，是国际上该领域规模最大的出产国家。这一趋势一直在强化，我国化学原料药的生产与研发能力也在持续提升。作为我国医药行业的支柱产业，在未来几年内，原料药的市场潜力与空间都是不可估量的。因此，浙江新和成股份有限公司定位的细分领域在未来有较强的发展前景，也就意味着与其他企业相比，该公司在产业竞争中更易获得机遇。其次，地域优势与战略定力也为该企业的未来发展提供了更多可能。新和成坚持可持续发展的理念，始终坚持HSE战略，将技术引入产品的处理，以减少污染；将新技术与新技艺引入企业化学药相关产品的生产，以降低各类事故、隐患发生的可能性。由于化学药产品的成分中多为化学品，有较大的污染性与不安全性，因此，公司一方面以绿色环保战略导向确保企业在生产研发过程中无污染、无隐患，营造企业产品安全健康的形象，另一方面运用技术对在企业附近造成的各类污染进行处理，提高社会责任感，塑造良好的社会形象。与此同时，坐落于浙江省的新和成能有效借助浙江的人才、资金等资源开展企业的医药研发生产等工作。作为长三角的一员，浙江省也享受国家对长三角医药企业发展的优惠政策。并且，浙江省的经济发展水平居全国前列，这一强大的经济实力可以助力新和成化学药等产品的发展。因此，从总体来看，浙江新和成股份有限公司在未来产业竞争中仍有较大的优势。

**3. 江苏省：恒瑞医药**

江苏恒瑞医药股份有限公司是一家综合型的医药企业，在化学药领域发展较好。公司自21世纪初上市后，便基于杰出的产品、独特的文化和技术创新，树立了良好的品牌形象，在江苏省医药领域中占据着较为重要的地位。并且，依靠在上海、成都等地设立的各分公司，江苏恒瑞医药股份有限公司在不断做大做强。

如表2-43所示，恒瑞医药能有目前的成就不是一蹴而就的，而是经历了多年的技术创新及不断的产品试验，才树立了如今在化学药这一细分领域的关键地位。从连云港制药厂到中国最大的抗肿瘤药物的研究与产出基地，恒瑞医药在市场同领域企业的高强度竞争中不断突围，成果突出。

表 2-43　江苏恒瑞医药股份有限公司发展历程①

| 时间 | 内容 |
| --- | --- |
| 1970 年 | 恒瑞医药前身——连云港制药厂正式成立 |
| 1999 年 | 恒瑞医药被评为高新技术企业 |
| 2000 年 | 上海新药研发中心成立 |
| 2001 年 | 恒瑞医药建立了技术中心和博士后科研工作站 |
| 2003 年 | 被评为国家“863”计划产业化基地 |
| 2008 年 | 其创新药研发中心入选“国家重大新药创制”专项创新药孵化基地 |
| 2010 年 | 组建国家抗肿瘤药物技术创新产学研联盟 |
| 2014 年 | 自主研制的创新药阿帕替尼获批准上市 |
| 2018 年 | 四个注射剂通过 FDA 等海外质量认证，获批准在欧美日上市 |
| 2019 年 | 公司创新药产品通过谈判进入国家医保目录 |
| 2020 年 | 注射用卡瑞利珠单抗晚期肝细胞癌适应症获批注上市，使我国晚期肝癌免疫治疗取得新突破 |

江苏恒瑞医药股份有限公司近几年发展良好，并为江苏省化学药这一细分领域的企业发展提供了参照。如图 2-36 所示，2015—2019 年恒瑞医药的营业收入不断增加，从 2015 年的 93.16 亿元上升到 2019 年的 232.90 亿元，5 年间增加了 150%，可谓高速发展。而其对应的营业收入增速在这 5 年内则显得较为平稳，从 19.04% 增长到 33.70%。2017—2018 年营业增速相对较平稳，2015—2016 年及 2018—2019 年

① 数据来源：江苏恒瑞医药股份有限公司官网（http://www.hrs.com.cn/）

的营业收入增速则较快，但这均属于正常范围内的变动。从营业利润来看，与营业收入变动类似的是2015—2019年营业利润持续增长，在2019年达到最高值，为61.50亿元。从变动的速度层面来进行对比，可发现在这5年间，恒瑞医药的营业利润增幅变化比营收增速更大。具体来说，恒瑞医药2017年及之前的营业利润增长速度是平稳提升的；2017—2018年该百分比有所下降，下降之后数值为20.72%，但仍高于很多化学药类医药企业的最高增速；2018—2019年，恒瑞医药的营业利润增速又快速回升，并且在2019年达到高峰，为33.78%，该数值与恒瑞医药同年的营收增速较接近。对照同领域上海现代制药股份有限公司和浙江新和成股份有限公司，江苏恒瑞医药股份有限公司在营业收入与营业利润两个指标上的数据都表现出该企业算是化学药乃至医药行业内的“领先者”。并且从这5年的总体发展来看，其每年的营业收入与营业利润都处于增长的状态，且增速也越来越快，这反映出该公司近几年的发展势头较猛，并不像同领域的其他企业因行业原因而受到较大的影响。

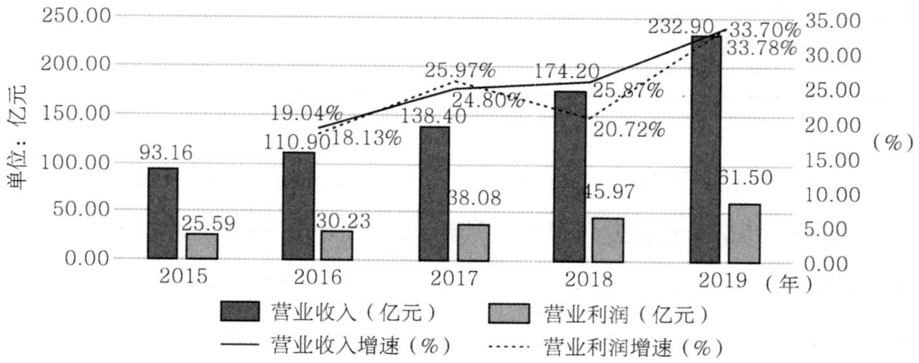


图2-39 江苏恒瑞医药股份有限公司2015—2019年营业收入及营业利润[①]

① 数据来源：东方财富网（https://www.eastmoney.com/），江苏恒瑞医药股份有限公司年报

江苏恒瑞医药股份有限公司凭借近5000亿元的总市值在医药行业中排名第一，不仅为江苏省化学药领域的医药企业提供了很好的参照，更为长三角地区化学药企业的发展及中国医药企业的发展提供了很多有价值的方案。首先，恒瑞医药将转型创新作为本公司突破现状的拐点。作为行业的领先者，相比其他化学药乃至医药企业，江苏恒瑞医药股份有限公司不仅在中国建立了对应的研发中心，也在世界建立了研发中心，构建实力强硬且具有活力的创新体系。该体系涵盖了国际层面的美国/日本研发中心，以及国内领域的上海/连云港/成都/南京研发中心和上海临床医学中心，兼顾国内外产品学术的钻研，努力做到国内外市场协同拓展。如表2-44所示，该体系中的各大研发中心都分担了板块内容，形成了分工明确、统一协作的高效创新体系，为恒瑞医药在新药研发层面的技术及研发实力的提升打下了坚实的基础。在创新体系之余，恒瑞医药的创新人才也不断与之匹配，以最大程度发挥创新对恒瑞医药突破式成长的作用。创新人才既要覆盖高端层面，也要覆盖低端层面。在高端层面，公司从国内外引进知名学者及极富创新创业精神的人才作为企业的高端创新人才。与此同时，公司也从应届生中进行筛选，挑选具有创新潜力及冒险精神的新人作为公司的辅助力量。到目前为止，公司有3000余名创新研发学者，其中含2000余名博士、硕士及海归人士。并且，恒瑞医药在对应的资本层面也毫不“吝啬”。2019年，公司累计投入39亿元作为创新研发工作的资金，为创新工作提供基础保障。从2013年的5.6亿元创新研发资金到2019年的39亿元资金，体现出公司对创新的重视度在不断提升，这为企业产品的创新研发提供了强有力的基础，也促进了公司在化学药领域创新成果的不断增多。这些研发成果可以使得公司化学药等产品的质量有保障，并提高研发生产效率，最终使公司在江苏的地位得到有利巩固，使公司在化学药领域，甚至是在中国医药行业内，都有举足轻重的地位与足够的份额。

**表 2-44　江苏恒瑞医药股份有限公司研发与创新[①]**

| 板块 | 分工内容 | |
|---|---|---|
| 研发板块 | 美国研发中心 | 从事新药临床研究、新药技术项目引进或转让，并负责向美国 FDA 申报和注册药品 |
| | 日本研发中心 | 负责高端制剂的注册申报与分装销售 |
| | 上海研发中心 | 负责寻找新化合物等创新药物研究的上游工作 |
| | 上海临床医学中心 | 主要从事新药临床及申报等工作 |
| | 连云港研发中心 | 从事药品产业化研制、开发，包括创新药、仿制药及国际市场产品注册研究等工作 |
| 研发板块 | 成都研发中心 | 主要从事高活性、激素、造影剂等药物研发 |
| | 南京研发中心 | 承接上海研发中心继续创新药筛选，包括原料药成盐、晶型筛选，制剂剂型筛选 |
| 学术创新 | 新申请专利 | 131 项 |
| | 国际 PCT 新申请 | 63 项 |
| | 获得国内授权 | 38 项 |
| | 国外授权 | 53 项 |
| | 取得创新药制剂生产批件 | 2 个 |
| | 取得仿制药制剂生产批件 | 11 个 |
| | 取得创新药临床批件 | 29 个 |
| | 取得仿制药临床批件 | 2 个 |
| | 取得的一致性评价批件 | 2 个品种 |

① 数据来源：江苏恒瑞医药股份有限公司官网（http://www.hrs.com.cn/）

江苏恒瑞医药股份有限公司将来的发展是中国医药行业中各相关主体所重点关注的。作为化学药领域的对标企业，也作为医药行业的对标企业，恒瑞医药的前景是光明的，同时也将面临多方面的挑战。作为一家自身实力雄厚的医药企业，其目前拥有的技术能力与创新体系都是具有长期效应的。恒瑞医药旗下的多个化学药相关产品不断被纳入医保系统，多个产品也受到了与上市相关的高标准把控与核准。2019年，江苏恒瑞医药股份有限公司在中国化学制药行业年度峰会中获得了综合实力百强等多项荣誉，这说明公司近几年的发展前景仍然十分广阔。并且，公司还特别重视人才的培养。大多数医药企业都是通过与高等院校或者研究所进行合作来确保人才的供给，又或者从国内外知名企业引进人才。这样的人才引进方式在目前应用广泛，但成本相对较高。江苏恒瑞医药股份有限公司建立了独特的人才培养体系，它不仅注重对“潜力股”员工的识别与引进，而且更加注重对这些员工的深度培养。公司建立了恒瑞大学，下设营销学院、管理学院、研发学院、医学院、生产学院。这些专业学院的建立既为公司提供了稳定可靠的人才输入，又可以为现有的人才提供专业化的培养，充分将江苏恒瑞医药股份有限公司的人才打造为适合企业发展，并且有着专业化能力的员工。从大学的建立到一体化的人力资源平台，江苏恒瑞医药股份有限公司在逐步建设全链条人力资源管理机制，不断加强公司人力资源团队的自身能力及企业人才的灵活性。人才的稳定输入，可以为公司未来五年甚至十年的发展“保驾护航”。这些机遇及实力都向大众彰显了江苏恒瑞医药股份有限公司未来的发展潜力与空间之大，但恒瑞医药也面临着很多未知的挑战。作为一家大型企业，国际化布局一直是恒瑞医药近几年及未来几年的发展方向。在国际布局上，由于各国间的信息不对称等问题，投入的资本及份额都是较多的，若存在问题，则带来的损失也是相对巨大的。因此，作为一家以国际化为目标的化学药领域企业，在未来的发展中要时刻关注国际化格局的变动，及时调整应对策略，以确保公司未来发展的平稳性与安全性。

**4. 安徽省：美诺华药物化学**

作为宁波美诺华药业股份有限公司的原料药生产核心基地之一，安徽美诺华药物化学有限公司不仅拥有自营进出口权，而且是我国重点扶持的高新技术企业。

美诺华集团和安徽美诺华药物化学有限公司极为相似，两者均创建于2004年，并且自2017年上市后，集团持续发展，已成为宁波市制造业板块的百强企业，也是中国医药全球化板块的百强企业。如图2-37所示，2015—2019年，美诺华的营业收入与营业利润的整体趋势是上涨的。具体来看，在营业收入层面，2015—2016年营业收入有小幅度下滑，从5.97亿元滑落至5.78亿元。2016—2019年营业收入都处于持续增长的状态中，并在2019年达到顶峰，营业收入为11.80亿元。在营收变动幅度层面，2016—2017年和2018—2019年的营业收入变动幅度较小，但2018年营业收入增速高达40.26%，堪称同领域高速度成长企业。在营业利润层面，总体数值较小，虽然2015年到2019年间总体数值在增长，但最高也就是2019年的1.90亿元，和其他省份的化学药企业相比有一定差距。主营业务板块的利润数值也显现出细微的变化。2015—2016年营业利润呈现增长的趋势，2016—2017年则有了下滑的趋势，2017年起便又在持续增长之中，因此，2016—2018年公司营业利润增速也经历了相对较大的波动，在2017年增速达到底端，为–35.23%。但从整体来看，美诺华在医药领域的化学药板块中仍存在竞争优势。

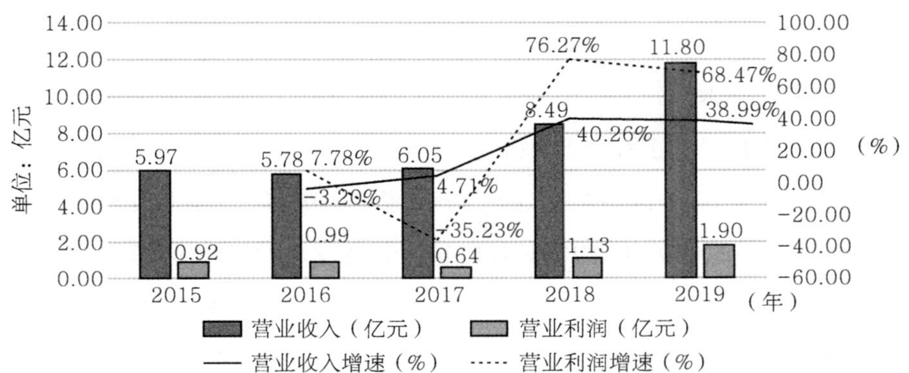


**图 2-37　宁波美诺华药业股份有限公司 2015—2019 年营业收入及营业利润**[①]

作为宁波美诺华药业股份有限公司的"焦点"企业，安徽美诺华药物化学有限公司虽相比于上海市、浙江省或江苏省的各大化学药企业显得较弱，但是在安徽省化学药这一医药细分领域，它的发展仍有一定的参考价值。首先，作为核心企业与原料药生产的核心基地，安徽美诺华药物化学有限公司可以充分借助总集团与其旗下子公司的品牌优势与资源优势。美诺华集团是宁波市首家医药类上市公司，在宁波有一定的影响力，在浙江省化学药领域也有一定的影响力。作为其子公司的美诺华则坐落于安徽。相比浙江、上海等地，安徽的医药企业发展不管是从资源还是研发能力来看都较弱，因此，安徽地区的企业会积极主动地学习浙江省等地的医药企业的发展经验。在浙江省化学药领域具有影响力的美诺华集团的品牌效应会给安徽的美诺华药物化学有限公司带来影响，使之在安徽地区有一定的影响力。与此同时，美诺华集团不断建立的浙江/杭州美诺华药物化学有限公司，以及专注于药物钻研的美诺华药物研究院等，这些公司、研究院的科研实力及优秀员工等人才，都可以与安徽美诺华药物化学

① 数据来源：东方财富网(https://www.eastmoney.com/)，宁波美诺华药业股份有限公司年报

有限公司共享，也为其在化学药产业中的成长提供资源与资本的后备力量。其次，从安徽美诺华药物化学有限公司自身的实力来看，作为国家重点扶持的高新技术企业，公司享有其他化学药企业所不具备的优惠与扶持政策，从政策到资金补给，都为公司的发展扫清了部分障碍。与此同时，公司坐落于江苏、浙江与安徽三省的交界处——东临杭嘉湖、北倚苏锡常的安徽广德经济技术开发区，这意味着该企业可充当长三角中三省的桥梁。这一地理位置，对其实现当前的发展贡献了积极的作用。浙江省在科技层面优势突出；江苏省有恒瑞医药这些龙头企业作为参照，并有多家企业集聚，“药谷”效果显著；而位于交界处的安徽美诺华药物化学有限公司可以充分借助地域便利性，将浙江省和江苏省的人才、科技及企业集聚等优势引入该公司，或者与这些企业开展便利的资源交流与共享，促进自身在化学药领域的发展。

从长期的发展来看，安徽美诺华药物化学有限公司要维持当下的发展并有所突破是较为困难的。虽然在安徽的化学药领域，该企业有一定的优势，也有作为对标企业的参照价值，但从整个长三角化学药领域甚至中国化学药领域的整体发展来看，仍面临着巨大的挑战。作为宁波美诺华药业股份有限公司的核心企业，它虽有自营进出口权，但其目前的发展仍需美诺华集团的帮助。而美诺华集团目前的发展与浙江省的新和成及江苏省的恒瑞医药相比有较大的差距，其旗下公司安徽美诺华药物化学有限公司则差距更为明显。与此同时，安徽美诺华药物化学有限公司在将来的突破式发展中也有一定的潜在可能。长三角一体化进程日益加快，长三角医药产业的发展更为集聚化，三省一市的资源共享与企业互助也更为频繁。作为在一体化发展中较弱的安徽省，其省内的企业有机会得到长三角其他省份企业的帮助，这些帮助不仅会体现在技术的培育方面，也会体现在资金的供给层面。因此,在未来的发展中,安徽美诺华药物化学有限公司的发展状况难以预料,但只要充分利用好长三角一体化的优势,为企业的发展打下坚实的基础,并且在这一"共享互助"模式下逐步培养出企业自身的创造力与核心竞争力,那么该公司在未来的发展中会有较大的潜力,仍有机会继续为我国化学药领域的各大企业、研究所提供借鉴与参考。

### (三)生物药对标企业

#### 1. 上海市:复星医药

上海复星医药(集团)股份有限公司作为我国在医药产业中的"领先者",有着较强的影响力与话语权。与其他医药知名企业不同的是,上海复星医药(集团)股份有限公司专注于当代生物医药这一医药的细分范畴,通过研发和制造与生物医药关系密切的产品等,使其业务涉及了生物药中的医疗咨询服务、医药设备、就医就诊等。

上海复星医药(集团)股份有限公司自1998年上市后,历经了多个发展难点,如表2-45所示,最终发展成为如今的领先医药集团,曾获得"2018年中国医药行业企业集团十强"、"2017年度中国医药工业百强"、"'一带一路'投资并购十佳金哨奖"、"2017中国医药行业十大最具影响力企业"、"2016中国药品研发综合实力百强榜第三位"、"2016中国生物药研发实力榜第二位"(药智网)等多项荣誉。

表2-45 上海复星医药(集团)股份有限公司发展历程[①]

| 时间 | 内容 |
|---|---|
| 1999年 | 公司被认定为国家级高新技术企业 |

① 数据来源:上海复星医药(集团)股份有限公司官网(http://www.sinopharmcapital.com/)

续表

| 时间 | 内容 |
|---|---|
| 2002 年 | 复星医药研发基地——重庆医药工业研究院有限公司成立 |
| 2005 年 | 复星医药的青蒿琥酯片成为中国第一个通过 WHO 直接供应商资格认证的药品 |
| 2006 年 | 复星医药投资设立上海复星平耀投资管理有限公司，标志着复星医药加大对健康领域的投资 |
| 2007 年 | 复星医药的青蒿琥酯联合用药再次受到 WHO 青睐，成为 WHO 在复方抗疟药上的全球合作伙伴 |
| 2008 年 | 成立新药研究公司，借此控股重庆复创医药研究有限公司，开始启动创新专利药的开发 |
| 2009 年 | 成立复创和复宏汉霖，复星医药研发创新进入新的里程碑 |
| 2010 年 | 桂林南药通过 GMP 现场检查，成为国内第一家通过 WHO-PQ 认证的注射剂生产企业 |
| 2014 年 | 复星医药以 8.45 亿元收购控股二叶制药；<br>加强抗感染药物平台建设 |
| 2015 年 | 复宏汉霖获得第二、第三个单克隆抗体药物临床批件；<br>复星医药与挂号网战略结盟并拟购挂号网优先股，加快“互联网+”战略布局 |
| 2017 年 | 复星凯特细胞治疗基地启动，开启首款全球已获批的 CAR-T 产品 Yes-carta 在中国产业化征程 |
| 2018 年 | 禅医高分通过国际医院 JCI 认证，成为全国首家通过第六版 JCI 标准的三甲综合民营医院 |
| 2019 年 | 利妥昔单抗注射液获批上市，成为中国首个生物类似药 |

基于上海复星医药（集团）股份有限公司在研发创新、市场营销及并购整合等多方面的优势，公司在近几年间的发展较为良好，并为上海市生物药这一医药细分领域的企业发展提供了参照。如图 2-38 所示，公司在 2015—2019 年间的营业收入持续增长，从 2015 年的 126.10 亿元增长到 2019 年的 285.90 亿元，5 年间增长了 126.72%，可

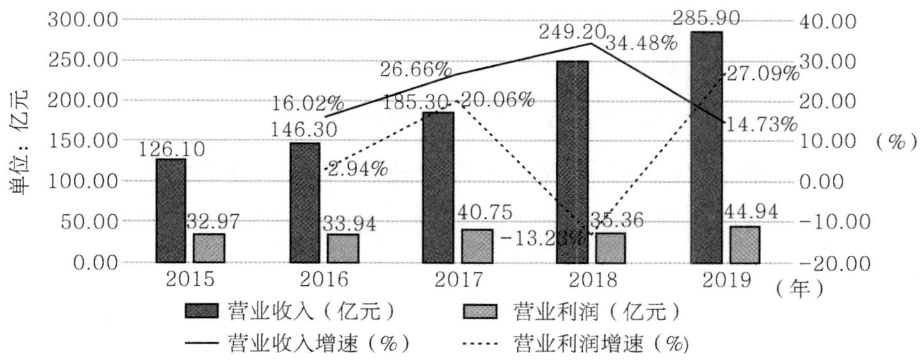


**图 2-38　复星医药 2015—2019 年营业收入及营业利润[①]**

谓高速发展。而其对应的营业收入增速在这 5 年内显得不太平稳，波动较为明显。2018 年及以前的营业收入增长速度一直在增加，从 16.02% 增加到 34.48%，但 2018—2019 年的营业收入增速突然下滑到 14.73%，这主要是 2019 年医药体制改革深化、制药工业增速放缓、生物药等产品价格下行等因素带来的结果。在营业利润层面，与营业收入有所差异，虽然总体趋势在上升，但有细微的波动。2015 年起的 3 年内，复星医药运营的业务利润不断攀升，从 2015 年的 32.97 亿元攀升到 2017 年的 40.75 亿元；但 2017—2108 年的营业利润有小幅度的下滑，属于正常的经营变动范畴；2018 年以后又出现了增长，并且在 2019 年到达了顶峰，为 44.94 亿元。而复星医药这 5 年间营业利润的增长速度与运营收入的增长幅度有较大的差别。2015—2017 年，营业利润增速与营业收入增速两个指标的整体变动趋向较为相似，增速都较为缓慢，但 2017—2019 年这两个指标却显现出了“反向大变动”的特点。具体来说，2017—2018 年，复星医药的营业利润增速下滑极为明显，从 20.06% 下滑至 -13.23%；2018—2019 年则出现“反

① 数据来源：东方财富网（https://www.eastmoney.com/）、上海复星医药（集团）股份有限公司年报

弹”，从-13.23%高速上升到27.09%，并在2019年达到峰值。总体来看，上海复星医药（集团）股份有限公司的发展趋势是良好的，但中间易被行业因素等影响而导致企业出现短期的营业收入与营业利润的下滑。与上海市化学药领域的现代制药公司及中药领域的上海辅仁相比，复星医药的优势明显，但要发展成为国际知名生物药领域企业仍有需要调整的地方。

复星医药目前能够在生物药领域有较佳的发展，主要基于以下几方面的竞争优势，可为同区域乃至长三角区域的企业提供借鉴。首先，复星医药有较强的营业体系与营销模式。从营销模式来看，公司通过不断整合、发展及并购等形式，形成了专业化、品牌化、数字化的营销模式。一方面，可以基于信息化时代的优势缩减营业与销售等成本，并经由数字化的总结分析来实现专业化、精确化的营销；另一方面，又可以突破时间与空间的限制，将国内营销扩展为国际营销，使国内的营销网络延伸至非洲地区及欧美等地区，进一步扩大了公司产品推广的业务范围，提升了集团在国际上的品牌影响力。从营销团队来看，复星医药已经构建了与集团产品配套的境内外营销团队。团队目前有近5300人，其中包括1000多名海外药品营销人员。通过营销团队成员的专业化知识与能力，集团的营销能力得以持续提升。

其次，上海复星医药（集团）股份有限公司的资源整合能力极强。作为一家有着全产业链的医药企业，相比其他企业，复星医药所需要的资源是较多的，因此，各方面的成本也较高，但集团创新地提升了公司的资源整合能力，以较低的成本获得足够的资源，来实现其全产业链的布局。一方面，通过并购企业，将这些被并购的企业进行深度整合来降低成本、提高效率，使其与本集团能够产生协同效应，以此扩大了复星医药的营业规模，提高了市场竞争力；另一方面，对公司内部各个业务板块进行整合，形成“合作联动”的模式，使生物药等各相关产品的板块之间实现资源的融通、业务的畅通，合力推动复星医药集团的资源系统化运作，从而提高了公司整体运营能力。此外，复星医药还运用技术手段来进一步提升资源整合效率。在资源整合过程中，公司构建了信息化系统，使用数字化技术来保障资源平台的基础架构和运营体系，以高效地识别和整合各类与生物药相关的数据资源，实现资源的共享。

再次，作为上海市生物药领域的知名企业，上海复星医药（集团）股份有限公司的研发实力也是较强的，这为该集团对生物药相关产业的研发打下了坚实的基础。公司目前已经形成了国际化的研发布局，与许多国家建立了一体化的互动研发体系。一方面，复星医药始终坚持“创新研发”，通过创新机制引进优秀的研发团队，构建有效的研发平台，增强自身研发能力。如表2-46所示，在创新机制的推动下，集团建立了创新研发孵化平台，获得了研发资金等，打造了生物药等领域的国际研发平台，为集团的研发提供了充足的支撑。与此同时，公司从资本和人才方面陆续加大研发投入。2019年，投入了34.63亿元在生物药等相关产品的研发上。另一方面，公司还充分利用创新立异机制的特色，经由许可引进、深度孵化与风险投资等多样化的互助模式直接对接国际知名科学家团队，构建了2000多人的研发团队，复星医药的研发中心被认定为“国家级企业技术中心及博士后工作站”。有了强有力的研发团队，企业持续加大对单克隆抗体生物创新药及生物类似药等在内的研发投入，积极推动各类生物药品的评价工作的运行。基于此，上海复星医药（集团）股份有限公司在相关生物药领域的项目已经获得了注册批准文号。

表 2-46 上海复星医药(集团)股份有限公司创新研发举措[①]

| 序号 | 内容 |
|---|---|
| 1 | 携手西湖大学许田教授成立科技创新孵化平台——复星领智 |
| 2 | 携手加州大学伯克利分校等全球知名院校合作设立 VC 基金,参股科技创业公司,从创新源头寻找项目机会,为复星医药的研发、产业化储备项目 |
| 3 | 与细胞免疫治疗领域全球领先企业 Kite Pharma 在上海成立合营公司复星凯特,引进 Kite 已获美国 FDA 批准的第一个产品 Yescarta,致力于早日为国内淋巴瘤患者带来全球领先的治疗手段 |
| 4 | 联手全球机器人辅助微创手术的领导企业 Intuitive Surgical 成立直观复星,合作研发、生产针对肺癌的早期诊断及治疗产品 |
| 5 | 通过开放多赢的创新机制,直接引进优秀科学家或技术团队进行内部孵化 |

从长期的发展来看,上海复星医药(集团)股份有限公司被认为是在生物药领域具有较大发展潜力的企业。这主要是由于集团所处的地域——上海的优势及集团对人才的管控。上海,在中国的影响力与地位是显而易见的,为其医药企业的发展提供了多方面的支持,包括人才的引进、资金的引入、政策的引进等。复星医药作为国家层面生物药领域发展较好的企业,必然会受到上海的“关注”,也因此更易获得各方面的支持。与此同时,复星医药对“潜力股”员工的“把控”也是其可持续发展的重要举措。复星医药已构建了有企业特色且体系化、制度化、专业化的“职工培养与激励体系”。首先,企业有专业化的培训中心。其次,如表 2-47 所示,集团建立了包含新员工系列、企业文化系列的培训体系,能够从各方面提升集团员工的能力,这一系列的培训也有利于充分发挥员工的潜能。再次,集团还通过绩效管理来实现长期的激励,使员工在集团中获得充分的职业成就感,为

① 数据来源:东方财富网(https://www.eastmoney.com/),上海复星医药(集团)股份有限公司 2019 年年报

“留人”做足准备。集团已经初步构建了将来的激励方案，比如《限制性股票激励方案》《战略类投资项目的激励方案》《Pre-IPO类投资项目的激励方案》等。对员工的培训是“育人”，这能使员工有更强的企业责任感与使命感，也会促使员工提升热情；对员工的激励是“留人”，这使得集团员工在综合考虑之下最终选择长期成为上海复星医药（集团）股份有限公司的一员。有了人才的长期稳定性，加上集团自身的实力基础，复星医药在未来有较大的发展潜力，有望继续保持其在上海市生物药领域的地位，也有望成为长三角地区，成为中国乃至国际生物药领域的领先企业。

**表2-47　上海复星医药（集团）股份有限公司培训体系①**

| 系列 | 内容 |
| --- | --- |
| 新员工系列 | 为每一位新员工提供内容翔实的入职培训，起草并实施了《新人60天计划》，开展应届生7天训练营、未来企业家训练营等 |
| 领导力发展系列 | 对新任、有一定经验，以及资深的管理人员，提供有针对性的管理能力和领导力提升项目，依据《星冉计划》，通过定期聚会交流、移动端学习、职业导师辅导、学习小组开展项目等方式，汇聚才智 |
| 专业发展系列 | 结合不同专业线的特定需求，设计符合关键岗位族群发展需要的课程和项目，打造系统化、深度化的专业人才。如组织互联网人才走入华为、HR参访腾讯和百度等 |
| 通用工作技能系列 | 内容涉及Excel高级应用、商务PPT制作、财务报告阅读与分析、时间管理等 |
| 企业文化系列 | 通过开展各种文化宣传活动，让会员感受到“复星医药一家”的文化氛围。如开展读书月、生日会、“奔跑吧·复星医药”团建活动、新春登高接力赛、退休员工欢聚等多项活动 |

① 数据来源：上海复星医药（集团）股份有限公司官网（https://www.fosunpharma.com/）

2. 浙江省:康恩贝

浙江康恩贝制药股份有限公司总部位于杭州,是一家将药品研发、运营销售等环节融为一体的生物药企业。公司最初主营中药,在云南、贵州等多省份发展生态农业,推动中药的发展,而后则向生物药这一细分医药行业进军。公司自2004年上市后,如表2-48所示,历经多个发展难点,才成为如今浙江省医药企业中发展较好的公司,曾获得"第十一届中国主板上市公司价值百强""浙江省商标品牌示范企业""2016年度中国医药工业百强企业第59位"等各项荣誉与称号。

表2-48 浙江康恩贝制药股份有限公司发展历程[①]

| 时间 | 内容 |
|---|---|
| 2002年 | 成立省内首家由企业办的民营研究院——浙江中药与天然药物研究院 |
| 2003年 | 康恩贝与欧洲跨国创新制剂技术研发集团Ethypharm(法国)合作,在杭州共同建立了中药新型制剂的研发中心 |
| 2006年 | "康恩贝"商标被司法认定为"中国驰名商标";<br>国内最大的植物药产业园——康恩贝(兰溪)现代植物药产业园一期工程竣工投产 |
| 2008年 | 成为浙江省第一个独立获得国家级博士后工作站的中药企业 |
| 2010年 | 云南康恩贝生物谷有限公司成立;云南高山生物农业有限公司成立,标志着康恩贝集团开始进军生物农业产业;杭州康恩贝生物科技产业发展基地奠基仪式正式开始;云南希康生物科技有限公司成立 |
| 2011年 | 完成对杭州双马生物工程有限公司的投资 |
| 2012年 | 康恩贝集团在金华启动"康恩贝金兰大健康产业带双百亿工程" |
| 2018年 | 浙江康恩贝制药股份有限公司发布公告,拟受让嘉和生物25.3359%股权,成为嘉和生物第二大股东 |

① 数据来源:浙江康恩贝制药股份有限公司官网(http://www.conbagroup.com/)

基于在技术研发、产品模式等方面的优势，浙江康恩贝制药股份有限公司近几年发展较好，并为那些想要进军生物药领域的企业提供了一定的参照。如图2–39所示，2015—2016年，康恩贝的营业收入不断增加，从53.02亿元增加到60.20亿元；2017年，该数值回落到52.94亿元，到达了营业收入的底端；2018年又重新上升至70.18亿元，当年达到了顶峰；2019年又开始下滑至67.68亿元。而其对应的营业收入增速在5年内的波动也较大，出现了正负值交替的现象，2016年的营收增速为正，2017年下滑至–12.06%，到达了营收增速的最低值，2018年的营收增速又上升到了最高值，为32.57%，2019年又下滑至–3.56%，可谓波动剧烈。从营业利润来看，总体波动没有营业收入那么大，但也有细微的波动。2015—2018年，营业利润总趋势是上升的，除了2015—2016年下滑了近1亿元，其余时期都处于上升状态，2018年达到顶峰，为10.47亿元；但2018—2019年则快速下滑至–0.39亿元，主要是公司陆续退出各省医保目录及支付范围政策的叠加影响造成产品销量快速下滑。其对应的营业利润的增长速度也可谓变化较大。2015—2017年，公司的营业利润增速持续上升，从–15.46%上升到90.72%，增长速度极为惊人；然而之后便快速下滑，2019年的营业利润增速负值极大（未在图中表示），这主要是营业收入的相关效应导致的。总体来看，浙江康恩贝制药股份有限公司本身有较强的实力，但由于公司在转型期进军生物药领域，同时面临着生物药与中药这两大相关医药细分行业的竞争及整体医药行业的调整，近几年的发展相对比其他企业好，由于波动较大，稳定性不足，能为上海生物药领域企业提供一定参照，但对长三角地区生物药领域的企业来说，可借鉴之处相对不明显。

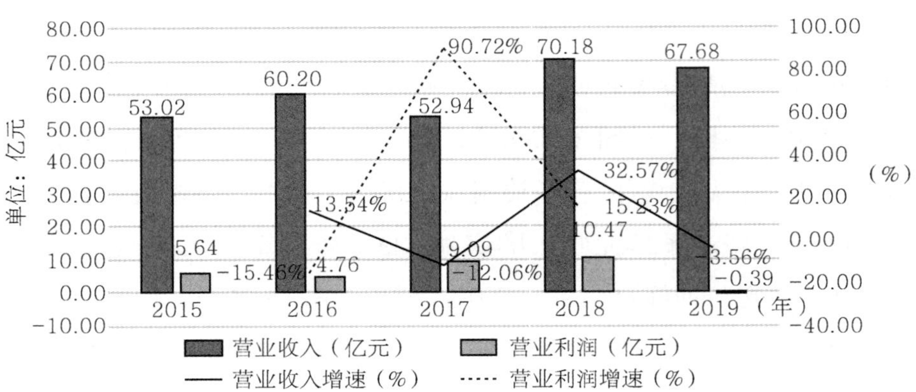


**图 2-39 浙江康恩贝制药股份有限公司 2015—2019 年营业收入及营业利润①**

相比浙江省生物药领域的其他企业，浙江康恩贝制药股份有限公司算是发展较好的，主要有以下几方面的原因。首先，公司努力打造高价值品牌，为其进军生物药领域奠定了良好的基础。作为以前在中药领域发展较好的企业，浙江康恩贝制药股份有限公司转变发展战略，侧重于生物药领域的发展，在该进程中充分利用了其品牌优势。由于旗下多个品牌的产品发展良好，消费者信赖度高，因此，康恩贝在发展生物药领域产品时，消费者也会因品牌黏性而选择该领域的康恩贝产品。公司品牌产品如图 2-40 所示。

**图 2-40 浙江康恩贝制药股份有限公司的品牌产品②**

① 数据来源：东方财富网（https://www.eastmoney.com/），浙江康恩贝制药股份有限公司年报

② 数据来源：浙江康恩贝制药股份有限公司官网（http://www.conbagroup.com/）

其次，浙江康恩贝制药股份有限公司在研发实力上有较强的竞争力，如表2-49所示，这也是为什么它能在原先主营中药产品的基础上较快进军生物药这一细分医药领域的关键。一方面，康恩贝有专门从事生物药钻研的机构/公司，比如康恩贝新型药物制剂省级技术研发中心（杭州）、金华康恩贝生物制药省级技术研发中心（金华）等。依托研究中心的研发能力，公司形成了技术力量强且有丰富实践经验的研发团队，其中硕士研究生以上学历人员占60%以上，有博士后2名，博士5名，高级职称70余人。另一方面，公司拥有生物药领域的领先技术——微生物发酵及半合成青霉素技术，这一技术在制药工业上的应用可以大大提高公司药物的产能。这一核心技术也是康恩贝进军生物药领域相对成功的关键。

**表2-49　浙江康恩贝制药股份有限公司科研实力**

| 项目 | 数量 |
|---|---|
| 累计申请专利 | 200多项（其中已获授权发明专利100多项） |
| 公司在研创新药物 | 近20项 |
| 公司累计参与制定国家标准 | 100多项 |
| 公司近5年多来制定国家标准 | 64项 |
| 授权发明专利 | 5项 |
| 申报受理专利 | 16项 |
| 申请受理 PCT 国际专利 | 1项 |
| 累计获新药证书 | 60项 |

从长期的发展来看，浙江康恩贝制药股份有限公司在未来的发展中不确定因素较多。作为浙江省的医药上市公司，康恩贝长期发展中药产品，在中药领域的实力较强，但公司近几年逐步进军生物药领

域，有产业转型的可能，之后也会不断根据市场情况进行细分领域调整，因此其在生物药领域的实力难以衡量。并且，从当前来看，康恩贝由于转型及行业的不确定性，营业利润与营业收入波动较大，公司需要明确发展的细分领域，是专注于生物药领域还是多领域协同发展。只有确定之后，才可能避免公司营业收入的波动。目前公司仍处于调整阶段，面临的挑战较大，不确定性因素较多。

**3. 江苏省：药明康德**

无锡药明康德新药开发股份有限公司成立于21世纪初，专注于为国际生物医药行业提供全方位、一体化的新药研发和生产服务。作为一家面向国际生物药领域的企业，无锡药明康德新药公司具有国际化的眼界并能及时布局，不仅为江苏省生物药领域的企业提供了参照，更为长三角地区及中国医药领域的其他企业提供了很多可借鉴之处。

无锡药明康德新药开发股份有限公司自2000年成立后，历经多个发展难点，如表2-50所示，从基地选址到产品研发，成为如今生物药领域的典型企业，曾获得优兴咨询"2020年中国最具吸引力雇主"、弗若斯特沙利文"2019全球一体化药物开发竞争策略创新及领导力奖"、新浪医药"中国医药行业最具影响力企业"、国家级创新型企业，并且连续六年入选"中国十大服务外包领军企业"等多项荣誉。

**表2-50　药明康德新药开发股份有限公司发展历程**

| 时间 | 内容 |
| --- | --- |
| 2005年 | 药明康德开展生物分析服务 |
| 2006年 | 药明康德开展生物新药开发和工艺研发服务 |
| 2010年 | 药明康德在金山建立合全药业规模化生产基地 |
| 2012年 | 药明康德武汉分部正式投入运营，成为公司中西部基地战略的核心 |

续表

| 时间 | 内容 |
| --- | --- |
| 2016 年 | 药明康德子公司合全药业常州一体化研发及 cGMP 生产基地正式投运 |
| 2017 年 | 药明康德收购辉源生物，进一步夯实平台生物学研发能力和规模 |
| 2018 年 | 药明康德生命健康产业园落户成都 |

基于药明康德在国际产品钻研与国际化界定等多方面的能力，其近几年发展情况良好。如图 2-41 所示，2015—2019 年，公司营业收入持续上升，从 48.83 亿元一直攀升到 128.70 亿元，攀升幅度高达 163.57%，可谓高速发展。而其对应的营业收入增速则相对平稳。5 年间公司的营业收入增速均为正值，且营收增速较为稳定，一直保持在 20%—30%，2018 年的营业收入增速较低，为 23.81%，2019 年增速达到顶峰，为 33.87%。营业利润与营业收入相比有一定“颠簸”，但总趋势是增长的。2015—2018 年的营业利润持续增长，从 2015 年的 7.72 亿元增长到 2018 年的 25.85 亿元，这也是公司营业利润的最高值，2018—2019 年间的营业利润有些许下滑，2019 年下滑至 23.41 亿

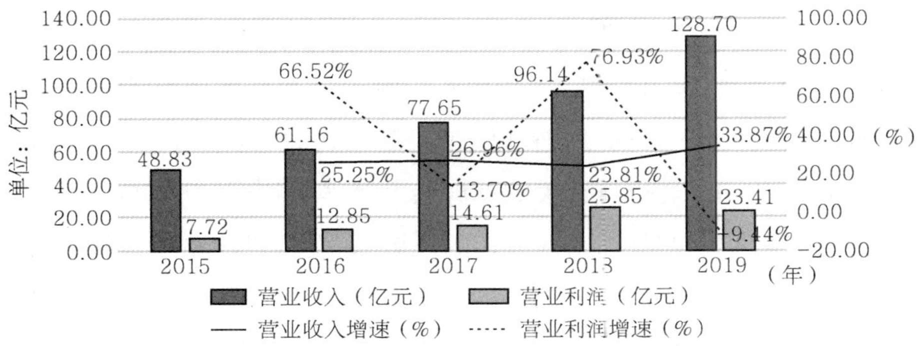


图 2-41　药明康德 2015—2019 年营业收入及营业利润①

① 数据来源：东方财富网（https://www.eastmoney.com/），无锡药明康德新药开发股份有限公司年报

元，但相对来说也是较高的利润了。从营业利润增长幅度来看，2016—2017年的增速急速下滑，从66.52%下滑至13.70%，但2017—2018年又急速上升到了76.93%，2018—2019年又快速下滑到-9.44%。总体来说，公司的营业收入在5年间都保持着稳步的速度增长，虽然营业利润的变化相对有些明显，但由于公司营业利润数值比其他企业小，导致小数值内的变动换算成增幅则会有夸大效果。

无锡药明康德新药开发股份有限公司目前能够在生物药领域有较佳的发展，主要基于以下几方面的竞争优势，能为同区域乃至国际同领域的企业提供借鉴。首先，无锡药明康德新药开发股份有限公司已经打造了完善的研发平台，为生物药相关产品的研发提供了技术与平台的支撑。如表2-51所示，公司形成了以研发服务部、测试事业部、合全药业、高端治疗事业部、康德弘毅、津石医药、览博网为一体的“一体化、端到端”的新药研发服务平台，不同平台各自负责一个领域，各司其职，同时也互相协作。在建设平台的基础上，公司还不断地通过内生和外延两个方面来完善赋能平台。内部层面，无锡药明康德新药开发股份有限公司持续加强对公司研发中心的投入及平台的培养。近几年，公司旗下的南通研发中心正式投入运营，以支持公司总部对研发需求的扩大；苏州药物安全性评价中心毒理学实验室的规模扩增80%，以满足消费者对生物药等产品高质量的追求；无锡细胞和基因治疗研发生产基地正式落成，以扩大研发的平台与基地。而外延层面，通过连续收购辉源生物等多家相同领域的知名或特色化的公司，将收购公司与本公司的业务、研发等进行整合，增强企业在生物药领域的竞争力。研发平台的完整性吸引了一大批在研发领域有突出优势的人才。目前，在无锡药明康德新药开发股份有限公司研发团队中，7472人有硕士学位，1022人有博士或同等学位，并且这些研发人才遍及中国、欧洲等，达成了公司全球化研发的目标。

表 2-51　无锡药明康德新药开发股份有限公司研发平台[①]

| 平台 | 内容 |
| --- | --- |
| 研发服务部 | 提供全面的端到端药物发现解决方案，为客户的创新疗法提供研发支持 |
| 测试事业部 | 为生物药等药物研发提供全方位、一体化的测试平台 |
| 合全药业 | 制剂的一站式从临床前到商业化生产的端到端解决方案 |
| 高端治疗事业部 | 体化的 CDMO 和测试服务平台，为生物制药提供创新支持 |
| 康德弘毅 | 为药品、生物制药、体外诊断试剂等医药产品提供全方位的临床研究服务 |
| 津石医药 | 为Ⅰ期—Ⅳ期药物和医疗器械提供临床试验服务 |
| 览博网 | 检索生物药等医药知识的大数据库 |

其次，无锡药明康德新药开发股份有限公司专业化、特色化的经营模式也是其能在我国生物药领域乃至全球生物药领域占据重要地位的关键。如图 2-42 所示，该公司的经营模式覆盖了概念产生到商业化生产的整个过程，主要在中国区实验室服务、CDMO/CMO 服务、临床研究及其他 CRO 服务和美国区实验室服务四大板块展开，各个板块分别负责生物药等从药物发现到生产的不同环节，其中也有相互合作。其中，第一板块主要负责药物的发现，以及对生物药等进行分析及测试的相关工作；第二板块的 CDMO/CMO 服务则是通过公司旗下控股的子公司来实现从研发到生产，从临床前到商业化的整个过程，其中也涵盖对生物药等一些产品工艺开发的定制服务；第三板块主要包括了临床试验服务（CRO）和现场管理服务（SMO）两部分，以实现临床试验方案的设计及研究，为消费者提供高质量、一体化的临床服务；第四板块则专门为国际化产品的研发与生产提供各层面

① 数据来源：无锡药明康德新药开发股份有限公司官网（https://www.wuxiapptec.com/）

的支持。这种遍及全球、一体化的运行与经营模式使公司可以有效获取新/老客户对生物药等产品的需求，也可以高效完成从研发到商业化的过程，为企业带来较高的收益。

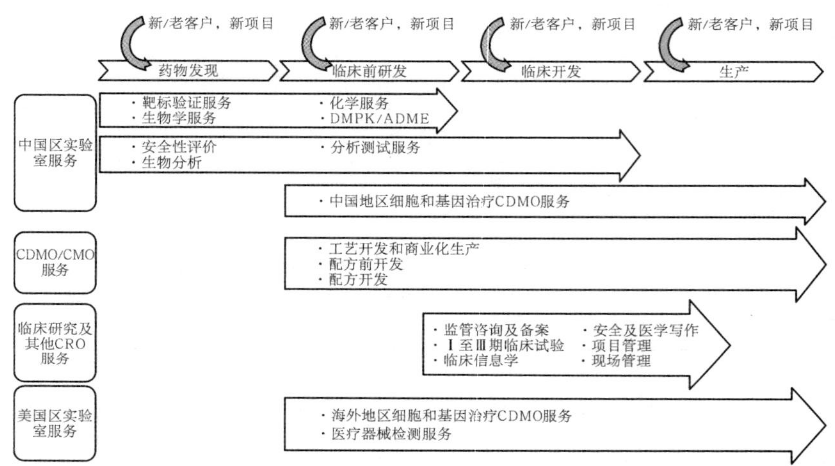


**图 2-42　无锡药明康德新药开发股份有限公司经营模式**

再次，无锡药明康德新药开发股份有限公司还通过技术创新来增强其在生物药领域的核心竞争力。在信息化、技术化的时代，技术创新可以提升企业整体的运营效率，为企业的发展提供“助推剂”。无锡药明康德新药开发股份有限公司不仅构建了遍及全球的经营模式及一体化的研发平台，还不断更新前沿科技，将其运用于公司的研发与生产之中。比如公司将人工智能、医疗大数据、自动化实验室运用在新药的研发过程中，缩短了研发的时间，同时还将数据化的技术运用于顾客分析与解读过程，以此全面了解客户的医药需求及生物药领域的行业趋势，得以高效、准确地将研发成果转化为商业成果，为公司赋能。

不管是技术前沿还是平台的一体化，又或是经营模式的全球化，这些都成为无锡药明康德新药开发股份有限公司在江苏省乃至全国甚至全球生物药领域占据重要位置的“助推剂”。从持久发展来看，药明康德有较好的成长潜力与成长空间。虽然技术面临着更新换代，但该公司对技术的重视意味着在未来的发展中，公司会及时更新技术，及时将最前沿的技术运用于研发与生产经营，这对企业的可持续发展是有利的。与此同时，公司可持续的商业生态圈也为其实现可持续发展提供了更多的可能。在多年的发展中，药明康德已经拥有庞大且忠诚的客户群，这些群体遍及全球30多个国家和地区，涵盖了3900家客户，覆盖了全球前20大制药企业，有着极强的客户黏性。这些具有黏性的客户群是公司未来实现可持续发展的“基石”，同时形成了一个良性循环的生态圈。这个生态圈里既有医药类相关企业提供专业化的研发与生产指导，又有供给资金的服务机构，以及广阔的消费群，圈内企业互相协作，共同促进。基于这一可持续发展的商业生态圈，无锡药明康德新药开发股份有限公司在未来的发展可以获得多方面的资源与指导，并且是长期性的。

**4. 安徽省：安科生物**

安徽安科生物工程（集团）股份有限公司作为一家民营股份制企业，与其他长三角省份的生物药企业有所不同，主要表现在该公司是国家火炬计划重点高新技术企业，经过多年的成长，已成为我国“规模最大、效益最佳”的生物制药高科技企业之一，为安徽省同领域的医药企业提供了参照，也为我国生物药领域的企业提供了借鉴。

安徽安科生物工程（集团）股份有限公司自1994年成立以来，经历了多个发展阶段，如表2–52所示，实现了从基因克隆到抗体检测试剂等多方面的突破，成为当前领先的生物药领域的典型企业，曾获得“安徽省2016年度创业创新先锋企业”“2018年安徽省技术创新示范企业”“2018中国民营上市公司高质量发展30强”“‘2019胡润中国500强民营企业’第443位”“‘2020胡润中国百强大健康民营企业’第

91位”等多项荣誉。

表2-52 安徽安科生物工程(集团)股份有限公司发展历程[①]

| 时间 | 内容 |
| --- | --- |
| 1994年 | “人α-干扰素单克隆抗体研制及应用”获安徽省科技进步一等奖 |
| 1996年 | “人α-干扰素单克隆抗体亲和层析胶”获国家级新产品证书 |
| 1998年 | “注射用重组人干扰素α2b”获国家重点新产品证书,列入国家级重点火炬项目 |
| 2000年 | 公司研制开发的国家一类新药“基因重组葡激酶”通过安徽省科技厅主持的成果鉴定,并获安徽省“九五”科技攻关重大计划 |
| 2003年 | “抗精子抗体检测试剂盒”被列为国家重点技术改造“双高一优”项目 |
| 2008年 | 安科通过国家高新技术企业认定 |
| 2009年 | 首次公开发行股票并在创业板上市,成为第一批中国创业板上市企业 |
| 2010年 | 被认定为“安徽省产学研联合示范企业” |
| 2014年 | 安科生物控股设立安徽鑫华坤生物工程有限公司,引进国家一类新生物制品KGF-2项目 |
| 2016年 | 正式建成转化医学中心;<br>参股上海希元生物技术有限公司 |
| 2017年 | 获批建设基因工程制药安徽省重点实验室 |
| 2019年 | 公司参研的一新药项目荣获国家科技进步二等奖;<br>公司“肿瘤精准治疗技术及产品国家地方联合工程研究中心”获国家发改委批准建设 |

基于在基因工程、精准医药等生物技术产品方面的优势,安徽安科生物工程(集团)股份有限公司近几年发展良好。如图2-43所示,2015—2019年,安徽安科生物工程(集团)股份有限公司的营业收入持续上升,从2015年的6.36亿元一直增长到2019年的17.13亿元,增

① 数据来源:安徽安科生物工程(集团)股份有限公司官网(http://www.ankebio.com/)

长速度高达169.42%，可谓是高速发展。其对应的营业收入增速则在平稳中有所下滑。2015—2019年营业收入增速均为正值，且营收增速在2019年前较为稳定，一直保持在30%上下，2016年达到顶峰，为33.56%，但2019年的营业收入增速有了明显的下滑，下滑至5年来的最低值，为17.17%。营业利润相比营收则波动显著，2015—2017年，公司的营业利润是不断增长的，从1.50亿元增长到3.29亿元；2017—2019年，则开始不断下滑，最后降至2019年的1.65亿元。其对应的营业利润的增长速度也显现出明显的下降趋势。2017年之前，公司的营业利润增速较为稳定，此后，出现了滑坡式的变化，从2017年的50.27%下滑到了2019年的-46.81%。总体来说，安徽安科生物工程（集团）股份有限公司在5年间基本保持了稳步的增长速度，虽然营业利润的变化相对有些显著，但由于公司营业利润数值比其他企业小，小数值的变动也可能带来较大的影响。因此，对比安徽省其他生物药领域的企业来说，安徽安科生物工程（集团）股份有限公司可算本省发展较为良好的生物药领域的企业。

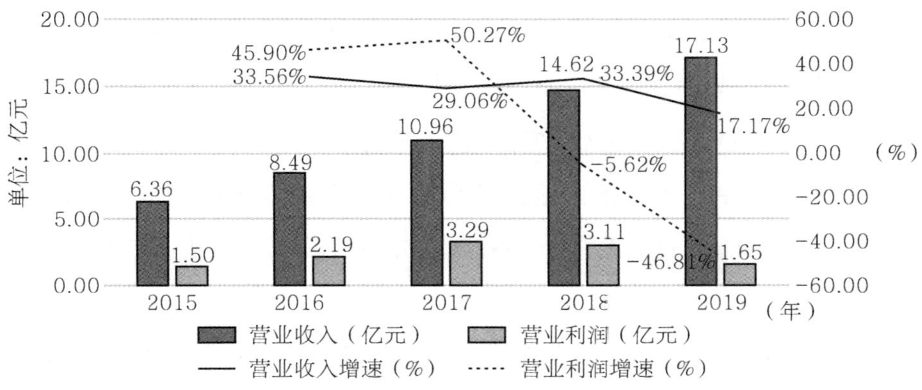


**图2-43　安科生物2015—2019年营业收入及营业利润**[①]

① 数据来源：东方财富网（https://www.eastmoney.com/），安徽安科生物工程（集团）股份有限公司年报

安徽安科生物工程（集团）股份有限公司目前能够在生物药领域有较佳的发展，主要基于以下几方面的竞争优势，可为同区域乃至国际同领域的企业提供借鉴。首先，安徽安科生物工程（集团）股份有限公司有较强的科研能力。公司有着持久且清晰的科研目标：生产一代、开发一代、预研一代、储备一代。基于明确的目标，公司持续开展有针对性的研发工作，从“人 α－干扰素单克隆抗体研制”到“注射用重组人干扰素 α 2b”等，一直致力于细胞工程产品、基因工程产业等生物技术药品的研发。与此同时，公司还坚持与中国一流的科研院校/机构等开展研发合作，比如与中国科学院广州生物医药与健康研究院深度交流生物医药的项目开发经验，与瑞金医药开展PANDA项目科研转化的协作，以此构建了该公司“自主创新为主，产学研合作与新产品引进相结合”的研发模式。在构建研发模式的基础上，公司不断加大对研发平台资金与人才的投入，经过多年的发展已经逐步形成了较为完善的研发人才体系，并以积极有效的激励机制促进生物药等医药领域的高端人才在安徽安科生物工程（集团）股份有限公司汇聚，最终打造了一支专业配置完备、年龄结构合理、工作经验丰富、创新意识较强、职业资格齐全的研发团队。也正是有了研发平台与高质量研发人才的助力，安徽安科生物工程（集团）股份有限公司在生物制品新剂型开发、抗体药物研究转化、肿瘤CAR-T细胞治疗药物研究、肿瘤病毒靶向基因治疗研究、肿瘤精准检测研究等领域都取得了成果，并且有近10个在研单抗项目我国在生物药领域内的抗体药物方面处在领先地位。

其次，安科生物公司的销售队伍庞大，而且专业化程度高。从营销专业性来看，公司的营销团队成员是有生物学和医药专业相关背景的人才，分布在抗病毒药物产品、生物检测产品等多个营销部门。专业化的人才匹配专业化的部门，使得公司的营销针对性与准确性得到了极大的改善。从营销布局来看,公司通过在各省份设立营销办事处的形式来扩大营销的布局。目前公司已经在全国设立了近60个专门从事营销管理的办事处,覆盖了近3000家大中型企业,并能够与各定点医院及医疗机构建立起用户关系的共享,凭借医生与医院的良好形象来加深消费者对公司产品的信赖,最终推动公司产品在国内的销售。与此同时,在营销的过程中,公司对国内的市场及用户进行细分,不同的细分市场采取不同的营销策略与推广活动,形成了精细化、专业化的营销模式,进一步强化用户与品牌之间的黏性,提升消费者对公司的长期信赖感。

再次,安徽安科生物工程(集团)股份有限公司有较强的抗风险能力。与其他同领域的企业类似,公司在发展过程中陆续收购/兼并/参股/控股了不少企业。这些企业多为医药领域的专业化企业,从事医药细分领域中的某一板块,或专门从事研发、生产生物药等产品。借助与这些企业的合作,安科生物经过多年的发展,已形成了多元化、多渠道协同发展的策略,可以充分提高自身在生物药领域乃至整个医药领域的抗风险能力,从而增强其在医药行业的竞争力。

从长期发展来看,安徽安科生物工程(集团)股份有限公司有较强的发展潜力,但由于目前自身实力相对有限,未来的发展速度相对于上海市、浙江省、江苏省的生物药领域企业而言会较慢。从生物药领域的前景来看,该公司在国家政策的持续扶持下,有较广阔的发展前景。从公司本身来看,安徽安科坚持重点发展基因工程药物,布局肿瘤细胞治疗等领域,将重点资源都投入于此,继续强化在生物药领域的核心竞争力,提升公司在安徽省乃至全国生物药领域的影响力。这一布局将促进安徽安科生物工程(集团)股份有限公司未来的发展,但对发展速度的影响难以衡量。未来公司仍需不断根据产业变化,及时调整应对举措,加快发展。

### (四)医疗器械/医药商业对标企业

**1. 上海市:第一医药**

上海第一医药股份有限公司是医药商业范畴内的典范企业。作为上海第二大医药流通企业,它在零售单店经营业绩层面一直保持领先。作为一家医药商业企业,公司经过多年的发展,目前主要经营医疗器械销售等业务,是反映上海医疗器械的动态窗口。

上海第一医药股份有限公司自1994年上市后,历经多个发展难点,从发展中药、化学药等多方面的零售到目前主要发展医疗器械的零售工作,都实现了较佳的发展,成为上海市的领先医药商业集团,也因此获得了“2016年一季度A股医药商业公司收入排名14”等多项荣誉。

基于上海第一医药股份有限公司在医药零售等方面的优势,公司近几年的医疗器械呈现波动式发展,相比同在上海市的其他生物药企业,或者化学药、中药企业,其营业数值较小。如图2-44所示,2015—2019年,上海第一医药股份有限公司的营业收入总体下滑,但局部有发展的趋势。2015—2017年,第一医药的营收不断攀升,从2015年的14.91亿元增长到2017年的15.56亿元;2017—2018年则下滑较快,降至11.77亿元,为这5年内该指标的最低值;2018—2019年,营业收入又呈现出了上升的趋势,上升到2019年的12.43亿元。虽然2019年的营业收入数值仍比2015年的低,但营收数值变化趋势显示出公司发展的回升。在营收增速方面,2015—2017年的增速较为平稳,保持在2%上下,但2017—2019年这3年的增速则呈现出“V”型的变动。2017—2018年,增速急速下滑,从2.44%下滑到了-24.36%,但2018—2019年,营业收入增速又快速回升,从-24.36%上升到5.61%,增幅远超最初的幅度,显现出较好的发展趋势。从营业利润来看,第一医药基本无明显的波动，均在0.5亿元上下细微浮动。而其对应的该指标的增速则波动显著，总体呈现出下滑的趋势。2015—2017年，营业利润增速从13.15%下滑到0.39%，2018年的增速有小幅度的上升，从0.39%上升到了4.64%，但2019年又出现了下滑，且下滑更为明显，下滑至-12.73%。总体来看，上海第一医药股份有限公司的营业收入虽总体下滑，但近2年有了上升的趋势，且上升的幅度较大，可见该公司的营业收入已回归"正轨"；而营业利润虽然变动明显，但相对稳定，可见该公司作为零售类医药企业，目前在业务的把控上处于在调整阶段，造成营业收入与营业利润都有些许波动，不过总体发展态势仍是值得期待的。

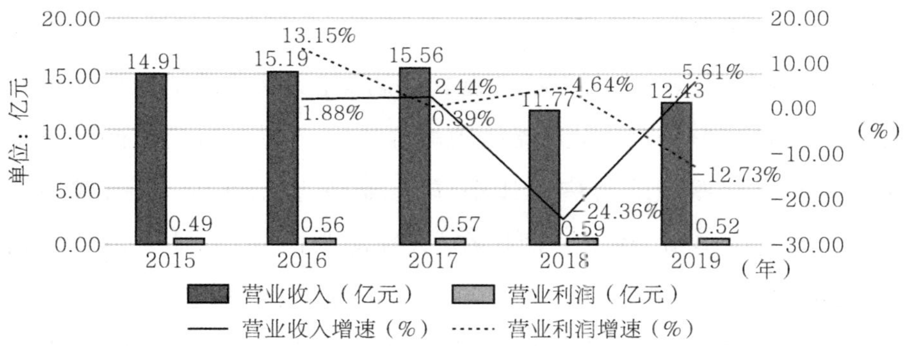


**图2-44　上海第一医药股份有限公司2015—2019年营业收入及营业利润**[①]

上海第一医药股份有限公司目前能够在医疗器械领域有较佳的发展，为同区域乃至长三角区域的企业提供借鉴，主要基于以下几方面的竞争优势。首先，第一医药的品牌影响力大，这对企业的发展起到了较为关键的作用。该公司最初是上海市医药流通中的老字号企业，后来经过不断发展，经营业务有所集中，主要经营医疗器械。虽

① 数据来源：东方财富网（https://www.eastmoney.com/），上海第一医药股份有限公司年报

然公司有转型，但最初作为上海老字号流通医药企业的品牌影响力依然存在，并且该公司的地理位置优势也促进了公司品牌影响力的维系。公司坐落在上海南京路步行街的“第一医药商店”，该区域的地理位置使其很容易被国内外的游客所知晓，长期下来，公司的品牌知名度便有了明显的提升。与此同时，该公司参股或者控股的企业也为第一医药品牌影响力的提升做出了一定的贡献。旗下6家参股/控股的子公司（上海市第一医药商店连锁经营有限公司、上海长城华美仪器化剂有限公司、上海第一医药健康加芬药妆有限公司、上海汇丰医药药材有限责任公司、上海第一医药崇明医药药材有限公司、上海汇丰大药房有限公司）作为医药领域的企业，在销售和流通环节都会在无形中为上海第一医药股份有限公司品牌影响力的提升出力。

其次，上海第一医药股份有限公司营销体系完善。为了促进医疗器械等产品的销售，公司不断丰富其门店类型，从传统的社区店型发展到现在的DTP药房、医药周边药房等不同店型。目前医药及其细分领域的医疗器械的客户群体多样化，既有线上客户，又有线下客户。线下门店丰富，线上公司也在“天猫医药馆”的基础上，对接i百联等，拓展O2O营销业务。线上线下同时发力，创新了门店类型，强化了年轻目标客群，并将新技术等运用于医疗器械的流通中。在门店类型、营销模式等稳定的基础上，第一医药也持续培养多方面的营销人才，涵盖了中层营销管理者、店长、药师等。公司定期为这些人才开展营销培训，提升其专业化能力。

再次，上海第一医药股份有限公司从流通的各环节强化其专业能力。专业能力的提升，使公司在发展中越来越受到各大客户群的信赖。除了营销人才专业，公司的仓储物流也极为专业。公司有专门的仓储物业和物流配送基地，还使用WMS物流管理系统等专业化的管理系统与平台，提升医疗器械等物品的畅通性，再次给消费者呈现专业化的形象。

从长期的发展来看，上海第一医药股份有限公司虽然在近几年的发展中波动较大，但是作为集医疗器械与医药商业于一体，并坐落于上海市的企业有着优于其他企业的机遇与优惠政策，其发展也是可期的。目前我国医药流通领域及医疗器械领域都受到了极大的关注。医药流通领域越来越注重创新，通过多层面的转型来突破原有模式，并且相关的产业链也加快了融合的进度；医疗器械领域在新冠肺炎疫情期间得到了广泛重视，这些从大环境方面为上海第一医药股份有限公司的未来发展创设了有利条件。上海作为长三角医药中的领军者，在经济、人才等很多方面都有优势，这些优势会为第一医药的发展带来助力。机遇往往伴随着挑战，公司虽然目前主要经营医疗器械相关产品，但由于初期经营的范围较广，目前转型尚未完善，企业的营收及利润都有波动，带来了一定的不确定性。但这些不确定性也可以转化为企业的发展动力。第一医药实力有限，但相比大企业更有创新的精神，其冒险带来的损失没有大企业那么大。因此，总体来说，上海第一医药股份有限公司有发展的空间，但空间较为有限。

**2. 浙江省：振德医疗用品股份有限公司**

振德医疗用品股份有限公司是绍兴一家从事医疗器械等相关产品生产与销售的公司，在医疗防护用品方面已具备了领先优势，在手术感控等医疗器械细分领域中也具备了一定的品牌号召力与品牌黏性。

浙江振德医疗用品股份有限公司成立于1993年，主营业务围绕医疗器械展开，包括医疗器械产品的生产、第三类医疗器械的批发零售，以及第一、二类医疗器械的销售等。经过几十年的发展，如表2-53所示，振德医疗用品股份有限公司已逐步发展成为绍兴市乃至浙江省领先的医疗器械企业，曾获得“2012年度绍兴市外商投资百强企业”“2014年度科技创新十强企业”等多项荣誉。

表2-53 振德医疗用品股份有限公司发展历程

| 阶段 | 时间 | 内容 |
| --- | --- | --- |
| 创业积累阶段 | 1993年 | 在浙江绍兴开始早期创业 |
| | 1996年 | 在当时全国400多家卫生材料企业评比中，绍兴振德跃居前三名；<br>研发生产国内最早的无菌凡士林纱布 |
| | 1998年 | 通过中国商检ISO9002质量体系认证 |
| | 1999年 | 组建绷带车间，进入医用弹性绷带产品领域 |
| 高速成长阶段 | 2003年 | 出品跃升，当年被评为绍兴市自营出口优秀企业 |
| | 2006年 | 开始研发生产粘胶类弹性生物绷带，这一产品在2010年获得国家发明专利 |
| | 2007年 | 组建研发中心，开始自主研发之路，并进入高端医用敷料产品研发领域 |
| | 2008年 | 引进意大利医用压力袜专用袜机设备，与东华大学开展合作，成为国内首家进入医用防血栓产品领域的企业 |
| | 2009年 | 荣获中国医用敷料出口五强企业 |
| | 2010年 | 被评为全国高新技术企业称号 |
| 行业领先阶段 | 2013年 | 振德医疗研发中心被认定为省级技术企业中心 |
| | 2015年 | 河南振德医疗用品有限公司成立，绷带产品线全面转移到许昌区域生产 |
| | 2017年 | 组建互联网电商团队，进入线上销售领域，开设振德官方旗舰店、派菲特医疗器械旗舰店、天猫羚途旗舰店等多家旗舰店 |
| | 2019年 | “德易妥一件式造口袋”在安徽中医药大学第二附属医院进入临床使用，该产品的研发和应用标志着振德医疗产品进入造口、伤口、失禁领域 |

基于振德医疗用品股份有限公司在医疗器械产品种类等方面的

优势，公司在2015—2019年这5年内的营收一直在增加，如图2-45所示，从10.21亿元攀升到18.68亿元，增加了近83%。5年持续攀升的趋势说明公司近几年的发展情况良好。从营收增速来看，2015—2017年，该数据大幅度增加，从1.37%跃至26.18%，此后该数值又骤降至9.42%，2019年又骤升至30.72%，总体波动极大，但是5年均为正增长，可见公司是有持续盈利的实力的。从营业利润来看，这5年间，营业利润在0.8亿—2亿元间小幅度地波动，体现了公司较为稳定的发展趋势。其对应的营业利润增长幅度则与营收增速一致，不过幅度没有营收增速那么明显。总体来看，振德医疗用品股份有限公司营业收入持续攀升，营业利润较为稳定，这两个指标的增加幅度也较大，这些都表明该公司既有稳定发展的实力，又有创新高速发展的潜质。

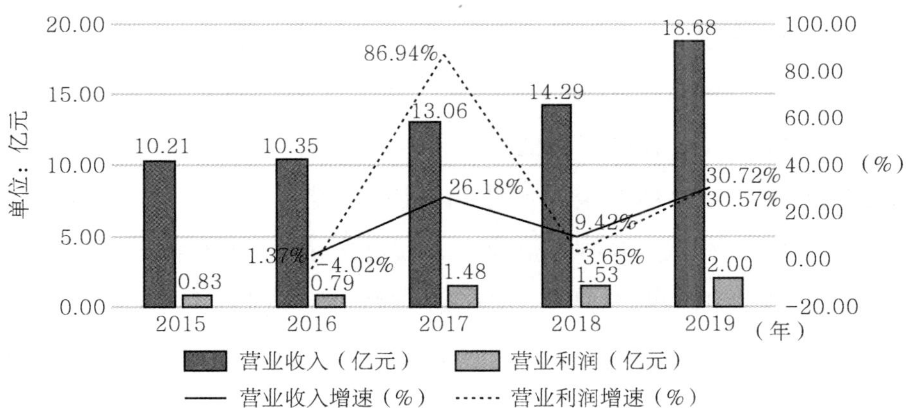


**图2-45　振德医疗用品股份有限公司2015—2019年营业收入及营业利润**[①]

振德医疗用品股份有限公司目前能够在医疗器械领域有较佳的发展，主要基于以下几方面的竞争优势。首先，振德医疗用品股份有

① 数据来源：东方财富网（https://www.eastmoney.com/），振德医疗用品股份有限公司年报

限公司的研发实力位于本省领先地位。与上海、江苏等地的医疗器械企业相比,该公司有专门的企业研究院负责研发工作,以提高公司的研发能力与专业性。自成立研究院以来,专业化团队多次与知名院校沟通,最终与浙江大学和湖北大学确立了“互利互助”的合作关系。基于与优秀院校合作带来的研发人才及研发创新力等多方面的优势,公司又向“突破技术”方面“进攻”,最终取得了省级高技术企业研究中心等多个机构颁发的技术奖项,为其迈入国际化平台提供了强大的技术支撑。

其次,振德医疗用品股份有限公司成立多年,持续积累客户资源,为其当前较佳的发展提供了助力。公司旗下有绍兴振德医用敷料有限公司、许昌正德医疗用品有限公司、绍兴托美医疗用品有限公司等4家企业,形成了品牌聚合力。4家企业各有对应的消费群体,也积累了对应的客户资源。作为浙江省领先的医疗器械企业,振德医疗不仅在国内有较为稳定的客户资源,在国际市场上也有长期的合作伙伴,比如Lohmann & Rauscher等。合作关系带来的是双方融入了“客户生态圈”,既促进了企业健康发展,又潜在促进了双方客户资源的持续维护,互为黏性企业。总的来说,振德医疗成立较久,客户资源积累的时间较长,客户对企业的忠诚度较高,这不断推动着公司发展中国的医疗器械业务乃至国际化的医疗器械业务。

再次,振德医疗用品股份有限公司的产品种类繁多,提供的选择多层次、多样化,可以充分满足消费群体对该类型产品的需求。当前该公司的医疗产品有现代伤口敷料、手术室感控类等,也有很多细分产品,其中手术室感控类产品涉及了相关的医疗器械产品。与其他医疗器械企业不同的是,公司不仅医疗器械产品种类丰富,可以满足多样化的需求,而且有辅助医疗器械的相关配套产品,比如伤口敷料、压力产品与外固定等。产品自身及“互补品”的丰富性都促进了公司产品的广受欢迎，最终带来的效益便是公司的营收持续增加，公司得到了稳步发展。

从长期来看，振德医疗用品股份有限公司有一定的发展潜力，这可以从其5年内的营收与营业利润的变动情况来预估，并且公司当前的精益化策略也为其可持续发展提供了可能。精益化策略遍布了企业供应链的全过程。一方面，振德医疗用品股份有限公司不断引进在精益化管理方面有丰富经验的人才，另一方面，又借助这些人才对全体职工开展精益化的培训，将"精益化"这一理念全面地贯彻到公司正常运营的过程中。在这一策略的支撑下，公司供应链管理的效率得到大幅度的提升。与此同时，公司领导者务实、冒险及追求创新的精神也是实现企业高效持续发展的关键之一。从务实性来看，该公司董事长鲁建国一直专注于基于纺织材料制造的医疗工业，不断开发相关产品，成为特定领域的领先者，并且新冠肺炎疫情期间振德医疗公司生产的口罩等防护品也受到重点关注。从冒险性来看，鲁建国董事长不断在浙江、新疆等地区建立较为庞大的生产基地，虽然该举动相对风险较大，但也带来了相应的机遇与突破式发展的可能。从创新性来看，公司董事长特别重视产品与市场的创新工作，创新地利用公司在中国市场的医院线等资源来发展国际业务，借助中国创新发展的红利来推动新产品的上市。务实促进振德医疗用品股份有限公司脚踏实地地发展，冒险与创新推动振德医疗在未来不确定的市场中赢得发展的先机。

**3. 江苏省：鱼跃医疗**

江苏鱼跃医疗设备股份有限公司自1998年创立至今，不断革新，并且聚焦于医疗设备等器械的研发等，是江苏省医疗器械领域的示范企业，也是我国医用供氧医疗器械这一细分领域的行业龙头。

鱼跃医疗公司的发展历经多年，如表2-54所示，从创立发展到自主研发创造品牌再到技术革新资本运用，都实现了较佳的发展，成为中国最大的医疗器械供应商，曾获得“2015 年药品零售终端销售百强工业”“2019 胡润中国 500 强民营企业”等多项荣誉，并在“2020 胡润中国百强大健康民营企业”中位列第 37 位。

表 2–54　江苏鱼跃医疗设备股份有限公司发展历程①

| 时间 | 内容 |
| --- | --- |
| 1998 年 | 成立江苏鱼跃医疗设备有限公司 |
| 2005 年 | 鱼跃云阳（占地 350 亩）工业园生产基地投入使用 |
| 2008 年 | 鱼跃医疗在深圳交易所 A 股上市 |
| 2009 年 | 收购苏州医疗用品厂有限公司（华佗）；建立江苏省博士后科研工作站、江苏省博士后创新实践基地 |
| 2011 年 | 成立苏州鱼跃医疗科技有限公司 |
| 2014 年 | 收购苏州日精仪器有限公司 |
| 2015 年 | 收购上海医疗器械集团有限公司 |
| 2016 年 | 收购上海中优医药高科技股份有限公司 |
| 2017 年 | 并购德国 Metrax GmbH 普美康 100% 股权 |

基于鱼跃医疗在医疗器械设备方面的品牌和自主创新的突出优势，公司近几年发展稳定，在我国医疗器械这一领域竞争力较强。如图 2–46 所示，公司近 5 年内的营业收入不断攀升，从 2015 年的 21.04 亿元上升到 2019 年的 46.36 亿元，总体增幅高达 120.34%，可谓高速发展。其对应的营收增长速度的变化更为显著。2015—2017 年，营业收入增速从 25.48% 上升到 34.17%，但此后下滑较为明显，2019 年下滑至 10.83%。虽然近几年，江苏鱼跃医疗的营收增速下滑趋势较明

① 数据来源：江苏鱼跃医疗设备股份有限公司官网（https://www.yuyue.com.cn/）

显，但其增速仍然为正值，且正值超过10%，可见其仍然具有较好的发展状态。从营业利润来看，2015—2019年持续上升，从3.75亿元上升到8.50亿元，变动幅度超126%。而其对应的利润的增长幅度则下滑趋势极为明显，从2015年的44.11%下滑至2019年的9.49%，下滑的幅度较大。总体来看，鱼跃医疗的营收与营业利润都是持续增长的状态，可见公司近几年的发展较为稳定，且发展的势头较为明显，在医疗器械行业的地位较为稳固。虽然公司的营业收入增速与营业利润增速都有下滑的趋势，但数值始终为正，说明其发展仍是正向的，下滑是受行业调整等多方面因素的影响，这对公司的长期发展来说阻力不大。

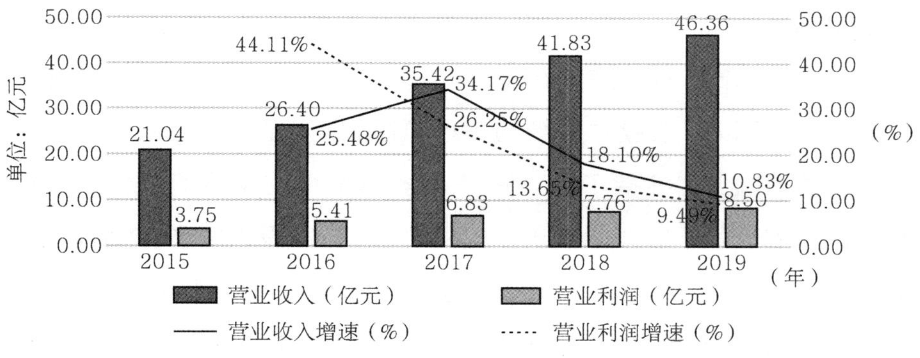


图2-46　鱼跃医疗2015—2019年营业收入及营业利润①

江苏鱼跃医疗设备股份有限公司目前能够在我国医疗器械领域保持领先优势，主要基于以下几方面的竞争优势，可为长三角区域乃至全国的医疗器械企业提供借鉴。首先，鱼跃医疗的品牌形象给公司发展带来了较大的助力。品牌形象的发展不仅会增加顾客黏性，也会促进公司品牌价值的提升。江苏鱼跃医疗设备股份有限公司作

① 数据来源：东方财富网（https://www.eastmoney.com/）、江苏鱼跃医疗设备股份有限公司年报

为鱼跃集团的一部分，有很多与之相关的品牌可以帮助其提升在医药器械领域的品牌地位。目前，公司涵盖了“鱼跃 yuwell”“华佗 Hwato”“金钟 JZ”“普美康 PRIMEDIC”等多个品牌，每一个品牌都有其主要负责销售或者生产的产品。多品牌、多产品的知名度促进了鱼跃医疗在医疗器械方面品牌价值的提升，使该品牌形象不仅深入家用医疗器械的消费者心中，更深入了医疗机构等顾客群体中。

其次，江苏鱼跃医疗设备股份有限公司的生产研发能力较强，这可以说是发展的关键。从生产产品层面来看，相比中药、化学药等细分领域，医疗器械的发展较迟，易受到市场等多风险的影响，因此，公司形成了多品类的产品结构。公司有600多种产品品类、近万个产品规格，多品类的产业结构已经覆盖了中国的家庭医疗器械、医院设备与器械等方方面面。多种类的医疗器械产品形成了不同的产品组合，可以满足市场对医疗器械多样化的需求。与此同时，医疗器械产品繁多，也可以有效应对市场的各种风险，提升了公司的抗风险能力及危机管理能力，维持了公司在医疗器械领域的整体竞争力。从研发层面来看，公司在自主创新、产品研发及研发投入等多方面都优于同区域的医疗器械企业。研发的重点在于自主创新能力，这与公司效率和效益紧密关联。鱼跃医疗非常重视员工自主创新能力的提高，在中国台北、上海、南京等多个地区建有8个研发中心、5个生产基地及58个办事机构，形成了一支创新能力强、实践能力强的年轻的创新研发团队，推动了多种医疗器械的研发进程。公司的部分研发成果如表2-55所示。

表 2-55　江苏鱼跃医疗设备股份有限公司最新研发成果(部分)[①]

| 研发产品 | 进展 |
|---|---|
| 智能健康管理一体机 | 样机定型 |
| 新型腕式电子血压计 | 投产上市 |
| 新型家用保健制氧机 | 批量生产 |
| mini 制氧机 | 小批量生产 |
| 关节镜配套手术器械 | 已上市 |
| 骨科断钉器械取出包 | 已上市 |
| 脑显微剥离器 | 已上市 |
| 五官科器械 | 已上市 |
| 椎板咬骨钳升级 | 设计完成 |
| 新型电动轮椅车 | 已上市销售 |
| 高流量湿化仪 | 试模阶段 |
| AED 新款智能外箱急救快线管理云平台 | 云平台已发布 |
| 中频电疗仪(单通道) | 样机注册检验中 |

再次，江苏鱼跃医疗设备股份有限公司较强的营销能力和资源的并购整合能力也是其能在江苏省乃至我国的医疗器械领域维持领先地位的重要因素。由于公司的医疗器械涵盖了多个层面，从家用系统到重点医院，每个板块都有专业化的营销团队负责，职责明确，专业性强，成效明显。就其中的家用板块而言，公司就组建了 700 多人的渠道与终端团队，负责中国家用医疗器械板块的医疗器械相关产品的营销工作。针对重点医院的营销团队则主要由专业营销人员和工程师协作组成，以便及时处理医院的医疗器械问题，确保供应及

① 数据来源：东方财富网(https://www.eastmoney.com/)、江苏鱼跃医疗设备股份有限公司 2019 年年报

时、处理及时。从并购整合能力来看，江苏鱼跃医疗设备股份有限公司自成立起就不断收购或兼并医疗器械的其他相关公司，如苏州医疗用品厂有限公司、苏州日精仪器有限公司、上海中优医药高科技股份有限公司等。通过这种外延式的并购来全面整合有效的研发、技术等资源，公司的研发等实力得到了提升，医疗器械延伸到了家用、医用等多个领域，公司在我国医疗器械这一医药细分领域的地位与影响力得到了进一步提升。

总体来说，江苏鱼跃医疗设备股份有限公司拥有的强有力的竞争力，在很大程度上是其所属的鱼跃集团带来的。鱼跃集团成立时间虽与长三角内的大多数医疗器械企业相近，但其发展规模之大、资本运作之强是有目共睹的。作为一家实业与资本双轮驱动、医疗与家用双市场共进的医疗器械服务平台，鱼跃集团已经将其子公司遍布中国（从上海、苏州、北京到西藏等地区），涵盖了2家上市企业（江苏鱼跃医疗设备股份有限公司属于其中之一）和80多家参、控股公司。这一强大的覆盖力对其成为医疗器械领域的龙头企业有着极为关键的作用，带来的第一点积极影响便是促进了研发—生产—营销—服务体系的完整化与高效化。在中国多个省份及全球数个国家都有鱼跃对应的品牌公司或者参、控股企业，它们为其“为健康奋斗”这一使命的完成做出各自的贡献，也推动其连续多年获得“中国品牌榜家用医疗器械榜首”的荣誉。这一强大的实力还带来了该集团资本运作的底气。其中最为著名的资本运作当数其对万东医疗的收购。2014年9月，鱼跃科技以交易总价11.40亿元收购了万东医疗11150.1万股份，2017年4月又通过协议转让的形式将其股份转让给美年健康，带来了净赚5.17亿元却仍拥有2651.56万股股票的收益。鱼跃集团在资本运作之后，更有对应的举措来扩大其资本运作行为的效益。“员工持股计划”是鱼跃集团资本运作后的关键环节。资本运作，收购上市企业，自然会带来一定的不稳定，而“员工持股计划”便是很好的“稳定剂”。鱼跃集团通过“员工持股计划”来稳定并购后的中高层及核心技术层的员工，借助“资本”吸引、促进“留人才”，以“留人才”促进企业稳定发展。与此同时，集团也根据被收购企业的专业特色进行灵活“妥协”，即保留被收购企业的专业性与专业领域，从而为该集团形成了家用医疗、临床医疗、互联网医疗三者融合的产业生态圈，造就了如今超3亿的用户资产与超30万家的医疗服务机构，真正开启了集团在医疗器械领域的新时代。

从长期的发展来看，江苏鱼跃医疗设备段份有限公司的发展潜力较大，且可持续发展能力较强。作为医疗器械领域的龙头企业，公司自身雄厚的实力便是其在未来得以持续发展的基础所在。与此同时，医疗器械领域良好的发展前景也是公司得以长期稳定发展的重要因素之一。目前，中国的医疗器械产业处在黄金发展的阶段，市场需求旺盛，市场空间较大，竞争格局变化，这些都为江苏鱼跃医疗设备股份有限公司未来的发展提供了良好的市场环境。江苏鱼跃医疗作为行业领军者，对未来有着明确的发展战略及计划，这有助于公司在未来多变的医疗器械行业中及时调整应对，增强自身的抗风险能力和可持续发展能力。鱼跃医疗明确地将企业定位于医疗器械遍及家用医疗、临床医疗和美好生活三大板块，围绕这三个大板块制订了长期发展计划。在发展计划中，公司又有侧重点。比如，在未来5年内，公司侧重医疗器械产品的研发与改进，以及收购的整合工作。以上这些都有利于江苏鱼跃医疗设备股份有限公司在未来的发展中保持良好的状态，使其在江苏医疗器械领域乃至全国医疗器械领域居于关键地位，并为其他区域的医疗器械企业提供有价值的参照。

## 四、本章小结

在长三角一体化背景下，医药企业在不断实现高质量发展。在整个长三角医药企业发展的趋势中，上海与长三角地区的角色定位和过去中央对上海的定位是高度一致的。在整个长三角医药企业的高质量发展中，上海的医药企业，如上海辅仁、第一医药、复星医药等都是各自领域的领军者，这与上海是具有世界影响力的科技创新中心不谋而合。基于这一相匹配的定位，上海在长三角医药企业的发展中发挥了重要的作用。

长三角地区是中国经济相对发达的地区，而医药领域是中国近几年来重点培育与发展的领域。探讨长三角地区医药产业的高质量发展是具有典型意义的。长三角地区由于一体化等举措，在科研、人才等多方面有着领先优势，该区域的中药、化学药等医药企业借助这些资源的优势能够在同领域的竞争中获得领先地位。比如长三角地区中相对较弱的安徽省美诺华药物化学有限公司便充分借助了长三角中上海、浙江等地区的优势资源来促进自身的持续发展，推动长三角化学药领域的全面发展。

本章通过对医药细分领域长三角地区的龙头企业的研究，分析它们在同领域甚至是整个医药领域中的核心竞争力，以便为中国其他地区的医药企业发展提供一定的参照。长三角三省一市要想实现高质量的一体化发展，其中的经济一体化、产业一体化是必不可缺的。医药产业作为长三角地区发展中的关键部分，其发展充分证明了长三角一体化带来的“1+1+1+1 > 4”的效应。医药产业可成为中国其他地区其他产业的开路先锋，为中国在世界上的影响力的提升、国际号召力的提升做出重要贡献。

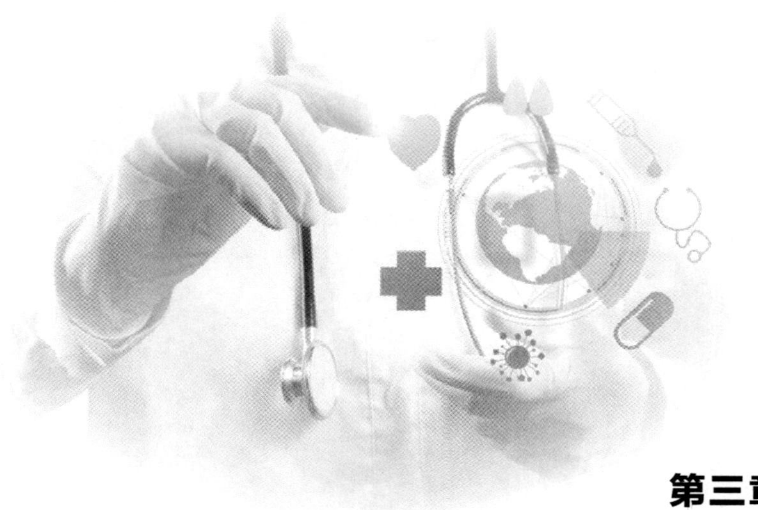

# 第三章

# 长三角地区中医药一体化发展论述

## 一、长三角地区中医药一体化发展背景

千年国医、传承发展。唐代孙思邈《千金要方》中记载:上医医国,中医医人,下医医病。这里所讲的中医就是指中等水平的医生。《汉书·艺文志》中记载:有病不治,常得中医。这里所讲的中医指的是符合医理。而现在我们常说的中医是指具有中国医学文化背景的学问,亦指国医,与西方医学相对而言。《周礼·天官·疾医》中记载:五药治其病。这里所讲的五药是指草、木、虫、石、谷。也就是我们现在所说的中药,与西药相对而言。最早从湖南长沙马王堆汉墓出土的《五十二病方》,成书于战国时期的《黄帝内经》,东汉张仲景的《伤寒杂病论》,以及唐代孙思邈的《千金要方》《千金翼方》,清代医家程国彭《医学心悟》中的"思贵专一、学贵沉潜",民国时期浙江医家范文甫的"但愿人皆健,何妨我独贫",以及现代国医大师岳美中老先生常讲的"治心何日能忘我,操术随时可误人"等,都记载了大量的中医药文化,讲述了人与自然的关系、疾病形成的本质、治病求本的思想,无一不体现了中医药这一人类文明宝库"医乃仁术、仁者爱人"的精髓。中医药的价值在于创造了辉煌的中医药文化,它是一门以中国古代

哲学为基础的传统医学，是讲究气血阴阳平衡的医学，是构建人与自然和谐统一的医学，而这一讲究科学唯物、仁德自然的具有顽强生命力的中医药文化，来源于中国传统文化，根植于中国传统文化。

几千年沧海桑田，长三角一直焕发着蓬勃的生命力，这离不开中医药文化的一路呵护、福佑。长三角地区的中医文化底蕴深厚，名医辈出。《吴越春秋》就记载着当时吴越百姓求医问药的身影，而博物馆里陈列的出土文物见证了这一地区中医药文化的辉煌；南宋皇室南渡，一大批医局御医南下，皇家医药的权威性和民间草根医药的实用性碰撞，成为这一区域中医药文化的重要一脉。历代名家灿若星河，学术流派代代相传。长三角深厚的文化底蕴，正是长三角中医药文化兴盛的土壤。

### （一）人民健康，国之大计

党的十八大以来，以习近平同志为核心的党中央毫不动摇地坚持和发展中国特色社会主义，勇于实践、善于创新，深化对共产党执政规律、社会主义建设规律、人类社会发展规律的认识，形成一系列治国理政的新理念、新思想、新战略，为在新的历史条件下深化改革开放，加快推进社会主义现代化提供了科学理论指导和行动指南。

健康是促进人全面发展的必然要求，是经济社会发展的基础条件，是民族昌盛和国家富强的重要标志，也是广大人民群众的共同追求。党和国家历来高度重视人民健康。中华人民共和国成立以来，特别是改革开放以来，我国健康领域改革发展取得显著成就，城乡环境面貌明显改善，全民健身运动蓬勃发展，医疗卫生服务体系日益健全，人民健康水平和身体素质持续提高。同时，工业化、城镇化、人口老龄化、疾病谱变化、生态环境及生活方式变化等，也给维护和促进健康带来一系列新的挑战，健康服务供给总体不足与需求不断增长之间的矛盾依然突出，健康领域发展与经济社会发展的协调性有待增强，需要从国家战略层面统筹解决关系健康的重大和长远问题。

党的十八届五中全会明确提出推进健康中国建设，从“五位一体”总体布局和“四个全面”战略布局出发，对当前和今后一个时期更好地保障人民健康做出了制度性安排。

推进健康中国建设，是全面建成小康社会、基本实现社会主义现代化的重要基础，是全面提升中华民族健康素质、实现人民健康与经济社会协调发展的国家战略，是积极参与全球健康治理、履行2030年可持续发展议程国际承诺的重大举措。未来几年，是推进健康中国建设的重要战略机遇期。经济保持中高速增长将为维护人民健康奠定坚实基础，消费结构升级将为发展健康服务创造广阔空间，科技创新将为提高健康水平提供有力支撑，各方面制度更加成熟将为健康领域可持续发展构建强大保障。

2016年10月25日，中共中央、国务院发布了《“健康中国2030”规划纲要》（下文简称《纲要》）。该《纲要》是中华人民共和国成立以来首次在国家层面提出的健康领域中长期战略规划，是贯彻落实党的十八届五中全会精神，推进健康中国建设、提高人民健康水平的重大举措，同时，也是我国积极参与全球健康治理、履行我国对联合国“2030可持续发展议程”承诺的重要举措，是健康中国建设的宏伟蓝图和行动纲领。该《纲要》指出要遵循健康优先、改革创新、科学发展、公平公正的原则，把健康摆在优先发展的战略地位，坚持政府主导，发挥市场机制作用，把握健康领域发展规律，坚持预防为主、防治结合、中西医并重。推动健康领域基本公共服务均等化，维护基本医疗卫生服务的公益性。到2030年，实现促进全民健康的制度体系更加完善，健康领域发展更加协调，健康生活方式得到普及，健康服务质量和健康保障水平不断提高，健康产业繁荣发展，基本实现健康公平，主要健康指标进入高收入国家行列的战略目标。

## (二)中医中药，国之利器

### 1. 传承中医药精华，守正而创新

2019年10月25日，全国中医药大会在北京召开。会议传达学习了习近平总书记对中医药工作的重要指示。指示指出，中医药学包含着中华民族几千年的健康养生理念及其实践经验，是中华文明的一个瑰宝，凝聚着中国人民和中华民族的博大智慧。中华人民共和国成立以来，我国中医药事业取得显著成就，为增进人民健康做出了重要贡献。习近平总书记强调，要遵循中医药发展规律，传承精华，守正创新，加快推进中医药现代化、产业化，坚持中西医并重，推动中医药和西医药相互补充、协调发展，推动中医药事业和产业高质量发展，推动中医药走向世界，充分发挥中医药防病治病的独特优势和作用，为建设健康中国、实现中华民族伟大复兴的中国梦贡献力量。

中医药是中国古代科学的瑰宝，也是打开中华文明宝库的钥匙。春秋战国时期，中医理论已经基本形成，有了人类历史上最早的医学解剖和医学分科，已经采用“四诊法”诊断疾病，运用砭石、针刺、汤药、艾灸、导引等方法临床治疗。西汉时期，开始用阴阳五行解释人体生理，运用阴阳、表里、虚实、寒热即“八纲”解释病理过程。东汉出现了医圣张仲景，写出了传世巨著《伤寒杂病论》，其确立的辨证论治原则是中医临床的基本原则，是中医的灵魂所在。华佗则以精通外科手术、麻醉和“五禽戏”名闻天下。唐代孙思邈根据前人的理论总结经验，收集5000多个药方，被后世尊为“药王”。唐朝以后，中国医学理论和著作大量外传到东亚、中亚、西亚等地。两宋时期，宋政府设立翰林医学院，医学分科接近完备，官方制定的《太平惠民和剂局方》是制药技艺和临证处方的行业规范。金元四大家推动了中医学

流派的空前发展，催化了学派的百家争鸣。明清时期，被誉为“古代中国百科全书”的李时珍所著《本草纲目》的问世，促进了本草学的进一步发展，还出现了温病派、时方派，向传统经方派提出了挑战。清朝末年，中国受西方列强侵略，现代医学（西医）大量涌入，中医学在受到巨大挑战的同时，也出现了系统重组和兼容西医的划时代发展。中华人民共和国成立以后，中医药科技创新，无论是理论研究还是疾病防治方面均取得了较大成就。

**2. 提升中医药产业结构，推进健康中国建设**

虽然中医药成就显著，但是多重的问题叠加也阻碍了中医药在当今大时代背景下的发展。中医药如何借助全方位的科技创新助推健康中国的建设？怎样全过程实践现代化、产业化，全周期保障人民健康？这些都将是未来发展自然而然会出现的棘手问题。举例来说有以下问题：我国的中医药资源总量依旧供不应求，中医药服务领域出现不进反退之势，基层中医药服务兵微将寡，中医药“简、便、验、廉”的优势该如何体现到人民群众对中医药服务的需求中？中医药高层次人才寥寥，青黄不接，创新不够，怎样才能在未来从疾病医学向健康医学转变、医学模式从生物医学向生物—心理—社会模式转变的发展趋势下有立足之地？中药产业集中度低，野生中药材资源破坏严重，部分中药材品质下降，这些都在进一步蚕食着中医药可持续发展的未来。如何促进经济转型升级，培育新型经济增长动能，激发出中医药优势潜能，促进中医药产业提质增效？在全球化的背景下，中医药面临众多的制约和壁垒，国际竞争力有待进一步提升，如何推动中医药海外创新发展，实施“走出去”战略，推进中医药在“一带一路”建设中的作用？中医药治理体系和治理能力现代化水平亟待提高，适应中医药发展规律的法律政策体系有待健全，如何在构建中国特色基本医疗制度中发挥其独特的作用？如何继承和发展中医药的健康理念、整体观念、辨证施治和综合施治的诊疗模式，运用自然的防治手段和全生命周期的健康服务？如何传承和弘扬中华优秀传统文化，进一步普及和宣传中医药文化知识？

党和政府从国家战略高度对中医药传承、创新、发展做出系统谋划和周密部署，发布了《"健康中国2030"规划纲要》《中医药发展战略规划纲要（2016—2030年）》《关于加强中医药健康服务科技创新的指导意见》《关于加强中医医疗器械科技创新的指导意见》《关于加强中医理论传承创新的若干意见》《关于加快中医药科技创新体系建设的若干意见》等促进中医药科技创新发展的指导意见和政策文件，为中医药事业健康发展、中医药科技创新带来了新活力，指明了新方向。

（1）提高中医医疗服务能力

完善覆盖城乡的中医医疗服务网络。增强各级中医院服务供给能力，为患者保驾护航，全方位提升患者就医体验，缓解"看病贵、看病难"等问题。全面建成以中医类医院为主体、综合医院等其他类别医院中医药科室为骨干、基层医疗卫生机构为基础、中医门诊部和诊所为补充、覆盖城乡的中医医疗服务网络。实施中医临床优势培育工程、基层中医药服务能力提升工程，提高中医药防病治病能力，尤其是提高解决常见病、慢性病、重大疑难疾病的服务能力。

（2）建设中医养生保健服务体系

"不治已病治未病""上工治未病"，均体现了中医超前预防的医学思想。"治未病"可以指导人体在自然条件下通过洁饮食、慎起居、养精神等方式促进人体阴阳平和，以达到防病和保健之效。"治未病"理念的推广和实践可以极大地促进人民群众整体的健康和生活水平，让每个人都成为自己的保健医生，并且可以节省社会医疗成本，实现真正的多赢。发挥中医在"治未病"中的主导作用，在工作和生活方式中融入"治未病"思想，切实提升中医养生保健服务能力，激发中医传统思维在现代化下的运用潜能。推动中医药与养老融合发展，大力促进中医医疗资源进入养老机构、社区和居民家庭，真正让中医进入千家万户。政府应大力支持社会力量举办中医养生保健机构，推动地方旅游文化产业和中医药健康服务品牌相结合，建设将文化传播、旅游品牌与中医疗养、康复、养生等融于一体的中医健康旅游项目。

(3)加强中医药理论方法继承

中医药的发展之基在于强大的思维方式和理论方法。这些在中国悠久的历史长河中洗尽铅华而传承至今，虽有糟粕，但瑕不掩瑜。中医药发展中所积累下来的防治疾病和健康养生的理论、技术、知识和方法是目前社会医学所亟需的，它必将成为今后医学体系中的瑰宝。如何做好对中医药理论方法的继承乃至创新，是新时期形式下的重中之重。应全面开展继承当代名老中医药专家学术思想和临床诊疗经验，总结中医优势病种临床基本诊疗规律，开展中医古籍文献资源普查，强化中医药师承教育。

(4)健全中医药协同创新体系

中医药创新之路荆棘载途，有继承后创新，想要开拓中医药的发展道路，就必须兼顾中医药学术和经验的继承与中医药临床和学术的创新。中国药学家屠呦呦和她的团队获得诺贝尔奖项就切实印证了中医药继承与创新之间的关系是密不可分的，他们夜以继日地翻阅众多医经古籍，于《肘后备急方》中找到了开启大门的钥匙，在不断的实践和失败中，最终研制出高效、低毒的新型抗疟药“青蒿素”。大力培养中医创新型实践人才，加强学科与学科间的合作，使现代科学技术与中医药传统研究体系相结合，比如开展经穴特异性及针灸治疗机理、中药药性理论的研究，将成果应用于临床，切实提高临床疗效，回报社会。另外，还要为中医药的健康发展提供高素质的人才队伍、高水平的科技创新、创新的体制机制、良好的社会环境和文化环境。

（5）加强中医药对外交流合作

中医药在国际社会上成为一种标签、品牌，它也代表了中国走向世界的一种方式。将来，中医药会带动一系列国际化合作。针灸已列入“人类非物质文化遗产代表作名录”。实际上，目前中医药文化在世界各国早已声名远播，在全球183个国家和地区，中医针灸诊所就有10万多家，执医的针灸医师超过30万人，我国政府与外国政府或地区主管机构签订含有中医药内容的合作协议达85个，而且每年在国内学习中医药的外国学生也是数以万计。

实施中医药海外发展工程，推动中医药技术、药物、标准和服务“走出去”，促使国际社会广泛接受中医药；推进多层次的中医药国际教育交流合作。将中医药国际贸易纳入国家对外贸易发展总体战略，加强中医药知识产权国际保护，扩大中医药服务贸易国际市场准入；构建政策支持体系，突破海外制约中医药对外贸易发展的法律、政策障碍和技术壁垒；支持中医药机构参与“一带一路”建设，扩大中医药对外投资和贸易规模，积极推动中药企业走向全世界。

（6）推动中医药进校园、进社区

弘扬国粹经典应从娃娃抓起，让中小学生树立文化自信。将中医药文化知识和基础知识纳入传统文化、生理卫生课程极富教育意义，这也是中国特色社会主义发展到一定阶段所必须的。通过弘扬中医药文化，形成全社会“信中医、爱中医、用中医”的浓厚氛围和共同发展中医药的良好格局。增加中医药文化进入课程的比重，针对不同年龄段学生的特点，研究设计中医药故事、中药种植绘制、食疗养生等讲授与实践相结合的中医药文化教学内容。讲好中医药故事，激发学生的兴趣，增强民族自信。组织中医药领域的专家人才公开推荐库，便于中小学能够找到并聘请适宜的教师。搭建中医药学习平台，广泛设立学习实践基地，开放中药种植基地、中医药生产经营企业、中医医院、中医药博物馆等作为中小学中医药文化的实践基地，便于中小学生接触、学习、实践中医药文化知识。弘扬中医药文化不仅仅在于营造氛围，更重要的是要通过多种形式深入浅出地传播，让民众真正理解和认同。

### （三）三省一市，国之重镇

#### 1. 长江三角洲区域一体化发展的战略地位

2018年11月5日，习近平总书记在首届中国国际进口博览会上做了重要指示，为着力落实国家新发展理念，构建现代化经济体系，将“长江三角洲区域一体化发展”提升到国家战略的高度，同京津冀协同发展、粤港澳大湾区建设等战略规划相互配合，完善中国改革开放空间布局。

2019年12月1日，中共中央国务院发布《长江三角洲区域一体化发展规划纲要》，绘就宏伟蓝图，标志着做好全面实施长三角一体化发展大文章进入了新的阶段。

2020年8月20日，中共中央总书记习近平在安徽合肥主持召开扎实推进长三角一体化发展座谈会。这是总书记2020年出京考察期间召开的第一个跨省专题座谈会，也是长三角一体化发展上升为国家战略以来，总书记首次专门召开座谈会对此进行重点部署。在此次座谈会上，习近平总书记首先赞扬了长三角一体化发展对党中央战略意图领会到位、方式方法创新、战略实施成果已经显现。其次从“三个方面”来定调长三角区域的地位和作用：第一，率先形成新发展格局；第二，勇当我国科技和产业创新的开路先锋；第三，加快打造改革开放新高地。习近平总书记在座谈会上还提出要求，要求坚持目标导向、问题导向相统一，紧扣一体化和高质量两个关键词来抓好重点工作，真抓实干、埋头苦干。习近平总书记又从七个方面对扎实推进长三角一体化发展做出重要部署：推动长三角区域经济高质量发展、加大科技攻关力度、提升长三角城市发展质量、增强欠发达区域高质量发展动能、推动浦东高水平改革开放、夯实长三角地区绿色发展基础、促进基本公共服务便利共享。在今后的发展方向上，习近平总书记指出，长三角一体化发展是长久之计，不是一日之功，既要有历史耐心，又要有紧迫感，既要会谋划长远，又要能干在当下。此次座谈会对推动长三角一体化发展，增强长三角地区的创新和竞争能力，提高经济集聚度、区域连接性和政策协同效率，引领全国高质量发展、建设现代化经济体系，具有非常重大的意义。

长江三角洲地区包括上海市、江苏省、浙江省、安徽省，以三省一市共27个城市为中心区，向外辐射带动长三角地区高质量、一体化发展，打造与国际接轨、更具国际市场影响力与竞争力的特殊经济功能区。

长三角地区三省一市各地区经济发展稳健，居民生活水平逐年提高，地区生产总值在全国名列前茅，综合实力持续增强，就业形势不断向好，物价水平总体稳定。长三角一体化发展涵盖上海、江苏、浙江、安徽三省一市，约占全国四分之一的经济总量，是我国经济发展最活跃、开放程度最高、创新能力最强的区域之一，在国家现代化建设大局和全方位开放格局中具有举足轻重的战略地位。三省一市经济发展水平如表3-1所示。

表3-1　2019年长三角地区（上海、江苏、浙江、安徽）的经济社会发展水平[①]

| 地区 | 常住人口（万人） | 生产总值（GDP）（亿元） | 人均可支配收入（元） | 居民消费价格指数（上年为100） |
|---|---|---|---|---|
| 上海市 | 2428.1 | 38155.3 | 69442.0 | 102.5 |

① 数据来源：各地区（上海、江苏、浙江、安徽）统计局网站

续表

| 地区 | 常住人口(万人) | 生产总值(GDP)(亿元) | 人均可支配收入(元) | 居民消费价格指数(上年为100) |
|---|---|---|---|---|
| 江苏省 | 8070.0 | 99631.5 | 41400.0 | 103.1 |
| 浙江省 | 5850.0 | 62352.0 | 49899.0 | 102.9 |
| 安徽省 | 6365.9 | 37114.0 | 26415.0 | 102.7 |

**2. 如何让中医药融入长三角一体化发展格局**

长三角一体化发展已上升为国家战略。如表3-2所示，长三角地区医疗卫生资源充足，卫生技术人员配备齐全，中医药文化积淀深厚，中医药事业发展走在全国前列，上海的海派中医、江苏的苏派中医、浙江的浙派中医、安徽的新安医学等，在全国甚至国际均享誉盛名。三省一市的中医药产业应借助长三角一体化发展，紧扣“一体化”和“高质量”两个发展关键，打造国家中医医疗、创新、科技、教育高地，加快工作机制的建立，明确进一步建设方案，推广中医药特色项目，如名中医继承一体化及高学历教育、中西医结合科研联合攻关及转化平台建设、中医药文化普及和旅游养生基地的共建共推等等。

**表3-2　2019年长三角地区的医疗卫生资源**[①]

| 医疗资源 | 上海市 | 江苏省 | 浙江省 | 安徽省 |
|---|---|---|---|---|
| 总医疗机构数(所) | 5610 | 34797 | 34000 | 26436 |
| 其中医院(所) | 387 | 1941 | 1374 | 1241 |
| 其中社区服务中心(所) | 246 | 5049 | 4922 | 1858 |
| 卫生技术人员(万人) | 21.33 | 63.10 | 52.10 | 36.00 |

① 数据来源：各地区(上海、江苏、浙江、安徽)统计局网站

续表

| 医疗资源 | 上海市 | 江苏省 | 浙江省 | 安徽省 |
| --- | --- | --- | --- | --- |
| 其中医生(万人) | 7.77 | 25.00 | 20.60 | 13.70 |
| 其中护士(万人) | 9.71 | 28.00 | 22.00 | 16.30 |
| 诊疗人次(亿人次) | 2.82 | 4.08 | 3.00 | 3.40 |
| 医疗保健消费指数 | 103.30 | 101.00 | 104.80 | 105.00 |

为了推动长三角中医药一体化发展，开展长三角中医药高质量发展规划研究，推动长三角国家中医药发展高地建设，三省一市的卫生健康委员会、中医药管理局、中医药学会等部门，在探索长三角地区中医药行业合作共建模式、服务平台、传承与创新、政策研究与咨询、人才教育基地建设、健康科普共享平台、中医药期刊联盟、培育特色中医药服务项目和服务品牌、中医药贸易、提升中医药国际影响力等方面进行了精心研究、科学设计、合理布局。

（1）推进中西医临床协同

加强中医医疗机构建设。深化中医内涵建设，打造中医重点专科、特色专科和中医非药物疗法中心等系列中医药服务优质品牌。推进中西医结合，强化重大疑难疾病中西医临床协作，继续挖掘培育新的协作领域和方式，提升基层社区中医药健康服务能力，加快制定中医药适宜技术规范及相应的培训、应用和推广。加快升级建设治未病健康工程，开展治未病服务人员培训，进一步完善中医药服务平台建设，制订慢性病、亚健康人群及妇幼人群等系列中医药特色治未病服务计划。

（2）强化中医药高素质人才培养

深化中医药教育改革，继续开展中医住院医师规范化培训，加强师资培训，提升中医专业学生的思维培养，优化培训课程、师资队伍资源等，加强中医药传承与创新团队建设，加强中医药高层次人才培养的基地建设，加强中医药特色优势教育基地的建设。加强中医药技术技能型人才培养力度，提升中医药行业专业技术人员的技术水平。完善“西学中”制度，制定不同类型的培训方案，构建完整的“西学中”培养体系。

（3）提升中医药传承与创新能力

加强中医药创新体系建设，加大中医药科技研发投入力度，支持中医药重点实验室等平台建设。加强中医药基础理论、中医古籍整理和文献研究的传承与创新。加快中药新药和器械研发、“互联网中医药健康服务”相关产品及中医药标准化建设。加强中医药临床研究体系建设，重点支持开展中医优势病种、中医药防治重大疾病和慢性疾病的临床研究。推动中医药传承与创新重大项目开展，系统继承流派学术理论及学说，总结中医流派优势病种的临床诊疗规律。

（4）创新弘扬中医药文化模式

推广弘扬中医药文化活动，重点推出适宜不同人群的中医药文化科普活动，正确引导群众认识、热爱、用好中医药，提高市民的中医健康素养和中医文化素养，实现创造性转化和发展。大力开展中医药文化进校园活动，在中小学开展中医药专题教育活动，培养中小学生对中华优秀传统文化的热爱。推动中医药和旅游的深度融合、资源整合，形成一批养生体验和观赏基地，打造中医药健康旅游系列品牌。

（5）推动中医药开放发展

首先，继续支持开展中医药国际标准化工作，支持配合国际标准化组织中医药技术委员会秘书处工作，做强做大中医药国际标准化平台。其次，推动中医药的海外发展，鼓励发展中医对外教育、医疗、文化传播和研究，对外展开积极合作。再次，拓宽中医药服务贸易，积极推进具有核心竞争力的中医药服务贸易市场主体的建设，加大国家中医药的服务出口。最后，依托三省一市中医药高校研究机构，建设中医药高质量发展智库，推动长三角中医药一体化、高质量发展，积极开展规划研究，推进长三角中医药质控以及有关专病专科联盟建设，推动长三角国家中医药发展高地建设，推进区域中医专科诊疗中心合作共建。

(6)深入推进中医医改各项任务

优化资源布局，深入推进医联体建设，深化中医专科专病联盟建设，健全合作网络及工作平台，并制定出台相关管理文件。着力开展中医医改专项研究，深入推进现代中医医院管理制度，加快推进中医支付方式改革、中医药服务价格动态调整等专项研究，保障医改工作有序推进。

## 二、长三角地区传统中医流派

传承中医学派精华，促进中医学术创新。

中医药史源远流长，与其他中华传统文化同出一脉，经久不衰的中医药文化是中华文化的重要组成部分。在中医学传承千年的历史发展过程中，涌现出了扁鹊、张仲景、华佗、孙思邈、朱丹溪、张景岳、叶天士等一大批中医药名家。他们在学术上独树一帜、各领风骚，且追随者代代相传，形成了不同的学术流派。这些学派从不同的视角，运用“理、法、方、药”归纳总结，最后汇融而成中医学这一中华民族伟大的医学宝库。

政治、社会、文化因素是学派形成的土壤，也是主要的影响因素。春秋战国时期，百家争鸣、百花齐放，医学作为独立的流派存在于这股文化洪流之中，这是中医流派形成的原型。较为早期的学术流派的形成，一般认为出现在秦汉以后，唐宋以前大多是因为不同医家之间的理论基础不同、临床经验不同、地域分布不同，产生的学术观点和诊疗思想也有所不同，而社会、政治、经济等因素影响相对较小。唐以后到两宋，以“儒学”为主的统治思想渐渐转变为以“理学”为主的政治思想体系，社会文化氛围相对宽松，开始出现新的中医学派，学派之间的学术交流、思想碰撞渐渐增多。到了金元时期，灾荒、战乱、瘟疫等现象频繁，社会动荡不安，还有少数民族文化对传统中原文化的冲击，等等，以金元四大家为代表的中医药学术思想出现了空前发展。到了晚清、民国时期，西方科学思潮的涌入，以现代科技为支撑的西医与传统文化下的中医之间出现了非常严重的分歧，从而出现了以“中西医结合”为宗旨的中西医会通学派。不同的历史背景下，就会出现不一样的社会、政治文化体系，就会催生出不一样甚至截然不同的中医学派。

地域因素是学派形成的重要因素。在广袤的中华大地上，地域差异明显，加上学术思想、历史贡献等原因，形成了很多中医学派，赓续于世，创新发展。如江苏的中医流派叫孟河医派，山东的中医流派叫齐鲁医派，上海的中医叫海派中医，福建、广东的中医叫闽南医派，江西的中医叫吴越医派，黑龙江的中医叫龙江医学，安徽的中医叫新安医学，浙江的中医叫浙派中医……所有这些学派是中医学发展过程中的重要脉络，推动着中医学不断发展、日臻完善。

学术思想是学派形成的关键因素。不同的学术思想，体现了不同学派的理论依据和诊疗特色，同时也反映了不同地区或者不同历史时期下的疾病谱。如伤寒学派、温病学派，如注重滋阴降火的滋阴派、重视调理脾胃的补土派、重视温补阴阳的温补学派等。不同学派之间的相互争鸣与渗透学习，大大促进了中医学术的继承和发展，使中医药学理论不断完善，临床疗效不断提高，最终形成了中医药学“一源多流”的学术文化特色。

### (一)长三角中医学派的形成和发展

中医学在漫长的历史发展中,经过一辈又一辈名医大家的实践探索,薪火相传,总结完善,创新发展,呈现出学术多元、学派纷呈的局面,多数名家就某一方面潜心钻研,逐步形成了系统的理论体系、独特的诊疗方法、丰富的医学内容,从而形成确定的学术思想,通过我国文化的主要传承模式——师徒传承进行继承流传,得到社会公认和历史的考验,产生一定影响,逐步形成一家家独特的学派。

长三角中医药资源丰富,中医学术流派众多。考古发现,7000年前的河姆渡古人开始使用"芡实"等中草药对付病痛;2000年前,药祖桐君在浙江富春江畔(桐庐桐君山),留下了世界上最早的制药专书《桐君采药录》,开创浙江本草学之研究,浙派中医的本草学派就是在这基础上继承并发展而来的;1000年前,陈无择在温州创立了永嘉医派;300年前,张志聪在杭州开创钱塘医派,设立"侣山堂"讲学三十载。据有关资料显示,浙江中医学派主要有永嘉医派、丹溪学派、钱塘医派、绍派伤寒、针灸学派、本草学派等,统称浙派中医。江苏中医药历史悠久,名医辈出,医著充栋,流派纷呈,世代流传。比如我们熟知的吴门医派、孟河医派和山阳医派,对中医药的发展做出了巨大贡献。特别是颇具地方特色的学术流派,对后世中医学的发展影响极大,至今对临床仍有指导意义。比如安徽新安医学的中医名家之多、医学论著之多、影响之大,为世所罕见,在学术思想上,新安医学的"固本培元派""养阴清润派""错简重订派""时方轻灵派""理脾阴派"等学派的创建为中医药学的发展做出了巨大的贡献,是国家医学宝库的重要组成部分。上海的中医学派是近代的新生产物,跟当时的社会文化息息相关,更具特色。近代上海开埠以后,人口聚集,经济发展迅速,大量外来文化涌入,许多新的疾病出现,同时也带来了上海以外的中医名家的学术思想，还有西方医学的迅速崛起，加上上海本土的传统中医，三方碰撞，产生了较为特别的中医学派——海派中医。

综观历史，长三角古代中医流派可以分为三类：一是颇具浓厚地方特色的地域流派；二是以学术思想为脉络的学术流派；三是以家族或师徒经验传承为模式的世医流派。三者或有交叉，但各有传承文脉和特色。我们就从这三大类出发，介绍一下长三角中医流派的形成和发展，以及对中医药产业结构的影响。

### （二）以地域为主导的中医流派

我国地域广阔，纵横几千里，长三角地区地形多变、风俗各异，由于古代交通的不便利及信息的闭塞，形成了局部地域文化、经济的各异，地域因素一直影响着中医学派的形成与发展。地域特色明显，加之地理气候的差异，人之禀赋的不同及行为生活方式的不一，所发疾病的差别也较为悬殊，从而造就了不同医学流派的个性。所以，学术思想、流派传承和地域文化是地域中医流派形成与发展过程中的几大因素，在这些因素的影响下就会出现各具特色的医学派别，如孟河医派、吴门医派、钱塘学派、丹溪学派、绍派伤寒、永嘉医派、新安医学及海派中医等。

#### 1. 苏派中医

江苏历来文化悠久、经济发达、资源丰富，其中医药文化植根于这片富庶的土地，国医大师朱大春将江苏的中医及其文化源流称为“苏派中医”。“苏派中医”名人云集、文化荟萃，是中国医学中璀璨的明珠。据史料记载，中华人民共和国成立之前的一千年，江苏名医有4000余人之多，著作3000多部，留存于世的还有1000余部，这些医家的思想理论和著作对研究中医的传承有非常高的文献价值和实用价值。秦以前，江苏的中医文化与道家文化密不可分，两者基本融为一体。三国时期的葛玄著有《黄帝九鼎神丹经诀》，精于炼丹术。东晋的葛洪著有《肘后备急方》《抱朴子》，精晓医学和药物学，主张道士兼修医术。晋末刘涓子著《刘涓子鬼遗方》，精通外科方术。南朝徐之才撰有《药对》《小儿方》《雷公药对》等，为徐氏世医之家的代表人物。南北朝梁代陶弘景著有《陶氏效验方》《药总诀》等，精通本草。隋唐时期，江苏的医家和中医学术较少，唐朝的周广被唐玄宗特召为御医，是苏州历史上第一位御医。宋元时期，江苏中医逐渐增多，北宋针灸学家王惟一著有《铜人腧穴针灸图经》，精通针灸学，集宋以前针灸学之大成；宋代许叔微著有《普济本事方》，收方三百余首；元代名医葛乾孙医术著有《十药神书》，与浙江名医朱丹溪齐名，名重南北；淮安名医潘思诚，其后人有多人在太医院供职，著名的山阳医派从此发端。明代江苏中医更为发达，温补派的鼻祖薛己，王肯堂著有《六科证治准绳》，陈实功著有《外科正宗》，希雍撰著有《神农本草经疏》，吴又可著的《温疫论》开我国传染病学之先河，费伯雄开创孟河费家医派。清代是江苏医学流派形成和兴盛的时期，温病学说开始形成并发展，吴门医派、孟河医派、山阳医派形成规模。民国以后，出现了一大批国医大师和国家级名老中医。苏派中医拥有悠久的中医文化史、众多的中医名家和著作，为中医学的传承和发展做出了重要的贡献。

（1）吴门医派

吴门医派是以地域为主导的中医流派。春秋战国时期，浙北、徽南和江苏的大部分地区都属于吴地，也就是历史著名的吴国所在地。但吴门医派形成时期在明清两代，根据当时的行政区域划分来看，是以吴县为中心的苏州府管辖的州县，大致跟现在的苏州地区差不多。元末明初时期，江苏的政治、经济、文化已经非常繁荣，中医名家众多，中医学术发达，这为吴门医派的创立提供了良好的社会环境。根据吴门医派的学说成就分析，主要有以葛可久为代表的杂病流派，以柯琴等为代表的伤寒学派，以吴又可、叶天士为代表的温病学派，以薛己为代表的外科学派。

吴门医派的倡导者是戴思恭。戴思恭，浙江诸暨人，出生于医学世家，从小随父学医，后随朱丹溪学习医术，悬壶行医至吴地，并将自己的毕生所学传于吴地中医王宾，王宾再传于盛寅。同时代有另一位苏州名医葛应雷，他继承并传播了北方刘完素、张从正的学说，开创了吴门医派。至清代，以吴又可、叶天士为代表的温病学派的兴盛，标志着吴门医派基本形成。温病学说是吴门医派最实质性的内涵，是吴门医派对中医学的突出贡献。清代名医唐大烈汇编《吴医汇讲》十一卷，真正使“吴医”的名称盛行于世。吴门医派有着“名家多、著作多、流派多、温病学说的发源地”等特点，影响之深远，是中医流派中主要的流派之一。

苏州市为进一步推进吴门医派的传承与发展，成立了吴门医派研究院，这是专门研究吴门医派的经典理论学说、方法经验的一个机构，并依托苏州市中医院，将科研、学术、临床相结合，全面推动吴门医派学术的继承和创新。

（2）孟河医派

古时的“孟河”相当于今江苏常州一带，此地交通便利、经济繁荣，历史上出现了诸多较有影响的中医大家，如晋代葛洪、南朝陶弘景、北宋许叔微、明代王肯堂，这四位医家医理丰富、方药经典，常年在孟河一带行医济世，他们的学术思想被后人继承和发扬，特别是王肯堂内外妇儿皆擅长，开创了孟河医派各科皆长的特点，代表了孟河医派的萌芽时期。明末清初，孟河一带漕运发达、民生富庶，各家学说、文化流派纷纷登台亮相。以胡慎柔、顾元交、法徵麟、法公麟等中医名家为代表的中医文化也渐渐昌盛，这些医家的学术基本形成了孟河医派的核心思想，孟河医派从此形成。孟河医学经千年积淀，名家辈出，在清末民初到了鼎盛时期，最为有名的是以费、马、丁、巢氏四家为代表的“孟河四大家”。民国时期，受西方医学的影响，孟河学派提倡中西汇通，创办学校，依托中医院校，培养了大批人才。新中国成立以后，孟河医学更得到了长足发展。

“孟河四大家”均是地道孟河人氏，传承上脉络清晰，学术思想特色鲜明。如费氏医家费伯雄，精通经典，通晓河间、东垣、丹溪之学说，博采众长，善治疑难杂症，名噪大江南北。马氏医家马文植精通内、外、喉三科，尤其擅长外科，推崇“全生派”，著有《外科传薪集》，以其医术高明而闻名于京师。清末名医马伯藩，当代名医马书坤、马嘉生、马笃卿均为马氏嫡系传人。丁氏医家丁泽周，又称丁甘仁，曾师从马文植，勤学深研，通晓各科，其融会“伤寒”“温病”两大学说，并创办全国首家中医专门学校。马氏还有外族弟子巢渭芳，以巢渭芳为代表的孟河巢氏医家在当地颇具声望。

孟河医派名医云集，著书宏富，融汇中西，传承有序。孟河医派以家传、联姻、师承等模式，使得学派文化既有传承，又有发挥。孟河医派最早依托专门学校，提倡中西汇通，培养了大批中医药人才，还将孟河医派文化逐步推向全国、推向世界。

（3）山阳医派

古时的“山阳”相当于今江苏淮安一带，故山阳医派又称淮医学派，山阳医学历史悠久、名医云集。明清时期是山阳医派的鼎盛时期，当时一些闻名全国的医家都曾行医济世、著书立说于此，如山西名医傅青主、苏州名医徐大椿、山东名医黄元御等。当然，山阳医派的核心内涵且影响最大的就是清末温病学家吴鞠通及其所著《温病条辨》。吴鞠通医术高明，创建了温病理法方药的完整体系。《温病条辨》以三焦辨证为主线，参合仲景“伤寒”之六经辨证、河间之温热病机、叶天士之卫气营血辨证及吴又可之“瘟疫论”等诸家学说之精华，继承和创新了温病学理论。山阳医派以吴鞠通为宗师，治温病为其特色，后继者多有传承并创新。此后，山阳名医李厚坤及其所撰《温病赋》和韩达哉及其所撰《医学摘瑜》，继承了吴鞠通及其温病学的学术思想，由此大大推广了山阳医派的学术文化。自此以后淮安名医辈出，清末“淮扬九仙”之一刘金方善治温病、妇科病及伤寒杂症，民国苏北“三大名医”之一张治平擅治温病。山阳还走出去了许多中医名家、专家学者，继承、发扬山阳医派。

（4）龙砂医派

古时的“龙砂”相当于今之江苏省江阴华士镇，在清乾隆至嘉庆年间，龙砂出现了一批有名望的医家，主要是戚云门、王钟岳、贡一帆、孙御千、戚金泉、叶德培、姜学山、姜恒斋等八家，他们精研的方向主要是伤寒和温病，既带有吴门医派的色彩，又有自己的特色。清人姜成之收集他们的医案并编成《龙砂八家医案》，全书以杂病及时症医案为主，记载了他们很多用药平和却出奇制胜的案例，反映了当时龙砂医派诊治疾病的理法方药思想和用药特点，即“用药平和”之显奇效，对当地后人治病用药有相当大的影响。但是比起古时其他医案或者著作，全书约3.5万字，记载案例和篇幅均不足，也给了继承者们非常大的空间去思考和挖掘龙砂医派的精髓。

**2. 新安医学**

随着中国古代政治文化的更替，“新安”没有确切的行政地理位置，是一种文化符号，比如新安文化、新安医学等，从新安江流经的区域来看，应该与其有不可分割的历史渊源。隋朝设立新安郡，明朝时改为徽州府，但在地理上已经有一定差别，大致包括今安徽徽州歙县、休宁、祁门，以及浙江淳安、江西婺源等地区。该地区山清水秀，气候宜人，崇山峻岭，平原较少，植被丰富，地理环境较为封闭，家族文化特征较为明显。战乱时期迁入的外来人口较多。当地人为改善生活水平，外出经商是这一地区的传统，到了明朝中期，徽商的发展进入了鼎盛时期，为医学的发展提供了较好的环境和物质基础。以朱熹为代表的“新安理学”是中国古代思想史上非常重要的一部分。所以，中草药资源丰富、商业经济发达和“新安理学”的人文环境，促进了新安医学的传承与发展。新安医学是新安文化的重要组成部分。

新安医学是指在新安地区包括部分长期居住在外地的新安医家，共同创造的医学成就，以及在此基础上形成的特定的地域性医学文化。据史料记载，最早出现的一位新安医家为东晋的羊欣。据传，羊欣是山东人，曾出任过新安太守，喜好书法，隶书造诣很深，擅长医药，撰有《药方》十卷。由于新安医学是从北宋时期开始见于文献记载的，因而所谓的新安医学也指从北宋兴起时期开始定义的中医学派。唐宋以来，新安地区政治安定、经济繁荣、文化昌盛，到了南宋，政治中心南移，新安医学更是名医辈出、著作宏富、流派纷呈。到明清时期，医学学术思想全面发展，新安医学的发展进入鼎盛时期。例如，南宋张杲所著《医说》是中国现存最早的医史传记。明代出现了世界上第一个民间医学组织“一体堂宅仁医会”，开展讲学和学术探讨交流；江瓘所著的《名医类案》是中国第一部总结历代医案的专著；吴昆所著的《医方考》是中国第一部注释医方的著作；方有执所著的《伤寒论条辨》，重新整理编订《伤寒论》，开创了伤寒学错简重订派，从而把伤寒学派推向了伤寒学史上的兴盛期。到了清代，郑梅涧所著的《重楼玉钥》是中国第一部喉科专著；汪昂非常专注中医学理论基础的科普研究，所著的《医方集解》《本革备要》《汤头歌诀》等，至今仍是各大中医药院校中医学的入门教材。新安医学是地域性特点鲜明的综合性学术流派，名家、医著众多，学术流派纷呈，是中国医学宝库重要的组成部分。

在学术思想上，公认的新安医学学派有汪机创立的“固本培元派”、以郑梅涧为代表的“养阴清润派”、方有执开创的“错简重订派”“时方轻灵派”“理脾阴派”。新安医家以儒医群体和世医家族为主要特征，从宋代张挥、张彦仁为代表的“新安第一代名医世家”开始，新安医学代代流传，到现在有着“一门七教授、兄弟三博后”美称的传奇医学世家，又如歙县蜀口曹氏外科，江西武当程氏伤科（程定远安徽省休宁县人），歙县黄氏妇科世家，歙县郑村“南园、西园喉科”，“新安王氏医学世家”等。新安医学以这种特定的医学群体和传承模式，使得医业代传不衰，流芳后世。

**3. 浙派中医**

浙江历史悠久，文化底蕴深厚，是中医药大省，无论是特色、历史，还是贡献、赓续，直到现当代的创新发展，都在全国占据相当重要的地位。浙江中医流派众多，源远流长，陈无铎在温州创立了浙江最早的医学流派——永嘉医派，元代朱丹溪创立了以“养阴学说”为宗旨的丹溪学派，萌芽于明代的有绍派伤寒，张志聪在杭州（侣山堂，如图 3–1 所示）创立了钱塘医派等，还有针灸学派、本草学派、嘉兴的秀水医派、浙南的利济医派、衢州雷氏医学等。由于浙江中医流派众多，没有统一称谓，为进一步加强省内外中医学派之间的交流学习，2017 年始将上述医派统称为浙派中医。统一名称后的浙派中医，将浙江各地区、各家学术观点有机凝结在一起，为浙江中医代言。浙派中医学术内涵丰富、特色鲜明，极大丰富了中医药的文化内涵，留下了宝贵的文化遗产，值得后人继承和发扬。

图 3-1 杭州"侣山堂"旧址[①]

(1)永嘉医派

永嘉医派，崇尚"易简"，是南宋时期在温州永嘉地区形成的一个医学流派，以陈无铎所著《三因方》为代表。主要学术著作还有王硕的《易简方》、孙志宁的《增修易简方》、施发的《续易简方论》、卢祖常的《易简方纠谬》等。永嘉医派的活动时间(1174—1274)正好是北方刘完素、张子和、张元素、李东垣等医学大家学术活动进入高潮的时期。陈无铎的《三因方》继承了张仲景的"三因说"，并在此基础上进行发挥创新，强调"内因、外因、不内外因"三种不同的致病原因，并以此来指导临床。他提出"七情致病"的观点，重视七情对疾病的内在影响；诊治时注重脉相，从临床表现入手，结合发病原因来诊断疾病，方药简单精要，对中医学具有突破性的贡献。

永嘉医派受当时主流医学《局方》之学的影响很深，追求易简。王硕继承陈无铎的思想，编成《易简方》，很多学术思想和方药来源于《局方》。丹溪之学受承于河间，所创《局方发挥》与《局方》互不相让，又以《格致余论》多篇批判《易简方》。然而永嘉医派从气机着眼认识痰、郁诸证的病因病机，对丹溪学说的形成影响很大，当然丹溪对"痰"证、"郁"证的创造成就就更大了。当时虽因国家分裂，南北隔绝，学术上缺乏交流，但从永嘉医派的学术成就来看，影响之深远，也

① 图片来源：浙江中医药学会网(http://www.zjszyyxh.com/)

足以与河间、易水学派相提并论。

(2)丹溪学派

丹溪学派的创始人是金元四大家之一的朱丹溪，他以养阴为宗旨，主张滋阴降火，提出“相火论”“阳有余而阴不足论”等理论。后人也称其为“养阴派”。著有《格致余论》《局方发挥》《本草衍义补遗》等传世名著。

朱丹溪为浙江名医罗知悌的嫡传弟子，继承了刘河间、张从正、李杲的学术思想，并加以发挥创新，针对寒凉派刘河间的“火热论”用药过于寒凉、攻下派张子和的“攻邪论”不注重保护阴液、易水学派李杲的“脾胃论”用药太过辛散等治法的不足，以及当时盛行的《局方》香燥、温补之品的弊害，提出“滋阴泻火法”以治阴虚火旺之证，并创立“滋阴学说”。朱丹溪学术思想还善于从气、血、痰、郁四方面论治，擅长治疗杂证，后人称之为“四伤学说”。朱丹溪丹溪学派弟子众多，吴门医派戴思恭著有《证治要诀》，完整地继承了丹溪的学术思想，强调“火”对人体的影响，注重养阴，还从“气、湿、血、痰、热、食”六郁进行阐述，反对辛散、温补之品。江苏名医王履继承了朱丹溪对《内经》的研究。其他代表人物有赵道震、楼英、王纶、汪机、薛己、孙一奎等。该学派著作丰富，对明清时期的中医学影响深远，后世诸多医派都与之有关。

(3)绍派伤寒

绍派伤寒的学术理论萌芽于明代张景岳的《景岳全书·伤寒典》，到了清代，以叶天士、薛生白、吴鞠通为代表的温病学派，提出外感热病由温邪所致，并创卫气营血辨证和三焦辨证，对此前的外感伤寒学说进行了反向补充，同时也产生了伤寒派与温病派长时间争执的局面。此间，绍兴名医俞根初的《通俗伤寒论》一书奠定了绍派伤寒的学术体系，高学山、任沨波、何秀山、何廉臣、赵晴初、裘吉生、曹炳章、徐荣斋等医家从不同角度对绍派伤寒的理论进行了增订。如何廉臣所著《重订广温热论》《感证宝筏》，并对《通俗伤寒论》进行逐条勘正；曹炳章增订《通俗伤寒论》的中下卷，完善了何廉臣的未尽之作，并编写了《历代伤寒书目考》；徐荣斋也写了《重订通俗伤寒论》等。该学派在理论上提出以六经来统摄三焦、卫气营血辨证，创导“寒温一统”论。同时根据绍兴地区多湿，提出本地区温热多挟湿的致病特点。诊断上注重望目、腹诊，首创六经主脉舌法，辨舌苔划分六经；治疗上重视治养并重，强调用药轻灵，祛邪透达，专设瘥后调理法。该学派300多年来，不断发展与创新，名家云集，医著众多，学术理论既有别于一般伤寒学派，又异于吴门温病学派，地方特色鲜明，大大提高了浙派医家的声誉，丰富了“浙派中医”的内涵，在医学界享有盛誉。

（4）钱塘医派

古时的钱塘，相当于今浙江杭州一带。钱塘医派，以“尊经崇古”为宗旨，明清两代在浙江钱塘形成，学术思想源于医家卢复、卢之颐。张卿子为钱塘学派的开山人物，张志聪、张锡驹师兄弟为集大成者，他们将钱塘医学的模式推向了新的历史高度，高世栻、仲学辂、陈念祖为其重要的传承代表。该学派开创中医教育讲学模式之先河，以设在吴山脚下的“侣山堂”为主要活动场所，集讲学、研经与诊疗活动于一体，以维护旧论为学术主张，重视研究古代医学经典，特别是对《内经》《伤寒》等经典的研究注解，他们维护《伤寒》的原经编次，观点鲜明，与“错简重订派”形成对立，代表作有张志聪《伤寒论集注》。在本草的研究方面也很有造诣，作品有卢复的《本草纲目博议》、卢之颐的《本草乘雅半溷》、高世栻的《本草崇原》等。钱塘医派前后延续200余年，以讲堂形式，对具有一定医学背景的中医药人才进行传道授业，很多学术思想都是经过师生之间反复研讨、争论而形成的，培养了一大批杰出的中医药医学人才。

**4. 海派中医**

近代上海，大量外来人口迁入，人口密集，上海已经是政治、经济、文化的中心；而“租界”的设立，加快推动了上海经济和金融的发展，被称为“远东第一大都市”；大量西方思想、文明、科技的冲击，改变了人们的行为生活方式。特别是上海开埠后，各种传染病肆虐，城市环境发生变化，出现了许多新的疾病；西方医学的涌入并逐渐占领市场，对中医药产生巨大冲击，加上大量埠外的医生移居上海，这些都给中医带来了挑战，使得各家流派不得不从理论和实践上进行新的思考。海派中医虽然早在元明时就已经萌芽，但是成型是在近代这样特定的历史背景下完成的。海派中医传承了中华传统文化的精华、吴越文化和本地文化的特色，同时受西方先进科学、文化的影响，有鲜明的时代特征，体现了海派中医“兼容、开放、创新、和谐”的精神面貌，是海派文化的重要组成部分。

海派中医在维护和促进上海人民的健康方面做出了重要贡献，来源多元、受西方医学冲击、受城市环境改变的影响这三方面是其特点。海派中医自古以来名医云集，如著有《医宗必读》和《内经知要》的明朝医学名家李中梓，著有《伤寒探微》的明代名医刘道深，以及徐子瞻、沈元裕、吴中秀、李用粹、陈莲舫、费绳甫、丁甘仁、余听鸿、祝味菊、顾渭川等中医名家。海派中医的流派分支大多以家系传承为主，许多流派的传承源远流长。比如李中梓家族四世家传，被后世称为“李仕才学派”；青浦何氏世医，自南宋流传至今已800多年，其中20多位名医在元明时期被召为御医；龙华张氏内科一脉，从明末张元鼎创派始，传承十四世，迄今已400多年；创始于清代乾隆时期的蔡氏妇科，迄今传承七世，历时200多年。但大多数流派是近代以来逐步形成的，比如从江苏孟河来沪的费氏内科、巢氏内科、丁氏内科，以新安医学传人王仲奇为代表的王氏内科，以吴涵秋为代表的浙北范文虎伤寒医派;浦东的顾氏外科、浙东的夏氏外科、南通朱氏妇科;有上海本地的徐氏儿科、宁波来沪的董氏儿科、江苏武进来沪的奚氏儿科、钱氏儿科;有著名的伤科八大家,有朱氏喉科、张氏喉科;眼科则有陆家、姚家、范家等;针灸科有陆、黄、杨、方四大家;还有近代形成的中两医汇通学派。

海派中医形成至今已逾百年,历史上涌现出诸多医学流派,培养了大批的中医名家,内涵丰富、影响深远。海派中医已经紧密融入上海城市文明发展的进程中,众多医学流派之间的碰撞、涵盖复杂疑难的疾病种类、疗效明确的诊疗特色构成了其核心竞争力,对今天中医药事业的发展有着较大的影响。

### (三)以学术思想为主导的中医流派

历代主要医学流派和著名医家,在传承和发展中医学术过程中,产生的一系列学术思想、学术成就形成了以学术思想为主导的中医流派。这些中医流派总结与归纳了历代中医学派及医家的学术思想,传承古训,昭示未来,使中医理论趋于完整化、系统化,使临床实践趋于专业化、标准化。

东汉时期,医家张仲景的《伤寒杂病论》专门探讨伤寒杂病的诊疗规律,奠定了中医学辨证论治的基础,古今的研究者前赴后继,形成了伤寒学派。金元时期,以刘完素、张从正、李东垣、朱丹溪为代表的金元四大家,推动了中医学流派的空前发展,催化了学派的百家争鸣。刘完素创"火热论",提出"六气皆从火化"之说,创立寒凉学派;张元素创"脏腑病机学说",以脏腑标本虚实寒热分析疾病的发生与演变,属于易水学派;张从正主张以祛邪为主,善用吐汗下三法,创立攻邪学派;李东垣认为"人以胃气为本",创立补土学派;朱丹溪受刘完素、李东垣影响,提出"阳常有余,阴常不足"的新论,治病多以滋阴降火为主，创立滋阴学派。明朝中后期出现了资本主义萌芽，推动科技文化和中医学术的发展，明代薛己、张介宾、赵献可等医家重视命门水火的研究，提出脏腑病机逐渐侧重于虚损病症，充实发展了命门学说，创立了温补学派；明代末年，战乱饥荒，瘟疫流行，吴又可提出“疠气”学说，清代叶天士、吴塘等医家对外感热病进行进一步的探索，提出了温疫病机和温病学说。

中医学派的学术思想在地域中医流派中具有核心地位。各地域中医流派无不尊崇经典，并将其融会应用。所以，以学术思想为主导的中医流派和以地域划分为主导的中医流派之间互相交织，每个地域中医流派都有自己世代相传的学术思想，同一个地域可能存在不同的学术思想，而同一个学术思想又能广泛渗透到不同的地域。比如浙江的丹溪学派、绍派伤寒等既有鲜明的地域特色，又有明确的学术思想。以叶天士、薛雪、吴鞠通等江苏名医为代表的温病学派在浙江、上海等地均有广泛的传承和发扬。接下来，我们来看一下长江三角地区具有代表意义的中医学术思想流派。

**1. 伤寒学派**

伤寒学派是指研究张仲景的《伤寒杂病论》而出现的历史上一大批学者及其学术思想。张仲景的《伤寒杂病论》成书于东汉年间，继承了《内经》的学术思想，无论是气血津液、五脏六腑等物质基础，六淫病邪等致病因素，还是阴阳表里、寒热虚实等辨证手段，都来源于《内经》。《伤寒杂病论》是以六经辨证为主，结合八纲辨证和脏腑辨证，对临床上出现的一系列问题进行归纳、分析、总结，最后提出治法方药的一整套中医药学思维。它是中医学的经典之作，对中医的兴旺发展有着极其重要的贡献。对伤寒论的研究在唐以前就开始了，主要是收集、整合散落的资料，如王叔和整理的《伤寒论》，一直沿用至今。宋代是研究伤寒论的鼎盛时期，如成无己及其《注解伤寒论》

《伤寒明理论》等著作，许叔微及其《伤寒发微论》《翼伤寒论》等著作。真正的伤寒学派是在明清两代形成的，然而学派内部的分歧也非常严重，出现了三种不同的研究方向，第一种是以方有执为代表的“错简重订派”，他不满意王叔和对伤寒论的整理和编次，主张重订仲景伤寒论；第二种是与之相对应的以张遂辰、张志聪为代表的维护旧论派，如钱塘学派；第三种是从不同方向进行研究，如以柯琴、徐大椿为代表的以方类证，重视方剂的研究，如以尤在泾为代表的以法类证，重视治法的研究，如以陈修园为代表的审经证治，重视经络的研究。其他还有根据特定时间、特定区域的发病类型，对伤寒论进行补充研究的，如以吴又可、叶天士为代表的温病学派，以俞根初、何廉臣为代表的绍派伤寒。各地中医流派对张仲景的伤寒论均有研究，并在很大程度上提高了后继者们的医学造诣。

“错简重订派”是新安医学中重要的学派，也是伤寒学派的重要分支，以新安名医方有执为代表，他们提出“伤寒应以六经为纲，六经以太阳为纲，太阳以风伤卫、寒伤营、风寒两伤营卫为纲”的学说，揭示了伤寒的发病、转归规律，补充伤寒之不足，为《伤寒论》的研究提供了新的方向。清初的喻昌继承了方有执的学说思想，并在此基础上发挥提出“三纲鼎立”说，著有《尚论张仲景伤寒论重编三百九十七法》。先后还有常州张璐的《伤寒缵论》、歙县程应旄的《伤寒论后条辨》、郑重光的《伤寒论条辨续注》等，都是错简重订学派学术思想的重要组成部分。

**2. 滋阴学派**

滋阴学派由浙江朱丹溪创立，以滋阴为主，是丹溪学说的重要组成部分，也是丹溪学派的重要分支。他创立“阳常有余，阴常不足”的论点，强调保护人体阴气对健康的重要性，确立“滋阴降火”的治则。丹溪的滋阴学说对后世有非常深远的影响，汪机的固本培元学说也深受其影响。新安养阴清润派来源于此。

新安养阴清润派就是在朱丹溪滋阴学说的基础上发展而来的，它的出现补充和完善了新安固本培元派的理论。明代罗周彦，是新安固本培元派医家，他认为固本培元之法是培补脾肾之阳为主，但是他将“元”分为元阴和元阳，提出先天元阴不足用补水益元汤、后天元阴不足治以滋阴益元汤，为新安养阴清润学说的形成提供了“元阴”的理论基础，为养阴清润法提供了补益元阴的实践依据。明末清初，叶天士认为无论是外感瘟疫，还是杂病虚劳，都要重视保存胃阴，这系统性地提出“养胃阴”的理论和治法。清代郑梅涧针对白喉之治提出“养阴清肺”说，郑氏喉科世医主张养阴清肺派，清后期新安医家余国珮提出“燥湿为纲”的辨证说，重养阴润燥之治，现代新安医家王乐匋治温病强调护阴。从“元阴”论、“胃阴”论再到“燥邪致病”说，从养元阴、养胃阴、养阴清肺再到养阴润燥，新安养阴清润学派的医家从理论、纲要、治法，系统性地阐述了“养阴清润”的内涵。

**3. 温病学派**

温病学派是中国主要学术流派之一，也是江苏吴门医派最具代表性的学术流派，温病学说是吴门医派最具内涵的学说。温病学派开创之时应该是明末清初吴医名家吴又可著的《瘟疫论》，提出瘟疫的致病因素是“疠气”，不同于“六淫邪气”，从口鼻而入，老少妇幼皆可致病，强调祛邪是治疗该病的第一要务。吴又可的瘟疫学说开创了温病学派之先河，也开创了中国传染病防治之先河。温病学派的形成和鼎盛时期应该是在清代中后期，吴门医派另一位医学名家叶天士的《温热论》可谓温病学派的奠基之作，他创立“卫气营血”辨证施治的理论体系，发展了温病学说的内容，并在《临证指南医案》中记载了大量治疗温病的医案，为温病的临床辨证施治提供了范例。与叶桂同时代的薛生白著有《湿热病篇》，提供了湿热病的诊治规范，进一步充实了温病学说的内容。而山阳医派的名家吴鞠通著有《温病条辨》，他以三焦辨证为主线，参合仲景“伤寒”之六经辨证、河间之温热病机、叶天士之卫气营血辨证及吴又可之“瘟疫论”等诸家学说之精华，进一步继承和创新了温病学理论。清末王孟英著有《温热经纬》，对温病学的理论和证治做了较为系统和全面的整理。“温病四大家”的理法方药，一直影响着后继者们，到现在还是学习的典范、临床的指南、研究的方向。

**4. 温补学派**

温补学派的形成有其独特的时代背景。宋代《局方》的理论和治法方药流行于大江南北，一时滥用温燥之风盛行。金元之后，中医流派林立，学说百家争鸣，出现了以河间、子和、东垣、丹溪为代表的金元四大家，特别是河间、丹溪之学流传甚广，重视寒凉攻下，滋阴降火，虽然一定程度上纠正了《局方》之时弊，但也有医家不明其理、不辨寒热，动辄苦寒攻伐，反而形成苦寒之时弊。如《景岳全书》说：“自河间主火之论行，而丹溪以寒苦为补阴，举世宗之，莫能禁止……遍及海内。凡今之医流则无非刘朱之源。”就在这样的背景下，形成了由张景岳、薛己主导的温补阴阳的温补学派。

温补学派尊崇《内经》《伤寒》，倡导“阴常不足，阳本无余”，将人之命门（肾）分为元阴元阳的命门学说，强调人之真阴元阳对健康的重要性，主张补益真阴元阳，以温补为宗旨，扶正而攻邪，反对轻率地使用寒凉和攻伐等方药。温补派在治疗虚病的时候，也多以补肾为主，所用方药极力推崇《金匮要略》的肾气丸（干地黄、山药、山茱萸、泽泻、茯苓、牡丹皮、桂枝、炮附子组成），以及有金匮肾气丸化裁出左归丸（熟地、山药、山茱萸、杞子、菟丝子、鹿角胶、杜仲、当归、肉桂、制附子组成）、左归饮、右归饮等名方，以作治疗命门衰微的主要方法。温补学派注重脏腑虚损的诊治研究，丰富和完善了中医的理论体系，代表医家还有孙一奎、赵献可、李中梓等。明代李时珍最大的贡献虽然是《本草纲目》，但其对命门学说也有重要的论述。温补学派对后世影响很大，对温病学派、绍派伤寒等影响深远。

5. **本草学派**

本草学派是浙派中医的重要分支，指活动于浙江一带及籍贯为浙江的学者以研究传统药物学为主的学术派别。浙派中医本草学派历史悠久，最早可以追溯到黄帝时期。据传中国古代最早的中药学专家在浙江富春江畔悬壶济世。春秋战国时期的越国大夫范蠡著书记载过中药的交易。唐代的陈藏器著《本草拾遗》，他提出十剂理论，通过性能，系统具体地规范了本草的类别，至今还在沿用。清代张志聪的《本草崇原》、赵学敏的《本草纲目拾遗》、近代何廉臣的《实验药物学》、曹炳章的《增订伪药条辨》等医家著作，尊崇经典，成为浙派本草学派的主要内容，对后世中医药的研究和学习影响深远。

6. **固本培元派**

固本培元派是新安医学的重要学术流派，由明朝中医名家汪机创立。汪机是安徽祁门人，从小随父学医，受其父"补气从东垣、养阴法丹溪"思想的影响，注重调补脾胃，又深受朱熹理学的影响，为他后来创立"营卫学说""培元学说"储备了深厚的基础知识。"脾胃派"的创始人李东垣主张升阳辛散补益脾胃，他的学说在明中期时开始受到冷落，丹溪滋阴学说已经广泛被人接受并运用，所以当时的医学界流行使用苦寒之药养阴清热，常常出现脾胃之气受损的弊端，这为汪机提出固本培元思想提供了社会背景。

汪机认为人之气主要由营气和卫气组成，卫为阳气，营为阴血，强调养阴以补血，温阳以补气的原则，重视脾胃，不主张升阳辛散、滋阴而泻火的治法，从而形成了他独特的调养气血、培护元气的学术流派，即固本培元派。汪机认为"固本培元"的本元就是生化气血的脾胃，而在补气血之时侧重补气，所以汪机善用参、芪、术等补益中焦之气之药，主张用丸膏之剂缓补。汪机之后，孙一奎创“命门”学说，强调命门、注重元气，认为“固本培元”的“本元”应为肾元，在治疗上主张温补下元为主，补气药和温补药同用，脾肾同治，先后天之气并补。其开辟了固本培元的新领域，进一步充实和完善了“固本培元”学说，完成了固培先后天之本元的学术思想。

之后数百年来，众多医家如余午亭、罗周彦、程衍道、汪昂、程国彭等，在临证实践中反复应用，将“固本培元”传承创新，代代相传。固本培元派以固本培元为学说主张，注重温补脾肾元气为治法，善用参术芪或合姜附共用，拥有丰富的理论基础、深厚的实践内涵、众多的医学名家，与错简重订派、养阴清润派等其他学术流派共同组成新安医学，历经几百年而不衰。

**7. 外科学派**

外科学派在古代医学文化中也是很重要的派别，各个地区都有继承和发展，以江苏中医外科为最，《刘涓子鬼遗方》为现存最早的一部中医外科专著。江苏中医外科到明清时期进入了学派发展的鼎盛阶段，最具代表性的就是“正宗派”“全生派”“心得派”三大流派，且三大流派的创始人均为江苏人。他们在学术研究上各有重点，学术思想又互相补充。正宗派为明代南通名医陈实功所创，著有《外科正宗》，主要学术思想是“去疾务尽”；全生派为清代吴县名医王洪绪始创，著有《外科全生集》，善治脓肿，研制大量外用方剂，提倡消散吸收；心得派为清代无锡名医高秉钧创立，著有《疡科心得集》，其主张“外科必求于本”的学术观点，强调用内科治病方法处理外科疾病，从而不断丰富外科理论。

**8. 针灸学派**

针灸学派是中医学术流派中最重要的一支学术派别，在中医药事业发展中的地位不可替代。在长江三角洲地区，针灸学派历史最为悠久、传承最为紧密、特色最为鲜明、影响最为广泛的就是澄江针灸学派和浙派中医针灸学派。

（1）澄江针灸学派

澄江针灸学派是中医流派中影响最为广泛的针灸学派，由近代针灸大师承淡安创建。承淡安原籍江阴，南京中医学院首任院长，现代杰出的医学家、教育家，他的中医教育思想和针灸学说随其弟子广播海内外。澄江针灸学派立足中医传统理论，接受中医科学化思潮的影响，关注针灸临床实践，量化针灸临床标准。既注重传承中医理论体系，肯定经络腧穴的存在，又发展创新针灸学术，结合解剖学来更直观解释针灸理论，还发明创造了符合现代要求的针具和方法。以杨甲三、陈应龙为代表的传人继承了澄江针灸学派的学术体系，凭借丰富的针灸经验，在各自的专业领域独领风骚。

（2）浙派中医针灸学派

浙派针灸学派，源远流长，名医辈出，硕果累累。宋代瑞安人王执中著的《针灸资生经》是首部针灸临证专著，嘉兴人闻人耆年著《备急灸法》中讨论了常见急病的灸法疗法；元末余姚人滑寿著的《十四经发挥》将任督二脉归入十二正经，始有十四经之称；明代宁波人高武著《针灸聚英》《针灸节要》，衢州人杨继洲著《针灸大成》。历代名家及其学术思想使浙派中医的针灸学术水平在较长时间里处于巅峰状态，对针灸学的发展起到了重要的作用，是后继者们学习继承的模范和研究创新的方向，在整个中国医学界针灸学术领域发展史上具有深远的影响。

### (四)世医流派

世医流派是以父子或师徒或联姻等方式进行传承、流传的医学流派,其特点是学术思想明确、专业特色鲜明、传承脉络清晰、地域流派为主。如孟河医派的“孟河四大家”即以世医脉络流传下来的,还有如龙砂姜氏世医流派、新安郑氏喉科世医、镇江大港沙派、苏州顾氏、江南何氏、丁氏痔科、昆山郑氏女科等。这些世医流派规模大小不一,但在临床诊治方法和经验上颇具特色,自成一体,盛传一方,是中医流派的重要组成部分,在中医学术思想传承上有着巨大的贡献。

## 三、长三角地区老字号中药店

坚定不移地做好中医药文化的传承,守护一方百姓的健康,是每一家百年中药老字号祖辈相传,在历史长河中从未忘却的使命。历经百年的中药老字号,每一家都保持着治病救人的良心和精益求精的精神,是中医药文化传承的希望,是代代中医药人坚持下去的动力,更是国粹之光。专注品质、保持匠心、钻研医术等,这些不同的方式,都是中医药文化传承、发展的一部分,而百年中药老字号便是完成这一历史使命的重要载体。

2019 年在内地热播的电视剧《老中医》就是以江苏“孟河医派”传人翁泉海为原型创作的,讲述了 20 世纪初民国年间,“孟河医派”传人翁泉海博采众长、学习中医、治病救人的故事。翁泉海先在家乡孟河开诊,后到上海行医,由于高尚的医德和精湛的医术,成了沪上名医。而当时上海流行传染病“烂喉痧”,疫情无情地肆虐着上海人民,洋人医院为了牟取暴利便提高药价,并趁机诋毁中医,翁泉海潜心研究出中医抗疫疗法,救治了大批贫苦病人,大大提升了中医声誉,他本人也再次名声大作。1929年2月,国民政府当局通过“废止旧中医案”,翁泉海率领业界精英为保存国粹与当局政府进行了顽强的抗争。此间,还讲述了翁老上门为患者诊治、与业界名医交流心得,以及设诊所、开药铺、为民治病的经过。这部剧很大程度地还原了当时的中医如何诊病、如何交流经验的历程,同时也生动地解说了当时的诊所与药房积极的社会功能。

在西方医学传入中华大地之前,我们的祖辈们没有医院的概念。当时的老百姓生病时最常见的方式就是请郎中来家中诊治,或前往当地的药铺抓药服用。所以当时绝大部分中药店自然而然地充当了医院的角色,承担起了医院的功能。不管历史如何变迁,有了名医坐堂、老百姓的信任,以及这些药店真诚地为民服务,世代相传、经久不衰,成就了如今的中药百年老字号。

我国传统中药老字号,据记载,以四家大中药店最为名声显赫——北京同仁堂、杭州胡庆余堂、广州陈李济、武汉叶开泰。除此之外,各地都有世代相传的中药老字号药铺,虽然不能享誉中华,但在当地也负有盛名。这些老字号或由当时富可敌国的财团,或由当地的名医创建,为保一方百姓的健康,他们摇旗呐喊、召集名医,由此在这些老字号药店中诞生了一代又一代的旷世名医。

长三角地区三省一市,自古以来经济发达、历史悠久、文化深厚,中医界名医辈出,流派众多,中药老字号更是层出不穷,坚实的中医药文化基础造福了一方百姓,也造就了一批又一批中药老字号。这些百年中药老店,随着历史的车轮缓缓向前,它们互相学习、博采众长、精益求精,中医文化之间的交流源源不断,为如今长三角中医药一体化发展打下了坚实的基础。

### (一)传承经典中医药,留住百年"老字号"

古时的中医,俗称江湖郎中,有些是皇家御用或官宦之家官用,专门为皇家和官员们开药治病;大部分郎中游历四方、悬壶卖药、兼而行医,故有"壶公"之称。据宋《太平御览》记载,最早的"壶公"产生于秦汉时期。唐宋以后,历代名医辈出,名店名药更新迭起,稍有名望的医家大多开始自立门户,而一般的郎中则多依附于中小药店,行医诊治,名为"坐堂郎中"。除此之外,还有边行医边卖药的个体医生,靠祖传秘方、单方、验方行医卖药为生,民间称为"草头郎中"。由于古代中国的儒家文化一直以来尊医重道而轻商贩,以至于医和药在历史演变中渐渐开始分家,并促进了此后较大规模的中药铺的不断开设。南宋官方制定的《太平惠民和剂局方》是我国第一部官方药典,统一了制药技艺和行业规范,为中药行业的大规模有序开启奠定了行业基础。到了明代以后,商品经济突飞猛进,人民的生活水平开始提高,民间资本开始进入中医药市场,中药商品生产随之兴起,一些谙熟医道的商人开始创设药店,制售"熟药"(即现在的成药)。据公元 1807 年嘉庆《芜湖县志》载:"正田药店,字号永春,垂今二百余年,凡九世。"可知药店开设时间在明万历年间(1573—1619)。而其他正式由历史记载的国药店寥寥无几,仅有山西的广盛号、上海的长生、温州的徐益寿、广州的陈李济榜上有名,这些老药店和正田药店一样,属于在史册中留下印记的天下第一批国药店。整整经历了一个世纪以后,具有一定规模的国药店才正式开始兴起,有了历史上名满天下的中药堂,如创建于清顺治元年即公元 1644 年的武汉叶开泰,创建于清康熙八年即公元 1669 年的北京同仁堂,创建于清同治十三年即公元 1874 年的杭州胡庆余堂。

长江三角洲,从古至今虽然地域不同、文化各异,各地区的社会经济水平、教育水平也有所差异，但是由于都处在中药材多产的地区，而中医流派的继承和发扬又多有交集，所以长三角地区三省一市在中医界一直存在着千丝万缕的联系。当你细细品味这些百年老店的历史时，不难发现这些老字号药店不但在学术思想交流上错综复杂，在药物取材销售、中药堂创建继承等方面更是“恩怨交错”。比如，创建于杭州的胡庆余堂曾在上海办过分号；上海的蔡同德堂曾附属于胡庆余堂，也先后更名童涵春中药饮片厂、胡庆余堂中药饮片厂；比胡庆余堂早创办半个世纪的杭州叶种德在20世纪50年代已并入胡庆余堂；安徽张恒春由江苏溧水县人张宏泰创办；上海蔡同德堂、上海童涵春堂、杭州张同泰、杭州叶种德、绍兴震元堂等百年老店均由浙江宁波人创办。而清末年间曾与北京同仁堂、杭州胡庆余堂等齐名的百年医药老店——安徽寿春堂不知什么原因沉寂了半个世纪。

百年老店，久经沧桑。如表3-3所示，长三角地区的这些老字号有些依然屹立在世界医药之林，有些发展成为医院来守护一方百姓，有些已经易主，有些已经不复存在，有些在中华人民共和国春风沐浴下名扬中外。每一家百年老店都有自己美丽的传说，更有自己的拿手绝活，每一件传承下来的器物都在讲述曾经的辉煌。我们根据创建时间的先后来介绍一下具有代表性的百年中药老字号，讲讲它们美丽的传说、曾经的辉煌、久经沧桑的历史。到了经济高速发展的现在，留住百年老字号，对传承中医药的经典更具历史、社会和文化意义。

**表3-3　长江三角洲地区中药老字号**

| 地区 | 老字号 | 创建时间 | 民间佳话 |
|---|---|---|---|
| 上海 | 雷允上 | 1734年 | 苏沪“韩康” |
| | 童涵春堂 | 1783年 | “蝉翼半夏” |
| | 德杏堂 | 1775年 | 为民“悬壶” |

续表

| 地区 | 老字号 | 创建时间 | 民间佳话 |
|---|---|---|---|
| 上海 | 蔡同德堂 | 1882 年 | 久经沧桑 |
| 江苏 | 白敬宇 | 明朝永乐年间 | “御赐招牌” |
| | 雷允上 | 1734 年 | 苏沪“韩康” |
| 浙江 | 方回春堂 | 1649 年 | “妙手回春” |
| | 震元堂 | 1752 年 | “松鹤为记” |
| | 张同泰 | 1805 年 | “万象”犹在 |
| | 叶种德堂 | 1808 年 | “行善种德” |
| | 胡庆余堂 | 1874 年 | “江南药王” |
| 安徽 | 张恒春 | 1800 年 | “有求必应” |
| | 余良卿 | 1855 年 | 安庆“一绝” |

### (二)百年中药老店,久经历史沧桑

#### 1. “御赐招牌”——江苏白敬宇

(1)美丽的传说

明朝永乐年间,河北古城定州有一位叫白敬宇的人在城内开设了一家“金羊眼药铺”,他经营的“金羊眼药”在当时颇具神效,名扬一方。相传清朝乾隆皇帝秘访民间,突染眼疾,两眼红肿,痛痒难熬,随从御医使尽浑身解数,乾隆皇帝仍然服药不愈,御医们束手无策,在定州城内四方打听,终于得知白氏开设的药房有神奇的“金羊眼药”,于是涂用了白家眼药,果然药到病除。乾隆皇帝大喜,当即欣然御书“金羊药铺”赏赐与白氏。从此,定州白家眼药名声大振,一时间在民间广为流传。

（2）百年历史

白敬宇创立"金羊眼药铺"后，也是几经周折，一直到了民国初年，定州眼药"白敬宇"才开始在北方享有盛名。当时，老北京百姓中流传着"头戴马聚源，眼看白敬宇；脚踏内联升，身着瑞蚨祥"这样的说法，北京前门大栅栏就有"白敬宇"的专卖店，可见民国时期的"白敬宇"在北方已经家喻户晓。随着国民政府定都南京，南京逐渐成为全国政治、文化中心，商业也日益繁华。1932 年，"白敬宇"在南京的第一家分店开业，店址设在白下路 152 号；次年，白泽民从定州来到南京，租下了当时最为气派的"上海大厦"的一层和三层，并开设了南京白敬宇药庄总店。1955 年 11 月 1 日，公私合营后，南京白敬宇制药厂股份有限公司正式成立。此后，先后有"雷迅""新生""马应龙"等十家厂社并入白敬宇药厂。1965 年与健康制药厂合并，改名为金陵制药厂，次年更名为南京第二制药厂。从此，药厂产量开始增加，品种增多，从单一生产眼膏，变成生产冰片、宝塔糖、硫酸氢黄连素、黄药膏、酊水剂等多种产品的综合型制药厂。

（3）如今的辉煌

如今，白敬宇制药厂已经正式成为南京白敬宇制药厂，在传承"白敬宇"老字号的优势上不断进行探索和创新，公司已发展为生产化学原料药、化学制剂药和中药的综合型制药企业。麻醉药和避孕药被列为国家定点的生产项目，100 多个品种、15 种剂型原料药和制剂药已出口到 30 多个国家和地区。

**2. "妙手回春"——杭州回春堂**

杭州的清河坊街是老字号聚集之地，杭城许多著名的中医药馆都曾伫立于此，这些中医药馆经历百年风雨依然屹立不倒，默默地守护着杭城百姓的健康，同时也向世人展示着自己的荣耀和历史。方回春堂就是其中之一。

（1）美丽的传说

1649年，清顺治六年，出身于中医世家的方清怡，在杭城创办了回春堂。方清怡年轻时随父亲学医，精通药理，擅长儿科，以祖传秘方精制的小儿回春丸享誉杭城。相传钱塘知县的孙子到方清怡处就医，小男孩双目紧闭、发着高烧，家人神情憔悴，当时他们已经看遍了杭州的一些名医，均未见效，后经人介绍，就慕名前往方清怡处诊治。方通过望、问、闻、切及对小男孩进行腹部检查后，诊断小男孩是因为消化不良和受寒，只要好好调治，病就会痊愈。随即开了一张小儿驱寒的方子，又给了七粒用蜜蜡封好的药丸，并交代了服法。孩子服了七天的汤药和药丸后，病消了，精神也好了，知县一家甚是高兴，忙差人把方清怡请到府上，取出了50两银子作为酬谢。方清怡早就听说知县为官廉正，于是婉言谢绝。然后知县问起此药丸何名，方说尚未取名，知县随即写了一张“妙手回春”横幅，并对方清怡说，药丸就叫小儿回春丸吧。这就是小儿回春丸的来历。

（2）别致的建筑

由于当时来找方清怡看病的病人越来越多，为了能更好地服务当地老百姓，方氏便萌生开家药店的想法，一边医治病人，一边做零售和批发以扩大营业。于是选址清河坊，建造了回春堂。坐落在河坊街的方回春堂是最古老的回春堂，高门墙，大门脸儿，建筑面积2500余平方米，主要由三大部分构成，即国药馆、国医馆、参号。古色古香的摆设和高大的青砖石门，木结构的小楼，深长又窄小的楼梯，金字招牌，一进门即药香扑鼻。堂内的大型红木百眼柜，可以存放1000余种精挑细选、道地纯正的中药材。上百年的古董家具、古色古香的诊室，这一典型的明清江南传统建筑加上悠久的中医药文化历史，使回春堂透出中医的神秘气息，彰显国医的博大精深。

（3）特色的服务

方清怡不仅医术精湛，而且医德高尚，有了好的名声和口碑后，回春堂的发展一路兴旺，后一直成为晚清时期操纵杭城药材市场的六家大药铺（胡庆余堂、叶种德堂、方回春堂、万承志堂、张同泰、泰山堂）之一。但是方回春堂始终遵循“许可赚钱、不许卖假”的祖训，以善待顾客、善待客商、善待员工为理念，让每一个员工都要恪守信誉。药堂不仅保证产品的质量，注重员工的素质和能力的提高，也很注重对中医药的研究和创新。

如今的方回春堂在全省各地都有分馆，依旧坚持聘请名老中医坐诊，为当地老百姓服务。河坊街馆有诊室50余间，在这里汇集着中医各专病专科，近代杭城“四大名医”叶熙春、史沛棠、魏长春、潘澄濂也曾坐诊于此。现有70余位国家级、省级名老中医、教授、主任医师坐诊回春堂。

方回春堂的特色服务当数“传统膏方制作”为最，从古时候药馆带着伙计，挑着铜罐和药材，上门服务熬制膏方，到现今被列为非物质文化遗产，方回春堂制作膏方的过程可谓循规蹈矩、精耕细作，选用道地药材，充分浸透、煎透药材，清透药液，文火慢熬，“收膏布旗”，“滴水成珠”，老师傅非常注重火候和工序。回春堂的礼数茶很注重保健功效，都是根据老中医的经验方调制而成。如秋冬季的决明子苦丁茶是用炒决明子和苦丁茶等纯正中草药冲泡，具有清热降火、平肝明目、降血脂和降血压的功效；而春夏季的六月神仙茶则用六一散、青蒿、荷叶等组方，有清热解毒、利湿消暑的作用，老少皆宜，特别是在高温酷暑的夏天，更显其清凉健身的神奇效果。

**3. 苏沪“韩康”——上海雷允上**

（1）名医雷大升

名城苏州于公元前514年建城，有着2500多年的历史，从古至今，名医辈出，吴中历代名医既有高超的医术，又有丰富的理论，著书众多，形成了独特的吴门医派。叶天士《温热论》的问世，更加确立了以温病学说为核心的吴门医派的学术地位。雷大升自幼习医，研究并吸收吴门医派之精华，将温病学说的理论体系付诸实践，将行医和制药结合在一起，虔修中药丸、散、膏、丹。雷大升著有《金匮辨证》《要症论略》《经病方论》《丹丸方论》等典籍，对后世的中医理论和中药炮制均有巨大的贡献。

（2）百年历史

清雍正十二年（1734年），雷大升创办了“雷允上”，由于雷大升医术高明，治病有方，雷允上的名声早已遍闻苏州，蜚声杏林。从始创至今，雷允上一直讲究选料、注重信誉，被民间传为“韩康”。雷允上一直恪守“精选道地药材允执其信，虔修丸散膏丹上品为宗”的祖训，坚持医药并济的运营思路，传承发扬温病学术精髓，致力于弘扬中医药文化。清咸丰年间，太平天国进攻苏州，雷氏家族不得以将店从苏州迁至上海法租界兴圣街（今新北门永胜路）京江弄口，并开设了雷诵芬堂申号药铺。后太平军败退，雷氏家族重返苏州，并在原址重新开设了“诵芬堂”药铺，上海的雷诵芬堂申号药铺仍旧保留，由此形成了以苏州为总号，上海为分号的雷允上诵芬堂药铺局面。20世纪二三十年代，林森、于右任、张学良等名流政要长期服用雷允上名药，感其疗效卓著，均专门题词赠匾，盛赞有加，时有“北有同仁堂，南有雷允上”之典誉。近三百年来，雷允上秉承了百年立业的“允执其信、上品为宗”的企业信条，弘扬吴门医派精神，选道地药材，遵古法炮制，博采众长，创制了一批组方精当、功效显著的名药。雷允上独创的“六神丸”被誉为中华国药的瑰宝，是吴门温病学派治病用药的经典体现，远销日本及东南亚各地。中华人民共和国成立以后，“六神丸”曾三次蝉联国家质量金奖，雷允上“六神丸”的制作技艺及技艺代表性传承人同时被列为国家非物质文化遗产项目。

（3）如今的辉煌

如今，雷允上药业集团以中医药为主体，集制药工业、商业连锁、中医馆、健康养生、生态农场、药材种植于一体，在省内外设有七个种植生产基地，拥有丸剂、散剂、颗粒剂等四百余个国药准字号产品，历年被认定为上海市高新技术企业、上海市文明单位。雷允上是上海市第一批知识产权示范企业，旗下“雷氏”品牌被认定为中国驰名商标，荣获中国500最具价值品牌称号，先后获得中国百年中药老字号企业、最具价值的上海老商标、上海市出口名牌、上海市装备制造业与高新技术产业自主创新品牌、上海现代服务业百强等荣誉称号。

**4. “松鹤为记”——绍兴震元堂**

（1）美丽的传说

相传1752年，清乾隆年间，浙江慈溪人杜景湘于绍兴创办了“震元堂”，其历史之久乃绍兴诸店之魁。它是国家商务部第一批认定的“中华老字号”。据传杜景湘在创店之始，向阴阳先生占卜，求得“震元”二字，取《周易》对“震元”二字的释义：震为东，四季在春，天象为雷，五行属木；元为爻辞，为一、为首、为始，为圆满。所以“震元”的寓意即为东方第一。“震生则万物皆备，元善为众美所归”是早期震元堂药店的经营定位。如图3-2所示，震元堂在早期就十分讲究商业信誉，货真价实、真不二价，包装以松鹤为记。民间老百姓都以“金字招牌”相称。《绍兴文史》有这样一则记载，说的是当地百姓的口头禅“震元堂的药勿吃过，死了口眼也不闭”，可见民间对震元堂老字号的信誉之深。震元堂在药材选用上讲究道地，非优不用，在行内叫作“挑头面货”，对饮片的炮制、调配、发药都循有一整套严格的堂训与店纪，做到“有方皆法古”。震元堂非常注重制作工艺，其制药师傅有“槟榔一百廿八片、附子飞上天”这样独一无二的“震元刀工”的美称。

震元堂非常受当地百姓的喜爱和信任，或许“震元”二字就是当地百姓对“震元堂”的期望吧。

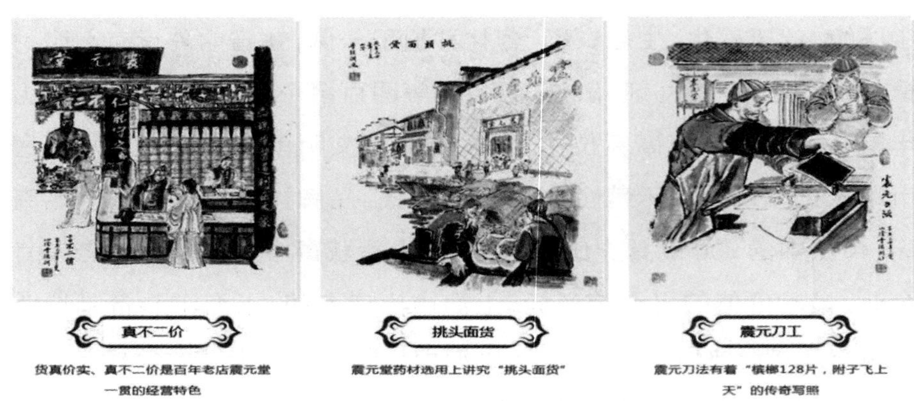


图 3-2　震元堂药店的经营定位[①]

（2）百年历史

震元堂一直追求极致的经营、服务文化，从乾隆年间开业始，就业务兴旺，店基稳实。到了咸丰初年，震元堂进入全盛时期，即便是交通极为不便的年代，在浙江地区也是极负盛名。1949 年后震元堂由私营体制改造变为公私合营，隶属绍兴县医药公司。1993 年，震元堂的主管单位绍兴医药采购供应站实施规范化股份制改造，新公司以“震元”冠名，改为“浙江震元股份有限公司”，震元堂成为其下辖的一个分支经营机构。

如今浙江震元股份有限公司是一家拥有制药厂、连锁店、饮片厂、物流、母婴护理、医药商业等集科、工、贸于一体的医药上市企业，是中国服务业企业 500 强、全国医药商业 100 强、国家级“重合同、守信用”企业、百强中华老字号、中国健康产业十大创新企业、浙江省服务

① 数据来源：浙江震元股份有限公司官网（http://www.zjzy.com/）

业百强企业、浙商企业500强、浙江省医药商业10强企业。2007年“震元堂”的品牌价值已经排名全国第28位、浙江省第2位。公司主要生产经营中成药、中药材、中药饮片、化学药制剂、化学原料药、生化药品、麻醉药品、精神药品、医疗器械、化学试剂等产品；下辖多家子公司，经营业态涵盖医药工业、医药商业和健康服务业等领域，与众多的国内外客户建有良好的合作伙伴关系。260多年的历史，经过一代代经营者的智慧和付出、传承与创新，震元堂已被打造为地区内具有核心竞争力的生命健康产业集群。

**5. 为民“悬壶”——上海德杏堂**

（1）江南名医吴蓟

吴蓟1736年出生于江宁府（今江苏南京）一个中医世家，家学渊源，拜在当时名医徐大椿门下，潜心钻研医术，与名医赵学敏相交甚深，极为推崇黄元御的《伤寒悬解》。吴蓟在长期学习和临床中极大地丰富了医学理论和临床经验，结合中医世家祖传秘方，形成了自己独特的诊疗模式。乾隆四十年（1775年），吴蓟在江宁府创办德杏堂医馆，取“德行天下，不愧杏林”之意，迄今已有两百余年的历史，是我国延续历史最悠久的医馆之一，是全国中医药行业著名的老字号。

（2）美丽的传说

据传1784年乾隆皇帝下江南，当时他已经74岁高龄了，在下榻江宁期间，眼疾复发，随从御医都诊以虚症，治以大补之品，未见效果，反而病情加剧，后经两江总督萨载举荐，召吴蓟前来诊治。吴蓟认为乾隆皇帝之眼疾乃血热动风所致，不可以补，告以静坐，以手摸劳宫穴三日，消前药之误。三日后病情稳定，再以清火凉血疏风之法治之，终获痊愈。乾隆后来听说吴蓟是黄元御再传弟子，而且医术精湛，于是召他入太医院，但是，吴蓟因丁忧而没有去太医院应职，并表示一辈子要为民悬壶，因此名声大噪。吴蓟医道高尚，医术高明，备受当地老百姓的爱戴，屡次受到朝廷的嘉奖，名震一方。当时的老百姓将德杏堂与同仁堂并列，故有“北同南德”之称。

（3）百年历史

德杏堂医馆自乾隆四十年创办后历经一百余年，诚心经营，潜心研医，治病救人，守护一方百姓，声名响遍江南。1937年，日军发动淞沪会战，侵占上海，摧毁了德杏堂医馆，传承了162年历史的德杏堂医馆在罪恶的战争面前暂时停止了前进的脚步。中华人民共和国成立后，吴蓟后人发起，在多名慈善人士的支持和上海市卫生局的高度关注下，“上海德杏堂中医院”在上海市正式挂牌成立。医院继续秉承“德行天下，不愧杏林”的精神，“为民服务”的公益性，坚持传统中医学基础，传承望、闻、问、切与辨证施治，开拓创新妙方良药，开设了肿瘤中心、痛风门诊、中医科、内科、外科、妇产科、儿科等特色科室，肿瘤的中医诊治是医院的特色诊疗，深受业内人士和广大市民的认可。

**6.“蝉翼半夏”——上海童涵春**

（1）百年历史

上海童涵春堂原名“竺涵春堂”，创建于清乾隆四十八年（1783年），后来因经营不善，由宁波籍商人童善长接管，改名为“童涵春堂”，如图3–3所示。“童涵春堂”地处沪上繁华商埠十六铺，临街店面，店后工场。童氏非常善于经营，四处收集古方、验方，精制饮片、各类成药和营养补品，经营各类特色饮片、丸、散、膏、丹及花露、药酒，用料讲究、加工精细，生意非常红火。中华人民共和国成立后上海童涵春堂高速发展，同时也是全国重点中药饮片厂，因选材道地、加工精湛而声名响彻海内外。1958年注册了“涵春牌”商标，从此“涵春牌”中药饮片足迹遍布东南亚及欧美各地。200多年来，童涵春堂以“悬壶济世、普救苍生”为宗旨，坚持选用道地药材，讲究质量上乘、诚信待客，受到广大老百姓的高度赞誉。名列全国中药十大绝技之首——“蝉翼半夏”，指的就是童涵春堂精制的半夏切片薄如蝉翼，如此精湛的工艺令同行拍案叫绝。

图 3-3　“童涵春堂”老字号[①]

如图 3-4 所示，童涵春堂中药博物馆建成于 2010 年，是上海中医药行业内第一家中医药博物馆，位于童涵春堂的二、三楼，陈列着童涵春堂的建筑模型，展示了中医药发展史料、珍贵历史文物（百眼橱、牡丹瓶、老药工铜像等）及各种各样的珍稀药材，将 200 多年以来的“童涵春堂”的发展史、制作工艺、品牌形象栩栩如生地展示在世人的面前，供后人学习。

图 3-4　童涵春堂中药博物馆[②]

① 图片来源：上海档案信息网（http://www.archives.sh.cn/）

② 图片来源：上海市人民政府网（http://www.shanghai.gov.cn/）

（2）如今的辉煌

如今，以百年中华老字号国药品牌“童涵春堂”命名的中药店铺，在上海、南京等地相继开张。今天的童涵春堂继承了传统中医药的瑰宝，在精良工艺的基础上不断推陈出新，守护着一方百姓。由童涵春堂发展而来的上海童涵春堂药业股份有限公司，是一家拥有药品批发、药业连锁、中药饮片、制药、投资发展等多元化投资结构，集产、供、销于一体的较具规模的医药企业。公司继承了老字号“用料讲究、加工精细、诚信待客”的品质，曾在2005年被评为“中国商业名牌企业”，位列上海医药行业第12位。公司的恒温药品仓库建在浦东新区金桥开发区，建筑面积6722平方米，配有薄层扫描等质量监控检测设备。200多年的发展历史，造就了童涵春堂独具特色的品牌产品、内涵深厚的企业文化，历年来公司的企业规模、品牌产品、物流配送、优势产品、市场开发等各个方面，在国内市场上都拥有较高的知名度和竞争力，销售网络遍布大江南北，深受广大客户的青睐。

**7.“有求必应”——安徽张恒春**

（1）传承有序

清嘉庆五年（1800年），江苏溧水县人张宏泰在安徽凤阳创办张恒春药店。创办之初就遇饥荒，张宏泰为了赈济灾民，抛尽家财，终使药号亏蚀不支，歇业归家。1813年，张宏泰三子张鸣鹿看到父亲的失败和无奈，心有不甘，决心把父亲未完成的事业发扬光大，经营药业。张鸣鹿业务娴熟、精明能干，在孙大春药店当学徒没几年，就将其药店盘下并改为“张恒春”。张鸣鹿有三个儿子，分别叫文金、文玉和文彬。据《张氏家谱》记载，还在就读私塾的长子张文金在父亲张鸣鹿50岁的时候，念其百务猬集、劳瘁过度，于是辍学就商，帮助服务打理药店业务。由于张文金经营有方，几年后便在芜湖开设了张恒春分号，而且在短短20年中三迁店址，从鱼市街到曹家巷口，最后迁到上长街165号，生意越做越大，药号规模也不断壮大。

张恒春药店的传承非常有序，这也归功于他们先进的经营管理制度。药店起先的管理制度也是非常传统的，按照张鸣鹿遗嘱，财产归三个儿子文金、文彬、文玉所共有，并实行兄终弟及的轮流坐庄形式管理具体业务。这样的管理制度在张文金这一辈应该不会出大的问题，兄弟间可以相亲相爱，但是要想基业长久，根据古往今来的历史，这样的管理方式一定难以完整地延续药店的经营。所以，张文金的儿子张敬之等决定实行聘用经理制，也就是现在的CEO制度，资方除了监督、核账以外，一切业务由资方代理人全权管理。这种管理模式从源头上消除了三兄弟竞相蚕食的现象，堵住了共有财资、利润流失的漏洞，使张恒春跃上了一个新的台阶，确保了张恒春药店的良性发展。即使后期大量西药洋货涌入，冲击国内的药业市场，张恒春药店依然能正常有序地经营，历经子孙五代而不衰落，成为闻名全国的国药商号，几乎与北京同仁堂、武汉叶开泰、杭州胡庆余堂齐名，谦称“三块半招牌”。

1867年，张恒春药号长街状元坊口新建竣工，前店后坊，面临长街，背靠青弋江。金字招牌“张恒春”由前清举人、书法家盛竹峰书写。药号陈设典雅，布局合理，堂内楹联、匾额、书画等均出自米芾、唐驼、于右任等名家之手。“恒德永怀芳流枯井，春光久驻花灿芝庭”醒目地刻在店铺大堂两侧的楹柱上。“张恒春”的到来，使有300多年历史的正田药店慢慢退出了历史的舞台，其后人曾将许多正宗药方售给或赠予张恒春药号，这也使得张恒春药店的秘方越聚越多。张恒春药店因遭日军炸毁，于1938年在原址重新修建，如图3-5所示，“张恒春”虽然给很多权贵、名人如李鸿章、洪秀全等治过病，但是始终不忘草根起家历史，严格遵守“有求必应，童叟无欺”的宗旨和“虔诚虽无人见，存心自有天知”的祖训，兢兢业业、毫不懈怠地服务每一位前来求医问药的病人。

图 3-5　1938 年原址重修“张恒春”①

（2）如今的辉煌

“虔诚虽无人见，存心自有天知”，这是张恒春药业的企业理念和价值取向。200 多年的传承，经久不衰，盛誉中华。而今的张恒春药业是 GMP 认证企业、高新技术企业、国家级重合同守信用单位、省级技术中心，一直秉承“张恒春”老字号品牌精髓，精心制药，诚信待人。拥有丸剂、片剂、颗粒剂、糖浆等 7 种剂型、63 个品种及其生产线，产品畅销国内外市场。文史馆藏有张恒春老医案、老处方、古法炮制和制剂等资料，供后人学习。张恒春医药有限公司生产经营各类医药品种数千种。张恒春连锁大药房继承了百年老字号“张恒春国药号”，在当地极负盛名。

**8. “万象”犹在——杭州张同泰**

清嘉庆五年（1800 年），张同泰药店创始人、浙江慈溪人张梅在杭州开设茂昌药号。嘉庆十年（1805 年），张梅盘进“沈同泰”药号，取名为“张同泰”。咸丰初，张同泰已经扩建成杭城一流的大药店，比胡庆余堂还要早70年左右。张同泰药号历代遵循“悉遵古法务尽其良，货

① 图片来源：张恒春药业有限公司官网（http://www.zhanghengchun.com/）

真价实存心利济”的祖训，坚持“择药尤精、选料尤佳、选工尽善”的用药原则，世代相传，取信于世。张同泰的百眼柜也十分有名，里面可装800多种中草药，品种非常全。生产的各种丸、散、膏、丹、药酒，在杭嘉湖一带享有盛名，和杭城的另外两家百年老号胡庆余堂、叶种德堂齐名。

民国元年，药店经大规模翻建后，新屋落成，重建石墙门，上刻“万象”商标。“张同泰”镀金大字熠熠生辉，大门两旁悬挂“张同泰道地药材”铜牌，自制传统成药360余种。“文革”期间，改名春光药店。1981年，部分房屋改建为医药站宿舍，沿街店面呈原貌。1988年恢复“张同泰药店”原名。张同泰药店包含了我国的中医文化，是我国宝贵的历史遗产，虽历经百年沧桑，但恢宏气势尚存。

百年老字号的信誉，经得起历史的检验。如今来“张同泰”配药的人依然很多，“张同泰”也仍保持老字号作为中药店铺使用，是杭州市中心现存古老、在原址经营时间最长、古建筑保留最为完整的国药老字号，如图3–6所示，为杭州市文物保护单位、杭州十大金牌老字号。杭城80余位国家级、省级等名老中医现场坐诊，工作人员在具有百年历史的百眼柜前穿梭抓药。中华老字号张同泰药号历经200多年，以

图3–6　如今的“张同泰”①

① 图片来源：张同泰官网(http://www.zhangtongtai.com.cn/)

诚信经营道地药材、中西成药、参燕银耳，特别是“道地药材”“歧黄正传”享誉杭城。张同泰“道地药材文化”被列入浙江省非物质文化遗产名录，张同泰也是浙江省非物质文化遗产保护和传承基地。

**9. “行善种德”——杭州叶种德**

清嘉庆十三年（1808 年），浙江慈溪人叶谱山在杭州创建叶种德堂国药号。叶谱山原在清廷刑部任职，但他的特长和爱好是中医，在杭行医且医术精湛，于 1808 年在望仙桥直街开设叶种德堂国药号。药铺“种德”二字，取苏东坡《种德亭》诗“名随市人隐，德与佳木长”之意，以表达叶谱山为人乐行善事、不图名利的品性。店内中堂挂“刘海戏金蟾”画，以“刘仙”为记，店后设工场，精制多种丸、散、膏、丹及药酒。由于叶谱山资金雄厚，且具有丰富的中草药知识，便大批量进购价廉物美的药材，而且叶谱山广泛采用宫廷和祖传秘方，精心配制各种优质成药，药效甚佳且价格低廉，一时求医问药者很多，所以到了光绪年间，叶种德堂声名远扬、生意兴旺，成为杭州国药业中翘楚，闻名浙、赣、皖、闽等省，成为当时杭城开设最早、规模最大的一家国药号。

叶种德堂进料严格，炮制精心，其所制丸、散、膏、丹和虎、鹿、龟、驴胶等高档补品畅销全国，名扬海内外。经历三代的辉煌，到了第四代叶鸿年的时候，挥霍巨款，贪图虚名，导致资金严重亏空，经营严重恶化，濒临破产。1934 年，杭州商会会长王芗泉鉴于叶种德堂系名牌老店，另置基地，临街建筑新址，如图 3–8 所示。1936 年择吉开张，1956 年改为公私合营，1958 年并入胡庆余堂。

图 3-7　杭州叶种德堂[①]

**10. 安庆“一绝”——安徽余良卿**

（1）美丽的传说

清咸丰五年（1855 年），安徽省桐城余家湾人余性庭创建余良卿号，余良卿号是安徽著名的中药老字号。创始人余性庭，当时是余家湾乡里善于制作黑膏药的中医，膏药疗效神奇，生意红红火火，后来举家搬迁至安庆。安庆地方上有“三绝”，余良卿鲫鱼膏药就是其中一绝。关于疗效神奇的“鲫鱼膏药”的来历，在安庆民间流传着神仙铁拐李下凡赐偏方的传说。据传神仙铁拐李下凡，化为烂脚乞丐，专程来到“余良卿”号医脚，常常一住就是几个月，而“余良卿”号老板医德高尚，且从不嫌弃乞丐，对他悉心照顾，精心医治，最终乞丐被老板济世救贫的精神所感动。在一个寒冬的早晨，“乞丐”走了，走的时候给余良卿留下了一张鲜荷叶、一尾活鲫鱼，并叮嘱店家将其投入药锅，熬制膏药。后来店主就按乞丐教的方法熬膏，并将膏药取名为“鲫鱼膏药”。所制膏药疗效显著，“余良卿”号从此声名鹊起。

（2）百年历史

1884 年，余性庭之孙余鹤笙开始接管膏药店，余鹤笙谙熟中药，

① 图片来源：杭州文史网（http://www.hangchow.org/）

其夫人陶雪岑也在安庆经营药店，经验非常丰富。由于当时膏药的主要成分是铅丹，容易出现熬出来的膏药"偏老"或者"偏嫩"等问题，极不稳定，而且黏性不强，于是两人一起苦心钻研，改进了膏药的配方，将铅丹改为铅粉和麻油煎熬，大大提高了膏药的质量，使得熬出来的膏药黏性强、封闭好，不会移动，不伤皮肤，不留疤痕，还能对患处起到滋润、防腐和收敛的作用，对疮疖、冻裂、湿疹均有良好疗效。膏药用于外贴，少量内服还能治疗腹痛，而且价格低廉，使用方便，深受当地老百姓的喜爱。"余良卿鲫鱼膏药"一时声名远播，生意兴旺。

1894—1932年，余良卿膏药店除主销鲫鱼膏药外，还制售虎骨追风酒、风损膏药、吹耳散、下疳散等成药。另外，余良卿膏药店诚信待人、经营得法，请大量周围贫苦的人来做小工，既"扶贫"又降低了人工成本。余良卿膏药店在这40年间生意到达鼎盛时期。1933年以后，国内局势动荡，战乱频繁，生意渐渐黯然。中华人民共和国成立后，余良卿膏药店的生意逐渐开始恢复，将"鲫鱼膏药"改名为"余良卿膏药"，店名改为"安庆余良卿膏药店"，如图3-8所示。1955年公私合营，改为"余良卿膏药厂"，如图3-9所示，继续生产销售"余良卿

图3-8 1954年的余良卿膏药店全体工作人员①

图3-9 位于安庆城内大南门旧址的余良卿号②

① 图片来源：安徽安科余良卿药业有限公司官网(http://www.akylq.com/)

② 图片来源：安徽安科余良卿药业有限公司官网(http://www.akylq.com/)

膏药”。1965年以后，主要产品橡皮膏、活血止痛膏开始取代黑膏药。改革开放后，余良卿膏药厂改为安庆市余良卿制药厂，企业迎来了大好时机，经营规模蒸蒸日上，先后发明推广20多个新产品，如麝香镇痛膏、接骨灵贴膏、康肤酊、酸枣仁合剂等，均受国内外用户的喜爱。

(3)如今的辉煌

而今，历经百年风雨沧桑的余良卿老字号，联手高新技术企业，引进科学先进的管理经验和技术，联合组建安徽安科余良卿药业有限公司。公司拥有现代化的厂房、先进的生产设备、高科技的检测中心，能生产橡胶膏剂、颗粒剂、硬胶囊剂、酊剂、软膏剂、口服液剂、糖浆剂等30多个品种。公司非常注重创新，一直坚持走科技兴企的道路，已取得的授权专利有37项，其中发明专利14项，居于国内先进水平。公司将一直秉承“扶贫惜弱，诚信济世”的宗旨，精心创业，继续致力于发展中医药现代化事业。

**11.“江南药王”——杭州胡庆余堂**

(1)独特的文化

南宋定都杭州，中国古代著名的药典《太平惠民和剂局方》就是在杭州颁发的。南宋朝廷旨办的太平惠民局在城区东西南北中五处均有分布，城内有著名的药铺数十家，药摊、药贩、药膳、药饮等不计其数，大多集中在保佑坊、太平坊、市西坊和猫儿桥一带。古代杭城的国药店发展极为繁荣，如南宋的保和堂，明朝的朱养心膏药店，清晚期的胡庆余堂、叶种德堂、方回春堂、张同泰等。南宋官方制定的《太平惠民和剂局方》涵盖了制药技艺和行业规范，是古代中国成药的制药标准，从这一意义上讲，杭州是“古代中医药典”的发迹之地，而胡庆余堂则全面继承了这一良好的传统。

清同治十三年(1874年)，富可敌国的“红顶商人”胡雪岩创建了胡庆余堂，坐落在杭州历史文化名街清河坊街，如图3–10所示。100多年过去了，其徽派的建筑风格，是迄今国内保存最完好的晚清古建筑群之一，古朴中隐现着神秘色彩，优雅里蕴藏有文化积淀。整个建筑群呈狭长形布局，形如一只仙鹤，优美地栖居在吴山脚下，寓含“长寿”之意。整个建筑气势恢宏，大厅古典辉煌，雕刻工艺精湛，至今风貌犹存，堪称古典建筑之典范。

图3–10　坐落在河坊街上的胡庆余堂①

“北有同仁堂，南有庆余堂。”“江南药王”胡庆余堂，以宋代皇家药典《太平惠民和济局方》为基础，收集各种古方、名方、验方和秘方，继承和发扬古老制药技术，结合临床实践经验，由身怀绝技的老药工精心调制包括丸、散、膏、丹、胶、露、油、药酒等400多种药品。胡庆余堂独特的制药技艺及收集于民间的古方、秘方都记载在《胡庆余堂雪记丸散全集》中。胡雪岩去世后，历史上胡庆余堂虽然多次易主，但店名仍然以“胡”字冠名，胡庆余堂由于一直秉承“戒欺”祖训，“真不二价”的信誉声名远扬。140多年过去了，胡庆余堂在悠久的历史长河中，沉淀了丰富而独特的文化，传统商业文化与悠久的中医药文化相结合，是胡庆余堂百年老店的存世法宝。

① 图片来源：胡庆余堂国药号官网（http://www.hqytgyh.com/）

(2)如今的辉煌

坐落在杭城吴山脚下的胡庆余堂老建筑被认定为全国重点文物保护单位,胡庆余堂商标为中国驰名商标,胡庆余堂中药文化入围首批国家级非物质文化遗产名录,胡庆余堂国药号被认定为首批中华老字号。

胡庆余堂国药号拥有名医馆、博物馆、药膳馆等场所,始终秉承百年老字号的经营方针,致力于保护、传承和发扬祖国几千年传统的中医药文化,弘扬老店精神,提升百年品牌,已然成为全国最具历史风貌、最具人文特征、最具文化价值的中华老字号,是杭州人文历史文化的重要组成部分。

杭州胡庆余堂药业有限公司坐落在美丽的钱塘江畔,继承了胡庆余堂百年诚信的企业精神,完成了现代化的历程,将百年传统中药的优势与现代科学技术相结合,创建浙江省中药现代化研究开发中心,建造花园式中药生产基地,继续挖掘"胡庆余堂集成方"的精华,依靠科技的力量,不断创新,自主研发,完善产品结构,提升生产能力,满足人们不断提高的健康需求。拥有国家批准生产的药品 184 个(如矽肺宁片、胃复春片、小儿泄泻停颗粒、障翳散、庆余救心丸、杞菊地黄口服液、沉香化气胶囊、复方丹参片、安宫牛黄丸等)、保健食品 9 个(如铁皮枫斗晶、蜂胶胶囊、西洋参口服液等)。公司非常注重科技创新,拥有 26 个专利(其中发明专利 6 项,新型实用专利 7 项,外观专利 13 项)。胡庆余堂药业以其品牌、质量和信誉,深深植根于民众之中。胡庆余堂坚持以中医药为基础,挖掘中医药学宝库,结合现代科技,振兴民族医药,造福人民健康。

**12. 久经沧桑——上海蔡同德**

清光绪八年(1882 年),浙江宁波人蔡鸿仪创建蔡同德堂。蔡鸿仪自幼读私塾,好古文,成年后随父亲蔡恒兴在上海开过布行,专做洋布批发生意，蔡鸿仪喜欢中医中药，精通生意，在布行生意中赚了钱后改做药材生意，他借用《泰誓》中的“同心同德”，冠家族“蔡”姓，名为“蔡同德堂”。

相传晚清洋务大臣李鸿章的小妾住在上海的华山路，患有哮喘病，请了当时很多名医诊治都无疗效，后来服用了蔡同德堂特制的人参蛤蚧膏后，病情明显好转，李鸿章非常高兴，题匾“蔡同德堂”赠予表示感谢。传说虽无从考证，但金字牌匾至今仍挂在店中，如图3–11所示。蔡氏还聘请当时的名画家吴道子重绘“鹿鹤寿星”图，悬挂在店堂正中，图上绘有梅花鹿、白仙鹤、老寿星、药葫芦、蟠桃图案。蔡氏后人将“鹿鹤寿星”图申请注册为商标，至今仍是蔡同德堂的注册商标之一。蔡同德堂一直恪守“货真价实，童叟无欺”的店规，加工精细，用量准足，质量至上，名声在外，用户信得过，新老顾客都认准了这幅“鹿鹤寿星”图，此后生意兴旺、业务不断发展壮大。虽然药店起步较晚，但是凭借诚信经营，很快便与其他三家老字号——胡庆余堂、童涵春堂、雷允上齐名，成为旧上海中药四大户之一。

图3–11　金字牌匾“蔡同德堂”[①]

① 图片来源：上海蔡同德堂中药制药厂有限公司官网(http://www.ctdtzy.com/)

蔡同德堂在上海开业后，蔡鸿仪一方面精研医药理论，希望以有明确记载疗效的古方制成成药，来治病救人，他收集古方、良方、秘方，并总结前人经验，吸收传统工艺，编写了《蔡同德堂丸散膏丹全录》一书；另一方面以真诚、信义、和气生财经营药店。创建之初的蔡同德堂也是前店后场的模式，店堂销售，后场炮制，严格把关，精心制药。蔡同德堂特制的驴皮膏、万应锭、虎骨木瓜酒、洞天长春膏等成药畅销国内外，名声响极一时。蔡同德堂制作的中药大补膏品质优异，要求十分严格，采用道地药材，需经过"12 小时浸渍、24 小时化膏、武火3次熬、文火收膏"的制作过程，堪称膏方制作的典范。

百年老店，久经沧桑。蔡同德堂曾附属过胡庆余堂，也先后更名为童涵春中药饮片厂、胡庆余堂中药饮片厂。在南京路步行街上的蔡同德堂是唯一一家中华老字号中药店，建筑外表结构飞梁翅檐、古朴典雅，内部装饰中西合璧、豁达敞亮，经营面积3000 多平方米，专业经营中药饮片、中西成药、名贵补品、保健品、医疗器械等5000 多种品种。如今上海蔡同德堂中药制药厂有限公司是一家专业从事中药制药生产的企业，新公司于2017 年重组，新工厂异地重建，升级生产线，引入现代化管理团队，依托科技创新，积极参与大健康产业链。目前拥有四条剂型生产线，分别是片剂、颗粒剂、糖浆剂、胶囊剂。主要产品有丹参片、半夏糖浆、更衣胶囊、肾石通颗粒等，以其独特的疗效深受广大消费者的欢迎。

## 四、长三角地区"中医药"一体化发展趋势

2019 年底起，新冠肺炎疫情在全球蔓延，给人民群众带来了极大的健康危害，严重影响了社会、生活、经济秩序。人们的社会心态、卫生习惯都随之发生变化，复工复产面临着资源和市场的减少，政府对经济的刺激、社会主体参与应急治理的格局更加明确，志愿服务的召

集机制常态化,“互联网+”“物流+”的作用更加明显,线上经济、健康产业将大步向前,等等。

在防治新冠肺炎过程中,中医药积极参与并发挥了关键的作用,受到了国内外媒体的关注和广泛报道。我国境内的疫情通过积极防控和救治基本得到了控制,仅在个别地区出现局部暴发和少数境外输入的病例。但是全球疫情仍在继续蔓延,且极有可能在较长一段时期内存在。为进一步提高治愈率,降低病亡率,国家卫生健康委和国家中医药管理局在总结我国新冠肺炎诊疗经验和参考世界卫生组织及其他国家诊疗指南基础上,于2020年8月19日制定发布了《新型冠状病毒肺炎诊疗方案(试行第八版)》,此版本中明确提到,中医学认为本病属于“疫”病范畴,“疫戾”之气为其致病因素,根据病情、当地气候特点及不同体质等情况,进行辨证论治,主要分为医学观察期和临床治疗期(确诊病例)进行诊治。对于病情相对较轻的医学观察期病人,根据胃肠道症状和乏力、发热症状分别用藿香正气制剂和金花清感颗粒、连花清瘟胶囊(颗粒)、疏风解毒胶囊(颗粒)等药物进行治疗。用“清肺解毒汤”治疗确诊病例的全过程。将临床治疗期分为轻型、普通型、重型、危重型、恢复期五个时期分别进行辨证论治。体现了中医药辨证施治的特色,以及在防治急性传染性疾病中的优势。在此版本发布之前,卫健委和中管局已经有过7次版本的更新,在国家卫健委发布的防治方案中除了试行第一、第二版没有完整体现中医药的内容,从第三版开始“中医治疗”全程参与疫情的防治,体现了中医药在此次疫情防治中的关键性作用。

在疫情关键时刻,以黄璐琦、张伯礼、仝小林3名院士为代表的中医药抗疫队伍前后多批次进驻湖北,前往抗疫第一线,第一时间介入抗疫工作。据国家中医药管理局的数据显示,中医药临床治疗总有效率在90%以上。在有效缓解症状,减少轻型、普通型向重型发展,提高治愈率、降低病亡率，促进恢复期机体康复中发挥了重要的作用。中国的中医药专家还积极参与抗击国际疫情，及时分享防治经验，通过捐赠中医药产品、派中医师赴外支援、线上诊治等方式参与国际救援。

这次疫情防控肯定了中医药的疗效，这是中医界可以铭记史册的大事情。其一，从东汉医圣张仲景的《伤寒杂病论》、吴鞠通的《温病条辨》，到2003年以国医大师邓铁涛教授为主，中医药参与非典防治积累的经验，中医药在抗疫中有着丰富而悠久的历史经验。其二，在疫情防控中，中医药的全面使用有效地降低了轻症向重症的转变。其三，疫情发生后，全国各地的中医界人士在国家卫健委、中医药管理局的统一安排下，积极参与疫情防控。其四，科研工作的同步进行，为中医药在疫情防控中提供了有力的数据支持。用疗效和临床、科研相结合的实践证明，中医药、中西医结合在防疫中有着很好的疗效。中医药在当前的社会经济、国际环境中的地位和作用越来越重要，中医药有其独特的文化资源、原创资源、科技资源、经济资源，将它融入长三角区域一体化发展，切实继承好、利用好、发展好，将中医药打造成长三角健康服务产业的“金名片”。

### （一）长三角地区的道地药材

道地药材，又称为地道药材，是指经过中医临床长期应用优选出来的，产在特定地域，与其他地区所产同种中药材相比，品质和疗效更好，且质量稳定，具有较高知名度的中药材。就是指产于某些特定区域的，具有一定的栽培技术和采收加工方法，质优效佳的中药材。这一概念源于生产和中医临床实践，数千年来被无数的中医临床实践所证实，是源于古代的一项辨别优质中药材质量的独具特色的综合标准，也是中药学中控制药材质量的一项独具特色的综合判别标准，为中医临床所公认。

1. **道地药材的产生**

由于物种自身的品质对生态条件的要求不同，以至于道地药材不同于普通药材，而有些药材如蒲公英、雀卵、桔梗等，适应能力强，分布范围广，就没有明显的道地产区。自然环境错综复杂，气候条件多种多样，不同地区的环境条件就形成了不同的道地药材。独特的环境下，物种形成了自己的品质与生长、繁衍习性。而一旦环境改变，物种也将做出适应性调整。道地药材是治病的药材，是在中医的实践中被发现并总结的。所以发现药物的功效、扩展药物的种类、指导中药的应用及检验药材质量，都是由中医学进行总结与检验的。然而，药物最初为野生，数量有限，产地有限，获取相对不易。药物栽培的出现，使人类具有了较为稳定的药物来源，且产地范围也有所扩大，直接意义在于扩大了药物的资源。而且，长期地、大规模地种植某种道地药材，能够为市场提供稳定的药材来源。科技的发展又促进了医药知识的传播和推动。经济贸易是道地药材形成和发展的动力，促进了药物的流通。所以道地药材的产生受物种品质、历史文化、自然环境（微生物）、中医学术、农业耕种、科学技术、经济贸易等因素的影响。

2. **道地药材的特质**

道地药材是在中医理论指导下，经过了一定时期的临床检验，有着悠久的应用历史，且经过了较长时期的临床检验，并在中医界获得普遍认可的药材。

道地药材在临床实践中发挥了优良的功效，得到了医家的广泛赞誉，而药材的经营营销，又使其具有较高的知名度。

道地药材对特定产区有独特依赖性，有独特的生产技术，传承着精湛的加工工艺，产量长期保持稳定，占据药材交易的主流地位，具有明显的地域性。

### 3. 长三角地区的道地药材

江苏地势平坦，湖泊众多，地形以平原为主，还有大量的水域、湿地和丘陵，气候属于温带向亚热带过渡的气候，气候温和、水量适中，四季分明。盛产于江苏的道地药材有桔梗、太子参、芦苇、荆芥、薄荷、菊花、紫苏、芡实、半夏、丹参、栝楼、百合、菘蓝、夏枯草、牛蒡子等，最有名的是茅苍术、吴茱萸、太子参、薄荷、蟾蜍。

浙江位于东南沿海，地形以山地和丘陵为主，还有大量的水域，土壤以黄壤和红壤为主。气候属于亚热带季风气候，季风显著，气温适中，雨量丰沛。盛产于浙江的道地药材有浙贝母、白术、莪术、杭白芷、杭白芍、杭菊花、延胡索、山茱萸、玄参、笕麦冬、温郁金、栀子、乌梅、乌梢蛇等。以"浙八味"最为著名：白术、白芍、浙贝母、杭白菊、延胡索、玄参、笕麦冬、温郁金。

安徽地形有平原、台地、丘陵、山地等，气候属于暖温带与亚热带的过渡区，南北差异明显，在淮河以北表现为暖温带半湿润季风气候，淮河以南表现为亚热带湿润季风气候，所以具有山区多、平原丘陵少，夏季降水丰沛，全年无霜期长等特点。盛产于安徽的道地药材有芍药、牡丹、菊、白前、木瓜、前胡、独活、侧柏、茯苓、菘蓝、太子参、女贞、苍术、半夏等。以四大皖药最为有名：亳菊、亳白芍、皖西茯苓、滁菊。

### 4. 道地药材产业链标准化生产

在社会经济高速发展的背景下，道地药材迎来了前所未有的机遇，突破区域限制，能更好地为人类健康服务，还能提供更多生产、加工、销售等工作岗位，更大程度地发挥其社会功能。但是，道地药材同时也面临史无前例的挑战，品种优良及货真是保证药材高品质的前提。道地药材源头混杂、质量参差不齐、客观评价标准缺乏、销售定价混乱等现状，冲击着整个道地药材的种植、生产、加工、销售、使用等环节的可持续发展。

传统的生药学评价技术已经不能满足现代药材品质评价的需要，道地药材质量标准评价体系尚未完善，对药材的源头、加工、生产、药性、毒性、质量分级、销售定价等缺少一套完整的体系，与现有的国际标准更是相差甚远。所以建立完善的道地药材质量标准评价体系，对药材的市场标准化具有建设性意义。

随着科学技术不断创新和发展，研究人员对道地药材品质进行多角度深入研究，所使用的现代化技术和仪器设备也越来越先进。指纹图谱、近红外光谱技术、基因组学技术等，结合统计分析、聚类分析、生物信息学等在道地药材质量评价中有着广阔的发展空间和应用前景。构建道地药材质量标准体系，并推向国际，而不是用现有的国际标准来衡量道地药材的种植、加工、生产和使用，打造优质道地药材产业，才能使中药材产业在现代工业发展中脱颖而出，为实现道地药材产业振兴、融入长三角区域一体化发展做出积极贡献。所以，需要从规范道地药材的概念、加强道地药材的质量评价检测技术、加强发展优质药材、加强栽培药材质量的研究和建立道地药材质量标准体系等5个方面推进长三角道地药材产业链标准化生产。

（1）规范道地药材的概念

道地药材是久经历史考验的天然品牌，真正的道地药材受物种品质、历史文化、自然环境（微生物）、中医学术、农业耕种、科技制造、经济贸易等因素的影响，是优质药材的代名词，具有特定的疗效，不规范使用道地药材，就会影响优质药材的正常发展和生产方向，药材质量就很难提高。

（2）加强道地药材的质量评价检测技术

①传统的生药学评价技术。根据《中国药典》所规定的，传统的生

药学评价技术主要包括来源、性状、显微、理化等四种经典鉴定方法，并运用色谱法对有效成分进行分析，这种方法只能对中药材的品质进行初步研究，且适用范围广，例如鉴定出了呈新月形的浙贝母，具有“菊花心”的白芍，显微结构含硅质块的铁皮石斛等。这些鉴定结果比较直观，且技术要求低、操作过程简单。但生药学评价技术局限性比较明显，不宜用在近缘品种的区分及药材的道地性评价等方面。

②指纹图谱技术。中药材经过特殊处理后，采用一定的分析手段，得到标示其化学特征的色谱图或光谱图，就是所谓的中药指纹图谱。利用中药指纹图谱，可区分道地药材与非道地药材，为道地药材的道地性研究提供了新的有效的手段，使得中药材的质量控制走向创新化和现代化。但现在指纹图谱技术多用于比较不同产地间药材的有效成分，难以非常直观地分辨药材品质的道地性，所以在实际操作中，仍需结合其他数据分析来进行进一步检测。

③近红外光谱技术。近红外光谱技术是一种快速、无损、绿色的分析技术，具有信息丰富、分析快速、样品无损等特点，可用于中草药及其复方制剂中有效成分和挥发油含量的定性定量测定，有助于优化中药制剂、实时监控制药过程。但近红外光谱目前尚具有灵敏度和稳定性差等缺点，同时还存在易被环境干扰、采样不准确和操作人员技术有限等问题，在应用过程中的准确性仍需进一步提高。

④基因组学技术。基因组学技术研究微生物的种群分布、环境影响、遗传特征及药材中基因的相互作用等因素来揭示道地药材的生物学特点。但在道地药材的品质研究中普及度不高，较多应用在微生态学及土壤生物学研究中，是从微生物角度开展药材品质检测的一种生物技术。DNA 条形码技术是基因组学技术的一种，可利用生物体内具有代表性的DNA 片段序列来快速区别和鉴定物种，在中药溯源系统、道地药材鉴别、物种鉴定、资源评价等方面有极其重要的

作用。但是这种方法对近缘品种分辨率低，限制了其应用于道地药材的精细鉴别。

（3）加强发展优质的中药材

中药与传统农作物不一样，是特殊的商业物种，要发挥其真正的社会价值，必须要兼顾产量和质量的同时提高，而目前中医药的瓶颈就是中药品质的严重下降、栽培药材质量每况愈下，所以提升药材质量的意义更加重要。以日本为代表的国外植物药的发达，根本原因就是对药材控制较为严格，从源头进行质量控制。目前提高药材质量、生产优质中药材是长三角中医药发展的关键问题。

（4）加强栽培药材质量的研究

提高中药材的质量，任重而道远。实现这一目标，需要通过现代科技来完成，加强栽培药材质量的研究。最近几年有专家提出“活性氧”概念，可以促进道地药材质量，“活性氧”学说认为植物在逆境条件下反而可产生大量的ROS，而ROS可使植物的代谢发生改变，从而可以使药材的质量得到提高。

（5）建立道地药材的质量标准体系

长三角地区三省一市药材资源丰富，更不缺优质的道地药材，但现在由于中药材的需求不断上升，种植技术的提升、药材的优质性无法科学化体现，从而导致道地药材面临低质量中药材的猛烈冲击，优质优价的中药材市场难以有序形成。所以要想中药材更好地融入长三角区域一体化发展中去，急需建立一套完整的道地药材质量标准体系，运用道地药材质量评价检测技术、药材溯源管理系统等科学手段，严格管控好道地药材的源头、药效毒性、质量分级及定价标准等方面，服务好整个道地药材种植、炮制、销售、使用的产业链，切实推动道地药材的可持续发展。

## （二）世界中医药之都——亳州

世界中医药之都——安徽亳州，是中医药文化的发源地之一，从最早的简单的药材交易，到如今的药企遍地，以药立市，成了全国最大的中药材集散地，拥有国内规模最大药材专业市场——亳州中药材交易中心。在长三角中医药一体化发展中，亳州坐拥中医药资源高地，要全面发挥其政策优势、资源优势、地理优势、人文优势、市场优势，以药为载体，以中医药文化传承与创新为内容，以中医药旅游产业为方式，以国际化为目标，进一步推进中医药产业在长三角区域中一体化、高质量发展，进一步推进"健康中国"建设，造福人民群众，进一步推进中医药国际化的进程。

**1. 人文优势**

安徽亳州在成为中华药都、世界药都之前，首先是中华大地上的历史文化古城。据考证，新石器时代就有人类在此活动，是中华民族古老文化的发祥地之一。谈到亳州的历史名人，我们首先想到的是曹操，三国时候的战略家、政治家、军事家、诗人等，或是一代枭雄。作为世界医药之都亳州的文化名人，我们着重要介绍的是与曹操同时代的中医巨匠——神医华佗。华佗少时游学、钻研医术、不求仕途、一生行医、声誉颇著，行医足迹遍及安徽、山东、河南、江苏等地。他在医学上的成就与贡献巨大，精通内、外、妇、儿、针灸各科，尤为擅长外科，被后人称为"外科圣手""外科鼻祖"。他所研制的"麻沸散"是世界麻醉史上的首创，他是发明用针灸医病的先驱者，他还模仿猿、鹿、熊、虎等五种禽兽姿态创制了一套健身操——五禽戏，用于养生保健，体现了他"治未病"的预防理念。《后汉书》《三国志》都有关于华佗精湛医术和高尚医德的记载，民间传说更是数不胜数。早在1700多年以前，神医华佗在亳州种下了第一片药圃，"世界中医药之都”亳州的百姓就这样世世代代注定与中药有着不解之缘。

2. **地理优势**

亳州，古时候称为“谯城”，是安徽省的地级市，地理位置优势非常突出。亳州市位于安徽省西北部，地处华北平原南端，距省城合肥330千米，位于豫皖鲁苏四省接合部，北面依着河南商丘市，与欧亚大陆桥——“一带一路”中心线相接。“一带一路”中心线从连云港开始，途径郑州、西安、兰州、新疆，最后到达欧洲。西面接壤周口市，西南部毗连阜阳市，东部相倚淮北市、蚌埠市，东南部相邻淮南市，面积8374平方千米。亳州物流运输极为方便，铁路、公路、高铁、机场等交通线路联通南北、贯穿东西。2010年，国务院批准建设“中原城市群”，在地理位置上，亳州正好位于“中原城市群”的核心发展区。得天独厚的地理优势为亳州更好地融入长三角区域一体化发展提供了极为优质的平台。

3. **政策优势**

党的十九大以来，中国一直以推动“一带一路”来坚持对外开放，“一带一路”将世界的两头，最强大的发达国家经济体和最大的发展中国家经济体紧密地连接起来，被称为世界上最长、最具潜力的世界经济长廊。中医药是中华文明独有的卫生资源、文化资源和经济资源，历史上早有记载中医药借丝绸之路得以向周边国家传播的足迹。2016年，国家中医药管理局为加强中医药的创新及与世界的合作，发挥其独特的优势，推进健康中国建设，积极参与“一带一路”，发布了《中医药“一带一路”发展规划》，为中医药国际化提供了最佳的政策平台。中华药都亳州与“一带一路”中心线线路相接，使中医药产业走向全世界成为可能。

**4. 资源优势**

（1）亳州天然环境优质

亳州优质的天然环境为种植中草药提供了丰富而优质的地质资源。整个亳州市为西北东南走向的平原地带，由于黄河屡次泛滥堆积，大部分土质为砂礓黑土（约占全区总面积的71.6%）和潮土（约占总面积的23.2%），还有小部分的棕壤土和石灰土。亳州市属于暖温带半湿润气候区，呈过渡性特点，气候温和，阳光充足，四季分明，雨量适中，无霜期长，降水量大。这样独特而优质的地理环境，适合大部分农业和中药材的种植。

（2）亳州产业特色突出

亳州传统产业有白酒、食品制造、农产品加工、汽车及零部件制造、文化旅游、煤化工等，新兴产业有新能源、电子信息、现代服务业等。但是亳州市主要的产业还是中药材的种植、生产、加工、销售等，中药材种植面积达5.6万公顷，中药饮片产量占全国的1/3，全国中药百强企业已经有半数落户亳州。亳州是四大中华药都之一，是安徽省战略性新兴产业——现代中药的集聚发展基地，拥有安徽最大的中药产业集群基地、全国最大的中药饮片产业集群。中药材交易额超过260亿元，居全国同类市场首位。亳州是全球最大的中药材集散中心和价格形成中心，中药出口量位居全国榜首。2016年，中药全产业链总产值超过500亿元，规划在2020年将实现中药工业、商贸物流“双千亿”的目标，亳州将成为中国规模最大、辐射最广、带动最强的现代中药产业集聚区。

**5. 发展中医药旅游产业**

亳州是一座历史名城，三朝古都，据传老子、庄子、曹操、华佗、花木兰等著名历史人物都诞生于此，为这座历史名城增添了道家的神秘、曹魏的气质、中医文化及儒家的忠孝思想。亳州拥有丰富的旅游资源，特别是中医药文化的旅游产业是亳州的优势旅游产业。中医药文化旅游是中医药与旅游结合的新兴产物，符合现代人对高质量生活的需求，符合“健康中国”的战略思路。华佗的医术，以“亳”命名的如亳菊、亳芍、亳桑皮、亳花粉等中药材。亳州市有近300家药膳餐饮企业，中药国际博览会、中医药交易会等一系列与中医药文化相关的旅游资源，促进了亳州中医药文化旅游产业的集群化发展，有利于为亳州中医药文化发展提供良好的社会环境，有利于提升亳州中医药文化的社会知名度和国际影响力。亳州的旅游资源如表3-4所示。

表3-4 亳州的旅游资源

| 亳州旅游资源 | |
|---|---|
| 旅游资源 | 旅游项目 |
| 中药资源 | 亳州中药材交易中心、谯东针药用植物园、中医药文化博物馆、中药材种植基地 |
| 养生资源 | 华佗五禽戏、亳州药膳、药茶、药浴 |
| 人文资源 | 花戏楼、曹操地下运兵道、华祖庵、道德中宫，曹氏宗族墓群、薛阁塔 |
| 文化节 | 亳州中药国际博览会、中医药交易会、华佗五禽戏养生健身节、中国（亳州）酒文化节、华佗诞辰纪典、祭庄大典、陈抟庙会等 |
| 商品 | 古井贡酒、亳芍、亳菊、亳桑皮、亳花粉等中医药产品 |

**6. 国际化趋势**

亳州作为最古老的中华药都之一，拥有得天独厚的地理优势和资源优势，在国家“一带一路”倡议背景下，中药出口有了新的通道和新的市场空间。虽然传统出口国家像日本、韩国和东南亚国家的贸易壁垒日益严重，中药出口受到限制越来越多，但是“一带一路”沿线国家大多有中医药的使用历史，市场空间很大，而且随着海外对中医药认识和研究的加深，他们对中药的需求与日俱增，2017年美国已经取代日本成为中国中药出口第一市场。所以，传统中药企业要加快转型升级，加强现代科技在种植、生产、加工等领域中的运用，建立中药质量标准体系并推向国际，推动中医药融入长三角一体化发展，积极参与“一带一路”的建设，在国际制药行业中拥有话语权，真正做到中药国际化。

### （三）中医药一体化平台建设

在长三角区域一体化发展的战略总体要求下，为推进长三角区域中医药一体化发展，积极响应国家“健康中国”的战略部署，上海市、江苏省、浙江省、安徽省三省一市卫健委、中管局等政府部门，认真分析形势，纷纷出台政策，联合社会力量，团结中医药人的智慧，努力建构中医药一体化建设平台。

早在2009年，江浙沪两省一市的中西医结合学会联合主办的首届江浙沪中西医结合高峰论坛在上海隆重召开。会议就中西医结合的可持续发展，开展中西医结合工作的思路、方法及存在的问题和应对的策略，推进长三角中西医结合协作等主题进行了广泛交流，并发表了江浙沪《关于共同推进中西医结合学术发展的合作宣言》。

2015年，由中华中医药学会主办，江苏中医药学会承办，上海、浙江、安徽等地的中医药管理局等卫生部门联合举办的“长三角中医药健康服务研讨会”在江苏无锡召开，会议主要就“如何推动中医药传承发展”“如何与社会资本合作来推动长三角中医药健康服务的发展”“如何推进中医药基层建设与发展”等主题进行了深刻研讨。

2019年7月19日，上海、江苏、浙江、安徽三省一市的中医药局局长参加了在南京召开的长三角中医药一体化工作会议。会议的主题是紧扣“一体化”和“高质量”两个关键，在长三角一体化建设中，打造国家中医医疗技术、科研、教育的高地，一体化发展中医药特色项目，包括名中医学术思想的继承、高等教育资源共享、中西医结合科研及转化平台一体化建设、中医药文化进社区进校园、中医药养生旅游基地的共建等内容。

2019年，为推动中医药融入长三角区域一体化、高质量发展，提升中医药群体的科技、人才、行业竞争力，实现跨地区的联合发展，上海、江苏、浙江、安徽三省一市的中西医结合学会联合成立“中国中西医结合学会长三角健康一体化工作委员会”；同年12月，三省一市的中医药学会在浙江杭州共同组建长三角中医药学会联盟。

2020年7月，浙江、江苏两省的中医药学会、中医药发展研究中心联合主办江浙中医药学术发展战略合作启动会，在“长江三角洲区域一体化”国家战略背景下，就江浙两省的中医药学术文化、继续教育、科研发展、组织结构、发展战略等方面进行了深度探讨交流，并达成共识，共同推进江浙中医药的发展与合作。

上海市卫生健康委员会、上海市中医药管理局在2020年4月发布《2020年上海市中医药工作要点》，评估总结了上海中医药“十三五”发展规划重点工作，研究谋划了上海中医药“十四五”的工作内容。从中医药的服务体系、防疫能力、人才队伍、传承创新、文化模式、开放发展等几个方面对未来上海的中医药事业发展进行了新的部署。在部署推动中医药开放发展工作的同时，着重强调要支持中医药的国际标准建设，积极推进中医药海外发展和港澳合作，推动建设中医药质控、区域诊疗中心、专病专科联盟的长三角中医药一体化发展高地。

江苏在积极推进中医药长三角一体化发展工作以外，还在积极推进中医药文化的国际传播，加强中医药文化的国际交流合作，比如南京中医药大学与爱尔兰国立大学医学院的合作，在爱尔兰设立“孔子学院”，主要研究中医学与再生医学的创新性合作课题，还在英国曼彻斯特、瑞士苏黎世、法国巴黎等地建立中医药研究中心。江苏还与俄罗斯、比利时、丹麦等16个国家和地区建立中医药交流贸易，扩大出口、提高贸易质量，进一步推动“一带一路”建设，增强中医药文化的国际影响力。

在长三角一体化发展进程中，浙江是重要的参与者、积极的推动者、直接的受益者，全面落实长三角一体化发展国家战略是浙江省重点抓的大事。2019年初，浙江省卫生健康委员会、浙江省文化和旅游厅、浙江省中医药管理局联合发布《浙江省中医药文化推进行动计划（2019—2025年）》，以建设“浙派中医”文化品牌为契机，从“打造浙派中医文化品牌”“搭建中医药文化平台”“推进中医医疗机构文化建设”“加强中医药文化传承传播”“推动中医药文化产业发展”五个方面展开工作，实现中医药文化产业的快速发展、中医药健康产业的创新性发展，推动中医药长三角一体化发展，从而满足广大人民群众的健康需求。2020年4月，浙江省中医药管理局为进一步推进医共体、医联体建设，充分发挥中医药的服务范围，根据各县区中医药特色，确定了“十三五”规划中中医药重点专科培育项目，强化了中医药专科特色，优化了中医药的服务资源，提升了中医药的诊疗能力。

安徽省是中医药资源大省，中医药历史悠久、文化深厚，北有华佗文化，南有新安医学。安徽省在推动长三角中医药一体化发展中发挥了极为重要的作用，拥有“世界药都”之称的亳州与“一带一路”中心线相连，在中医药走向世界的进程中有着非同寻常的战略意义。2020年，安徽中医药管理局发布了《安徽省中医药条例》，特别提出支持中医药事业融入长三角一体化发展，就加快安徽中医药传承创新中心建设，发挥中医药在疫情防控、疾病治疗、保健康复等方面的独特优势，推动中医药传承创新发展和推广应用；加快高水平建设中医医院，大力培养复合型人才；强化政策支持，高标准、高品质推进疗养院改造建设，在着力打造生态康养文化旅游目的地等方面做了重要部署。

### （四）长三角地区中医学术的传承与创新

从中医学的发展历史来看，秦汉时期的四大经典奠定了中医学的理论基础，金元时期中医学派的百家争鸣丰富了中医学的理论内容和实践经验，明清时期温病学说的创立和发展完善了中医学术思想体系，民国时期中西医结合学术的出现、汇通学派的创立，基本形成了中医学现代化局面。这四个时期是中医学发展历史上具有革命性意义的时期，细细解读这几个时期，不难发现，中医学能健康发展并发扬光大，离不开对经典的传承，离不开对理论实践的创新。任何一门学科，都是在传承的基础上，在不断创新的实践中谋求发展的。所以，长三角地区中医药一体化、高质量发展，通过集群化发展模式，最后达到国际化的目标，必须要有传承的态度和创新的能力。

#### 1. 深入推广中医药文化传承

医学文献，特别是中医药古籍，是中医药文化传承的物质基础，是历代医家呕心沥血一辈子甚至几代人的结晶，孕育了中医药文化的发展、流传。而现在我们大部分中医药学从业人员知识的来源，大多是翻译版本，对中医药古籍文献的研究和学习很少，绝大部分中医药古籍文献也只出现在文献研究工作者的日常工作中，这对系统、全面地传承中医药学文化非常不利。

师承教育自古以来就是中医药学的经典传承模式，是中医药学的文化学术现象，也是中医药学人才培养的关键。现今由于社会大环境影响、院校管理、先进科技手段的引进及科研要求等限制，中医药主流的传承是院校教育模式。在院校教育体系下，培养出了一大批规范、统一的中医药人才，中医科研领域也突飞猛进，但同时师承教育渐渐失去生存的土壤，也失去了传统中医药学的色彩，对中医药人才的个性化特质越来越缺失，与古时候的中医药学环境相比，一定程度上也存在“传而不承”的令人担忧的局面。

由于中医药在中华大地上源远流长，大量社会非专业人士从事中医药工作，或者打着“中医药文化”的旗号追逐商业利益，使得老百姓正确认识中医药、信任中医药产生了障碍，给人们追求健康的生活方式造成了困扰。

深入开展中医药古籍文献研究和学习，领悟中医药文化的精髓；大力推广建设各地区名中医工作室，在先进的院校教育环境中，恢复“师带徒”的传统教育模式，将院校教育和师承教育相结合，实行中医药学的教学、科研、临床团队化和个性化操作；中医药进社区、进校园，正确宣传中医药文化，引导人们趋向健康的生活方式。这三方面对优化教育资源、提高中医药学术成就、推广中医药文化的传承有着非常重要的意义。

**2. 坚持以中医药学派发展为主线**

中医药综合性学科研究，就是中医药学派的研究，研究学派的发展，基本涵盖了中医药学历代医家的学术理论和临床实践，包括了“药、方、理、经”的所有内容，纵观中医药学派的发展，具有继承性、创新性、互补性、连续性、全面性五大特点。比如，对伤寒学派中六经的继承进行研究时，历代医家从足之六经说、手足双经说，到六经地面说、六经气化说、六经分形层说、分经审证说等，每一种学说都在继承，每一种学说都有自己的思想，每一种学说之间又存在互补，连在一起就能较为全面地理解和接受六经学说的内涵。中医学派的互补性其实就是中医药学的创新性，但这种创新是在不同学派之间产生出的，比如，宋时滥用辛香温燥之品，刘河间创立了“一切皆从火化”

的“寒凉派”，而朱丹溪创立了“阳常有余、阴常不足”的“养阴派”，两派互相弥补。而“苦寒泻火”“滋阴厚腻”的方药又都会阻碍阳气的生发，故在此基础上，出现了“温补学派”。又比如，温病学派的出现，也是因为伤寒在对“疫毒之气”导致的温病缺少有效的解决方案。创新来自严格的继承，才会有理论体系的延续、发展和完善。比如，阴阳学说、五行学说早在《黄帝内经》时代就已是中医学的理论基础，到现在仍旧是各家学说的基础理论，历代名家也都是在遵经、研经的基础上才有所发挥、有所创新。这样的例子举不胜举。要坚持以中医药学派发展为主线来进行传承与创新。不同学术流派的传承，就有不同的师承授受关系，就会形成不同学术思想的争鸣，这就是中医学派研究的基本内容。

**3. 强化中医药学术与技术的创新**

任何一种医学流派、医学技术的出现，都是在传承前人的学说基础上，符合历史发展需要而提出的创新，是中医药学发展过程中的新生命。薪火相传汇成了中医药文化几千年的知识长河。在现代科技和西方医学普遍流行的年代，中医药学要符合人们对健康生活追求的需要，必须强化学术和技术的创新发展。比如，随着生活水平的日益提高、疾病谱的变化、人口老龄化，人们对健康的要求和理念也在悄然变化，经典的养生原则也要适时进行调整，以符合现代人的健康要求；运用现代医学解剖学的优势，将中医学中“气血”“脏腑”“经络”等抽象的概念还原，使之具象化、物质化；运用现代科技手段收集舌象、脉象数据，再通过大数据处理，制造出更完善的“舌象仪”“脉象仪”；继续推进中药疗效和副作用的研究，明确药物成分与作用机理；加强中医药制剂创新，制造出更多中药颗粒剂、经典名方的中成药制剂等，符合更多人对口味适宜、携带方便等的要求；扩大“治未病”的范围，在传统舌脉象等证候辨证的基础上，结合 CT、B 超、MRI 等检查手段，形成“证病结合辨证”方法；对于中风、糖尿病、高血压、哮喘等慢性和难治性重大疾病的诊治，充分运用分子生物学、细胞组学、蛋白组学、基因组学等多学科前沿技术，开展重大疾病辨证论治的关键技术研究，建立重大疾病的中医辨证数据库，开展临床、疗效的标准化评估；拓宽视野，加强人才培养，引进、吸收国内外其他领域的人才，促进中医药与其他前沿、高端学科的交叉融合，培养优秀的复合型人才。中医学在学术和技术方面的创新，都是为了切实提高中医药的临床疗效与服务能力，为了符合人们对健康生活追求的需要，为了进一步推广中医药文化的传承与发展。

### （五）长三角地区中医药企业的发展方向

据有关专家对过去10年中国健康产业的数据分析，预计未来10年，到2030年，大健康产业的市场经济体量将达到16万亿元。随着社会工业化、城镇化、人口老龄化的趋势越来越严重，疾病谱也在发生变化，而人们生活水平的提高，造成对医疗的需要越来越精细化，这一切都推动着大健康产业时代的快速到来。各方资本有的已经进入，有的蠢蠢欲动，有的伺机待发。在如此利好的时代背景下，长三角地区的中医药企业，能否紧跟国家“健康中国”的战略目标，利用好长三角地区优越的教育资源、发达的科技创新氛围、健全的经济交通环境，发挥其独特的文化、创新、经济优势，成为中医药企业融入长三角区域一体化、高质量发展，将中医药推向世界的重要课题。

#### 1. 大健康产业时代

大健康产业就是指能满足人们生老病死的生命全过程、全周期的健康产业，是根据社会发展的需要与人们健康观念改变而提出的一种全局性健康理念，关注人们精神、心理、生理、道德等方面的健康。如图3–12所示，大健康产业包括医院、医疗、药品保健品、康复护理等。随着经济实力的不断提升，居民生活水平的日益提高，人们不再满足于基本的物质生活需要，而是追求更高的健康生活需求，突如其来的新冠肺炎疫情也进一步改变了人们的生活观念、消费观念、健康观念。消费升级和生命健康将是今后一段时期内的核心话题和领域，大健康产业时代已然到来。

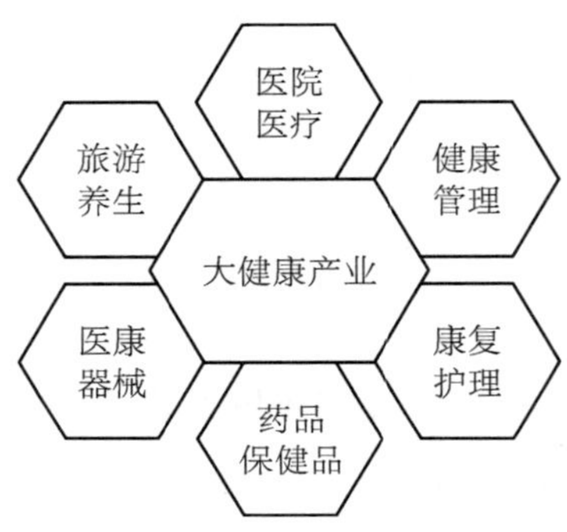


**图 3-12 大健康产业图**

联合国“老龄化社会”的标准是 65 周岁以上的老年人口占总人口数的 7% 以上，或者 60 岁以上老年人口占总人口的 10% 以上。根据这一标准，我国在 2000 年就已经进入老龄化社会。如图 3-13、3-14 所示，2010—2018 年全国 60 周岁及以上人群在不断增长。2019 年，我国 60 周岁及以上老年人有 25388 万人，占人口总数的 18.1%；65 周岁及以上老年人达 17603 万人，占人口总数的 12.6%。肥胖、高血压、脂肪肝、癌症、阿尔茨海默病、帕金森病等发病率的上升，改变了人类常见的疾病谱，也改变了现代人们的健康观念。随着健康知识越来越普及，预防疾病的发生和变化成为健康的首要任务。人口老龄化和健康观念的改变是中国未来 30 年的大趋势，这个大趋势对于中国的健康产业来说，既是挑战，也是机遇，在基础医疗服务之外，各种医健结合和医养结合的医疗健康服务会形成巨大的市场。国家出台了一系列政策，提出以“健康中国”为核心的国家卫生健康事业发展战略部署，这正是对应这样的大趋势的顶层设计，旨在引领和规范大健康产业时代的发展方向和市场秩序。

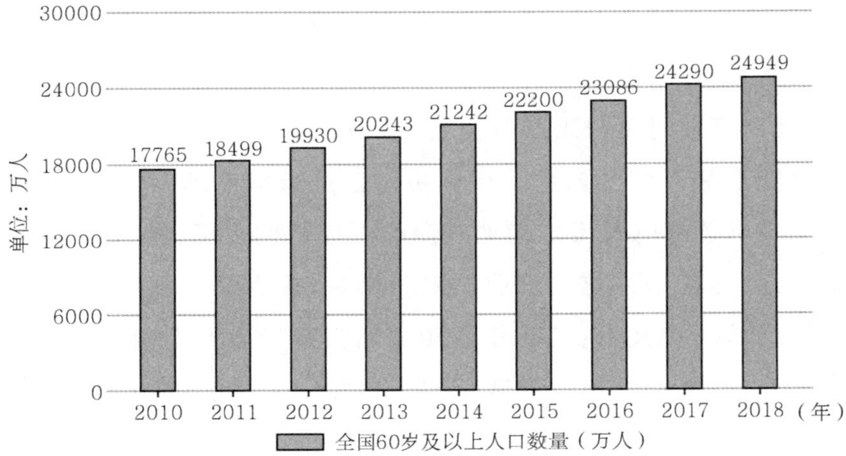


图 3-13　2010—2018 年全国 60 岁及以上人口数量统计情况[①]

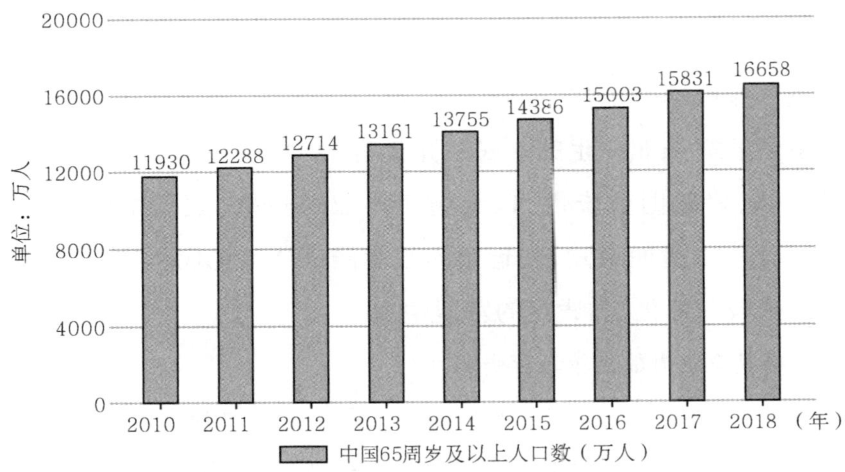


图 3-14　2010—2018 年中国 65 周岁及以上人口数量统计情况

① 数据来源：前瞻产业研究院整理

传统的健康产业主要集中在国家事业单位和一部分民营机构，他们给病患提供的仅仅是诊疗、护理等服务，而未来的健康产业将会向精细化方向发展。大量的产业技术和资本力量正在进入健康产业，养老、保健和中高端医疗器械等将成为新兴的产业形态。云计算、物联网、移动互联网等新一代技术将成为未来大健康产业的重要动力，将推动大健康产业的转型、升级和发展。根据国家的相关政策和规定，大健康产业将是未来产业发展的趋势，极有可能是继工业、金融、信息产业后最辉煌的产业。民间资本已经蠢蠢欲动，伺机进入大健康产业发展的梯队建设。房地产商和医疗机构由于是最早而且最直接的介入，可能成为这一产业的第一梯队，提供最基本的健康服务，包括医疗场所和技术；药械企业和零售服务行业为大健康产业提供物资供应，可能成为第二梯队；而信息技术产业就将成为第三梯队，为产业发展提供信息技术服务。

中医药早在《黄帝内经》中就提到“治未病”，养生防病是中医药一直流传至今的主导思想，包括了未病先防、已病防变、已变防渐等内容。大健康产业时代，“治未病”符合人们日益提升的健康观念，而大健康产业恰恰就是在“健康中国”战略背景下，为满足人们对美好、健康生活的需求而产生的。长三角地区的中医药企业需紧跟国家的战略部署，紧跟时代步伐，以大健康产业为契机，立足中医药，深究“治未病”等中医理论知识，运用人工智能、5G 等现代科技手段，融入长三角区域一体化、高质量的发展中去。

**2. 极具竞争力的高校教育资源**

在长三角区域一体化发展战略中，极具竞争力的高校教育资源是长三角地区中医药企业融入长三角区域一体化发展的信息、知识、技术的重要来源，以及可持续发展的支撑力量。所以如何利用好长三角地区优越的教育资源，以及教育资源的合理共享是值得关注的重要问题。目前，在长三角区域三省一市中，有普通高校457所，占全国高校的15.7%。国家“双一流”高校中，入选“世界一流大学”高校的有8所，占全国总量的20.5%。拥有“世界一流学科”建设高校26所，占全国总量的27.4%。本专科学生420.1万人，研究生37.6万人，分别占全国总数的17%和21.5%。进入2019教育部中国大学100强排行榜的大学有24所，其中浙江大学、上海交通大学、复旦大学、南京大学四所大学进入2019中国十大名校；医学类院校资源也较为强大，除复旦大学医学院、浙江大学医学院等名校以外，如表3–5所示，还有上海中医药大学、温州医科大学、南京中医药大学、安徽医科大学、浙江中医药大学、安徽中医药大学等6所大学进入2019中国医学类院校前50强排名。如表3–6所示，长三角地区科技创新优势比较明显，在全国处于领先地位，但是如图3–15所示，三省一市高校资源的分布尚不均衡。所以实现长三角地区高等教育一体化，比如高校图书馆、教师资源、课程、实验室设备和相关技术人员的共享，将为培养出更具市场竞争力的优秀毕业生提供良好的基础，在实现长三角中医药企业一体化发展中具有不可限量的潜力。

**表3–5　2019中国医药类院校排名前50强[①]**

| 名次 | 大学 | 全国 | 星级 | 办学层次 | 双一流建设 |
|---|---|---|---|---|---|
| 10 | 上海中医药大学 | 157 | 6 | 世界高水平大学（特色） | 一流学科 |
| 12 | 温州医科大学 | 178 | 3 | 区域一流大学 | |
| 13 | 南京中医药大学 | 186 | 4 | 中国高水平大学 | 一流学科 |
| 23 | 安徽医科大学 | 273 | 3 | 区域一流大学 | |
| 29 | 浙江中医药大学 | 294 | 4 | 中国高水平大学 | |
| 47 | 安徽中医药大学 | 404 | 3 | 区域一流大学 | |

① 数据来源：高考升学网（http://www.creditsailing.com）

表3-6　2019年长三角三省一市教育和科技创新优势①

| 类目 | 上海市 | 江苏省 | 浙江省 | 安徽省 |
|---|---|---|---|---|
| 专利申请(万项) | 17.36 | 59.40 | 43.60 | 16.70 |
| 专利授权(万项) | 10.06 | 31.40 | 28.50 | 8.25 |

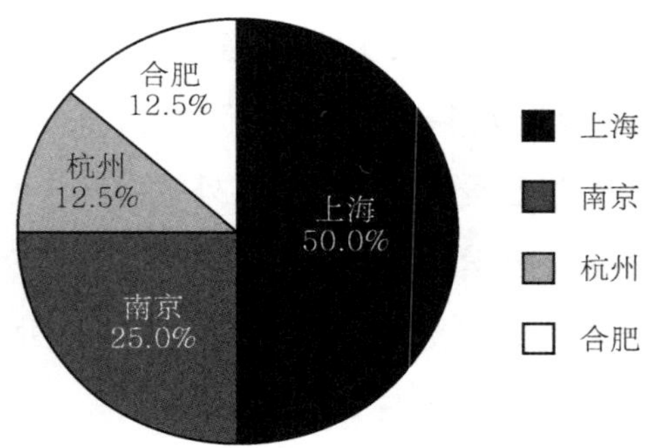


图3-15　长三角“双一流”高校分布情况

### 3. 集群化、国际化的发展策略

(1)集群化发展策略

长三角地区中医药材资源丰富,为临床研究和科技创新提供了坚实的物质基础。随着国家对中医药产业的经济投入和政策支持的力度加大,各地区中医药初步形成产业化发展,中医药企业数量增加,但是各地区中医药企业布局分散、企业规模较小、各自经营、效益不佳、市场份额少等缺点较为明显。一方面,人们对中医药健康养生的需求越来越广泛,发挥中医药独特的健康养生功能,调理身体、预防疾病变得越来越重要。另一方面,随着中国的国际影响力日益增强,世界各国开始关注和认同中医药的功能,国际需求也在发生变化。根据世卫组织的一项全球调查报告显示,健康人群仅占5%,而疾病

① 数据来源:江苏省、浙江省、安徽省、上海市统计局网站

人群约占20%，亚健康人群居然高达75%，这是推动中医药产业发展，发挥自身优势，为人类健康事业服务的大好时机。因此，中医药企业从传统生产方式向产业化生产方式转变显得越来越重要，如何实现中医药产业化发展，必经之路就是中医药企业实现集群化发展，发挥各自的特点和功能，加强区域一体化，达到高质量的发展要求。

（2）国际化发展策略

中医药企业蕴含丰富的中医药资源，优势独特，是医疗卫生事业的重要组成部分，应该为全人类的健康谋福祉。中国仍处在发展中国家水平，仍需坚定不移地实行对外开放政策，实现社会现代化发展的目标。在国家“一带一路”的倡议下，长三角地区的中医药企业应积极发挥中医药资源的最大潜能，抓住国家推动健康产业发展的利好时机，探索尝试企业的国际化发展，这不仅是中医药融入长三角区域一体化发展的目标，还是中医药企业发展和提高国际影响力的目的，更是中医药走向世界，为全人类健康服务的需要。

历史上，中医药文化的传播和交流，就是古代丝绸之路的重要组成部分。通过丝绸之路，中医药知识和文化早已被沿线很多国家所接受，这对其他国家了解中医药、认识中国起了非常重要的作用。如图3-16所示，2007年以来，中医药占国际市场的份额持续增长，尤其在“一带一路”倡议下，发展更是迅猛。到2016年底，通过“一带一路”，中国已与沿线20多个国家建立经贸合作关系，其中经贸合作区就达56个，投资累计达185亿美元；2017年底，中国已与全球183个国家及地区建立中医药贸易合作关系，签订中医药合作协议的国家达86个，有30个国家设立中医药院校，并在“一带一路”沿线国家建立17个中医药研究中心。部分中医药企业已经通过美国和欧盟的市场认证。长三角中医药企业在一体化发展过程中，要抓住机遇，接受挑战，加大与国外药企和资本的合作，努力做到知识流通、知识共享，积极开拓国际市场，实现中医药企业的国际化发展。

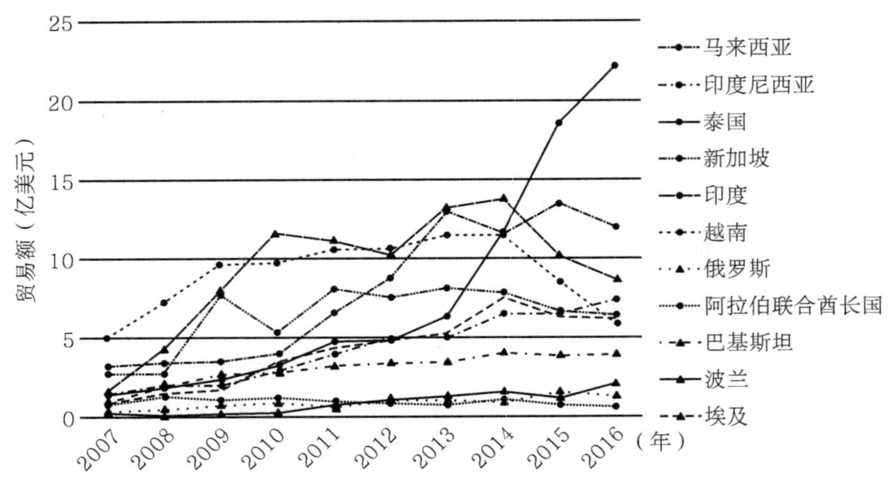


**图 3-16　2007—2016 年间对 11 个国家出口中医药的贸易情况[①]**

在全球化经济趋势下，长三角中医药企业走向国际化，探寻更快的发展道路、实现更高的发展目标，需要有国际化经营的战略思路。第一，借鉴国内外药企的国际化发展经验，不可操之过急，可以从中医药贸易出发，循序渐进、逐步深化，选择符合自身特色和需求的发展道路；第二，对不同国家实行差异化发展策略，对于经济相对落后的国家，可利用当地相对低廉的厂房和劳动力成本，借助中国的资本、技术及丰富的中医药资源，投资建立生产基地，对于经济较为发达的地区和国家，可以利用其资本和先进的人才技术进行合作研发高端产品；第三，改变我国现有的中小型中医药企业分散、独立的发展模式，打破地区、行业和所有制的限制，通过兼并重组优化资源配置，形成集群化、优势互补发展的战略联盟，实现扩大产业优势、提高国际竞争力的目标；第四，储备既有营销能力，又有中医药文化知识

① 数据来源：《中国研究型医院》杂志 2019，6(1)。

的高端人才，组建国际化的经营团队，通过先进的网络信息技术，实现中医药企业国际化的经营模式；最后，中医药企业国际化的核心竞争力是高质量的产品优势，与其他任何行业一样，企业的创新能力和专业型人才是关键，只有自主创新，提高产品的质量研发和生产研发能力，提升企业的管理和制度的科学性，具备高度的生产实力与文化自信，才能在国际化道路上实现更高、更快的发展目标。

## 五、结语

英国学者李约瑟在《中国科学技术史》中向东方的文化古国提出了世纪之问：中国古代对人类文明、科技发展做出了伟大的贡献，但为什么近代工业革命没有在中国发生？当时，很大一批有识之士、文化名人扪心自问，开始寻找民族的劣根性，同时也激发了无数的爱国人士走出国门去看世界，由此诞生了一批又一批的科学家和创业家。然而，李约瑟的世纪之问还是存在历史的局限性和认知的片面性。

科学的形式有多种多样，并非只有一种形式，西方科学不是唯一获取知识的方法，更不能把西方科学的模式作为衡量科学的唯一标准。中国传统文化滋养出来的科学模式，有我们自己文化的特质，中医药就是中国传统科学之一，它在理论层面强调“天人合一”“整体观念”“阴阳平衡”，体现了中华文化道法自然的哲学思想；提倡“三因制宜”“辨证论治”，体现了中华文化因时而异、因地制宜的辩证唯物主义思维模式；倡导“大医精诚”“仁心仁术”，体现了中华文化生命至重、人为主导的人文精神；在实践中强调“治未病”，形成了中医药独特的健康养生文化；讲究“饮食有节、起居有常”，强调了生活方式与健康的密切关系；在几千年的实践过程中逐步构建和完善了一整套理论体系，阴阳五行、五运六气、整体观念、辨证论治、藏象学说、气血津液、性味归经等，成就了医学与哲学、人与自然相统一的覆盖人类生命全周期的医学科学。中医药科学是中华民族原创的医学科学，深刻体现了我们民族的世界观、价值观。

当前，中医药发展迎来了大好时机，中医药在社会经济文化发展中的地位和作用越来越重要。我们要有坚定的文化自信，传承和弘扬传统文化，发展中医药，推动中医药的创造性转化、创新性发展，要善用中医药这一有形载体，弘扬中国精神、传递中国价值。我们还要有坚定的科学自信，从认识上辨清中医与西医的差别，用开放、包容的心态处理好中医与西医的关系，坚持中西医互学互鉴。长三角中医药一体化、高质量发展，要深入挖掘中医药的精华，勇攀医学高峰，充分发挥中医药的独特优势，利用好其具有原创优势的科技资源、含优秀文化的卫生资源、绿色环保的生态资源、潜力巨大的经济资源，推进中医药现代化，坚持中医药传承创新，推动中医药走向世界，到2030年实现中医药服务领域全覆盖，为中华民族伟大复兴和世界文明进步做出更大贡献。

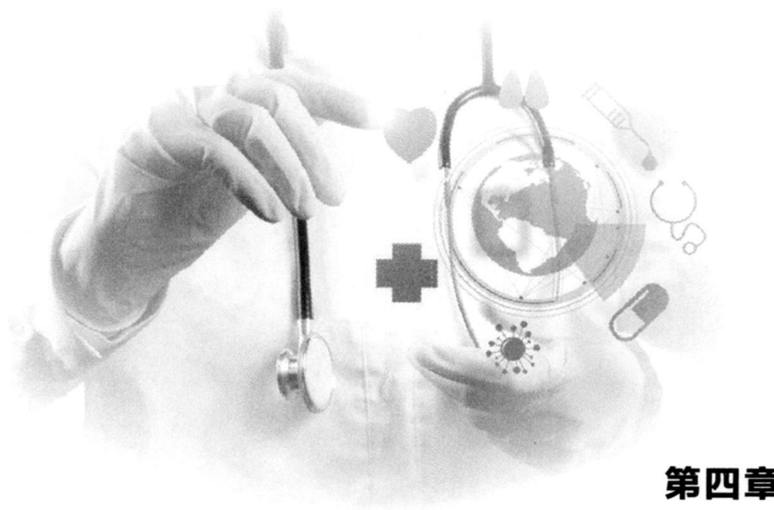

# 第四章

# 绿色中医药产业投资基金发展模式

## 一、绿色中医药产业投资基金的产业政策契机

自“健康中国”上升为国家战略，人们对医药，尤其是中国特色的中医药的关注有了明显的提高，之后的党的十九大对绿色经济与绿色发展的倡导、绿色生态农业的转型升级、新农村建设与精准扶贫等使得绿色中医药产业成为“热门产业”，绿色中医药产业投资基金也因此迎来了“黄金时代”，有各类政策为其发展助力。

### （一）发挥中医药在深化医药体制改革中的作用

“充分发挥中医药在深化医药体制改革中的作用”是国务院印发的《中医药发展战略规划纲要（2016—2030）》提出的。中国当前的中医药需求与发展都呈现着较好的态势，这一态势体现在中医类医院数量、医院床位及总诊疗人次等方面。

基于我国发展近状及消费者对中国特色的中医药的需求，国务院印发《中医药发展战略规划纲要（2016—2030 年）》，提出各省市要进一步深化对医药卫生体制的改革，并充分发挥中医药这一领域在构建中国特色基本医疗制度中的独特作用，如表 4–1 所示。

表 4–1 《中医药发展战略规划纲要（2016—2030）》对促进中医药发展的要求

| 层面 | 内容 |
| --- | --- |
| 中药资源的保护与利用 | 实施野生中药材资源保护工程，完善中药材资源分级保护、野生中药材物种分级保护制度，建立濒危野生药用动植物保护区、野生中药材资源培育基地和濒危稀缺中药材种植养殖基地，加强珍稀濒危野生药用动植物保护、繁育研究。建立国家级药用动植物种质资源库。建立普查和动态监测相结合的中药材资源调查制度 |
| 中药材的规范化种植与养殖 | 制定中药材主产区种植区域规划。制定国家道地药材目录，加强道地药材良种繁育基地和规范化种植养殖基地建设。支持发展中药材生产保险。建立完善中药材原产地标记制度。实施贫困地区中药材产业推进行动，引导贫困户以多种方式参与中药材生产，推进精准扶贫 |
| 中药工业的转型与升级 | 推进中药工业数字化、网络化、智能化建设，加强技术集成和工艺创新，加速中药生产工艺、流程的标准化、现代化，逐步形成大型中药企业集团和产业集群。以中药现代化科技产业基地为依托，促进中药一二三产业融合发展。开展中成药上市后再评价，加大中成药二次开发力度，培育一批具有国际竞争力的名方大药。开发一批中药制造机械与设备，提高中药制造业技术水平与规模效益。实施中药绿色制造工程，建立中药绿色制造体系 |
| 现代中药材流通体系的构建 | 制定中药材流通体系建设规划，建设一批道地药材标准化、集约化、规模化和可追溯的初加工与仓储物流中心，与生产企业供应商管理和质量追溯体系紧密相连。发展中药材电子商务。利用大数据加强中药材生产信息搜集、价格动态监测分析和预测预警 |

### (二)促进中医药可持续发展

促进中医药可持续发展是国务院办公厅关于印发《中医药健康服务发展规划(2015—2020年)》带来的“契机”。中医药作为兼具历史价值与经济价值的“产品”,在近几年的发展中不断受到民众的关注与偏爱,尤其是中老年群体。这一现状也促使中医药的相关产品与服务不断完善,其规模不断壮大,相关的医药健康问题也有所凸显,因此,中医药的可持续发展也成为各省市关注的重点。如表4-2所示,《中医药健康服务发展规划(2015—2020年)》便对中医药的可持续发展提出了详细的要求与标准,为中国中医药的持续发展提供了政策层面的契机。

表4-2　中医药可持续发展的要求

| 层面 | 内容 |
| --- | --- |
| 规范中医养生保健服务 | 加快制定中医养生保健服务类规范和标准,形成针对不同健康状态人群的中医健康干预方案或指南(服务包) |
| | 建立中医健康状态评估方法,丰富中医健康体检服务。推广太极拳等中医传统运动,开展药膳食疗 |
| | 运用云计算、移动互联网、物联网等信息技术开发智能化中医健康服务产品 |
| 开展中医特色健康管理 | 将中医药优势与健康管理结合,以慢性病管理为重点,以治未病理念为核心,探索融健康文化、健康管理、健康保险于一体的中医健康保障模式 |
| 促进中药资源可持续利用 | 大力实施中药材生产质量管理规范(GAP),扩大中药材种植和贸易 |
| | 促进中药材种植业绿色发展,加快推动中药材优良品种筛选和无公害规范种植,建设中药材追溯系统,打造精品中药材 |
| | 开展中药资源出口贸易状况监测与调查,保护重要中药资源和生物多样性 |

## (三)贯彻落实中药材产业发展

贯彻落实中医药中的中药材产业的发展是《中药材产业扶贫计划(2017—2020年)》中提及的重点。中药材是中医药的关键部分,在产业发展的过程中形成了单独化的产业。道地中药材的中药材产业因种植、销售等各环节而与乡村建设及精准扶贫有所关联。中药材的种植大多在乡村山区,因此中药材产业在近几年的发展中也为乡村地区的脱贫致富贡献了较重要的作用。

当前中药材产品呈现增长的趋势,整体供需也实现平衡,但各中药品种供需情况差异较大,未来在中药材资源枯竭等因素的影响下,价格易出现较大的波动,对该产业的发展会造成影响。因此,《中药材产业扶贫行动计划(2017—2020年)》对贯彻落实中药材产业的发展提出了参考路径。基于此,各地区较有实力的中药生产企业纷纷通过自行种植或与当地农户合作种植的方式来占有上游主要中药材资源,如表4–3所示。

**表4–3　中药生产企业与农户合作占有中药材资源**

| 企业 | 占有的资源 |
|---|---|
| 白云山 | 阜阳三万亩、大庆五万亩板蓝根、云南文山州一万亩三七 |
| 康美药业 | 云南文山州等地一万亩三七基地;集安人参已种植八千多亩,可种植两万多亩 |
| 昆明制药 | 云南文山州两千亩三七 |
| 天士力 | 商洛一万亩丹参、一千亩柴胡、五百亩黄芩,文山州一千亩三七 |
| 同仁堂 | 内乡二十万亩山茱萸、吉林一千亩人参、玉田一万亩中草药基地、陵川五千亩党参基地、湖北七千亩茯苓 |
| 云南白药 | 文山州一万亩三七,武定三千亩示范种植重楼、红豆杉、云黄连、云木香、云当归、岩白菜、黄草乌、金铁锁等 |

续表

| 企业 | 占有的资源 |
| --- | --- |
| 奇正藏药 | 七千余亩分布藏菖蒲、藏茵陈、波棱瓜、龙胆花、红景天、雪莲、高山大黄、冬虫夏草等各类藏药材 |
| 紫鑫药业 | 敦化近五千亩的药材种植基地，有五味子、人参、北黄芪等药材 |
| 贵州百灵 | 施秉县合作种植约一万亩太子参，施秉太子参种植项目种植规模三千五百亩，六枝太子参种植项目种植规模七千五百亩 |
| 金陵药业 | 封丘七万亩金银花种植，温县三千亩牛膝，云南一千六百亩石斛、栀子种植基地及一千三百亩三七 |
| 太安堂 | 建设粤东梅州GAP种植基地和上海崇明GAP种植基地，建设吉林抚松人参产业基地 |
| 丽珠集团 | 山西浑源黄芪种植基地，在云南、山西、甘肃建立三七、黄芪、党参GAP种植基地 |
| 华润三九 | 已建有麦冬、附子、鱼腥草、红花GAP种植基地 |
| 嘉应制药 | 华清园现种植梅片树五千余亩 |
| 武汉健民 | 英山茯苓规范化种植基地 |
| 辅仁药业 | 主要种植的道地药材品种有丹参、玄参、连翘、地黄、板蓝根、冬凌草、知母、麦冬等二十余种，建设鹿邑地区六千五百亩银杏林 |
| 江中药业 | 贵州施秉太子参GAP种植基地 |
| 天目药业 | 天目山两千多亩铁皮石斛种植基地 |
| 神奇药业 | 石河子十万亩荒漠人工补种红柳、梭梭等 |
| 康恩贝 | 普洱石斛种植基地 |
| 康缘药业 | 东海县六千亩金银花种植基地，赣榆县种植两千多亩桔梗、白芍、板蓝根 |
| 千金药业 | 一千亩党参种植 |
| 亚宝药业 | 芮城一万亩丹参，建成红花示范田五千亩，与农户合作种植三万五千亩 |
| 中新药业 | 都江堰两百亩川芎苓种基地和两千亩川芎规范化种植基地，岷县当归基地，丽水一万五千亩厚朴基地和一百亩种源实验基地 |
| 羚锐制药 | 新县的银杏、颠茄草等中药材种植基地 |
| 中恒集团 | 广西百色、河池、梧州等地发展了十五万亩药材种植基地，靖西县一万亩三七 |
| 太龙药业 | 卢氏县五万亩中药黄芩、连翘种植基地 |

## (四)提高中药材知名度

提高中药材知名度是《山东省中药材产业提质增效转型升级实施方案(2016—2020年)》中提及的医药重点。中药材产业的发展不仅体现在中央层面,也落实到了各个省份,其中山东省便是促进中药材产业发展的典型。如表4–4所示,该提质增效实施方案[①]便对山东省的中药材发展提出了具体的规划与要求。基于此,山东省将有希望实现既定目标:全省中药材种植面积达到300万亩,产值150亿元以上,建立市级以上中药材产业科技示范园10—12个。

表4–4 《山东省中药材产业提质增效转型升级实施方案(2016—2020年)》对中药材发展的要求

| 方面 | 内容 |
| --- | --- |
| 产业优势层面 | 聚焦产业优势主导县(市、区),提升区域优势,加快品种更新换代,强化中药材产业科技创新驱动,提升从业人员素质,为我省中药材产业提质增效、转型升级,实现中药材产业现代化提供有力支撑 |
| 政府助力层面 | 各级政府要加强对《方案》实施的组织领导,建立工作责任制,落实扶持政策,加大资金投入,为中药材产业发展创造有利环境 |
| 部门职责分工层面 | 有关部门按照职责分工,密切配合,加强协作,对《方案》落实情况进行跟踪分析和督促评价,确保《方案》目标任务实现 |

在具体化的转型升级路线层面,这一方案也为山东省中药材产业的转型升级指出了具体的路线方向,如表4–5所示。

① 提质增效实施方案指《山东省中药材产业提质增效转型升级实施方案(2016—2020年)》(鲁政字〔2016〕198号)

表 4-5　中药材产业转型升级提质增效的路线

| 类别 | 主要内容 |
| --- | --- |
| 聚焦产业优势主导县(区) | 依托中药材传统种植分布的区域化优势基础，对准产业优势主导县，以优势产业链打造为主线，面向消费需求和市场需求，坚持政策扶持、规划引导、企业主导、科技支撑、资本保障，推动企业集群向产业集群升级，加快推进产业由农业种植优势主导型向农工贸一体化、一二三产业融合方向转变，使全省中药材生产的区域化优势更加突出，产业化积聚更加明显 |
| 聚焦优势重点园区 | 加快品质区划工作，形成更加科学的区域化品种布局，以优势示范园区建设为重点，确定产业骨干品种，整合现代农业科技资源，系统集成新品种、新技术、新成果，按照优质、高产、高效、安全、可持续的要求，构建现代生态生产示范园区，示范带动产业向规范化、规模化、专业化、标准化生产和集约化经营的方式转变，集中力量建设一批相对集中连片、技术模式领先、辐射带动效应明显的现代特色园区，逐步形成以园区为引领的全省现代中药材产业发展新格局 |
| 聚焦大宗优势道地品种 | 以丹参、金银花等区域性优势大品种为重点，充分利用现代科技手段，加快新品种选育和推广步伐，建立优良品种种子种苗繁育推广体系，提高新品种生产占有率。鼓励有基础的地区或企业结合自身实际，积极发展优良种子种苗的专业化繁育及推广，促进药材栽培由完全依靠农家品种向以优良品种为主升级，提高药材产业产量、质量和效益 |
| 聚焦区域生态生产条件 | 以药材优势区域农业资源条件和种植管理基础为落脚点，面向骨干品种，有效整合生态农业、循环农业、绿色农业、有机农业和精准农业等发展过程中所形成的新的耕作技术等新技术、新方法，集成研发区域性配套栽培技术体系，提升药材生产技术的科学化水平和效益 |
| 聚焦药材生产方式 | 结合品种和区域特点，借鉴现代农业机械化的新成果、新技术、新装备，集成配套与品种特性和区域特点相适应的生产管理机械与装备，提高机械装备的适应性、可靠性、通用性，加大农机农艺配套融合，提升产业机械化装备水平和机械化管理水平，大幅提高劳动生产效率，促进产业由人工栽培管理为主向全程机械化生产方式的升级 |
| 聚焦产品样态 | 对初级原料型产品继续进行延伸开发，根据市场与客户需求，研发配套烘干、去杂、精选、分级等初加工和中端加工设施与机械，完善工艺流程，优化技术及其质控指标；探索非药用部位综合利用途径，加强中药材在中兽药、食品添加剂、饲料添加剂、化妆品等方面的开发利用，加工生产不同物理样态的系列产品，促进产业由单一原料为主的低端低值产品，向高质化、综合性的初、中端产品升级 |

续表

| 类别 | 主要内容 |
| --- | --- |
| 聚焦道地品种品牌 | 以消费和客户需求为导向，以提高产品质量和市场竞争力为核心，鼓励龙头企业，大力推进标准化生产、产业化经营。引导优势产区按照“集中力量、整合资源、强化培育、扶优扶强”的思路，统筹制定本区域品牌发展规划，分年度、按计划、有步骤地培育发展品牌，加快形成“培育一批、提升一批、储备一批”的品牌发展良好局面 |
| 聚焦产业技术信息需求 | 依托现有科研院所、大专院校的智力条件，整合现有社会资源，构建升级信息交流服务平台，为广大药农、专业合作社、有关种植加工销售企业等提供政策资讯、市场信息、优质品种布局等方面的服务，加强产供销等信息的衔接，促进新成果、新技术、新产品的推广应用，提升服务产业的能力，扩大产业影响力，增加产业效益 |
| 聚焦产业人员素质 | 建立健全基层技术推广网络，充分利用科研院所、高等院校的技术、人才优势创办科技型企业、建立科技示范点，开展科技承包和技术咨询服务，提高新技术、新成果的入户率和转化率。建立人才培养机制，充分利用泰山学者计划、引智计划等人才建设计划，培养一批在国内外有一定影响力的科技带头人，引领全省中药材产业发展。加强对基层技术人员和生产大户的科技培训指导，将中药材生产管理培训纳入省级阳光培训工程范围，加快提升全省产业队伍的科技素质 |

### （五）促进中药材有重点地发展

山东省参照《山东省中药材产业发展规划（2014—2020年）》（下文简称《规划》）对中药材的发展提出了涉及中药材种植面积在内的几大具体化目标，如表4-6所示，望促进中药材有重点地发展。

表4-6 《山东省中药材产业发展规划（2014—2020年）》提出的目标

| 层面 | 要求 |
| --- | --- |
| 全省中药材种植面积 | 300万亩 |
| 产值 | 150亿元以上 |
| 建设中药材产业科技示范园 | 140个 |
| 中药材规范化生产基地 | 60个 |

续表

| 层面 | 要求 |
| --- | --- |
| 种子种苗繁育基地 | 10个 |
| 培育规模以上龙头企业 | 60家 |
| 建设省级药用植物种质资源库 | 1个 |
| 选育符合《中华人民共和国药典》标准要求的中药材良种 | 20个以上 |
| 制定发布中药材生产技术规程 | 30种 |

在具体目标的指导下，该《规划》指出了中药材发展需要强化重点，因为重点层面发展良好会给中药材整体产业的发展带来明显的积极的影响，如表4-7所示。

表4-7　《山东省中药材产业发展规划（2014—2020年）》重点层面发展

| 层面 | 内容 |
| --- | --- |
| 强化中药材种质资源保护与利用 | 建立省级中药材资源保护与利用工程技术中心，在山东省农作物种质资源库的基础上，新建省级药用植物种质资源库1处，搜集保存种质资源3000份以上；建设金银花等种质资源圃12处；分别在鲁中南山区、胶东半岛、黄河三角洲、南四湖与东平湖流域，建立太子参等中药资源野生抚育区20处，加强原产地保护 |
| 加快中药材良种选育与引进 | 完善提升省级中药材良种选育工程技术研究中心，将传统育种方法和现代生物技术相结合，重点培育金银花等中药材优良品种20个以上，加强中药材品种审定和知识产权保护，推进良种产业化。从国内其他地区引种甘草等名贵中药材品种30个以上，从同纬度、同生态的不同国家和地区引进紫锥菊特色药用植物品种20个以上 |
| 优化区域布局 | 重点建设鲁中南山区、胶东半岛、鲁西南、黄河三角洲、微山湖与东平湖五大中药材生产区 |
| 加强中药材科技示范园与规范化生产基地建设 | 建立山东省中药材种子种苗繁育工程技术中心，依据产地适宜性原则，建立10处区域化种子种苗繁育基地。完善提升省级中药材规范化种植工程技术研究中心，开展金银花等大宗道地中药材规范化种植技术研究，制定相应的规范化生产标准操作规程 |

续表

| 层面 | 内容 |
| --- | --- |
| 加强市场交易体系建设 | 加快提升鄄城舜王城国家级中药材市场的集散能力，培育区域性中药材交易市场，增强市场议价能力，重点建设以平邑为主的金银花交易市场、以临朐为主的丹参交易市场、以文登为主的西洋参交易市场。加强基础设施和信息平台建设，建立健全物流网络，提升市场交易的现代化水平 |
| 完善中药材质量监控技术体系建设 | 以山东中医药大学、山东省分析测试中心、山东省农业科学院、山东省林业科学研究院等为牵头单位，建立中药材质量检验检测中心，加强基础设施建设，提高质量检测技术水平，全面监控生产过程中中药材的活性成分、重金属及农药残留变化，提升中药材质量标准，增强产品市场竞争力 |

## 二、绿色中医药产业投资基金核心设计框架

### （一）绿色中医药产业基金的核心能力（表 4-8）

表 4-8　绿色中医药产业基金的核心能力

| 序号 | 能力 |
| --- | --- |
| 1 | 产业金融融资能力 |
| 2 | 产业战略决策能力 |
| 3 | 上下游产业链整合能力 |
| 4 | 复杂多项目管理能力 |
| 5 | 优质产业项目的发现与获取能力 |
| 6 | 政府关系落地与协调能力 |
| 7 | 企业品牌传播能力 |
| 8 | 跨界资源整合能力 |
| 9 | 投资后项目管理与运营能力 |
| 10 | 公司治理能力 |
| 11 | 实现聚焦核心产业区域的能力 |
| 12 | 并购后整合与上市公司培育改造能力 |

## (二)绿色中医药产业投资基金定位与方向

### 1. 投资定位

基金将作为绿色中医药产业并购整合平台,充分发挥基金的行业背景优势及资本的专业化运作能力,以绿色中医药行业为主要投资方向,储备并购项目,寻找潜在的合作伙伴,并促使被投资企业间相应业务形成战略协同、业务协同,从而更好地实现绿色中医药核心延伸产业链、区域聚焦的战略规划和布局,全面提升投资标的的未来资本回报。主要投资方式为股权收购、增资扩股、新设投资、产业并购、产业重组、资产购买和投资于单一项目的其他基金。

### 2. 投资方向

通过投资中医药医疗健康行业中具备市场核心竞争力的初创期、早中期和成熟期企业,投资方向包括以道地药材规模化种植加工为主的现代高效智慧农业领域、中药饮片制造企业、中医药现代化智慧物流基地建设、经典名方与创新中药产品开发与市场推广、中医药流通领域、药食同源产品开发与市场推广、医养健康、中医药大健康产业优质企业等领域,凭借专业的投资管理团队、权威的行业专家顾问团队,有效整合中医药行业资源,助力中国具有发展潜力的中医药企业成长,致力于为投资人创造长期稳定的回报。

### 3. 投资范围

①项目投资、资产管理、投资管理。

②企业投资咨询、管理咨询。(①②两部分投资内容不得涉及非法集资、吸收公共资金等金融活动。)

③财务顾问。该部分内容不得涉及国家法律、行政法规禁止的活动,其余活动需合法经营,依法经批准后方可开展。

## (三)绿色中医药产业投资基金方案

### 1. 基金名称及注册地

基金名称:绿色中医药产业投资基金。

注册地:上海或山东济南。

### 2. 组织形式:有限合伙

普通合伙人(GP):具体负责基金的募、投、管、退工作。

有限合伙人(LP):并购基金的其他出资人为有限合伙人,以其出资额为限对并购基金承担有限责任。除合伙协议约定的须由全部合伙人共同决定的事项外,有限合伙人不介入合伙事务的管理和执行,不能对外代表并购基金,但有限合伙人有权向普通合伙人咨询并购基金的经营情况及财务报告。

### 3. 基金管理人

产业投资基金的详细投资管理业务由基金管理人负责管理。基金管理人负责合伙企业的名称核准、设立登记、基金备案、资金运作和日常经营工作,负责优质标的寻找、挖掘、投资、跟踪管理和退出等工作。基金管理人负责组建投资决策委员会,基金全部的对外投资业务、投后对重大事项及投资退出等的管理等相关重大事宜,都需投资决策委员会审议通过后才能施行。

### 4. 基金管理模式

基金的普通合伙人、执行事务合伙人及基金管理人,依照合伙协议的约定负责基金的日常经营及投资管理事务,包括但不限于:制定基金发展和投资策略,投资项目的开发、筛选、跟踪、立项、尽职调查、投资价值分析、投资方案设计、投后管理、全程沟通与谈判、退出及资本运作等一系列工作。

有限合伙人的权利与义务。有限合伙人以其认缴出资额为限对合伙企业的债务承担责任，不直接参与基金管理，但充分享有基金的收益权和投资项目的知情权、监督权。有限合伙人不履行合伙企业的合伙事务，不得对外代表合伙企业开展活动、交易等，亦不得从事其他侵害本合伙企业利益的活动。

**5. 基金管理中各个主体的职责（表4-9）**

**表4-9　基金管理中各主体的职责**

| 主体 | 职责 |
|---|---|
| 合伙人会议 | 基金最高决策机构。为合伙人之议事程序，由普通合伙人召集并主持。合伙人会议讨论决定变更企业名称、经营场所、合伙期限、经营范围、合伙人增加或减少出资、入伙等事宜 |
| 基金管理人 | 负责引进其他战略投资者，募集资金，制定基金发展和投资策略，投资项目的开发、筛选、跟踪、立项、尽职调查、投资价值分析、投资方案设计、投后管理、全程沟通与谈判、退出及资本运作等一系列工作 |
| 投资决策委员会 | 负责组建投资决策委员会，基金所有对外投资业务、投后管理重大事项及投资退出等相关重大事宜，均需投资决策委员会审议通过后方可实施。投资决策委员会设5名委员。所有项目须经全体投资决策委员会3人或3人以上成员同意才可通过 |
| 其他事项：<br>①关联方回避表决。如果表决事宜涉及关联方，则关联方应回避表决。<br>②普通合伙人应当在法定期间编制符合有关法律规定、反映基金财务状况、经营成果和现金流量的会计账簿。 | |

**6. 基金管理人业绩奖励机制**

①首先偿还有限合伙人及普通合伙人的投资本息；②剩余的在普通合伙人与有限合伙人之间按2∶8比例分派，即将剩余部分20%作为业绩激励奖励给普通合伙人，剩余的80%在有限合伙人之间依据实缴出资的比例进行分配。

**7. 投资基金的收益分配**

基金收益按各个投资项目单独核算。

如果基金采取结构化架构，则按照优先级实际投资本金和预期收益率，优先向优先级有限合伙人偿还本金、支付预期收益；其次顺次向中间级有限合伙人（如有）支付本金和预期收益，向劣后级有限合伙人和普通合伙人支付本金。经过上述分配后，剩余可分配收益在劣后级有限合伙人和普通合伙人之间按约分配，剩余可分配收益的80%分配给劣后级有限合伙人，20%分配给普通合伙人。

如果基金采取平层架构，首先向全体合伙人按照其在该项目中的出资比例进行分配，直至全体合伙人收回其实际投资该项目的出资额；前述分配后的剩余可分配收益在有限合伙人和普通合伙人之间按约分配，剩余可分配收益的80%分配给有限合伙人，20%分配给普通合伙人。

基金产生剩余可分配收益时的分配顺序如下：首先用于弥补以前已清算项目亏损；其次，仍有剩余收益的，由基金普通合伙人及有限合伙人共同商议决定，对在投项目进行风险评估和计提风险准备金，具体计提比例及金额届时另议；按照合伙协议约定的分配比例及方式，在普通合伙人及有限合伙人之间分配扣除前述项目以后的其他剩余可分配收益。

**8. 基金管理费**

基金管理人按市场公允价格收取管理基金日常运营的费用，每年的管理费为实缴资金的2%。该费用涵盖但是不限于基金拟投资项目的尽调费用，如律师费、审计费等。

可组建专业投资并购团队，建立完善投前、投中、投后管理机制，降低因并购整合存在的风险，提高并购效率。

### 9. 基金模式和出资结构安排

(1)基金模式

常见基金模式有6种，如表4-10至4-15所示。

表4-10　基金模式一

| 基本内容 | |
|---|---|
| 1 | 产业并购基金的认缴出资总额暂定为人民币(/)亿元 |
| 2 | 基金存续期为(/)年 |
| 3 | (/)作为产业并购基金的基金管理人 |
| 4 | (/)作为产业并购基金的基石投资者，认购的出资额为产业并购基金出资总额的(/)%，预计为(/)元 |
| 5 | 由(/)负责产业并购基金的资金募集工作 |

表4-11　基金模式二

| 基本内容 | |
|---|---|
| 1 | 基金首期规模不超过(/)元，总规模不超过(/)元 |
| 2 | 普通合伙人认缴出资人民币(/)元，有限合伙人认缴出资人民币(/)元，其他与公司无关联关系合格投资者拟作为有限合伙人认缴出资不超过(/)元(含)，由基金管理人负责募集。并购基金总认缴出资额不超过(/)元(含)。认缴出资金额将根据项目的实际投资需求和进度分期实缴 |

表4-12　基金模式三

| 基本内容 | |
|---|---|
| | 基金认缴出资规模不超过(/)万元人民币，其中普通合伙人认缴出资人民币(/)万元，劣后级有限合伙人认缴出资人民币(/)万元，其他与公司无关联关系合格投资者拟作为优先级有限合伙人认缴出资不超过(/)元(含)，由基金管理人负责募集 |

表 4-13　基金模式四

| 基本内容 | |
|---|---|
| 1 | 有限合伙人认缴出资(/)元 |
| 2 | 基金管理人和普通合伙人认缴出资(/)元,剩余资金向其他投资者募集 |
| 3 | 出资进度:基金正式成立后,基金管理人根据项目投资需求向基金出资人发出缴款通知,基金出资人按照缴款通知要求的时间及所确定的出资金额范围向基金实缴出资 |
| 4 | 存续期限:存续期7年(5年投资期,2年退出期)。基金管理人有权根据投资和退出情况延长一年投资期或一年退出期 |

表 4-14　基金模式五

| 基本内容 | |
|---|---|
| 1 | 分期募集模式 |
| 2 | 投资基金总规模拟为人民币(/)元,分三期完成:Ⅰ期为(/)元,Ⅱ期为(/)元,Ⅲ期为(/)元 |
| 3 | 投资基金出资人结构:并购基金的出资人分为普通合伙人、优先级有限合伙人、中间级有限合伙人、劣后级有限合伙人 |

表 4-15　基金模式六

| 基本内容 | |
|---|---|
| 1 | 基金的出资进度根据拟投项目投资进度而定 |
| 2 | 基金募集架构:①一期基金分为优先级和劣后级;②一期资金根据项目投资进度可分期到位;③基金后续资金根据资产收购整合进度再行募集;<br>出资方式:所有合伙人均以现金方式出资 |
| 3 | 投资基金规模、出资结构及出资进度:基金采取结构化设计,(/)作为劣后级有限合伙人,出资额为人民币(/)元,出资比例为(/)%;(/)作为平行劣后级有限合伙人,出资额为人民币(/)亿元,出资比例为(/)%;同时(/)作为中间级有限合伙人,出资额为人民币(/)元,出资比例为(/)%;优先级有限合伙人出资额为人民币(/)元,出资比例为(/)%,优先级资金由(/)负责落实;(/)作为普通合伙人(同时作为基金管理人),出资额为人民币(/)元,出资比例为(/)%。基金设立时,各出资方根据约定的出资比例进行实缴出资。基金的出资进度根据拟投项目投资进度而定 |

（2）出资结构

①出资期限。全部合伙人在产业投资基金设立之日起5年之内出资到位，基金管理人根据项目进展情况，向全体合伙人发出书面缴款通知，全体合伙人在接到通知后1个月内完成出资。产业并购基金成立之日起6个月内，有限合伙人有权增加认缴出资额。产业并购基金存续时期，获得全部合伙人的赞同后，才可以引入新的有限合伙人，新有限合伙人与原有限合伙人享有同等权利，以其出资额为限承担责任。

②出资缴付。缴付期限：除非普通合伙人与有限合伙人另有约定，否则有限合伙人应当按普通合伙人发出的缴款通知书的要求分期实缴出资。普通合伙人一般应提前15日向各有限合伙人发出缴款通知书，各有限合伙人应该不晚于付款到期日，将当期应实际缴付的出资额按时足额缴付至缴款通知指定的银行账户。

③管理费。每年按实际出资规模的2%收取。

（3）基金存续期

合伙期限为5年，自其完成工商设立登记之日起，前3年为投资期，后2年为退出期。经过合伙人会议做出决议，可以延长合伙企业的存续期限或者提前终止合伙企业的存续期限，进入清算。

**10. 基金退出方式（表4-16）**

**表4-16　基金的退出方式**

| 基金的退出方式 | |
|---|---|
| 1 | 被投资项目在中国境内或境外的证券交易所上市（包括在全国中小企业股份转让系统挂牌） |
| 2 | 将被投资项目的股份、股权或资产全部或部分转让给其他投资者 |
| 3 | 与被投资项目或其股东签订股权回购协议，由其在一定条件下依法回购合伙企业所持有的股权 |

续表

| 基金的退出方式 | |
|---|---|
| 4 | 被投资项目清算 |
| 5 | 法律法规允许的其他退出方式 |

**11. 管理费用**

存续期内并购基金每一年都参照并购基金实缴出资额的2%向基金管理人支付管理费用。

**12. 收益分配**

合伙企业在收到任一投资项目投资收入(包括但不限于从投资项目中实际获得的分红、利息收入、基于合伙企业资产投资而发生的全部增值及其他一切合法权益)后,先行依据合伙企业已签署的相关协议履行对外义务,其余的部分(如有)在30个工作日内进行分配。

**13. 基金存在的风险**

存在未能寻求到合适并购标的的风险;存在未寻求到符合并购要求的标的,从而导致并购基金无法实现预期投资目标的风险;宏观经济的影响,投资标的的选择,行业环境、交易方案等带来的不确定性都将可能导致产业投资基金无法达到预期收益,如表4–17所示。

表4–17 基金存在的风险

| 阶 段 | 存在的风险 |
|---|---|
| 项目实施前 | 决策风险、未能寻找到投资标的和投资标的选择不当的风险 |
| 项目实施过程中 | 信息不对称风险、资金财务风险 |
| 项目实施后 | 无法实现协同效应的风险 |

**14. 实际落地进程**

①公司签署《股权投资合伙企业(有限合伙)合伙协议》。

②该合伙企业按照相关法律法规的要求完成工商登记手续，并取得《企业法人营业执照》。

③投资基金在中国证券投资基金业协会完成了私募投资基金备案手续，并取得《私募投资基金备案证明》。

## 三、绿色中医药产业投资基金核心商业模式

### （一）基金发展方向

其一，经由产业培育与地方的政府、区域经济实现共同发展。基金切入的产业方向与地方政府形成产业共识与利益捆绑，借助政府整合种植基地、物流基地、加工基地、土地园区等相关资源。通过推动地方中药产业化，提升农民收入。

其二，通过股权投资与产业并购，整合区域内中药企业资源，从上游入手，打造全新的中药生态产业链。通过布局核心中药产区，建立绿色生态种植、绿色加工制造、智慧物流运输与配送、品牌市场营销等一系列生态链价值公司，形成具有集团化竞争优势的中医药产业龙头企业。

其三，寻找和发现合适的中药企业标的，进行深度股权投资与战略资源植入，将其培育成上市公司。通过聚焦核心中药产业区域，实现跨区域复制、可持续发展的商业模式，从而实现更大的资本市场空间。

其四，通过中药品牌带来更多的中药产业资源，从而使基金有机会进入更多的高成长性区域优秀企业。进行产业性并购与投资，将金融资本与目标企业资源进行深度嫁接与整合，打造与培育能够在区域市场拥有竞争优势、辐射全国、具有上市潜力的中药企业。

其五，通过资本与股权的形式推动中医药高校、农业大学和中药科研机构的成果与技术转化到基金旗下企业，实现产业的转型升级

与企业产品和服务在市场上的高估值与高溢价。

### (二)中药产业基金聚焦投资领域(表 4-18)

表 4-18 中药产业基金的聚焦投资领域

| 领 域 | 内 容 |
| --- | --- |
| 中药产业的道地药材种植养殖(全程质量可追溯、可监测的生态产业链) | 单体核心高附加值的道地药材品类打造 |
| 道地中成药品牌企业股权投资(种植养殖企业、制造加工企业、流通企业) | 中药饮片的深加工,药食同源产品的开发与推广 |
| 中药流通领域资源整合 | 中药仓储物流、中药市场、连锁药店、大型医院中药配送、中药物联网 |
| 中医药产业的智慧化平台打造 | 智慧农业、智慧物流、中药电商 |

### (三)中医药产业发展基金的商业模式及框架设计

#### 1. 商业模式

中药产业发展基金不像中粮集团一样用自己的资源打造全产业链上的每一个环节,这样做会导致产业发展基金投入的周期长、资产重、管理环节多、利润回报慢,很难获得金融资本的超额回报。从中药产业的上游源头入手,从道地药材原材料的规模化种植、深度加工入手,整合整个产业链最优质的资源。通过标准化、专业化、科学化的产业运营体系植入,创新与嫁接智慧农业的科学技术,成为道地药材领先品牌的建立者、开发者与运营者。这样资源整合的目的是要在整个中医药产业中实现协同发展,与中药制药企业、上市公司、知名医药品牌、流通企业平台和广大消费者实现共赢发展,打造中药大健康产业生态链。

中药产业发展基金的使命就是要做中医药行业发展进步的建设

者和推动者。要关注整个产业链的最前端和最终端：在产业链的最前端，与道地药材的种植基地、农户携手合作，共同致富，与地方政府携手合作，实现中药种植和加工的转型升级和创新发展。通过道地药材的品牌打造、建立标准和商业模式推广，实现在消费者一端的“健康中国梦”。我们真正要做的就是通过道地药材的品牌资本化布局，使种植、加工、制造规模化、专业化、标准化、科学化，实现自身企业在上游核心产品高附加值的品牌溢价和市场核心竞争力。通过全媒体的品牌传播平台，实现“好山好水好生态，良心匠心做好药”的道地药材企业品牌传播目标，从而打造一个有爱国情怀、产业担当、时代使命、社会责任感、人文精神的产业发展基金。

中医药产业发展基金以中药产业转型升级创新发展的方式实现金融投资和股权投资，采用跨界资源整合、共赢共享的方式，实现优质资源企业的产业链重组，从而实现整个产业链资产更轻、资源项目更优质、运营更敏捷。从道地药材品牌化入手，以战略合作、商业共赢、生态共享的商业模式做整个中医药产业的优质战略资源与项目整合者，而非垄断竞争搅局者。

中医药产业发展基金力求打破道地药材的规模化种植、智慧农业的落地实现、物联网与绿色农业项目、电商平台与道地药材产品、品牌医药企业与高校科研机构之间的孤岛状态。通过基金平台，做全产业链的专业化英雄联盟，对优势的资源进行对接、嫁接、植入与整合，打造中国领先的规模化的道地药材品牌优势企业与优势投资机构，进而以品牌合作、品牌叠加、品牌共生、品牌共享的方式，以金融资本为平台和工具，借助传媒机构与政府平台力量，打造一艘中医药大健康领域的跨界产业基金“航母”。在这个“产业航母”中，涵盖了产业金融、高附加值农业、智慧绿色农业、物联网与大数据、农业电商平台、道地生态国药品牌的产业化种植与加工、道地国药品牌的塑造与传播，同时涉及医药流通领域的新场景与新零售，更直接涉及中国人的消费升级与人民大健康的发展进步。

中医药产业发展基金要做行业资源的跨界整合者和产业创新者，如表4–19所示，通过明确的目标与合作方式等来实现创新发展。

表4–19 中医药产业发展基金：行业资源的跨界整合者和产业创新者

| 类 别 | 内 容 |
|---|---|
| 中医药产业发展基金可协助政府实现的目标 | 区域经济发展、绿色经济发展、产业创新与升级转型、扶贫攻坚、新农村建设、招商引资和地方财税收入的增加 |
| 中医药产业发展基金与制药企业的合作方式 | 供应稳定的道地好药材，开发具有高附加值的道地药材，实现原产地生态优势和品牌叠加 |
| 中医药产业发展基金与医药流通企业的合作模式 | 通过新场景与新零售结合，推广与营销具有高附加值和市场品牌核心竞争力的道地药材单品，实现药食同源的道地药材和绿色生态中药产品的市场化 |
| 中医药产业发展基金可以为消费者提供的产品与服务 | 放心好药材，生态道地好药材，药食同源大健康产品，产业链可控、质量可追溯的绿色道地好药材 |
| 中医药产业发展基金与传媒平台机构的品牌传播目标 | 打造与传播“好山好水好生态，良心匠心做好药”这样有时代使命、产业报国情怀、社会责任温度的金融投资机构的商业模式与资本故事 |
| 中医药产业发展基金与智慧农业公司，包括农业物联网与农业大数据公司的战略合作方式 | 这些公司的核心发展诉求是项目落地和相关企业资源的资本化运作与股权投资。通过电商平台与智慧农业公司联动，可推出中药材电商APP、信息搜索、交易支付等相关产品 |
| 中医药产业发展基金与高校科研机构的合作模式 | 通过高校科研机构与企业合作、高校科研机构和地方政府合作，实现科研成果专利的转化、知识与人才的社会服务与企业服务 |

**2. 中医药产业发展基金的框架设计**

（1）基金目标

为中国做好药。在“健康中国”背景之下，打造具有高品牌价值、高科技含量、高生态标准、高产品附加值的绿色生态道地药材。通过绿色中药种植规模化、绿色中药深加工产业化、绿色中药品牌化与市场化，实现基金资本、中药种植产业、中药生加工企业、智慧农业技术、知名中药品牌与道地药材品牌传播的汇聚共生、共赢发展，打破产业内的资源孤岛状态，实现产业的英雄联盟。

（2）基金的定位

中医药产业发展基金通过道地药材品牌的打造，以关键性战略资源的产业布局，对接与嫁接植入行业上下游和跨界产业资源，以项目投资带动股权投资，通过中医药与智慧农业、大健康领域、中医药流通消费的跨界产业链实现优质资源整合、优质项目上市运作与股权投资。

中医药产业发展基金是政府新农村政策的协同者与执行者，以产业发展提升、产业创新与转型升级、种植农户的增产增收为目标。中医药产业发展基金与产业种植基地，可以采取类似OEM、ODM的大客户、大订单与精准农业模式的合作方式，引入标准化、系统化、专业化、智慧化的管理运营体系与流程。中医药产业发展基金与制药企业是友好合作者和产业供应者，通过提供放心好药材、道地药材的品牌叠加、技术合作等，实现与中药制药产业的资源整合。这样做的最终目的是让中医药发展基金与制药公司实现产品升级与品牌升级。中医药产业发展基金与流通企业和电商平台战略合作，致力于打造道地药材品牌的新场景与新零售。中医药产业发展基金聚焦消费者对品牌道地药材的体验升级和消费转型，通过传媒机构与平台运作实现企业品牌传播、价值传播、整合营销。

（3）基金发展路径

直面行业痛点：通过对中国A股市场上中药产业相关上市公司的调研，发现在中药产业上游，以道地药材为核心，通过共赢思维建立打造商业生态圈，是可以实现培育和发展一家或多家上市企业的。具体而言，就是当下中药种植、中药材流通、中药材加工企业直到终端消费者，整个产业链存在着行业发展规模不足、专业不强、技术水平低、品牌价值与影响力缺失的行业痛点。

当下致力于智慧农业的物联网公司与提供商发展迅速，但是这些都是以传统IT产业与物联网相结合的思路去做的，本身对农业（特别是中药的种植、加工、流通）缺乏产业认识，缺少项目落地产业资源，品牌中药厂与大量的中小药厂目前基本采用市场化采购的方式来解决药材来源问题。虽然一些上市公司在布局上游药材原料的生产加工，但并没有产生切实能被资本市场认同的商业模式。

中国的中医药产业是一个急需变革的产业，只有由产业发展基金的方式，从上游入手解决产地种植规模，实现产品标准化与生态环境控制，植入标准化道地药材种植体，打造专业化、智慧化运营管理平台，通过物联网与大数据技术实现智慧农业，与电商平台和流通体系合作打造道地药材的新场景、新零售，与跨界传播平台联手发展道地药材的品牌化营造，才具有切实改变整个行业生态格局的战略性意义。随着这样的做法，通过中医药产业发展基金，不但可以整合和对接地方政府资源（种植基地的直接对接、产业引导资金的合作、深加工企业的落地与流通市场的转型升级等），更可以植入和嫁接智慧农业项目（物联网、大数据、精准农业、订单农业等）。同时，从与农业和中药相关的大学与科研机构入手，直接进行战略合作，从源头上解决道地药材生态种植、饮片深加工、客户导向创新产品研发（食品、保健品等）的技术体系与平台支撑等问题。与中药产业种植基地农户合作的实质，就是通过与政府达成共识，对中药种植进行专业化与标准化建设、技术平台植入（由产业基金牵头组织，借助政府平台共同打造产业标准与产业平台）、智慧农业管理运营植入（物联网与大数据相结合,可由第三方公司完成)、道地药材高端品牌塑造。这样可以使中医药产业发展基金从传统的长周期农业投入,变成以技术研发、智慧管理、市场开发、品牌塑造为核心的智慧化农业轻资产运行,不但缩短了对农业长周期布局上的时间要求,更减少了基金自身资金的投入,也可以更加灵活地与品牌药厂和流通企业进行战略资源合作。

(4)基金整体发展思路

中医药产业发展基金就是“搭台唱戏”,将政府发展中药林种植业与区域经济,种植基地需要大客户、大订单,药厂需要道地药材,消费者需要良心好药有效地结合起来。从源头入手,依托产业发展资金,以共赢与开发的模式营运,做好与政府项目资源的整合,建立种植技术、养殖技术、深加工技术、农业创新技术、中医中药著名品牌、流通领域知名企业、物联网公司与智慧农业公司、传播平台机构的超级联盟,打造一艘能够承载和聚集品牌化、高科技附加值、标准化系统种植、智慧化运营、市场化推广、具有生态绿色中药道地药材的核心资源超级巨舰,实现“以我为主,资源整合,产业跨界,平台运营、多方共赢,资本增值”,从而打造企业核心商业模式与市场竞争力。能够在5年之内成长为一家主板上市公司,并通过产业并购与重组参股培育五六家上市公司。

## (四)中医药产业发展基金的运营模式

### 1. 运营模式

A股上市中医药企业中的优质公司如康美药业、片仔癀、吉林敖东都是通过有限合伙基金、产业发展基金与上市公司联动实现产业链的资源整合,通过收购优质大健康并购标的公司获得超额资本市场收益的。

在产业链上下游对优质标的公司的并购与对流通体系公司的参股和增资都可以通过中医药产业发展基金的操作来实现。中医药产业发展基金可通过股权合作与股权投资的形式，参股中药加工与流通领域优质标的公司，同时与区域内的核心医院进行战略合作，借助医院渠道扩大道地药材整体销售规模。

经典名方是中医药企业成功打造市场品牌，实现黄金销售单品和获取较高利润来源的一个重要方向，也是中医药产业发展基金进行品牌塑造与市场推广的重要方向。经典名方产品要采取差异化的市场竞争策略：道地药材的选取、生产品质与制造工艺、技术含量与品牌价值、销售模式与管控模式都要区别于传统的中医药企业。

关于中药饮片的市场营销策略，可以采取区域聚焦、逐步推广、全省覆盖、全国复制的模式逐步进行。通过中医药产业发展基金的金融品牌和金融规模效应与地方政府展开深度合作，与知名中医药大学、核心医院建立起利益链上的产业联盟，共同推动区域城市内的道地药材与医院采购渠道对接，进行直接销售。

**2. 市场营销执行方案基本思路**

通过电商渠道的建设、品牌传播及自身营销体系的建立，优化客户对品牌的体验感，拓展线上线下的营销规模与客户社群，进而扩大品牌的传播度。同时将电商平台作为公司未来开发药食同源食品与保健品的核心阵地，推动电商平台发展、客户吸纳与产品销售规模增长。线上线下协调同步发展，完善和升级整体营销体系，达到实现公司销售价值和品牌价值的最终目的。

集成引入嫁接创新智慧农业平台与物联网平台，从种植基地管控、生产工艺体系建立、供应链管理体系建立等入手，打造企业先进的信息化生态平台，涵盖产品需求梳理、订单管理、科学生产工艺流程、线上线下销售体系、仓储物流、售后客服等大数据物联网、智慧化管理专业平台。通过线上线下信息优化组合，构建企业自身完善的大数据信息体系，促进和完善公司的销售体系搭建，实现企业品牌传播效果和产品利润的最大化。打通企业销售数据的线上线下对接，通过对各渠道的数据进行整合分析，有效了解各地的经营情况和差异，调整销售策略。升级订单管理，整合供应链上下游资源与公司的采购销售平台，更好地保护自身的市场营销利益，有效把控营销渠道和核心客户的各类关键信息。

（1）企业品牌塑造

①参加国内外医学大会，以赞助或其他方式参与医药行业的专业会议，提升品牌的行业知名度。可与合作专家、合作院校、机构共同承办各类专业活动和大型展会。

②通过在各地区招商引资、参加商业洽谈会的方式接入新地区，将整套商业模式复制推广到新地区，也可通过股权合作与股权投资形式，参股中药加工与流通领域优质标的公司，以多样的合作方式介入核心地区，打开区域市场，建立品牌知名度。

③与中药材交易中心市场进行战略合作，多方式进行推广和合作，以销售市场为公司的销售中心节点，开展常规市场营销业务。

④与品牌包装推广传媒合作，对企业和产品的包装进行深度推广，整合传媒平台推广企业品牌，推动电商平台发展、客户吸纳与产品销售规模增长。

（2）线下市场营销

线下推广部分，主要是结合传统的营销方式及商务、品牌的配合支持，完善企业整体的销售体系。

线下推广及商务。一是针对地方政府，可采取定向合作的方式，通过与地方政府和中医药大学合作，对区域内的核心医院进行直接配送销售，引导区域内的医药企业和医院进行包销合作，获取政府政策支持，以便在区域内快速实现营收和品牌落地。

二是针对制药企业，可提供稳定持续的药材供给；合作开发具有高附加值、高溢价的医药单品；同时与制药企业签订合作订单合同制，以订单需求定制来年的销售计划和种植计划，以便产销一体化的优化实现；与药企合作开发品牌，提升产品的科技价值和附加值（可适时收购、参股、增资药企）。

三是针对流通企业，销售自有产品药品及中药材，结合当地特色合作开辟新单品（自有加工厂或制药厂、保健品厂）；资源互换，协助其他厂商及产品的铺设；在合作当地创建新场景、新模式，如探索药膳餐厅、中医体验馆等模式。

四是线下销售体系构建，建立大客户大渠道、重点商务开发团队，常规区域销售团队、品牌管理与政府公关团队；采取协作经销模式、代理销售模式、合作经销模式等开展常规营销工作，构建能战斗的实战团队。

（3）中医药产业发展基金与实体公司落地实施流程，如表4–20所示。

**表4–20 中医药产业发展基金与实体公司落地实施流程**

| 步骤 | 内容 |
| --- | --- |
| 第一步 | 对接政府机构：山东省政府、市（县）政府（农业主管领导），山东省卫生和计划生育委员会、市（县）卫生和计划委员会，山东省食品药品监督管理局、市（县）食品药品监督管理局，山东省农业厅、市（县）农业局，山东省发展和改革委员会、市（县）发展和改革委员会，山东省市、县、区级核心中心医院负责人 |
| 第二步 | 政府站台支持、金融企业家主导成立中医药产业发展基金与实体公司。中医药产业发展基金与实体公司同时启动、协同运营，通过产业链资源整合与战略合作实现中药种植产业、智慧化农业与绿色农业相结合的项目落地。实体公司推动道地药材规模化种植、高经济附加值与高技术附加值产品研发、创立市场著名品牌、开展线上线下营销渠道建设，进行覆盖全国的市场化推广 |

续表

| 步　骤 | 内　容 |
| --- | --- |
| 第三步 | 对接种植基地(省、市、县农业厅、农业局可支持对接)、核心药材市场(省、市、县发改委、食品药品监督管理局、卫健委可支持对接)、标的中药加工企业(省、市、县级政府、发改委、食品药品监督管理局可支持对接)。与地方政府合作,投资对接规模化道地药材生产基地建设(嫁接智慧农业与绿色农业项目),进行标准化种植、就地建厂、科学加工、品牌化运营、市场化推广。解决道地药材原产地规模化种植、市场采购与销售渠道建设、道地药材高科技深加工、道地药材市场升级改造与线上线下市场渠道开拓、市场营销创新等相关问题 |
| 第四步 | 对接大学科研机构与专家团队、物联网公司、智慧农业公司合作研发、项目植入。解决道地药材产品规划、产品设计、核心产品技术、核心产品标准、智慧农业与物联网体系嫁接等相关问题 |
| 第五步 | 通过与第三方公司战略合作进行品牌推广与市场营销。对接媒体传播机构解决品牌创立、品牌传播,实现市场化品牌溢价。创建自营电商旗舰店,对接核心、主流、专业电商平台,从而使品牌化道地药材产品能直接销售给终端广大消费者。通过政府资源与医院合作,直接配送至区域内核心公立医院。与医药公司和连锁销售企业合作,全力拓展线下渠道 |
| 第六步 | 形成可复制的区域化商业模式,聚焦区域市场取得市场化成功。实体标的公司具有系统化专业核心竞争力,扩大公司道地药材品牌与中药发展基金全国知名度,以期实现从山东区域扩展到中国东北、安徽等核心高附加值道地药材产区。2年内形成中医药产业发展基金,打通上下游标的公司。基金注入核心实体标的公司,助推实体企业成长。5年内通过商业模式跨区域复制、优质项目并购、资源化战略重组等多种方式实现基金股权控制的实体公司成功主板上市,中医药产业基金获得直接退出路径,获取超额中医药产业资本证券化回报 |

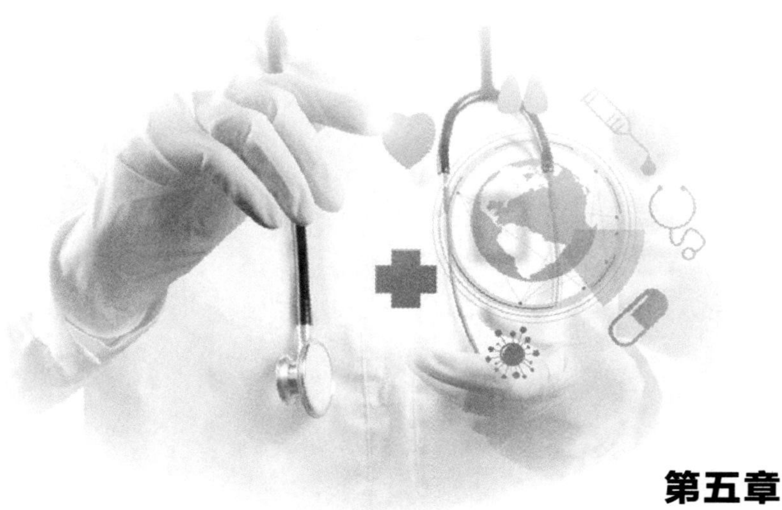

# 第五章

# 长三角地区医疗产业发展与人才结构

# 一、长三角地区医疗产业发展分析①

## (一)长三角地区医疗产业概况分析

### 1. 医疗产业背景

(1)医疗卫生资源优化,行业整体增速回升

随着医药卫生体制改革的深入,公共卫生资源供给实现显著提升。国家卫生健康委发布的《2019 年我国卫生健康事业发展统计公报》显示,2019 年末,全国医疗卫生机构总数超过 100 万个,同比增加 10112 个。其中医院 34354 所,基层医疗卫生机构 954390 个,专业公共卫生机构 15924 个。与上年相比,医院增加 1345 所,基层医疗卫生机构增加 10751 个。

如表 5-1 所示,2019 年全国卫生总费用预计达 65195.90 亿元,其中政府卫生支出 17428.50 亿元(占 26.7%),社会卫生支出 29278 亿元(占 44.9%),个人卫生支出 18489.50 亿元(占 28.4%)。人均卫生总费用 4656.70 元,卫生总费用占 GDP 的 6.6%。

① 此研究受教育部产学合作协同育人项目、会稽山绍兴酒股份有限公司及绍兴黄酒学院资助完成。

表 5-1　全国卫生总费用

| 指标 | 2018 年 | 2019 年 |
|---|---|---|
| 卫生总费用(亿元) | 59121.90 | 65195.90 |
| 政府卫生支出(亿元) | 16399.10 | 17428.50 |
| 社会卫生支出(亿元) | 25810.80 | 29278.00 |
| 个人卫生现金支出(亿元) | 16912.00 | 18489.50 |
| 卫生总费用构成(%) | 100 | 100 |
| 政府卫生支出(亿元) | 27.74 | 26.73 |
| 社会卫生支出(亿元) | 43.66 | 44.91 |
| 个人卫生现金支出(亿元) | 28.61 | 28.36 |
| 卫生总费用占 GDP(%) | 6.43 | 6.58 |
| 人均卫生费用(元) | 4237.00 | 4656.70 |

(2)医疗产业平稳增长,发展潜力巨大

一方面,人口老龄化趋势明显。生育率下降和人均寿命的提高是导致老龄化的主要原因,是社会经济发展到一定阶段的必然结果[①]。人口老龄化给劳动力供应、人口结构、养老保险、医疗卫生等方面带来影响的同时,也为医疗产业的发展提供了更为广阔的空间。

另一方面,“互联网+医疗”打开了新增长空间。2018 年,国务院发布《关于促进“互联网+医疗健康”发展的意见》;2019 年,国家医疗保障局发布《关于完善“互联网 + ”医疗服务价格和医保支付政策的指导意见》。在一系列国家政策支持下,这种让老百姓“少跑路、少花钱、看好病”的就医方式将越来越普及。尤其是新冠肺炎疫情期间,这种非接触式的互联网诊疗方式,既解决了就医用药的燃眉之急,又最大限度地降低了在医院的交叉感染风险,老百姓对在线诊疗的认

① 郝国彩.中国人口老龄化地区差异分解及影响因素研究[J].中国人口资源与环境,2014(4):136-141。

可度大大提高。如表5–2所示，移动医疗APP有平安好医生、好大夫在线、春雨医生等。以平安好医生为例，根据2020年8月披露的中期报告，疫情高峰期，平安好医生的访问人次达11.1亿，APP新注册用户量增长是疫情之前的10倍，APP新增用户日均问诊量是平时的9倍。2020年上半年，平安好医生营收27.47亿元，其核心业务——在线医疗板块，逆市保持高速增长达106.8%，贡献收入达人民币6.95亿元，占集团整体收入的25.3%。

表5–2　移动医疗APP

| 企业 | 三攻方向 |
| --- | --- |
| 平安好医生 | 一站式健康咨询及健康管理服务 |
| 好大夫在线 | 一站式解决线上服务、线下就诊等各种医疗问题 |
| 春雨医生 | 提供医生在线医疗健康咨询服务 |
| 丁香医生 | 提供医学健康内容与医疗健康服务 |
| 寻医问药 | 一对一在线咨询，预约挂号 |
| 叮当快药 | 协助药店提供便民服务 |
| 微脉 | 本地一站式医疗健康服务平台 |
| 快速问医生 | 专家在线解答 |
| 1药网 | B2C网上药店 |

（3）新药研发能力薄弱

如图5–1所示，在美国、欧洲、日本等发达国家和地区，创新药的市场份额均超过了60%；而我国的制药业一直是“以仿为主”，创新药占比不到20%。近年来，全世界患癌人数持续增长，肿瘤学领域已成为生物制药行业的研究重点。我国是癌症高发国，发病人数居世界首位，但国内用于治疗癌症的本土创新药占比却不高，所以高度依赖进口。尽管政府在“零关税、集中采购、医保准入谈判”等方面做了很多努力，靶向药的价格也有下降，在一定程度上减轻了癌症患者的经济负担，但对于大多数人来说其依然是天价药。无独有偶，70 万元一支的治疗脊髓性肌萎缩（SMA）的特效药（诺西那生钠）引发了社会广泛热议。SMA 是一种罕见的遗传性神经肌肉疾病，由于罕见病“市场需求少、研发成本高”，国内的医药企业缺乏研发的兴趣与实力，所以药物只能依靠进口。这些进口药垄断了国内市场，从侧面反映了我国新药研发能力的薄弱。

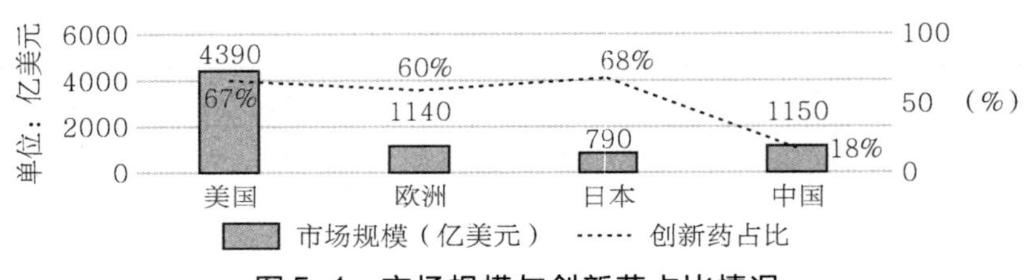


**图 5-1　市场规模与创新药占比情况**

### 2. 长三角地区医疗产业发展总体情况分析

2019 年，国务院印发《长江三角洲区域一体化发展规划纲要》，长三角一体化上升为国家战略。2020 年 8 月 20 日，习近平总书记在合肥主持召开扎实推进长三角一体化发展座谈会上指出，实施长三角一体化发展战略要紧扣“一体化”和“高质量”两个关键词。长三角的医疗产业要以此为契机，推进传统产业的优化升级，聚焦龙头优势企业，培育壮大新兴产业。

长三角的医药行业一直处于国内领先地位，其在创新能力、研发实力、集聚效应等方面优势明显，同行业内占比高，整个医药行业发展保持良好的发展势头。以长三角地区的桥头堡上海市为例，如图 5-2 所示，2019 年，上海市医药工业克服经济下行的压力逆势上扬，生产规模继续保持 7.3% 的增长水平，完成工业总产值 1320 亿元，拉动全市工业增长 0.2 个百分点，对本市工业的支撑作用进一步显现。

长三角地区是我国经济最具活力和创新能力的经济三角带，也是医疗产业发达的地区之一。如图5-3所示，截至2019年底，江苏、浙江、安徽、上海全年医药工业总产值分别为2069亿元、913亿元、1687亿元、1320亿元，占了全国的近一半，同比增长分别为29%、21%、17%、8%。

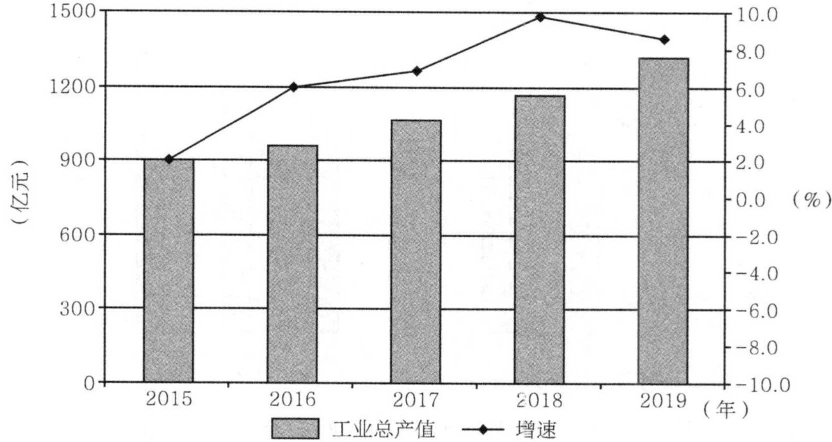


**图5-2　上海市2015—2019年医药工业总产值**[①]

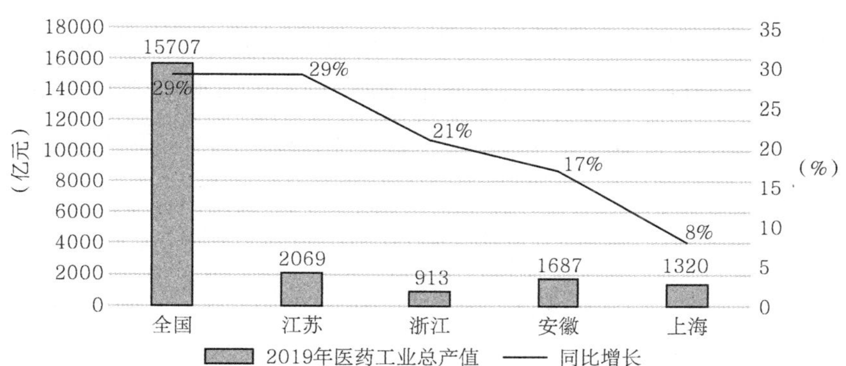


**图5-3　长三角地区三省一市医药工业总产值与增长情况**[②]

① 数据来源：Wind数据库

② 数据来源：Wind数据库

如图5–4所示，2019年1—9月浙江省医药工业总体发展平稳，呈不断上升态势，利润总额由12.8亿元增长到72.9亿元；但是利润增幅由1月份急速上升到4月份的7.04%之后，增长幅度趋缓，并逐步下滑到9月的–4.25%，说明医药工业利润增长空间有限，需要从技术方面进行突破，增加医药工业方面的附加值。

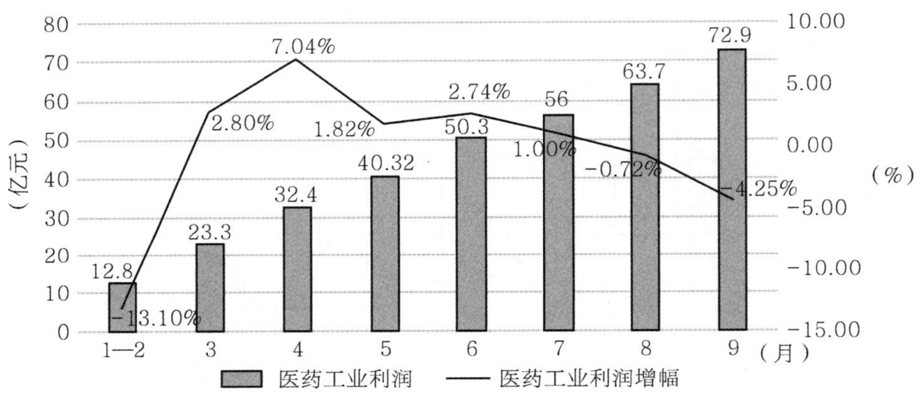


**图5–4　2019年1—9月浙江省医药工业利润额与利润增幅情况①**

再从医药出口交货值完成情况来看，如图5–5所示，2019年1—11月浙江省稳步增长，由37.9亿元增长到11月的238.6亿元，处于稳步攀升的态势中；从医药出口交换值增幅来看，基本稳定在7.28%—11.50%，趋势较平缓。这说明浙江医药出口较为强劲，医药工业发展潜力有较大空间。

① 数据来源：Wind数据库

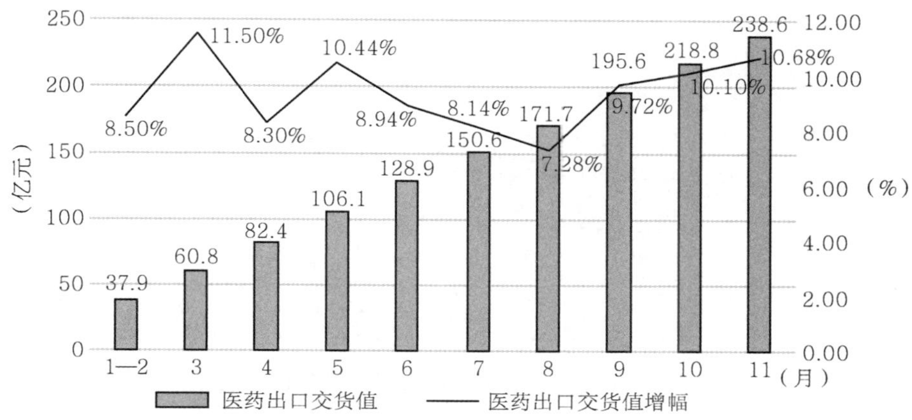

图 5-5　2019 年 1—11 月浙江省医药出口交货值完成情况

从以上分析可以看出，长三角地区的医药产业集群已形成一定规模，且具有相当高的水平，以浙江为代表的长三角地区的医药工业经济发展势头迅猛，医药出口交货值一直居全国前列，医药品牌正“向外输送”，说明长三角地区已形成了一批具有国际竞争力的企业。不过，长三角地区的医药工业也面临转型的挑战，制药同质化必然导致利润增长空间有限，需要花更多精力在质量和创新上下工夫。

## (二)长三角地区医疗产业发展趋势预测分析

### 1. 长三角地区医疗产业增加值发展趋势预测

在长三角一体化发展的推动下，四省市的医疗产业取得了明显成效，如图 5-6 所示，2016—2019 年，各地呈明显增长趋势。随着人口老龄化的加剧，未来长三角地区医药工业将呈现快速发展的趋势。

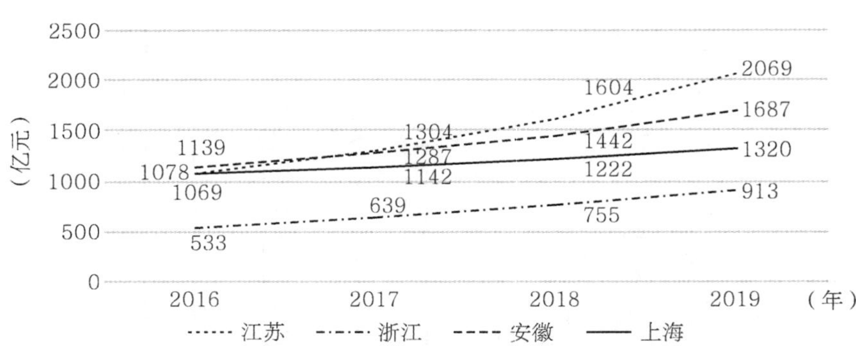


图 5-6　长三角地区四省市 2016—2019 年医药工业产值

长三角地区医药工业是依靠资本投入和技术创新逐步发展起来的，并且随着时间的推移而逐步优化，因此可以通过时间序列预测法建立医药工业总产值预测模型，来预测各省市的医药工业发展趋势。利用各省市 2006—2018 年的历史数据，建立相应的计量经济回归模型。如表 5-3 所示，下面以江苏医药工业总产值预测模型为例，江苏医药工业总产值预测模型：Y=-664263.5+330*t。

表 5-3　系数表

| 模型 1 | | B | Std. Error | Beta | T | Sig. |
|---|---|---|---|---|---|---|
| 1 | (Constant) | -664263.5 | 74742.9 | | -8.887 | 0.012 |
| | 时间 t | 330.0 | 37.1 | 0.988 | 30.256 | 0.012 |

R2=0.988

a. 因变量：医药工业总产值（江苏）

其中，-664263.5 为常数项，t 为时间。R2=0.988，说明模型的拟合优度很好，修正的可决系数超过了 0.9，可以用来预测。从表 5-3 可以看出，模型 1 中的常数项和自变量系数时间 t 的显著性（Sig. 值）都小于 0.05，说明模型是显著的。因此，可以根据上述模型利用时间序列对江苏的医药工业总产值进行预测。其他省市也可以依次运用这样的方法预测未来几年的医药工业总产值情况，预测结果如表5–4所示。

**表5–4　长三角地区四省市医药工业总产值预测**

（单位：亿元）

| 长三角地区＼时间 | 2021年 | 2022年 | 2023年 | 2024年 | 2025年 |
|---|---|---|---|---|---|
| 江苏 | 2666.5 | 2996.5 | 3326.5 | 3656.5 | 3986.5 |
| 浙江 | 1149.6 | 1275.2 | 1400.8 | 1526.4 | 1652.2 |
| 安徽 | 2018.4 | 2198.3 | 2378.2 | 2558.1 | 2738.3 |
| 上海 | 1472.6 | 1553.2 | 1633.8 | 1714.4 | 1794.7 |

预测结果显示，长三角的医药工业增加值年均增长8.5%左右，整体增速很明显。尤其是江苏省，作为医药强省，其取得的成绩十分突出，很大程度上得益于产业发展布局和自主创新能力的提高。随着市场竞争力的不断增强，其医药工业发展走在长三角前列，形成了一批以江苏恒瑞、扬子江药业等为首的知名度较高的企业。

**2. 长三角地区各医疗产业增长及其趋势预测**

老龄化社会的到来及人们健康意识的加强，无疑对医疗产业提出了更高的要求。医疗产业与社会经济发展、人口结构等因素有密切关联，合理预测中成药生物制药、医疗服务、医疗器械等医疗产业的利润增长速度，使得其相关产品和服务需求匹配，有利于促进长三角医疗产业服务标准更加完善，推进“以人民健康为中心”的“健康中国”建设。

长三角地区作为医疗产业、医疗大数据建设中心，带动了涵盖中成药、原料药、生物制药、医疗服务、化学制剂、医疗器械等产业的快速发展。如图5–8所示，各产业收入都保持较为平稳的增长速度。医疗服务与生物制药增长速度较快，2019 年在 25% 以上；医疗器械、医药行业（扣除原料药）、医药商业、中成药等的增长都保持在 15% 左右；原料药、化学制剂保持在 10% 左右。由此可见，整体市场保持良性发展，产品需求增长较快，相关公司业绩获得快速释放。

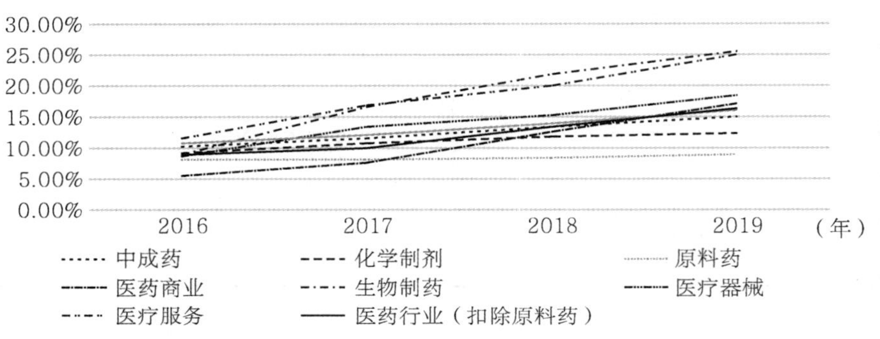


**图 5-8 长三角地区医疗各产业收入增长速度**[①]

如图 5-9 所示，从各产业利润增长速度来看，原料药、生物制药、医疗服务、化学制剂等产业利润增长较快，基本上都超过了 10%，相关企业业绩表现较好。2020 年受疫情影响，在订单增加、产能释放和新品种落地等因素驱动下，一、二梯队企业有望保持较快的业绩增长。相比较而言，中成药、医药商业增速较慢，整体业绩表现不佳。另外，大部分分销公司、零售药店的业绩整体保持平稳增长态势，增长速度为 5% 左右。

总体来说，长三角地区三省一市的医疗产业发展较为强劲。虽然 2020 年一季度受新冠肺炎疫情影响较大，产业内部产生了明显分化，原料药、医药商业和部分器械公司业绩出现了较大的波动，但是随着人们对医疗的需求越来越大，未来医疗设备、医疗检测、医疗服务、医药商业等高成长产业及刚需用药，有望实现较好的业绩增长。

① 数据来源：Wind 数据库

下面对长三角地区各医疗产业未来6年的收入增长速度趋势进行预测。首先以中成药为例建立时间序列预测模型，来预测中成药的收入增长趋势，如表5-5所示。

中成药收入增长速度预测模型：V=-664263.5+330*x。

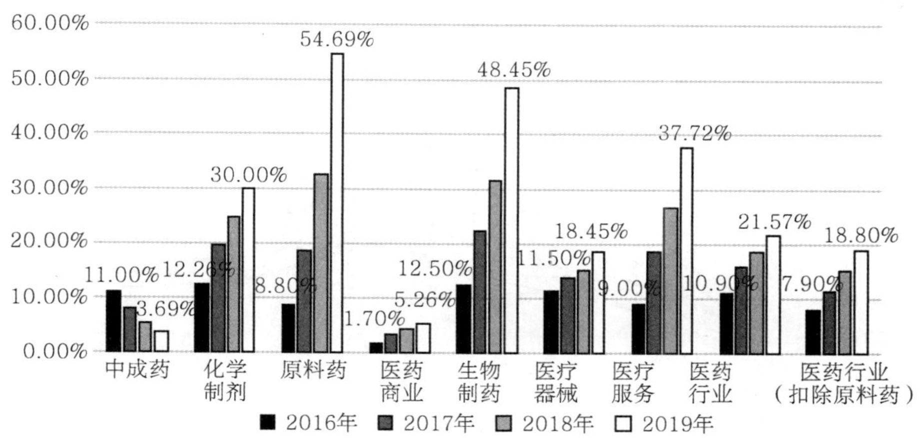


**图5-9　长三角地区各医疗产业利润增长速度**[①]

**表5-5　系数表**

| 系数表 Coefficients[a] | | | | | | |
|---|---|---|---|---|---|---|
| 模型1 | | B | Std. Error | Beta | T | Sig. |
| 1 | (Constant) | -3064.025 | 112.601 | | -27.211 | 0.001 |
| | 年份(x) | 1.525 | 0.056 | 0.999 | 27.324 | 0.001 |

R2=0.999

a. 因变量：中成药收入增长速度预测

其中，-3064.025为常数项，x为年份。R2=0.999，说明模型的拟合优度很好，修正的可决系数超过了0.9，可以用来预测。从表5-5中

① 数据来源：Wind数据库

可以看出，模型 1 中的常数项和自变量系数年份 x 的显著性（Sig. 值=0.001）都小于 0.05，说明模型是显著的。因此，可以根据上述模型利用时间序列对中成药收入增长速度进行预测。其他产业也可以依次运用这样的方法分别预测未来 6 年的收入增长速度情况，预测结果如图 5-10 所示。

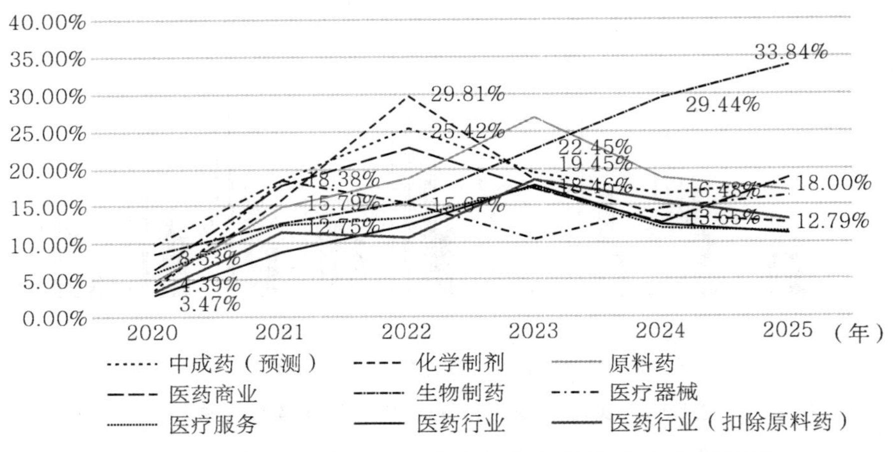


**图 5-10 长三角地区各医疗产业收入增长速度趋势预测**

从各产业收入增长速度来看，2020 年因受新冠肺炎疫情影响，各产业收入增长速度较慢，保持在 3%—9%；2021 年增长速度开始回升，化学制剂、中成药、医药商业的增速将在 2022 年达到高峰期；生物制药的收入增长速度一直处于上升态势，到 2025 年将达到 33.84%，这可能与生物制药政策、市场需求有关；原料药、中成药、医药行业、医药行业（扣除原料药）、医疗器械、医药商业等从 2023 年之后增长速度将开始保持稳定，趋于平缓，基本保持在 12.79%—18.00%。

综上，国家大力扶持医疗产业的政策红利正在转化为发展的动力，长三角的生物制药呈现加速增长的趋势，这应该归功于研发投入和技术创新，因此，随着产品竞争力的上升，抢占了更大市场份额。

疫情之下，以连花清瘟胶囊为代表的中成药发挥了重要作用。中成药在医药行业中的盈利能力较强，且拥有自主研发能力，发展潜力巨大，是未来医药行业的一个发展方向。整体来看，要逐步缩小与国外的差距，并最终实现国产替代进口的目标，必须在自主创新上有所发展和突破。为此，医疗产业要优化产业结构，以生物工程技术促进生物制药和中成药的创新发展。

### （三）长三角医疗产业发展存在的主要问题

#### 1. 长三角人口老龄化严重，经济负担重

前面我们说过，我国人口老龄化日益加剧，对医疗产业来说既是机遇，又是挑战。长三角是我国经济最发达的地区之一，GDP 总量占全国的 1/4。在经济迅猛发展的同时，也面临着人口老龄化的严峻考验。长江养老和第一财经联合发布的《长三角一体化养老金融发展报告》数据显示，截至 2018 年底，长三角区域户籍人口老龄化水平为 21.47%，人口老龄化高于全国平均水平，甚至可以说长三角是我国老年人最多的地区。对长三角老龄化的研究，一直是许多专家学者的关注热点，特别是对涉及老百姓切身利益的医疗产业的研究。

在医疗费用方面，老龄化增加了医保基金的支付压力，需要强大的经济实力作为后盾。人到花甲之年，高血压、冠心病、癌症、糖尿病、阿尔茨海默病等慢性疾病的患病率就会升高。绝大多数慢性病较难治愈，且常常会出现并发症，需长期多重用药。以心血管疾病为例，每天需要服用的药物种类繁多，包括降压类药物，抑制血小板聚集的药物，降血脂、抗动脉硬化的他汀类药物，还有活血化瘀的中成类药物。刘莎、卢硕等（2020）对苏北农村空巢老人进行抽样调查后发现，1409 名空巢老人中有 844 人患有慢性疾病，患病率为 59.9％，依

次是高血压、关节炎和糖尿病[①]，老年人的经济负担较重。除了日常用药外，住院费用是医疗费用的大头，一份对高血压住院患者的研究显示，医保类型、住院天数、医院级别影响患者的直接经济负担[②]。同时，老年患者病情越严重，住院费用也越高，医保的报销根本是杯水车薪，一旦被送入重症监护室（ICU），每天的医疗费用差不多需要一万元，这对普通家庭来说无疑是雪上加霜。

在养老医疗方面，长三角正全力推行区域养老一体化合作，积极调动区域内的养老医疗服务资源，这对缓解资源分布不均衡及破除医疗产业发展障碍具有重要意义。但是，这种异地养老的方式还面临以下问题。一是养老机构收费高，让人望而却步。中国普通工薪族占绝大多数，总体收入水平不高，这些人退休后，养老金就成了他们唯一的收入来源。尽管每年政府都会上调企业退休人员的养老金，但仍不能满足老年人的经济需求。老年人口区域流动在一定程度上被经济实力所限制，异地养老的目标群体还是中等偏上收入和高收入的人群[③]。二是专业护理人才短缺，且文化水平较低。近年来，养老院虐待老人的负面消息屡见报端，归根究底是护工入职门槛低，整体素质良莠不齐的缘故。陈瑞、荣宁等（2019）对浙江省湖州市、嘉兴市等5个地级市的346名养老护理人员进行问卷调查，47.1%的养老护理人员无证上岗[④]。养老机构里面的老年人健康状况并不乐观。老年人对医疗护理的诉求较高，而护理人员缺乏最基本的医学常识和专业知识，这些都不利于养老医疗产业的可持续发展。

---

① 刘莎，卢硕，等．苏北农村空巢老人健康状况及直接医疗费用的Tobit回归模型研究[J].中国卫生统计，2020(1)：20-23。

② 唐昌敏，杨凌鹤，等．城镇医保高血压住院患者直接经济负担研究[J].中国医院，2018(10)：37-39。

③ 张卫，马岚，等．长三角一体化与区域养老融合发展机制研[J].现代经济探讨，2018(4)：80-87。

④ 陈瑞，荣宁，等．浙江省养老机构护理员现状调查及问题分析[J].全科护理，2019(33)：4113-4117。

### 2. 长三角制药产业创新能力不足

制药行业是长三角地区的优势产业之一，拥有上海张江高新区、泰州中国医药城、南京高新区、苏州工业园区等成熟的产业园区，其产业实力和创新能力在国内处于领先地位，但是与发达国家和地区相比还存在一定差距。

首先，长三角大多数制药企业产品以仿制药为主，本土创新药研发能力薄弱。创新药研发具有周期长、投入多、技术难度大、成功率低等特点，导致很多药企不愿意承担新药研发。创新是制药企业的核心，人才、设备、技术等创新资源都离不开资金的投入，这时政府对制药企业的扶持就显得尤为重要。曹文彬、郭珊珊（2012）对医药制造业发展中金融支持的作用进行了实证分析，发现政府资金对泛长三角地区医药制造业的初期有着显著的推动作用，在泛长三角地区科技活动经费来源中，企业资金贡献最大，政府资金来源贡献次之。①

其次，仿制药质量参差不齐，社会认可度低。由于处方工艺、原辅包质量、仿制能力、技术等因素影响，仿制药在疗效上不如原研药。黄仲义、NI Ping（2019）对3个品牌及不同批次的多西他赛注射液进行评测，结果显示：其中有一个仿制药胶束体系稳定性与原研药不同，原研药有即刻抗肿瘤活性的游离多西他赛比例系数比两个仿制药高25%—67%，原研药与仿制药表现出了一定的差异。②此外，药品辅料对药品的安全性和有效性也具有重要作用，一些企业为了追求经济效益，选择不符合标准的辅料③，这些劣质仿制药已经导致多起严重的药害事件。例如，2006年“齐二药”生产的亮菌甲素注射液，用

---

① 曹文彬，郭珊珊.泛长三角地区医药制造业的金融支持实证研究[J].福州大学学报(哲学社会科学版)，2012(5)：25-31。

② 黄仲义，NI Ping.原研药多西他赛特点及仿制药与其差距[J].上海医药，2019(15)：85-88。

③ 余丽丽.我国仿制药产业的发展困境与对策探讨[J].现代商贸工业，2020(25)：11-12。

“二甘醇”代替“丙二醇”作为药用辅料，致多名病人死亡；2012年、2014年，河北、浙江出现不法厂商使用“工业明胶”代替“食用明胶”的毒胶囊事件。

**3. 长三角医疗器械中低端占比太高**

长三角是医疗器械的重要生产基地之一，其企业数和销售量均居全国前列，并初步形成优势产业集群，如浙江桐庐是最大硬管内窥镜生产基地，江苏无锡是B超和医用胶片的研发生产基地等，全域化布局已粗具规模。从2014年实施《创新医疗器械特别审批程序》以来，截至2019年12月31日，已有236个产品进入创新医疗器械特别审查通道，73个创新产品获得注册证。在创新名单中，长三角创新医疗器械数量排名靠前，一共占据了30个名额，包括腹主动脉覆膜支架及输送系统（上海微创）、双通道植入式脑深部电刺激脉冲发生器套件（江苏景昱）、正电子发射及X射线计算机断层成像扫描系统（上海联影医疗）、调强放射治疗计划系统（安徽中科超精）、核酸扩增检测分析仪（杭州优思达）等创新产品。可见，部分医疗器械企业也一直在创新进步，但是由于受到技术壁垒、研发能力、资金、人才等因素的影响，大多数企业主要集中在中低端市场，高端医疗设备一直被西门子、飞利浦和通用电气（GE）等跨国企业垄断。要打破跨国企业垄断高端市场的局面，最关键的因素就是人才，但是医疗器械品种复杂多样，涉及机械、电子、临床医学、计算机等多学科交叉，设备更新也是日新月异，对复合型人才的培养是新的挑战。

**4. 医疗资源分布不均衡**

长三角医疗资源丰富，但是各城市间存在明显的区域不平衡，根据复旦大学医院管理研究所的“2018年度中国医院排行榜”，全国顶级百强医院主要集中在北上广等一线城市，这里聚集着各领域最顶尖的专家和最先进的诊疗设备。随着慢性疾病、罕见病、疑难杂症、重大疾病的患病率逐年上升，跨省就医现象更加频繁。国家医疗保障局数据显示，截至2020年2月底，长三角地区跨省异地就医门诊费用直接结算联网定点医疗机构达5173家，累计结算80.6万人次，医疗总费用1.8亿元，医保基金支付1.1亿元。上海三甲医院人满为患，“挂号难，看病难”现象严重，医疗卫生资源捉襟见肘。此外，长三角地区借助“新医改”制定一系列配套措施，医疗资源配置呈上升态势，但城市之间、城乡之间医疗资源分配不均也是一体化需要解决的难题。经济发达地区卫生资源的地理可及性和公平性要优于经济欠发达地区。[①]曹青等（2019）发现安徽各地区卫生资源配置不均衡，黄山市、合肥市、芜湖市的卫生资源配置综合得分较高于六安市、宿州市、亳州市，且差距较大。[②]孟佳瑜等（2020）研究也发现，浙江城乡的基层卫生人力配置差距较大，城市基层全科医生集聚度指标也大于农村，城乡配置不公平。[③]

### （四）长三角医疗产业发展应对的策略

#### 1. 积极应对人口老龄化，完善医疗服务体系

首先，社保“第六险”——长期护理保险，是应对老龄化的有效方法，重点解决重度失能人员基本生活照料和医疗护理所需费用，能大大减轻失能老人家庭的经济压力。现在还处于摸索阶段，上海市、江苏南通市和苏州市、浙江宁波市、安徽安庆市等被列入长期护理保险制度试点城市。在总结试点城市经验的基础上，还需要不断完善长

---

① 胡慧美，陈定湾，等．基于集聚度的浙江省区域卫生资源配置评价分析[J]．中国卫生经济，2016(7)：56-59。

② 曹青，宋国强，等．基于因子分析的安徽省卫生资源配置研究[J]．中华医学图书情报杂志，2019(8)：53-57。

③ 孟佳瑜，李宇阳，等．浙江省基层医疗机构卫生人力区域配置公平性研究[J]．中国社会医学杂志，2020(3)：299-302。

期护理保险制度。孙凌雪等（2020）以试点城市青岛为例，建议应参考收支精算分析综合确定各个指标。[①]陆蒙华等（2020）认为采取“社会保险 + 商业保险”双模式，需要同时兼顾护理服务的可得性和基金运行的可持续性等。[②]田勇等（2019）也认为依托医保模式能否实现可持续的关键在于，长期护理保险的支出是否威胁医保基金的收支平衡。[③]

对于人口老龄化的社会来说，预防和保健也是减轻巨大经济负担的重要举措。体育运动对提升健康水平的作用毋庸置疑。2016 年《“健康中国 2030”规划纲要》明确提出，要加强体医融合和非医疗健康干预，推动形成体医结合的疾病管理与健康服务模式，发挥全民科学健身在健康促进、慢性病预防和康复等方面的积极作用。戴霞等（2019）以医体融合模式，对 2 型糖尿病患者、IFG 患者和糖尿病高危人群进行干预，研究证实了医学和运动可有效改善糖脂代谢。[④]姬瑞敏（2020）研究太极拳运动对中老年人脑功能和有氧运动能力的影响，将实验对象分为太极拳练习组、冥想组、有氧运动组、久坐组，研究发现太极拳运动可提高中老年人有氧运动能力，有利于改善其认知功能。[⑤]为此，医体融合以医疗创新为突破，开发大健康服务产品。例如新兴的运动康复产业，可以说是医疗产业的一个分支，不仅仅是

---

① 孙凌雪，冯广刚，等．我国长期护理保险基金支出可持续性研究——以青岛市为例[J]．东岳论丛，2020(5)：52-62。

② 陆蒙华，吕明阳，等．长期护理保险的保障范围和护理时长——基于社会保险模式和商业保险模式的比较[J]．人口与发展，2020(3)：38-50。

③ 田勇，殷俊．“依托医保”长期护理保险模式可持续性研究——基于城乡居民与城镇职工的比较贵州[J]．财经大学学报，2019(2)：91-101。

④ 戴霞，陈青云，等．糖尿病医体融合模式的构建和应用效果研究[J]．世界最新医学信息文摘(电子版)，2019(22)：39-40，48。

⑤ 姬瑞敏．太极拳运动对中老年人脑功能和有氧运动能力的影响[J]．中国康复理论与实践，2020(6)：637-642。

运动损伤的康复，还可以为脑卒中、脑瘫、慢性疾病等患者提供康复服务[①]。同时，发挥中医在运动康复领域的作用，积极开展运动损伤预防、健身咨询、运动疲劳消除及运动康复过程中的中药调理等。

其次，面对长三角人口老龄化的现状，区域养老一体化是推动资源共享、解决养老医疗供给不足的重要举措。2019年，沪苏浙皖四地民政部门把“养老服务合作”纳入各自的“十四五”民政事业发展规划，11个地区启动“养老一体化首批试点”。2020年3月，安徽安庆市、上海闵行区、浙江丽水市签订《长三角区域养老一体化服务协作备忘录》，同年6月，宣城、松江、嘉兴也签订《备忘录》，可见沪苏浙皖四地政府破除行政壁垒、加强政策协同的决心。虽然现阶段长三角养老一体化已取得了积极进展，但是我们还需要在以下两方面努力。一是降低养老机构费用。积极推行医养结合的养老机构，“医疗+养老产业”是以医疗以主，将卫生、康复护理、日常护理、生活养老等服务融合在一起的新型模式，既能根据老年人实际身体情况，提供有针对性的康复护理服务，还能诊断和治疗常见的慢性疾病，减轻入住老人的生活经济负担[②]。推动医养结合养老产业的可持续发展，一是鼓励社会力量兴办医养结合机构，并提供用地用房、投融资、经费补助、税费优惠等有关优惠政策。二是培养专业的养老人才。所谓闻道有先后，术业有专攻，可以依托职业院校现有资源开设老年护理专业，培养素质优良的专业人才，掌握护理基础知识、医学和心理学等相关知识。加强养老护理人员的职能培训，考核合格后才能上岗。同时，改变对养老护理行业的偏见，毕竟优厚的工资福利和舒心的职业环

---

① 蔡旭东，刘亚娜．等．运动康复产业供给侧结构性改革研究[J]．北京体育大学学报，2017(6)：27-32，40。

② 王洪娜．医养结合养老机构服务效率及其影响因素——基于山东省226家医养结合养老机构数据分析[J]．重庆社会科学，2020(5)：129-140。

境才能留住人才，吸引更多人投入医疗服务事业。

**2. 推进仿制药一致性评价工作，重视本土创新药研发**

第一，仿制药质量疗效一致性，实现仿制药与原研药的相互替代。2016年2月，国务院办公厅发布《关于开展仿制药质量和疗效一致性评价的意见》（国办发〔2016〕8号），上海、浙江、江苏、安徽等省市为了推进仿制药一致性评价工作，都出台了相应的政策。首先，营造良好宽松的政策环境，如开通采购绿色通道，对已经通过药品一致性评价的优质药物，鼓励医疗机构优先采购和使用，实现仿制药和原研药的公平竞争。其次，加强日常监管，确保药品质量安全。药监部门要从药品源头抓起，加大对药品处方、药用辅料、处方工艺、生产环节等方面的检查力度，落实药品生产企业的主体责任。最后，加大宣传力度，提高优质仿制药的社会认同度，尤其是仿制药一致性评价的政策解读，通过一致性评价的仿制药名单等，减少医生和患者对仿制药的疑惑[①]。长三角地区是我国仿制药的重要生产基地之一，许多仿制药可以与原研药一争高下，江苏恒瑞医药的来曲唑片和盐酸右美托咪定氯化钠注射液通过了美国FDA认证，获准在美国市场销售；正大天晴药业的恩替书韦分散片（润众），其2016年销售额突破35亿元，占42％的市场份额，被评为“最具临床价值仿制药”[②]。可见，提高对国内仿制药的科学认知任重而道远。

第二，在做好做强仿制药的基础上，鼓励研发本土创新药，促进医疗产业转型升级。

首先，以中药为突破口，发展中药创新药。2019年11月，国家发改委修订发布了《产业结构调整指导目录（2019年本）》。在中医药领

---

① 柏林，王婷，等．关于不同国家医生对仿制药认知和态度的分析[J]．中国医院药学杂志，2020(5)：474-480。

② 项铮．正大天晴：科研引领发展[J]．中国科技财富，2017(4)：65-67。

域，目录新增鼓励“中药饮片炮制技术传承与创新，中药经典名方的开发与生产，中药创新药物的研发与生产”“中药高效提取设备”“中医养生保健服务”等内容。在这次新冠肺炎疫情中，中药在防病治病上发挥了举足轻重的作用，中西医结合的方式使新冠肺炎治愈率大幅度提升，并减少了危重症的发生[①]。为此，在创新药研发上，要发挥中药的传统优势，发展特色产业。安徽是长三角的重要成员，其药材资源丰富，亳州市更是“四大药都”之一，是全国最大的中药材贸易中心、价格形成中心和中药材提取物加工生产基地、中药材规模化种植基地。2019 年，亳州市中医药产业年产值突破 1150 亿元，种植面积突破 120 万亩，年饮片生产超 100 万吨，通过 GMP 认证企业 190 家，已建成或在建、续建成药生产企业 68 家。[②]天时地利人和下，安徽要发挥自己“药材之乡”的优势，抓住一体化的机遇，不断提高科技创新能力，才能实现传统中医药企业向创新型企业的转型升级，全面推动长三角地区大健康产业的发展。其次，发挥政府的主导作用，从知识产权保护、创新补助、上市许可持有人制度、医保政策、新药审批制度、税收政策等方面入手，优化医药企业的创新产业环境[③]。此外，在产学研方面，加强研究所、高等院校、制药企业、医疗机构之间的合作交流，促使研究结果得以成功转化。

**3. 优化医疗器械的产业结构，实现转型升级**

国务院在 2015 年 5 月发布的《中国制造 2025》中提到：提高医疗器械的创新能力和产业化水平，重点发展影像设备、医用机器人等高性能诊疗设备，全降解血管支架等高值医用耗材，可穿戴、远程诊疗

---

① 陈莉莉，葛广波，等.中药在新冠肺炎防治中的应用和研究进展[J].上海中医药大学学报，2020(3)：1-8。

② 数据来源：《世界中医药之都（安徽亳州）建设发展规划（2020—2030 年）》

③ 蒋毅，毕开顺.国际新药创新体系比较及对中国的启示[J].科学学与科学技术管理，2010(2)：40-45。

等移动医疗产品。实现生物3D打印、诱导多能干细胞等新技术的突破和应用。高端器械行业是高科技行业，虽然技术壁垒非常高，但其持续盈利能力非常强。在2019年暴发的新冠肺炎疫情中，呼吸机是抗击疫情最重要设备之一，关乎患者的生死存亡。深圳的迈瑞医疗是有创呼吸机生产龙头，也是海外采购的首选目标，2020年上半年净利润34.54亿元，同比增长45.78%。除了迈瑞医疗，江苏鱼跃医疗的无创呼吸机等产品出货量大幅增长，2020上半年预计净利润11.19亿元，同比增长109.9%。可以预见，医疗器械高端市场已成为中国经济下一个发力点，长三角地区可以此为契机，实现由低端市场向高端市场的转变。鼓励产业创新，落实企业主体责任。构建包括政府、企业、高校、科研机构等主体的创新生态系统，将知识、资金、人才、技术等要素联系起来，其中企业是最重要的创新主体，除了能享受创新带来的财富和名誉外，还要承担相应的风险责任①，这不仅能调动企业创新的积极性，还能进一步促使其重视产品质量和品牌建设。同时，长三角各区域要依托自己的资源优势，避免同质化竞争。上海作为长三角的核心区域，应该起到引领和示范作用，而苏、浙、皖要发挥各自产业优势。

**4. 实现优质医疗资源下沉**

一方面，构建"互联网+医疗"的新模式。在长三角医疗体系一体化中，"互联网+医疗"扮演着相当重要的角色，这一新模式对优化医疗资源配置，提供优质便捷的医疗服务具有重要意义。习近平总书记曾指出，要推进"互联网+教育""互联网+医疗"等，让百姓少跑腿、数据多跑路，不断提升公共服务均等化、普惠化、便捷化水平。李克强总理强调，要加快医联体建设，发展"互联网+医疗"，让群众在家门

① 张添，余伯阳.医疗器械产业高端化进程中产业创新生态系统的构建研究——以江苏省为例[J].现代经济探讨，2018(8)：106-111。

口享受到优质医疗服务。互联网医疗平台一般包括远程问诊、预约挂号、药品配送等，其中远程问诊是较热门的板块，患者可以通过图文或电话方式和医生进行交流，实现足不出户就能看名医的愿望。王淼、何悦等（2020）归纳了互联网医院运营模式的三类模式：实体医院的线上延伸模式（H 模式）、实体医院与互联网医疗平台的资源融合模式（H+I 模式）、互联网医疗平台的线下依托模式（I 模式），分别如浙大一院互联网医院、上海市徐汇区中心医院贯众互联网医院、乌镇互联网医院等①。互联网医院作为新兴的医疗产业，发展前景是毋庸置疑的，当然也要重视隐私信息、医生水平、服务态度、治疗效果等因素，因为这些直接影响患者对互联网医院的满意度②。

另一方面，提高基层医疗服务能力，加大定向培养基层全科医生的力度，并通过编制、福利待遇、住房保障、职称评定等方面的政策倾斜，来留住基层医务人才。一份浙江省首批定向培养全科医生的调查显示，浙江全面推进县域医联体建设以来，医疗共同体成效初显，大多数全科医生自愿留在基层，在一定程度上缓解了基础卫生人才紧缺状况③。同时，加速优质医疗资源下沉，将上海、杭州等优质医疗资源辐射到长三角周边城市。如上海瑞金医院在舟山和无锡都有分院，复旦大学附属肿瘤医院在苏州和扬州建立肿瘤专科医联体，邵逸夫医院落户绍兴等。人才和资源的下沉，为长三角医疗资源的加速融合创造了基本条件。当然，只有真正实现“医疗、医保、医药”的“三医联动”，加强机构、企业、高校、科研院所的相互合作，才能不断提高长三角医疗产业的整体水准。

---

① 王淼，何悦，等．国内互联网医院运营模式的比较[J]．中国卫生资源，2020(2)：110-113。

② 王靖君，邢花．基于Kano模型的互联网医疗用户满意度影响因素研究[J]．上海医药，2018(17)：51-55。

③ 张煜昊，马梦叶，等．基层全科医生职业发展情况调查——以浙江省首批定向培养全科医生为例[J]．中国高等医学教育，2020(2)：27-28。

## 二、长三角地区医疗产业人才分析

### (一)长三角地区医疗产业人才概况

2013年9月14日,国务院发布《关于促进健康服务业发展的若干意见》,指出到2020年基本建立覆盖全生命周期、内涵丰富、结构合理的健康服务业体系,打造一批知名品牌和良性循环的健康服务产业集群,并形成一定的国际竞争力,基本满足广大人民群众的健康服务需求。2015年10月,党的十八届五中全会首次提出推进健康中国建设,"健康中国"上升为国家战略。健康服务业以维护和促进人民群众身心健康为目标,主要包括医疗服务、健康管理与促进、健康保险及相关服务,涉及药品、医疗器械、保健用品、保健食品、健身产品等支撑产业,覆盖面广、产业链长。这里主要围绕医疗卫生、制药行业、医药器械三个最关乎老百姓健康的行业进行分析研究。

制药、器械行业是我国发展最快的高技术产业,无论是药物的研发,还是医疗器械的设计,都跟老百姓的健康息息相关,已成为长三角地区重要的经济增长点。它们作为知识密集型产业的代表,需要高素质的复合型人才。根据火石创造数据库数据,截至2019年底,上海生物医药产业领域拥有国家级人才981人,市级人才410人,其中包括长江学者85人、国家千人计划248人、国家863科学家34人、中科院百人计划144人、中国科学院院士49人、中国工程院院士35人等[①],可以预见,高技术行业人才缺口巨大。此外,医疗卫生是城市公共服务的重要组成部分,基本医疗卫生服务均等化,才是落实"健康中国"的关键。这里以医疗卫生人员为主,通过长三角医疗卫生人员的数据分析,对人力资源情况及卫生资源配置进行预测。

---

①数据来源:上海市生物医药产业经济运行研究,微信公众号"火石创造"。

如表5-6所示，从浙江省2012—2018年医疗卫生人员人数来看，总体上呈上升态势。卫生总人数由2012年的399930人增加到2018年的589703人，增加了近50%；医生人数由2012年的129998人增加到2018年的190802人，增加了近60%；其他技术人员由2012年的16068人增加到2018年的24792人，增加了8700多人；药剂人员由2012年的21613人增加到2018年的29048人，增加了40%左右；检验人员由2012年的16950人增加到2018年的24514人，增加了近一半。可见，浙江省的医疗卫生人才需求较为强烈。

**表5-6　浙江省2012—2018年医疗卫生人员情况统计**

| 项目 | 2012年 | 2013年 | 2014年 | 2015年 | 2016年 | 2017年 | 2018年 |
|---|---|---|---|---|---|---|---|
| 卫生人员合计(人) | 399930 | 427215 | 455704 | 491172 | 523632 | 557296 | 589703 |
| 卫生技术人员(人) | 328660 | 352393 | 375542 | 405458 | 432393 | 460505 | 486231 |
| 医生(人) | 129998 | 138289 | 145698 | 158056 | 168167 | 179474 | 190802 |
| 其他技术人员(人) | 16068 | 16812 | 18127 | 18793 | 20444 | 22499 | 24792 |
| 管理人员(人) | 13599 | 14075 | 15173 | 17142 | 18455 | 20148 | 21510 |
| 工勤人员(人) | 31825 | 34990 | 38327 | 41609 | 44326 | 46347 | 49843 |
| 乡村医生和卫生员(人) | 9778 | 8945 | 8535 | 8170 | 8014 | 7797 | 7327 |
| 执业医师(人) | 109484 | 117370 | 124648 | 135772 | 144998 | 155782 | 166144 |
| 执业助理医师(人) | 20514 | 20919 | 21050 | 22284 | 23169 | 23692 | 24658 |
| 注册护士(人) | 121313 | 132705 | 145135 | 159945 | 174486 | 188163 | 201514 |
| 药剂人员(人) | 21613 | 23036 | 24452 | 25763 | 26871 | 27950 | 29048 |
| 检验人员(人) | 16950 | 18047 | 19372 | 20477 | 21975 | 23315 | 24514 |
| 其他(人) | 38786 | 40316 | 40885 | 41217 | 40894 | 41603 | 40353 |

如表5-7所示，江苏省2012—2018年医疗卫生技术人员总量比较大，其中卫生技术人员在2018年达到59万人，医师达到23.33万

人，注册护士达到 26.04 万人，总体上处于不断上升的趋势。由此可见，江苏省的医疗卫生岗位人才需求量也是比较大的，而且随着人口老龄化的趋势，未来应该还会快速增长。

表 5-7　江苏省 2012—2018 年医疗卫生技术人员情况统计①

| 时间 | 卫生工作人员（万人） | 卫生技术人员（万人） | 执业（助理）医师（万人） | 注册护士（万人） | 每万人拥有医生数（人/万人） |
|---|---|---|---|---|---|
| 2012 年 | 52.02 | 39.61 | 15.80 | 15.53 | 19.90 |
| 2013 年 | 55.12 | 42.90 | 16.97 | 17.42 | 21.40 |
| 2014 年 | 58.96 | 45.85 | 17.86 | 18.88 | 22.40 |
| 2015 年 | 61.89 | 48.70 | 18.92 | 20.40 | 23.70 |
| 2016 年 | 65.42 | 51.71 | 20.47 | 22.12 | 25.60 |
| 2017 年 | 69.28 | 54.80 | 21.72 | 23.72 | 27.10 |
| 2018 年 | 73.93 | 59 | 23.33 | 26.04 | 29 |

如表 5-8 所示，安徽省 2012 年的卫生人员总数为 334736 人，2018 年达到 426851 人，其中卫生技术人员在 6 年间增加了近 10 万人，职业医师由 92009 人增加到 126782 人，注册护士由 95042 人增加到 149703 人，每万人口专业卫生技术人员数由原来的 39.44 人上升到 52.74 人。可见，未来安徽省的医疗卫生人才需求还处在快速增长中。

表 5-8　安徽省 2012—2018 年医疗卫生人才情况统计②

| 时间 | 医疗人才类别 | | | | 每万人口专业卫生技术人员数（人/万人） |
|---|---|---|---|---|---|
| | 人员合计（人） | 卫生技术人员（人） | 执业（助理）医师（人） | 注册护士（人） | |
| 2012 年 | 334736 | 236172 | 92009 | 95042 | 39.44 |

① 数据来源：江苏省 2019 年统计年鉴

② 数据来源：安徽省 2019 年统计年鉴

续表

| 时间 | 医疗人才类别 | | | | 每万人口专业卫生技术人员数（人/万人） |
|---|---|---|---|---|---|
| | 人员合计（人） | 卫生技术人员（人） | 执业（助理）医师（人） | 注册护士（人） | |
| 2013年 | 353835 | 253549 | 98630 | 103404 | 42.05 |
| 2014年 | 365650 | 267964 | 103738 | 111544 | 44.05 |
| 2015年 | 377387 | 280768 | 107792 | 119303 | 45.70 |
| 2016年 | 390346 | 296668 | 113810 | 128434 | 47.88 |
| 2017年 | 407530 | 313546 | 120857 | 138166 | 50.13 |
| 2018年 | 426851 | 333492 | 126782 | 149703 | 52.74 |

如图5-11所示，上海市的卫生机构数由2012年的3465个增加到2018年的5298个，增加了近70%；卫生技术人员由2012年的14.61万人增加到2018年的20.65万人，增加了近50%；其中执业医师由5.42万人增加到7.49万人，增加了2.07万人；每万人口医生数由2012年的23人增加到2018年的31人，与江苏比较，上海每万人口拥有的医生数相对较多。总体来说，上海医疗卫生人员处于上升态势，对相关医疗人才的需求也是非常旺盛的。

| 时间 | 卫生机构数（个） | 其中 #医院 | 卫生技术人员（万人） | 其中 执业（助理医师 | 卫生机构床位数（万张） | 其中 #医院 | 每万人口医生数（人） | 每万人口医院床位数（张） |
|---|---|---|---|---|---|---|---|---|
| 2012年 | 3 465 | 317 | 14.61 | 5.42 | 10.96 | 9.00 | 23 | 38 |
| 2013年 | 4 929 | 328 | 15.64 | 5.81 | 11.43 | 9.47 | 24 | 39 |
| 2014年 | 4 987 | 332 | 16.40 | 6.13 | 11.75 | 9.83 | 25 | 41 |
| 2015年 | 5 016 | 338 | 17.02 | 6.31 | 12.28 | 10.35 | 26 | 42 |
| 2016年 | 5 011 | 349 | 17.82 | 6.55 | 12.92 | 11.01 | 27 | 46 |
| 2017年 | 5 144 | 363 | 18.80 | 6.83 | 13.46 | 11.59 | 28 | 48 |
| 2018年 | 5 298 | 364 | 20.65 | 7.49 | 14.72 | 12.90 | 31 | 53 |

图5-11　上海2012—2018年医疗卫生人员情况统计[①]

① 数据来源：上海市2019年统计年鉴

如表5-9所示，从长三角地区三省一市2012—2018年卫生技术人员与执业助理医师的总体情况来看，总量最多的是江苏省，2018年的卫生技术人员、执业助理医师分别达到739300人和233300人。从三省一市的整体数据中不难看出，医疗卫生人员的需求总体上是稳步增长的。

**表5-9 长三角地区四省市2012—2018年卫生技术人员与执业助理医师情况统计**

| 项目 | | 2012年 | 2013年 | 2014年 | 2015年 | 2016年 | 2017年 | 2018年 |
|---|---|---|---|---|---|---|---|---|
| 浙江 | 卫生技术人员(人) | 328660 | 352393 | 375542 | 405458 | 432393 | 460505 | 486231 |
| | 执业助理医师(人) | 20514 | 20919 | 21050 | 22284 | 23169 | 23692 | 24658 |
| 江苏 | 卫生技术人员(人) | 520200 | 551200 | 589600 | 618900 | 654200 | 692800 | 739300 |
| | 执业助理医师(人) | 158000 | 169700 | 178600 | 189200 | 204700 | 217200 | 233300 |
| 安徽 | 卫生技术人员(人) | 236172 | 253549 | 267964 | 280768 | 296668 | 313546 | 333492 |
| | 执业助理医师(人) | 92009 | 98630 | 103738 | 107792 | 113810 | 120857 | 126782 |
| 上海 | 卫生技术人员(人) | 146100 | 156400 | 164000 | 170200 | 178200 | 188000 | 206500 |
| | 执业助理医师(人) | 54200 | 58100 | 61300 | 63100 | 65500 | 68300 | 74900 |

### (二)长三角地区医疗人才需求趋势预测分析

长三角地区医疗人才的需求与产业发展是密切相关的，并且随着时间的变化而逐步变化，因此，可以通过时间序列预测法建立医疗人才的需求预测模型，来预测各省市的医疗人才需求发展趋势。利用各省市2012—2018年的历史数据，建立相应的计量经济回归模型。如表5-10所示，以浙江卫生技术人员需求预测模型为例：浙江卫生技术人员需求数量预测模型：Q=-53264217.6+26635.286*t。

表5-10　系数表

| 系数表 Coefficients[a] | | | | | | |
|---|---|---|---|---|---|---|
| 模型 1 | | B | Std. Error | Beta | T | Sig. |
| 1 | (Constant) | -53264217.6 | 820202.657 | / | -64.940 | 0.000 |
| | 时间 t | 26635.286 | 407.048 | 0.999 | 65.435 | 0.000 |

R2=0.999

a. 因变量：浙江卫生技术人员

表5-10中，-53264217.6为常数项，t为时间。R2=0.999，说明模型的拟合优度很好，修正的可决系数超过了0.9，可以用来预测。从表中也可以看出，模型1中的常数项和自变量系数时间t的显著性(Sig.值=0)都小于0.05，说明模型是显著的。因此，可以根据上述模型利用时间序列对浙江卫生技术人员需求数量进行预测。其他省市也可以依次运用这个方法分别预测未来几年的卫生技术人员需求数量，预测结果如表5-11所示。

表5-11　长三角地区四省市医疗卫生技术人员数量预测

（单位：人）

| 长三角地区 | 2021年 | 2022年 | 2023年 | 2024年 | 2025年 |
|---|---|---|---|---|---|
| 浙江 | 539060 | 565695 | 592331 | 618966 | 645601 |
| 江苏 | 803226 | 839122 | 875019 | 910915 | 946812 |

续表

| 长三角地区 | 2021 年 | 2022 年 | 2023 年 | 2024 年 | 2025 年 |
|---|---|---|---|---|---|
| 安徽 | 361855 | 377593 | 393331 | 409068 | 424806 |
| 上海 | 218949 | 228185 | 237421 | 246657 | 255892 |

随着中国人口老龄化程度加剧，医疗卫生人才的需求会逐渐地扩大。在经济社会有序发展的前提下，可根据线性模型预测长三角地区医疗卫生技术人员数量会逐渐上升，浙江省将增加到 2025 年的 645601 人；江苏省将增加到 2025 年的 946812 人；安徽省将增加到 2025 年的 424806 人；上海市将增加到 2025 年的 255892 人。相比之下，上海增长稍微慢一些，这主要归因于上海的城市容量相对较小及对高技术人才的要求更高。不过总而言之，长三角地区四省市医疗卫生技术人员数量的增长与质量的增长，会带动医疗技术、生物制药、药物创新等的高速发展。

### （三）长三角地区医疗人才存在的主要问题

长三角实现区域协调发展，人才是关键因素。自沪、苏、浙、皖共同签署了《长三角三省一市人才服务战略合作框架协议》以来，区域内人才集聚效应逐渐显现，这也为医疗行业的发展创造了有利条件。医疗行业主要包括医药、医疗器械、医疗卫生等领域，它们是与老百姓健康息息相关的健康产业。现阶段，医疗行业存在以下三方面问题。

#### 1. 医疗行业存在高端人才不足、层次偏低的现象

长三角地区人力资源丰富，截至 2018 年底，拥有高等教育学校（机构）457 所，硕士以上学历专任教师人数达 19.9 万[①]。其中复旦大

---

① 张敏.在更高起点上推进长三角教育一体化，率先实现区域教育现代化［EB/OL].(2019-12-30)。

学、上海交通大学、浙江大学、南京大学等著名高等院校，在医学类专业和生命科学等相关专业优势明显，为培养医药、医疗卫生、医疗器械等行业的应用型人才及产学研的合作奠定了坚实的基础。如医疗器械行业，以医学影像、体外诊断、生命信息与支持等领域为代表的高端医疗器械，是未来发展的大趋势，它们对高层次人才的需求更为迫切。目前，医疗器械相关的专业主要包括医疗器械应用、生物医学工程、医学影像、检验学、计算机等，但是体外诊断产品、医用高分子材料等产品类别尚未有对口专业①。生物制药课程设计也存在同样问题，专业性的医药院校和综合性高校的资源优势不同，在课程设计上各有其特点，前者更偏重药学应用性，而后者基础教育优势明显，尤其具有多学科交叉融合的优势②。因此，如何依托高校资源，培养大健康产业的高层次人才，是长三角迫切需要解决的问题。

**2. 人才供需信息不对称**

“招人难，求职难”的根源就是供需信息不对称，求职者只能通过企业网站了解企业的概况及发展前景，企业则只能通过求职者的个人简历来判断其综合能力。然而，企业网站和个人简历都存在美化的情况，可能导致人才不能胜任此工作，或者人才的能力超过该岗位的要求。尤其那些掌握某领域尖端科技和领先技术的高端人才，如若找不到施展才华的平台，导致英雄无用武之地，不仅仅是人力资源的浪费及个人价值无法实现，更影响经济社会的快速发展及产业转型升级。此外，三省一市的人才政策各不相同，大家对上海、杭州、南京、合肥等重点城市的人才政策关注热度较高，而对二、三线城市的人才政策知晓率总体不高，人才需求不精准，需要加大政策宣传。总的来说，长三角需要构建一个人才信息网络平台，将人才数据与长

---

① 张培茗，方旭超，等．医疗器械行业的人才培养探索[J]．医疗卫生装备，2020(7)：89-92。

② 章良，敖桂珍，等．综合性大学生物制药专业的建设方向[J]．药学教育，2013(5)：15-17。

三角岗位精准匹对，实现人才的自主有序流动。

3. **人才资源共享难实施**

如今各个城市的高端人才争夺升级越演越烈，但是高端人才毕竟不同于普通人才，作为稀缺性资源，其培养时间长且难度大，说是“一将难求”也不为过。因此，除了高校培养和人才引进外，实现人才资源共享也是非常有效的途径之一。《长江三角洲区域一体化发展规划纲要》提出建立户口不迁、关系不转、身份不变、双向选择、能进能出的人才柔性流动机制。在不迁户口的情况下，保证人才在区域内各个城市之间的自由流动或转移。长三角一体化的实施，为区域内的人才共享提供了良好的基础，不过人才资源共享不可能一蹴而就。现阶段人才共享还存在以下困难：一是在教育、社保、医疗等公共服务方面，长三角区域内公共服务不均等现象一直存在，教育、医疗资源差距最为明显；二是各地城市的人才政策并未形成有效协同，系统性不强。

### （四）长三角人才相关政策

2017 年以来，二、三线城市的“人才争夺战”在全国范围内打响，各地纷纷出台人才新政，希望吸引更多高端人才落户，内容大多涵盖“零门槛”落户、住房补贴、配偶及子女教育等方面。根据 58 同城、安居客发布的《2019 人才政策与安居就业报告》，2019 年以来，全国已有百余个城市出台了人才政策，其中，已出台人才购房政策的城市有近 40 个。人才流动的意义在于自我价值的实现及追求效用最大化，王全纲、赵永乐（2017）认为科技环境、人才政策、经济发展、社会环境是影响高端人才集聚的关键因素，其中更加开放和优厚的人才政策，加快了高端人才的流动和聚集。[①]陈秋玲和黄天河等（2018）认为在

① 王全纲，赵永乐. 全球高端人才流动和集聚的影响因素[J]. 研究科学管理研究，2017(1)：91-94。

户籍制度的限制下，人才政策对人力资本的流动来说意义重大，尤其是建立人才保障机制。[①]可见，除了落户门槛外，购房补贴政策是人才关注度最高的。以下收集整理了长三角地区部分城市的补贴政策。

宁波：安家补助的额度为15万—800万元；购房补贴对于自引进之日起3年内在宁波大市范围内首次购买家庭唯一住房，并且取得不动产权证的，分别给予购房总额（以契税发票不含税的计税金额为准）2的0%，最高20万—60万元的购房补贴（引进前购房，无法享受购房补贴）。

绍兴：高校毕业生零门槛落户，来绍工作后给予博士35万元、硕士15万元、“双一流”本科10万元、其他本科3万元的房票补贴，以及3万—9万元的安家补贴，并给予企业人才集合年金；对新引进的高层次人才给予最高200万元房票补贴，房票可用于购房首付，首付后还可享受全额住房公积金贷款。

苏州：获得立项的顶尖人才（团队）可享有以下政策，顶尖人才最高可得500万元购房补贴，贡献奖励最高可得100万元。经顶尖人才举荐，团队核心成员最高可得250万元购房补贴，贡献奖励最高可得100万元；团队青年骨干可直接入选姑苏重点产业紧缺人才，给予最高12万元薪酬补贴。

南通：创业领军人才按顶尖人才、国家级人才、省级高端人才、市江海英才四个层级，分别给予150万元、100万元、60万元、40万元的购房补贴；创新型人才购房自住的，具有博士学位或正高级职称的，给予30万元一次性购房补贴，具有硕士学位或副高级职称、高级技师等的，给予15万元的一次性购房补贴。

合肥：落户合肥并工作的无自有住房的博士，35岁以下硕士，毕业3年内全日制本科、大专、高职毕业生，补贴标准为3年内每人每年

① 陈秋玲，黄天河，等．人力资本流动性与创新——基于我国人才引进政策的比较研究[J]．上海大学学报：社会科学版，2018(4)：124-140。

2万元、1.5万元、0.6万元(不含党政机关、国有企事业单位人员)。

不难发现,大多数人才还是希望在住房、户籍、社会保障等方面得到政策支持。安居才能乐业,各地政府也要把减轻人才购房压力作为人才政策的着力点之一。目前,长三角各地人才政策还处在探索阶段,要建立具有战略性的一体化人才体系。

### (五)解决医疗人才短缺的主要措施

**1. 高等院校产教融合,发挥人才培养优势**

长三角教育资源丰富,拥有复旦大学、上海交通大学、浙江大学、南京大学等著名高等院校,在医学类专业和生命科学等相关专业优势明显,为培养医药、医疗卫生、医疗器械等产业的应用型人才及产学研的合作奠定了坚实的基础。人才的培养不能由高校孤立发展、闭门造车,政产学研四位一体深度融合,才能形成良好的品牌效应,这样既可以给长三角地区的人才提供广阔的发展空间,又能吸引区域外一批高端人才投身其中。

医药、器械等领域技术迭代速度很快,学校要根据企业所需人才的类型,及时补充更新教学内容及相应的实践教学,突出对技术发展的应用性和动态性[①],高校培养的人才要是企业所需的。同时,医药等企业也要重视员工培训,依托高校资源对员工进行继续教育,积极了解企业培训需求,有针对性地提供专业的培训服务。此外,集团化办学是深化产教融合的有效方式之一。2019年,国务院印发的《国家职业教育改革实施方案》中明确提出,要深化产教融合、校企合作,健全多元化办学格局,推动企业深度参与协同育人,扶持鼓励企业和社会力量参与举办各类职业教育。在政策层面的支持下,积极调动企

---

① 薛琪薪,吴瑞君.长三角人才集聚与流动的现状特征与人才协同政策建构[J].上海城市管理,2020(3):44-51。

业参与合作办学的积极性,通过资源互补的方式,校企合作办学取得了重要进展。如欣禾职教集团被誉为全国职业教育集团化办学典型案例,2010年由嘉兴职业技术学院牵头组建,利用社会教育资源,组建校校之间、校企之间等跨行业、跨部门、跨区域的办学联合体,行、企、校"三元融合"打破了产业与教育的壁垒。

**2. 构建长三角人才信息平台**

以移动APP的方式,开发一款长三角人才信息平台,实现江、浙、沪、皖之间信息的实时沟通。随着互联网技术的发展,移动APP以迅雷不及掩耳之势发展起来,用户数量节节攀升,内容更是包罗万象,包括游戏类、医疗类、新闻阅读类、社交类、影视音乐类。根据2019年中国互联网络信息中心(CNNIC)发布的《中国互联网络发展状况统计报告》,截至2019年6月,我国网民规模达8.54亿人,手机网民规模达8.47亿人,网民使用手机上网的比例达99.1%。移动APP比PC端更方便快捷,更受年轻人欢迎,对于缓解人才信息不对称,推动长三角信息共享具有重要意义。长三角信息平台APP内容包括:①政策法规。对各个城市出台的人才政策进行归纳整理,并对补贴、子女入学、配偶就业、医疗保险等方面的优惠政策进行详细解读。②人才信息。上传学历证明、个人简历、主要研究成果等。③招聘信息。对企业近年来的经营规模、盈利水平、信用状况等信息进行审查,确保企业发布信息的合法可靠。④互动交流。求职者可以与企业方一对一在线沟通交流。通过移动APP方式整合长三角招聘求职信息,对于加强招聘方与求职者之间的交流沟通,减少信息不对称具有重要意义。

**3. 加强人才资源共享**

生物医药及高性能医疗器械是长三角发展的重点领域,医疗与公共卫生体系更是关乎民生的大事,这些智慧医疗类人才的专业性、创新性、知识性非常强。以此作为资源共享重点,探索区域内人才共享机制,构建长三角人才共享体制,建立保障机制。人才队伍的建设离不开政策创新和人才发展保障措施[①],要充分发挥政府的组织领导力,面对区域内卫生医疗、人才政策、教育等方面的差异,以统筹推进城市特色化发展为目标,打破户籍、地域、所有制、档案、人事关系等限制,实现长三角一体化的人才服务大格局。

在共享形式方面,人才共享是近年来兴起的热点,国内学者对此进行了研究,人才共享的主要形式包括租赁式共享、兼职式共享、外包式共享、项目式共享、候鸟式共享、非股权联盟式共享、股权联盟式共享等[②]。构架共享机制的形式多种多样,但是“站在巨人的肩膀上”是通往成功的捷径,如加强苏、浙、皖的医疗人才在上海挂职锻炼和学习培训[③]。温州瓯海区实行“校地合作人才共引共享机制”,与温州大学、温州医科大学等高校联合引进“国千”“国万”“长江学者”层次人才23人,引进的人才可以享受双聘制。[④]

在人才政策方面,各地政府在制定政策的时候要根据自身的产业优势及经济发展情况,制定科学合理的引进人才标准。如江苏省是我国医疗器械产业大省,而数字化医疗器械是未来发展新趋势,为此,江苏省高水平人才和数字人才在传统产业的占比更高,除南京以ICT为主导行业外,苏州、无锡和常州均以制造业为主导,数字人才占比均超过40%。[⑤]此外,在考虑各城市发展计划的同时,还要实现长三角区域人才政策协调和制度衔接,形成人才自由流动的统一开放市场,逐步

① 苏立宁,廖求宁.“长三角”经济区地方政府人才政策:差异与共性——基于2006-2017年的政策文本[J].华东经济管理,2019(7):27-33。

② 宋成一,刘盈盈.国内人才共享研究述评[J].西北民族大学学报:哲学社会科学版,2019(3):136-144。

③ 郭庆松.长三角人才共享机制:问题与对策[J].社会科学,2007(5)。

④ 曾云毕.瓯海出台校地合作人才共引共享机制[N].温州商报,2017-08-24。

⑤ 数据来源:《长三角地区数字经济与人才发展研究报告》

实现在资格认证、评价激励、劳动报酬等人才政策上互通互容[①]。

在教育资源方面，实现长三角教育资源共享，加强高校之间的互动合作。通过信息化技术实现教育知识的共享，打破时间、空间和门户的限制[②]，还可以通过名师互聘、校际访学交流、共建培训基地等方式共育优质人才。2019年12月，长三角医学教育联盟成立，上海交通大学医学院、南京医科大学、中国科学技术大学、南京中医药大学、浙江大学等10所高校实现医学教育资源共享，这是实现区域教育协同化发展的开端，同时以此为契机，慢慢扩大到其他学院及专业。

---

① 何琪.区域人才共享：问题与对策[J].现代管理科学，2012(3)：110-112。

② 袁晶，张珏.长三角区域高等教育一体化发展：需求、障碍与机制突破[J].教育发展研究，2019(5)：54-59。

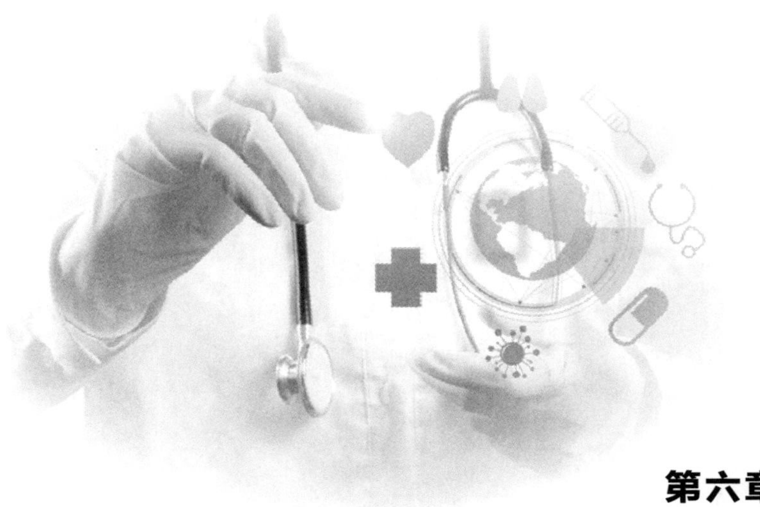

# 第六章

# 医疗产业创新发展研究文献综述

面对市场和消费者需求的变化，医疗行业不断创新和发展。在医药产业方面，中药产业、化学药产业、生物药产业和医疗器械产业等细分领域也取得了突破性发展。

## 一、医药细分产业的创新发展

### （一）中药产业的创新与发展

中医药作为中医理论指导下的产物，具有很强的历史性和异质性（Andrews，1996）。随着我国国际地位和影响力的提高，中医药作为中国传统历史文化的一部分，在国际上逐渐获得了越来越高的认可度。事实上，在最初的国际医学研究中，中医常常被误认为是西方科学的反面。之后，随着学术研究的不断深入，中医学重新定位，不断寻求传统与现代、科学与历史经验的平衡，从而提高其国际认可度。在中医药国际认可度不断提高的过程中，许多学者的研究起到了关键作用。Mei Zhan 专注于中医药的跨区域研究和转化，他认为，中医药的发展和创新塑造了我们对“世界构成”的看法、理解和实践（Mei Zhan，2002）。Jia Huanguang 研究了从 1976—1995 年中医药的发展（Huanguang Jia，1997）。在此之前，学者们主要关注中医药的概念或历史发展的基本内容。例如，Kaptchuk 系统、完整地阐述了中医理论与实践（Kaptchuk，1983）。Porkert 借助拉丁语和希腊语的字形技术证明了中医药的系统性（Porkert，1974）。Sivin 对中医学的一些基本理论概念进行了分析和阐述，着重从理论概念上理解中医学的过去、现在和未来（Sivin，1987）。这些对中医药发展的研究有一个共同点，他们都认为，随着中国的发展和国际化程度的加深，创新是必要的。这里的创新强调，中医药不仅要继承其历史文化的精华部分，还需要将新的生命力与科技和时代发展相结合。只有中医药的不断创新与发展，其在社会乃至世界的作用才会得到更多的关注，中药才会为中国乃至世界的医疗卫生事业做出更大的贡献。

在消费者眼中，中药主要与中草药、针灸等联系在一起。它有一定的疗效，但不能适用于所有疾病的治疗。中医学的原理大多来源于促进道教和儒学发展的哲学基础，因此，“阴”或“阳”的知识也被用来理解中医（Tang Jinling，Liu Baoyan，Ma Kanwen，2008）。众所周知，“望闻问切”是中医治疗前的检查过程。然而，到了 19 世纪末，由于西医逐渐传入中国，中医受到了挑战，同时，中医药与西医药的匹配也面临着更大的“威胁”（Tang Jinling，Liu Baoyan，Ma Kanwen，2008）。这种威胁在一定程度上加速了中医药的改革和发展。中医学开始与西医、西药结合，寻求共存。同时，医学领域的学者和专家大多注重突破中医药的发展，使中医药通过创新实现可持续发展。中医药主要有针灸疗法和中草药疗法，虽然针灸疗法早就被发达国家所认可，但中草药疗法并没有被国际消费者广泛接受（Kelvin Chan，Henry Lee，2002）。Kelvin 研究了中医药的发展历程，以及近年来在澳大利亚、美国、德国、英国等国的发展情况，提出中医药的创新和发展是需要改进的。他在研究中指出，在全球化的发展中，中国的中医药在国际上也有一定的实践基础，但仍需要与中国、西方紧密结合，有效地监督和发展中医，借助中医药为国际人民提供医疗保健服务（Kelvin Chan，Henry Lee，2002）。

此后，中医药继续发展，但真正将中药引入"巅峰期"的是青蒿素的出现。青蒿素被世界卫生组织称为"世界上唯一有效的疟疾治疗药物"。在未在国际出名之前，青蒿素在中国就已经获得了一类新药证书、全国十大科技成就奖、新中国十大卫生成就之一等多项荣誉或称号。青蒿其实是中国一种较为常见的草药，它在中国医学史中的实践已经有两千多年了（Youyou Tu，2016）。青蒿素的持续发展与屠呦呦有极大的关联。20 世纪 70 年代起，青蒿素就被纳入了研究。2015 年，屠呦呦因发现治疗疟疾的新药物疗法获得了诺贝尔生物学和医学奖，真正将青蒿素带到了国际，并吸引了国际对以青蒿素为代表的中药的关注。这一事件充分证明了国际对中国传统中医、中药的认可，使中药迎来了新的发展。

与屠呦呦获得诺贝尔生物学和医学奖相类似，另一事件也对中药在中国及国际领域内的发展起到了较为重要的作用。2019 年底，新冠肺炎疫情给中国乃至世界都带来了巨大的影响。在疫情发展初期，国际定义疫情涉及的病毒为"新型冠状病毒"，即 COVID-19。它不仅使武汉多数市民受到感染，也在短短几个月内席卷了中国的其他省份。2020 年，疫情仍然在蔓延，但相比其他国家，中国的疫情已基本得到了控制。虽然新型冠状病毒出现的真正原因还未明确，但中国在此次疫情中的表现是值得各国学习的。此次病毒具有极强的传染性和流行性，中华人民共和国国家健康委员会更将其认定为 B 类法定传染病（Ying Chen，Jingjing Zhang，Yan Liu，Hongcai Shang，2020）。事实上，2019 年的新型冠状病毒及 2002 年的 SARS 冠状病毒都属于中医的"传染病"范畴（Ying Chen，Jingjing Zhang，Yan Liu，Hongcai Shang，2020）。并且在 2019 年底疫情暴发后，中医诊疗方案迅速出台，在各个受疫情影响的省份都有对应的较为详细的中医药规划。不仅如此，对比 2019 年的新型冠状病毒和 2002 年的 SARS 冠状病毒引起的疫情，可以发现中国在中药的科研投入方面也有了大幅度增加，中医、中药促进了疫情的诊断与治疗，成为抗击疫情的“先行者”。作为更早、更快、更全面地投入抗击新冠肺炎疫情第一线的中医与中药，凭借其在疫情中发挥的作用再一次受到中国乃至国际的关注与赞扬。疫情期间，中国各省市陆续发布基于中医药的诊断和治疗的方案，中医医院的医疗队也陆续被派往武汉等疫情较为严重的地区。根据疫情期间中医和中药的治疗效果，可发现借助中医药治愈的病例占总病例的 85% 以上，并且中药的使用也可以减少患者的并发症和后遗症（Ying Chen，Jingjing Zhang，Yan Liu，et al，2020）。

总体来说，中药作为医药产业的细分领域，一直以其历史性和文化性而被大众所知。在中国的历史中，中药、中医一直是中国传统的医疗主体，而近现代以来，因东西方交融及国际化的发展，中药面临着较大的挑战，需继续改革创新。从中华人民共和国成立到 21 世纪的今天，中药与中医产业都在不断发展。在发展的初期，中医药中的针灸逐步被国际接受，但中草药仍不受关注。发展的中期，政府对中药产业的扶持不断加大，为中药这一医疗细分领域的发展提供了强有力的支持与保障。与此同时，中药不断在技术上创新，与西药、西医开展交流学习，中药产业开始有了较为快速的发展。真正将中药发展推向“顶峰”的是 2015 年屠呦呦获得诺贝尔生物学和医学奖事件及 2019 年的新冠肺炎疫情。屠呦呦事件既让国际大众知道了青蒿素对治疗疟疾的有效作用，也让中国的中药、中医在国际医疗中的地位得到了提升。中药受到国际的认可，带来了对应产业在中国乃至全球的发展。而 2019 年底暴发的新冠肺炎疫情更是在危机中给中国中药产业的发展带来了机遇。疫情的暴发带给中国与国际的是灾难。2020 年 10 月 1 日的数据显示，全球因新型冠状病毒而死亡的人数已经达到 100 万。中国作为在此次疫情中防控表现较好的国家，为世界各国抗击疫情提供了范本。而中国有如此表现的关键原因之一便是对中药的重视。在疫情期间，中国采取中药相关技术与策略进行诊断与治疗，为抗击疫情争取了一定的时间。与此同时，各类中药企业也积极承担社会责任，为疫情的防控做出了较大的贡献。历史悠久的中药面临着各种机遇与挑战，也在其中获得了发展的先机。中药这一医疗细分产业也因此得以不断创新发展，在中国乃至国际的地位与影响力不断提升，为中国和国际的安全健康事业做出贡献。在未来的发展中，中药产业仍需不断创新、提升活力！

### （二）化学药产业的创新与发展

化学药是基于化学物合成的药物，主要指化学原料药。中国作为化学原料药的生产大国，一直把化学原料药的出口作为医药出口的支柱，因此，化学药的发展与创新和中国的国际影响力紧密相连。2006 年化学原料药行业的产值增长 16.7%，2007 年的数值同比增长到 18.51%，但此后又出现下滑与上升的波动情况。化学药这一医疗行业的细分领域是关系中国整个医药行业发展的关键，因此，该行业应保持较稳定的发展。但是由于多种风险与挑战的出现，化学药行业的发展存在波动。新时期，该行业面临的主要问题是国际化、质量提升、环保、一致性评价及保障需求（Li Chen，Guofeng Sun，Caifang Guo，et al，2017）。其他学者则认为化学药这一行业需要重点把握产业链，产业链的问题在 2019 年底新冠肺炎疫情暴发期间表现明显（Juan Lu，Jie fan，2020）。Zonghua Guo 等学者认为化学药发展的关键之一是技术的开发与创新，要加大对化学技术的研发与创新，打造一支有竞争力的化学药技术团队，以提升中国在化学药产业的核心竞争力(Lei Tang,Zonghua Guo,Jianta Wang,et al,2019)。

我国化学药产业的发展相对好于其他医药细分产业，这主要得益于国家对该产业的支持，因为它关系到国家医药产业的整体发展。然而作为化学药产业中关键组成部分的化学药企业，一直面临着较大的挑战。关于化学药企业的改革成为各学者研究的关键，对“降低化学药的研发成本，促进中国化学药企业转型”进行了深入探讨。降低化学药的研发成本是可以实现的。化学药企业通过对现有化学药产品的数据进行挖掘，然后对未知的化学药物进行分类，就可以为化学药研发过程中的药物筛选提供帮助，以降低化学药的研发成本，为化学药企业的转型助力(D. G. Huang,L. Guo,H. Y. Yang,et al,2016)。对化学药企业来说，研发化学药物有两种选择，分别是新药和仿制药。新药不仅需要严格的临床试验，还需要长达15年的研发时间及数十亿的资金；而仿制药则无需严格的临床试验，且开发时间短。但新药有较大的盈利空间，且不存在侵犯专利的风险。因此，降低新药研发时间成本可以促进化学药企业的高质发展(D. G. Huang,L. Guo,H. Y. Yang,et al,2016)。D. G. Huang提出的基于化学药成分的药物分类算法对当前已知理化性质的药物分类的准确率高达77.7%，可见对化学药的分类可以较大程度地降低化学药新药研发的时间成本，从而为化学药企业研制新药带来更大的效益。

近年来，化学药的发展比较好。一方面，国外化学创新药物在国际市场上表现出良好的经济效益和疗效，刺激了国内产业对化学制药企业的支持。化学药品相关企业不断加大对化学药品研发的资金、技术和人才投入，因此，化学药品取得的成绩也更加显著。另一方面，中国各级政府对化学制药企业的支持也没有停止。作为化学药品出口大国，中国一直通过各种政策支持化学制药企业的发展，特别是近年来，生物制药在医药行业中的占比提高，政府对化学药的支持力度也在加大。在各种相关因素的作用下，化工行业开始转型升级。这个转变主要体现在以下几个方面：首先，化工产业由多方面布局转向重点领域发展。各类化学药品企业逐渐把重点放在癌症治疗和抗感染药物的研发上。其次，精密治疗的发展。通过增加对化合物的筛选，化学制药公司可以获得更好的先导化合物，并开发出靶向性更好的小分子药物，以提供精确的治疗。更重要的是，化学制药行业已经从模仿与创新的结合，转变为创新与模仿的结合。化学药领域的企业认识到创新始终是企业发展的关键，将创新药的研发与生产划定为企业发展的关键部分，以创新药为重点，再结合仿制药。

总体而言，当前化学药这一医药行业细分领域受生物药等的影响，在中国医药行业中的占比有所下滑。但即使面临这些挑战，化学药企业的发展也未曾过多地停滞，它们通过创仿结合等策略进行转型，为化学药行业的发展创造新的可能。

### （三）生物药产业的创新与发展

相比化学药产业，生物药产业的发展相对较迟。生物药产业对生物技术的要求较高，导致该产业难以和化学药产业一样有较快的发展。但是生物药由于药效较好且使用后的副作用小等特点，具有较为可观的前景。数据显示，生物药行业中的生物制品和生物技术的历史仅有二三十年，但在过去的十年里，生物制品和生物技术的收入以每年 16% 的速度在增长。从生物药行业的整体分布来看，该行业主要是集群分布，全球的生物制药企业主要位于研究型大学周围。比如英国是生物药企业在欧洲最大、最成熟的分布集群，中国、新加坡等国家的生物药行业也不断呈现出集群分布的特征。从面临的挑战来看，生物药行业面临的压力主要在于生物技术。生物技术作为生物药行业的关键部分，主要指生物工程和各种生物科学。规范来说，生物技术是利用细胞和分子来解决问题或制造产品的（Mehta S，2008）。生物药行业既需要开发和维护新的生物技术，又需要突破高等生物技术来为企业的创新发展提供支撑。从广为人知的基因工程技术到如今的新兴技术，比如干细胞、组织工程、siRNA 等，生物技术一直在不断地发展。生物技术的发展会给生物药企业的发展带来契机。然而生物技术的创新与研发需要高成本投入（高水平的风险资本、训练有素的创新研发人员、高额的设备成本），因此在全球生物药行业中，中国的生物药行业仍然处于相对较弱的地位，还有很大的发展空间。从生物药行业的发展规模来看，全球生物药的市场份额持续增加，并且其中的单克隆抗体药物是全球生物药市场中最大的细分领域之一。欧美国家在生物药行业的发展水平是相对较高的，中国作为“后起之秀”，近年来呈现出快速发展的趋势，规模增速高于全球水平。出现这一现象的主要原因是中国生物药企业创新技术的提升与政府对生物药行业的政策支持。从 2012 年的《国务院关于印发生物产业发展规划的通知》到 2018 年的《关于做好 17 种国家医保谈判抗癌药配备使用工作的通知》，都表现出国家政府对发展生物药的鼓励与推动。与此同时，中国对生物药的需求也在不断增加。癌症等重大疾病的发病率持续上升，而生物药可以应用于癌症、糖尿病等重大疾病的治疗，因此国内对其的需求也有明显的增加。从投资黏性来看，生物药行业的企业家相比其他领域的企业家更不容易退出投资。生物药领域的企业家是把创新当作他们的控制点，会专注于通过科技创新来创造价值，而不会急于确立企业的退出机制（Schubert. D.，2015）。出现这一现象的主要原因是生物药行业的市场承受能力与风险较难把控。生物药这一医药细分领域有较广的市场前景与效益，但对应的技术要求与风险也是较大的。因此，生物药领域的企业家认为面对这些不可能预测或控制的市场，最好的办法就是关注创新，用科学创新来建立价值。总体而言，生物药行业的高投资黏性也为该行业的发展提供了资本基础。基于较为稳定的投资，生物药行业可以较大程度地开展技术创新工作，以推动生物药的研发与生产。

从最新的发展来看，生物药行业虽然持续增长，但表现出“从繁荣到萧条”的可能（Fergal Lalor，John Fitzpatrick，Colin Sage，Edmond Byrne，2019）。生物制药的结构是相对复杂的。相比化学药物，生物药的结构并不是已知的，其内容主要是复杂的蛋白质。蛋白质分子的大小，以及不同温度或者pH值下的不同变化都会影响化学药物的药效，尤其是涉及治疗病毒的分子。因此面对如此复杂的生物药物，要保证其稳定研发与生产，难度是较大的。在这样的现状之下，生物制药行业或多或少会因追求盈利而对生物所处的环境造成危害。比如，研制的生物药在无意间被排入自然水系或者其他地区，其中的抗分子性质和自然中原有的微生物形成“对立”，从而破坏了自然环境。这一现象从深层次来说就是影响了生物药行业的“可持续发展”。处理好生物药行业与环境之间的平衡，便成了生物药行业打破当前“萧条”、实现可持续发展的关键。这里的可持续涵盖了从技术、环境、社会因素到生物药生命周期等多环节。针对此，Fergal lalor提出解决这一问题要应用工业生态模式（Fergal lalor，John Fitzpatrick，Colin Sage，et al，2019）。首先，生物药企业要开发新药或者优化当前的化学药物，尽可能降低生产所需的生物药数量，减少排放。再者，生物药行业可以追求新疗法，但新疗法产生的效应是否积极难以确定。另一学者Allen认为大数据可以应用于此来为生物药行业的可持续发展助力。大数据研究对生物药行业是较为重要的，可以应用于生物制药行业的临床研究、临床试验的一级或二级分析、潜在安全信号的检测及生物药剂的有效性测评。并且，大数据对生物药行业的意义还在于可以使企业更好地理解患者对药物的利益、风险的平衡，帮助企业研发、生产出满足消费者需求的生物药产品（Allen，A. J，2016）。

事实上，不仅是中国，美国、韩国乃至欧洲的国家都面临着生物药行业可持续发展的问题。就美国而言，其生物制药工业是在19世纪末形成的，20世纪70年代因生物技术的出现，该行业迎来了飞跃发展的契机。然而作为在全球生物药这一医药细分领域发展较好的美国，在2000—2008年间也面临着巨大的挑战。多数生物制药公司在此期间是处于亏损状态的，整个生物药行业亏损了数十亿美元。这一现状使美国学者和企业家也开始关注到本国生物药企业的“不可持续”问题。Liu. S.聚焦于美国生物药研发过程的不确定性、长时间性和高成本性这三个特点来对美国的生物药企业进行分析，并结合Myriad的案例分析，最终得出美国的生物药企业可以通过战略控制、组织整合和财务承诺来解决企业发展的可持续问题这一结果（Liu S，Lazonick W，2010）。战略控制层面是指生物药企业应该有能力将企业拥有的资源转化为技术创新。基于此，再结合企业的组织整合与财务分配，来实现生物药企业短期利润与长期发展之间的平衡，最终达到可持续发展的目的。与此同时，美国的生物制药行业还存在着另一明显特点，即集群化。集群化使得美国的生物药企业之间可以明确地考虑区域合作的空间维度，通过集群来影响生物专利经济的价值，促进知识的流动。并且美国生物药企业集群地的选择多为研究型学校周围，这在一定程度上助推了政府对企业扶持政策的发布（Sonmez Z，2015）。与此矛盾的是，Caner T在研究美国制药企业集群与联盟网络结构的关系中，通过互补机制与替代机制揭示了美国生物药企业集群对创新的影响并不显著（Caner. T，2007）。

两者研究的差异性其实并不影响公众对美国生物药企业的可持续性分析。企业集群带来的技术乃至人才的网络结构一定程度上对生物药企业的技术创新是有影响的，但影响的程度主要取决于企业自身对这一网络的“吸收”。那些能较大程度利用好企业集群等资源的生物药企业，便可结合企业的战略规划及组织结构等来实现可持续发展。

就欧洲而言，凭借较强大的科研能力，欧洲的生物制药产业虽不如美国强大，但在全球生物药市场上仍有较重要的地位。在2012—2018年间，欧洲生物药产业的投资翻了一番，可见欧洲在该产业的发展较好。但是由于生物药企业融资缺口较大等问题，欧洲生物药企业可持续发展的可能性较小。面对这些问题，欧洲开始聚焦于探索生物仿制药。生物仿制药也就是生物相似产品，欧洲对其进行了较为明确的认定，将生物相似产品定位为对已经授权的生物制品的复制药物（Beck，Alain，Reichert，Janice M，2013）。生物仿制药的使用一定程度上是可以在扩大使用的同时降低医疗成本的，但该类型产品的创新度不足，且可能因生物自身效应等问题带来副作用。因此，Beck强调欧洲在投资或较大规模生产生物仿制药，并将其投入市场时，需要对其实施警戒计划，保持溯源，以积累问题证据，做好药物的质量把控（Beck，Alain，Reichert，Janice M，2013）。从具体的国家来看，不同欧洲国家的生物药产业发展情况也是有差异的。意大利生物药产业的发展相对平稳。不管是在生物制药的风险投资、研究经费还是专利数量方面，意大利在欧洲国家中的排名都较靠前，其中较为著名的是米兰的Genenta Science Thermo公司。Genenta Science Thermo公司主要专注于研究癌症干细胞治疗Temferon。与之类似的还有瑞典的ADC Therapeutics公司。而荷兰的生物药企业主要侧重对生物培养基的研究，西班牙的生物药企业是侧重生物诊断技术的发展，法国则是发展了多发性骨髓瘤同种异体CAR-T疗法。

虽然欧洲生物药行业的地位与美国存在一定的差距，但两者也有相似之处。欧洲的生物药产业也存在和美国类似的集聚现象，并且其产学合作更为明显。以意大利为例，Anna Giunta研究了意大利产学合作的关系，证实了意大利生物药企业由于聚集带来的地理位置上的接近性会增加研究型学校与生物药企业的发展概率与强度。并且大学与企业的规模及学术研究的质量等因素都会对学校与生物药企业合作的强度产生影响（Abramo，Giovanni，D'Angelo，et al，2009）。事实上，生物药企业与研究型大学的聚集是可以理解的。生物药产业是以科学为基础的，它的增长与盈利主要取决于成功的研究（Jafee，1989；Zucker，Darby，1997）。因此，大学的研究人才与实力的确可以为生物药企业的成功研究助力。与此同时，企业的社会效应与经济实力也可以促进研究型大学的进一步发展。二者存在互惠互利的相互作用（Cockburn，Henderson，2003）。意大利生物药企业聚集的例子侧面反映出欧洲的生物药行业得以平稳发展的潜在原因是生物药企业与研究型大学形成了“集体”。因此，欧洲生物药行业要继续维持可持续发展，就需要维持“聚集”这一现状，并通过扩大企业规模、增强与学校研究合作质量等途经来增大两者合作共赢的强度。

聚焦中国与韩国，我们可以发现生物药产业是在不断转型的。中国已经通过建设生物技术园等措施创新了生物药产业的发展，带来了企业的繁荣；韩国则是促进小型、以科学为基础的生物药企业的发展。韩国生物药产业的发展主要是通过促进龙头企业的发展来实现的。但1998年的金融危机后，韩国对这一模式进行了调整，开始加大对中小型生物药企业的推广与扶持。事实上，韩国在生物技术的发展方面是相对较早的。早在20世纪80年代，韩国就紧跟技术趋势，推动了生物技术的发展（Choi et al，1999；Rhee，2003；SEO，2005）。在此之后，韩国还不断通过发布法律、建立大学的生物相关专业、成立专门的生物技术研究所等方式来促进生物技术在本国的发展。之后，对小型企业的助力促进了更多小型生物企业的出现，并且生物药研发机构和生物药私营企业之间的关系也得到了加强。与此同时，这一结果也衍生出很多积极的效应。最主要的效应便是韩国的财阀开始聚焦生物药行业，并投入大量资金。资金的投入使得韩国生物药产业在开发新药方面取得了很多显著成果，进一步推动了韩国生物药产业的良好发展（Hwan Wang，Jenn，Chen，et al，2012）。

然而，中国生物药的发展与韩国则有所差异。中国作为发展中国家，在近几十年的发展中不断创新。在发展生物药方面，中国有本国独特的制度安排，并且建立了集生物药企业、研究机构及金融所于一体的平台机制。在各方面因素的影响下，中国生物药产业的发展不断创新，在国际上的影响力也在不断加强。但不可否认的是，中国生物药产业的价值链仍有需要不断完善之处。事实上，中国是在1986年将生物技术确定为支柱产业的，在过去的几十年内，通过不断引进先进生物技术及与跨国公司合作等，中国在2006年已经通过自主创新建立了本国的生物工业技术（Hwan Wang，Jenn，Chen，et al，2012）。总体而言，中国通过不断地创新与发展，在生物药领域方面也有了一定的成就。如今，中国更是充分借助长三角一体化战略，结合“三省一市”的资源互补，高效高质发展长三角地区的生物药产业。与此同时，国际化带来的挑战也是中国发展生物药产业的“难题”。中国的生物药企业仍需不断创新，不断转型升级，尽可能减少对跨国企业的依赖，发展好本国自身的生物创新实力。

总体而言，生物药这一细分医药产业虽然比化学药发展较迟，但其前景是良好的。从全球生物药的发展来看，生物药产业逐年上涨的数值都充分证明了其发展的潜能。但与此同时，生物药产业的可持续发展也成为各国关注的焦点。从各国生物药产业的发展来看，我们可发现其有两大显著特点。第一，全球生物药企业趋向于集群化。集群化具体表现为生物药企业多聚集在研究型大学的周围。这一现象的主要原因是为了与大学形成互利共赢的合作关系，推动生物药企业的技术研发。并且，集群化在欧美国家表现尤为显著。在中国，集群化也在不断发展。近几年随着各类地区一体化策略的出台，不管是生物药企业还是其他类型的医药企业都会选择集群的模式，以整合各有资源，形成聚合效应。长三角一体化战略下，各生物药企业在长三角地区的集群便是典型例子。第二，全球生物药企业都在转型升级，以促进生物药企业的可持续发展。欧美国家从生物仿制药和新药入手，尽可能降低生物药生产与研发的成本，获得长期效益。韩国则是从发展生物药龙头企业转变为促进生物药领域的中小企业的发展，以聚集各大财阀的融资，为企业的技术突破助力。中国则是充分借助大数据的优势，对生物药进行筛选与分类，减少生物新药研发过程的时间成本。并且中国还打造了集企业、研究机构及学校于一体化的平台机制，进一步促进生物药在中国的转型与升级。总而言之，生物药作为一个还未完全成熟的领域，各个国家在探索该领域的过程中都会面临着很多挑战，不管是发达国家还是发展中国家。但唯一可确定的就是各个国家只要对生物药领域进行持续探索，该领域对全球健康事业的贡献就会增加。欧美国家因其技术的优势在该领域的探索相对其他国家会较早且较快，因此，这些“暂时领先的国家”可以对其探索结果及经验进行共享，以加快其他国家对生物药领域的探索进程。中国等发展中国家也凭借着不断努力与创新在该领域占有了一席之地，在接下来的探索进程中需要不断增强创新转型的思维，通过聚集等模式来集中研发、人才、资金等资源，为发展生物药产业助力。事实上，当今全球化与信息化的发展，给很多曾经的“不可能”带来了可能性。全球各国携手合作、优势互补，是可以尽快完善生物药这一医药行业的细分领域的。各个国家在这一进程中也承担着不同的责任。中国不断突破生物技术，努力追赶在该领域较为先进的国家的步伐。与此同时，中国也和全球共享着这些成果，其疫情期间的表现便足以证明。其他国家也不断促进国家与国家、地区与地区之间的合作，充分共享资源，实现效益最大化。

### (四)医疗器械产业的创新与发展

医疗器械产业是多学科结合的产业，集知识、资金和各类设备于一体。就医法环节中的费用大部分是昂贵医疗器械带来的，该行业因其高技术性和高收益性而越来越受到关注。从当前发展分布来看，医疗器械的市场主要是在美国、欧洲、日本和中国，但生产主要在美国、欧洲和日本。从总体发展情况来看，医疗器械这一行业的增长比全球的经济增长还快。具体来说，全球的医疗器械产业不仅保持着较快的增长速度，还保持着较大的产业规模，并且该行业的集中度也在不断增强。

在分析学者对医疗器械产业研究的过程中，可发现一个显著的特点，那就是全球的医疗器械产业呈现出和生物药产业相似的聚焦效应。Yambrach，McConnell 在探讨医疗器械企业竞争优势和地理位置之间的关系时，通过数据分析明确指出具有某些地理特征的医疗设备企业具有更高的创新水平，因此也就有了较强的竞争力(Yambrach F，McConnell J，2005)。对于医疗器械企业来说，竞争力的关键在于器械产品使用的技术(Standard，Poor's，1997)。而技术的实力会涉及多个内部因素和外部因素。因此，在这种情况下，集群带来的效应正好可满足技术实力与内外部因素之间的联系，也就产生了集聚经济。集聚经济是指基于劳动和资本等生产要素的集中，可以不断从外部吸收资金与人才，并向外部输出创新产品的一种高效益模式（Marshall，1920）。集聚经济在医疗器械产业的应用主要是表现在欧美国家某些位于大都市的医疗器械企业中。这些企业具有所处大都市等各类地理属性的优势，容易促进各类生产要素的集中，因此，医疗器械企业在这些地区可以轻易融入其本身的“集聚经济圈层”。

Maslach 则是对医疗器械行业中存在失误的问题进行了深入分析。他指出医疗器械行业中，竞争对手报告公开的延迟这一行为是会产生两方面的效应的。一方面，这一行为会阻碍其他同行者对这一企业的学习；另一方面，这一行为又会提高医疗器械行业中各组织间的学习，因为“延迟”这一行为使它们把更多的时间花在理解医疗器械产品为什么会失误的因果关系上（Maslach D，2011）。Maslach 的研究提醒了医疗器械行业的各企业，不要过度依赖竞争者的公开汇报，因为这些会分散注意力。并且 Maslach 还建立了关于“如何从他人医疗器械产品的失败案例中学习”的模型。他的这一研究其实是具有较大的现实意义的。医疗器械这个行业与其他的医疗细分领域有所不同，它涉及的产物大多为设备，而设备的研发故障率是相对较高的。因此，通过对医疗器械行业中失败案例的分析来得出警示结论是较为准确的。事实上，医疗器械领域的失败有具体名称，即为产品失效。产品失效又是根据不良事件来定义的。1990 年的《安全医疗器械法》中将这个不良事件规范定义为产品造成的严重伤害或死亡。这一定义充分表明了医疗器械行业失败带来的严重后果，也进一步证明了从失败中学习经验的重要性。对于那些要保持可持续发展的医疗器械企业来说，它们既需要及时关注该行业中其他企业公布的各类失败范本，从中吸取经验教训；又需要专注于本企业失败原因的分析，这样才可以尽可能减少医疗器械行业中的产品失效。

David T. 对医疗器械行业的成本效应进行了深入研究。他指出医疗器械产业要提高成本效益的关键在于把握"5S"。"5S"是通过人员、质量和性能这三个要素来节约医疗器械成本的（VU，D.，2007）。实际上，"5S"是企业管理中常见的法则，是指在生产现场中对人员、机器、材料、方法等生产要素进行有效的管理。而在此研究中，David T. 将其与医疗器械企业的成本效应相结合，是考虑到医疗器械这一行业的产品——医疗设备是可以通过"5S 管理法则"来降低成本并且提高产品成功率的（VU，D.，2007）。与之类似的还有 Abuhav 对医疗器械行业中质量管理的研究。Abuhav 针对医疗器械行业中的 ISO13485 质量标准进行了详细的分析与解释，涉及了医疗器械的质量管理系统、管理责任、资源管理、产品交付、产品改善等多个部分（Abuhav，I.，2012）。这一标准是与医疗器械的交付紧密相关的。相比 David T. 的研究，Abuhav 更多是为医疗器械行业中企业的发展提供了规范化的指导，以确保该行业的企业能够合法地生产出质量合规的医疗器械。

从发展情况来看，不同国家的医疗器械产业在面对相似的机遇与挑战时，显示出了差异化举措。聚焦中国，可发现中国医疗器械产业的特点便是聚集化。目前为止，中国的医疗器械行业有三大主要的产业集聚区，分别是珠江三角洲集聚区、长江三角洲聚集区和环渤海湾集聚区。这三大集聚区的医疗器械总产值与销售总额占据中国总量的 80% 以上。虽然这三大聚集区都是基于地理位置优势发展起来的，但三者间又存在着差异：珠三角以研发生产综合性高科技医疗器械产品为主，长三角主要生产开发以出口为导向的中小型医疗器械，环渤海湾地区主要从事高技术数字化医疗器械的研发生产。与此同时，中国还形成了一些新兴的小型化的医疗器械集聚区，比如成渝地区的医疗集聚区，就是以生物医学材料和植入器械及组织工程为特色的。不同医疗器械集聚区各聚焦一部分重点领域，造就了中国医疗器械行业的蓬勃发展。如今，长江三角洲医疗器械集聚区是相对发展得较完善的。长江三角洲的三省一市资源互补性较强，其中的上海、江苏、浙江都有强有力的科研与资金优势，这些多样化的竞争力使得该地区的医疗器械能够实现高质且较快的发展，因此，也涌现出了多个医疗器械行业的龙头企业。

聚焦印度，可发现印度医疗器械的发展仍有很多需要完善的地方。从医疗行业来看，该国的生物技术行业已经成为全球非专利药品和疫苗的主要供应商，相比之下，其医疗器械行业便显得处于弱势（Kale，Dinar，Wield，David，2019）。医疗器械在世界卫生组织的官方定义中是包括了从高度复杂的计算机医疗设备到简单的木质压舌板，即体外诊断、成像仪器、一次性使用设备、外科器械等（WHO，2010）。而在印度的市场上，医疗设备企业大概有 14000 个，并且诊断设备在医疗设备中的占比较大。从医疗设备的数据来看，印度医疗器械产业的发展并没有显著的问题。但实际上，印度在发展医疗器械产业的过程中越来越依赖从美国、日本、英国、法国等国家进口。这一现象导致印度国内对医疗器械的研发“停滞不前”（Kale，Dinar，Wield，et al，2019）。意识到这一问题后，印度也对医疗器械行业进行了改革与创新。1990 年之前，印度医疗器械机会受限，主要聚焦于非侵入性医疗设备的研究。1990 年后，印度的医疗器械行业快速发展起来，该行业的市场以每年 15%—20% 的速度增长，但此时的医疗器材成本相对较高。2005 年转型后，印度医疗器械行业的发展情况有所改变，但仍然较为受限。总体而言，其发展受阻的关键在于医疗专业人员、技术人员、工业和政府对医疗器械的忽视。医疗器械涉及的技术缺口与生物药行业涉及的技术是有相似之处的，印度可以在原先薄弱的技术基础上突破生物药行业的发展，说明其也有能力突破医疗器械的发展。但由于各医疗主体及政府对医疗器械这一行业的忽视，行业相关的技术创新及研发工作等难以开展。

针对医疗器械行业存在的各种问题，2015年的一次研讨会对医疗器械行业的创新进行了相对完善的探讨。会议中指出，在过去的几十年内，全球医疗器械行业的创新很大程度上是由技术驱动的。但由于如今医疗器械产品开发的复杂环境，越来越多的利益相关者融入该行业，这就导致技术驱动带来的影响有所减弱（Bayon Y，Bohner M，Eglin D,et al,2016）。并且技术带来的创新产品或成果中只有极少数能成为行业的“重磅炸弹”。与此同时，医疗器械行业的布局也是该行业创新发展的挑战。医疗器械行业主要以中小型企业为主，这些企业若具备创新性的技术便极有可能成为大公司的潜在收购目标。因此，这一关键原因也使得医疗器械整个行业的创新发展受阻。针对这些问题，本次会议提出了一些可实行的举措。首先，会议强调了医疗器械企业可采取的创新形式是多样的（形式一，医疗器械企业可以在市场上快速发展新设备或者新服务；形式二，医疗器械企业也可以在领导的支持下就公司最新产品开展科学交流，并提供临床教育；形式三，医疗器械企业还可以通过渠道沟通等塑造品牌价值），从不同形式出发可以避免行业的竞争。其次，会议提出医疗器械企业应该通过与客户（病人、外科医生等）及技术提供者（大学、企业等）的合作，来促进超越商业层面的创新。再次，医疗器械行业或者政府要帮助建立适当的网络，来促进临床证据、监管备案等内容的共享与转化。采取这一举措是因为创新不完全由技术本身驱动，同时也由补充和强制的技能驱动的（Bayon Y，Bohner M，Eglin D，et al，2016）。最后，医疗器械行业在促进创新与改革的过程中也要注意把控知识产权问题及商业协议的实现问题，确保合法、合规、高质。

医疗器械产业作为高新技术产业，涉及医药、机械等方方面面，因此其发展需要考虑的因素也相对较多。由于市场需求的不断扩张，医疗器械产业的创新与发展便显得极为重要。受新冠肺炎疫情影响，全球数个国家开始降低甚至免除医疗器械进口的关税，这很大程度又会刺激医疗器械产业的规模上升。因此，从全球供需平衡的角度来看，医疗器械产业确实需要不断创新以满足市场的庞大需求。在医疗器械行业创新的进程中，中国及欧美国家都有差异化的对策。从中国医疗器械产业的创新来看，中国正在由复制向创新转变，且已经成为全球第二大医疗器械市场。比如，苏州的医疗器械行业已经形成了以创新药研发、高端医疗器械研发为代表的特色产业集群。

总体而言，关于医疗器械行业的创新发展，不同学者都进行了有侧重点的研究与探讨。Yambrach，McConnell 探讨了医疗器械企业的竞争优势和地理位置之间的联系。该研究为医疗器械企业的创新发展提供了另一种可能：通过聚集的形式，来获取创新的要素与其他资源。Maslach 则侧重于研究医疗器械行业中失误带来的经验与教训。他指出医疗器械企业不仅要关注竞争对手的公开报告以吸取失败的经验，更要主动将更多时间放在钻研自身企业医疗器械研发失败的原因分析上。David T. 将企业管理的“5S 法则”运用于企业的医疗器械生产中，强调遵循“5S 法则”以规范医疗器械的研发与生产，最终达到降低成本、获取更大效益的目标。依据这些研究，不同国家在医疗器械领域都进行了一些创新与改革实践，虽然实践结果并不总是完美的。真正对医疗器械行业的创新与发展进行总结的是 Bayon Y.，Bohner M. 的会议总结。在会议总结中，学者对医疗器械行业创新的机遇与挑战进行了较为完善的归纳，并提出了相应的举措来应对。总体而言，医疗器械行业的创新与发展相比生物药行业、化学药行业是难度较大的，因此需要更为长期的过程，也需要各社会主体的支持。

## 二、全球医疗产业创新发展

全球医疗行业的发展正处在机遇与挑战并存的时期。医疗设备的昂贵、医疗创新的成本过高、医疗需求人数的不断增长都为全球医疗行业的发展带来了挑战。为了应对这些挑战，当前全球的医疗行业已经呈现出一些改变：医疗服务体系与价值付费相结合，在获得最佳疗效的基础上降低利益相关者的成本；多个国家准备或已经采取了全民医保制度；将数字化与医疗体系相结合。除了这些已经显现的改变，全球医疗行业还可以从以下三个方面进行创新式的转型与升级。第一，创新全球医疗模式。医疗模式应从消费者（患者）被动参与转变为主动参与。被动参与是指患者只能在有就医需求的情况下接受提供的医疗服务；而主动参与是指医疗行业将医疗产品、医疗服务等信息透明化，消费者可以全面了解与之相关的医疗服务，从而可以自主选择个性化的医疗产品或服务。并且，主动参与这一模式还可以减少患者与医生之间的矛盾，使医患纷争得到有效减少。第二，开展全面的数字化转型。信息时代，数字化成为必然趋势。将云计算、5G 技术、人工智能乃至物联网与全球医疗系统结合起来，搭建出集各类资源与利益主体的数据化平台，提高治疗效率的同时还优化了治疗效果。第三，开展适当的价值投资。医疗行业作为关系全球健康安全的一大产业，其存在的长期性是必然的，因此，对医疗行业的合理投资是较为可观的。全球的医疗行业会随着全球局势、时代发展等不断进行模式创新与改革，会涌现出虚拟医疗等新兴的医疗细分板块。因此，对这些新兴医疗板块开展合理的价值投资不仅可以为投资者带来收益，还可以进一步促进医疗细分行业的发展，为全球健康安全事业的发展助力。

Gagnon M从知识经济角度对早期的全球医疗企业进行了研究分析。知识经济是以知识为基础、以脑力劳动为主体，与农业经济、工业经济相对应的一个概念。工业化、信息化和知识化是现代化发展的三个阶段，并且知识经济对产业结构会产生较大的影响。基于知识经济的基础，Gagnon M对全球医疗企业盈利能力与治疗创新两者的关系进行了阐述，证明了全球医疗企业盈利能力的增加和治疗创新的下降是并行的（Gagnon M，2009）。从全球角度来看，全球医疗企业的销售情况确实是较为可观的。2015年的销售额为6020亿美元，占据了全球GDP的1.4%，并且在之后几年里，全球医疗行业的销售额持续增长。但从利润层面考虑，我们会发现带来利润的时间是较为漫长的，因为全球医疗企业开发出新药的过程是漫长且成本巨大的。从这个角度来看，为了促进医疗企业的发展，就需要以较快速度发展新药，而仅有主导型的大企业才有实现这一目标的潜力。这也进一步证明了利润的增加不是因为生产力的激增，是因为占主导地位的医疗企业加强了对医学知识结构的控制。事实上，20世纪80年代以来，为了增加占主动地位的医疗企业的垄断能力，各企业、政府打破了知识、生产力和盈利能力的关联，显示出的是知识结构、积累和盈利能力之间的联系（Gagnon M，2009）。与Gagnon M的分析有所不同，Scherngell，Thomas在研究全球医疗行业发展的过程中，主要侧重分析全球医疗行业的国际化研发模式。他们指出医疗行业不断变化的国际化研发模式在创新方面发展较好，使得医疗网络结构从一个以美国为唯一中心的单中心网络逐步发展成一个分布更加密集的网络群（Hu Yuanjia，Scherngell，Thomas，et al，2015）。研发的国际化已经被大众普遍认识，主要是指企业的生产活动与销售活动不仅发生在母国，还越来越多地发生在其母国以外的地区（Hall，2010；Dachs，2014）。并且因为国际化通常意味着知识的碰撞与吸收，因此，研发的国际化可以使企业接触到各类知识，并将这些知识运用于医疗产品或服务的研发中，为企业的创新及发展带来动力。学术研究中的"开放创新"模型也充分证实了这一观点（Chesbrough，2003）。虽然研发国际化在不同的国家有不同的表现，其进程也有所差异，但随着国际化进程的加快，越来越多的国家融入全球化的经济中，从全球网络结构来研究全球医疗行业的创新就显得尤为重要。具体而言，Scherngell，Thomas 就是在研究全球医疗行业时考虑国家与国家之间的联系，将医疗企业所处国家在全球网络体系中的位置与地位纳入考虑范畴。Gagnon M 及 Scherngell 的研究都是从不同角度对全球医疗行业的变化与创新进行分析。Gagnon M 侧重于分析全球医疗行业早期的发展，他指出在早期，全球医疗企业盈利能力的增加和治疗创新的下降是并行的。而 Scherngell 则对全球医疗行业中后期的发展开展了深入的研究。随着全球医疗行业的不断发展及国际化进程的加快，国家与国家之间的联系成为必不可少的影响因素。因此，Scherngell 在研究中更侧重考虑国家在全球网络中的作用对医疗行业或企业创新的影响。

虽然全球医疗行业创新发展的势头显著，但在不同的国家或区域仍显示出一定的差别。

### （一）美国的医疗产业

美国在医疗行业的地位是显而易见的。当前，美国已形成了成熟的医疗体系，其医疗科技在世界也是领先的，但其医疗收费确实比其他国家高。从医疗实力来看，美国整体医疗实力强。美国的医学研究、临床医师培训体系、医院服务系统、生物医药产业等医疗细分领域在世界上都处于领先的地位。并且,美国每年在医疗方面的投入都是不断增加的,这为其不断进行医疗领域的技术突破提供了强有力的资金基础。美国领先的医疗技术得以持续供应除了有充足的资金外,更重要的是有较强的研发团队与研发人才。关于专业人才最好的证明便是,美国得到的诺贝尔生理学或医学奖远远超过全世界其他国家得到的总和。人才与资金的合力促使美国在医疗技术层面不断突破,获取的专利数也在不断增加。从美国医疗行业的发展来看,垂直整合在该行业的发展中发挥着较大的作用。Simonet D对美国1993—1995年间的医疗企业的垂直整合进行了分析,讨论了在垂直整合运营过程中出现的各种困难,并分析了由此引发的可能导致竞争扭曲的风险(Simonet D,2007)。1993—1995年,美国医疗行业的垂直整合现象明显。在之后的发展中,垂直整合仍然发挥着效用。这一现象带来的结果便是美国医疗企业的威胁主要来自连锁药店,而不是药品利益管理机构(Simonet D,2007)。从这个角度来看,美国医疗行业要保持高质量的发展,需要对医疗企业、连锁药店、医疗机构、药品利益管理机构等主体进行协调。医疗企业是创造社会效益与经济效益的主体,在医疗产品与服务的生产与提供方面可发挥较大的作用;连锁药店因处在"垂直整合"体系中,所以可获取到的信息是相对准确且充足的,可以充分利用这一优势拓展医疗产业服务;医院与药品利益管理机构等更多是医疗服务的提供者与监管者。将这些主体的资源共享,使其达成相对的平衡状态,对美国医疗行业的高质发展是有利的。从美国医疗产业的创新来看,地理位置、国家卫生保健市场对美国医疗产业的创新是有一定影响的。Chatterjee C, Branstetter L对美国医疗产业涉及的知识产权、企业创新激励机制和社会福利这三者的关系进行了深入研究分析,并提出了两个观点:一,地理位置对提高美国医疗产业创新生产力是较为重要的;二,卫生保健市场与国家专利政策及企业创新是有联系的(Chatterjee C, Branstetter L,et al,2011)。首先,地理位置方面。医疗企业要获得创新,就必然需要“吸取”知识,而知识是有空间和时间限制的(C. F. Kogut,1991;Nelson,1993)。知识的时间和空间限制意味着美国的医疗企业若要及时有效地获得创新生产力的相关知识,就需要充分利用好周围的资源。地理位置便是决定“周围资源”优劣的关键。同样规模的一家医疗企业,一个在大学、研究机构周围,另一个则在较为偏僻的乡村(周围无学术机构),那结果很显然:在大学和研究机构周围的医疗企业的创新生产力的潜力会相对更大。地理位置对美国医疗企业创新生产力的影响不仅表现在实际海陆空等位置带来的影响,更表现在位置周围“相关机构/组织”带来的协同效应。事实上,地理位置对美国医疗企业的重要性与前文所提及的“聚集经济”是不谋而合的,两者都强调医疗企业在选址层面要注重考虑地理位置带来的长期效应,以实现医疗企业与周围组织的合作共赢。其次,知识产权与社会福利方面,Chatterjee C,Branstetter L 估计了非专利药生产商对专利保护药物的挑战带来的福利效应,此时激励机制就可以发挥一定的效应。

总体而言,美国医疗行业因多方面的原因才有了如今全球领先的地位,其中的地理效益、垂直整合等都在美国医疗行业的发展过程中起到了一定的作用。作为领先者,美国的医疗行业在技术上的优势是其他国家难以比拟的,但如今随着各国对技术的不断突破,其与其他国家间的医疗技术差距在缩小。因此,美国也要对医疗行业开展持续的创新活动。比如,2019 年底暴发的新冠肺炎疫情期间,中国等国家不断对医疗技术及就医模式等进行创新,较早对新冠病毒采取了防控措施,为全球的健康安全做出了极大的贡献。然而美国在此期间的技术突破则有待加强。总体而言,美国医疗行业在未来的发展中要保持对医疗创新的重视，并在技术优势的基础上，多开展与其他国家的技术合作、医疗合作以进一步促进本国医疗卫生事业的发展。

### （二）欧洲的医疗产业

欧洲作为全球经济中的重要组成部分，在医疗行业方面的实力也是有目共睹的。在医疗技术和体外诊断方面，欧洲是继美国之后的全球第二大市场，在全球占比29%，且欧洲在该细分医药领域的发展是较为稳定的。在医疗专利方面，欧洲的专利申请数量逐年增长。技术与专业往往与产业的创新紧密相关。欧洲专利数量的不断增加，一定程度上也反映出欧洲在医疗产业创新方面的成就。在医疗企业规模方面，欧洲的医疗技术企业多分布在德国、瑞士、西班牙等国家，且多为中小型医疗企业，但也有著名的医疗产业集群区，比如法国的The Grand Est Area、德国的Medical Valley Nurnberg、意大利的Emilia-Romagna、爱尔兰的Galway、英国的The Golden Triangle（伦敦、牛津和剑桥）、德国的Tuttlingen及瑞士的Canton Zurich。

为了进一步促进欧洲医疗行业的发展，Garza-Reyes，Jose Arturo，Betsis et al学者评估了欧洲医疗企业的质量实践，希望为欧洲医疗行业的持续发展提供建议。事实上，欧洲医药被认为是欧洲经济的宝贵资产，在全球医药中占据着25%左右的价值（Nenni，et al.，2014）。但是这一行业存在着很多挑战，比如医疗产业与服务的研发费用高、专利期满等。面对这些挑战，采取精益方法等来改进经营绩效成了医疗企业突破瓶颈的必要手段。与此同时，Garza-Reyes et al学者开展的研究正好从这一“缺口”入手，探究了欧洲医疗企业的实践，并指出欧洲的医药企业仍需进一步发展企业实践结构(Garza Reyes,Jose Arturo,Betsis,et al,2018)。该结构涵盖了流程、计划、人力资源、客户关系及供应商关系。

总而言之,欧洲医疗行业在细分领域中的差距较大,具体表现为欧洲的医疗技术企业发展较好,而生物药领域等企业则发展相对较慢。欧洲医疗行业内部的显著差距与Garza-Reyes等学者对欧洲医疗企业展开实践的研究结果是较为匹配的。在全球医疗行业的创新发展浪潮里,欧洲的基础较好,但如今的发展也面临较多挑战。针对这些问题,欧洲的医疗企业可以从企业内部的实践结构着手,对医疗流程、医疗企业的人力资源、医疗产品与服务的客户关系等内容进行调整与优化,为欧洲医疗行业的创新发展助力。

### (三)日本的医疗产业

日本的医药行业开始于19世纪的后期,如今日本已经是全球较大的处方药消费国,但在全球医药行业中的地位并不是突出的。Umemura M将焦点放在日本医药行业发展的研究上,对阻碍日本医药行业发展的因素进行了分析。并且,他指出政府的研发政策缺少足够的激励作用是导致日本医药行业发展的一个因素(Umemura M,2011)。事实上,关于对阻碍日本医药行业发展的原因的研究并不是开始于Umemura M,在此之前,一些学者将日本医药工业的弱势归结为西方医药企业的先发优势,而并未从自身寻找原因。也有一些学者从时机、研究环境等角度对日本医药产业的发展缓慢进行解释,但都存在着不足。Steven Vogel更是从日本的组织文化角度来解释医药行业为何难以快速发展。从日本医药经验来看,日本的医疗文化对医药产业的发展是有负面影响的,因为日本医学文化的显著特征,比如开处方的做法等,阻碍了日本企业开发创新疗法的进程。

总体来看，日本医药行业发展较慢的原因主要是对医药企业投资研发的激励不足（Umemura M，2011）。激励不足主要是两方面带来的影响。首先，大多数的日本医药企业发展晚于美国等国家，因此，需要政策上的引导，使医药企业可以较为快速地紧跟其他国家的步伐，创新发展医药企业。其次，日本的医疗文化对医药产业造成的负面影响。除了这两大主要因素之外，日本医药企业在开拓海外市场方面缺乏主动性等原因也对日本医药行业的发展造成了一定的影响（Umemura M，2011）。

总体而言，日本的医药行业发展是有潜力的，但当前发展因缺乏研发激励而受阻。因此，日本医药行业的创新发展应把重点放在对医药企业的研发激励上，通过政府政策激励等外在因素与医药企业主动性提高等内在因素的双重作用来刺激日本医药企业的发展。在此过程中，日本可以向全球医药行业中发展较好的国家借鉴经验。

### （四）中国的医疗产业

21世纪的中国，在卫生保健制度等涉及消费者健康安全的各大领域不断转型与升级。简而言之，中国的医疗体系正在走向一个新时代（Wang M，Zhang S，2007）。不管是SARS病毒，还是2019年年底暴发的新冠肺炎疫情，都在挑战中国的医疗体系，但中国都以积极的状态较为成功地应对了这些挑战，使挑战成为发展的机遇。事实上，中国医疗体系能不断成功转型的原因是多方面的。一方面，中国医疗层面的政策会及时根据社会医疗事件进行调整，不断提高政策能力。比如，在“非典”后，中国政府便建立了全国传染病和突发公共卫生事件直接报告网络，以定期向公众发布重大疫情的报告。另一方面，中国政府继续做好医疗服务提供者这一工作，对医疗行业中的企业、机构及其他组织进行合理的组织与安排。基于中国医疗体系的有效转型，中国的医疗行业保持着较好、较快的发展。虽然中国相比其他国家在医疗行业的差距仍然存在，但在全球医疗行业中的话语权和影响力也在不断加强。

中国作为世界第二大经济体，在医疗行业的成就也是较为突出的，但相比欧美国家仍有差距。当前中国医药企业正全面发展，在发展过程中不断优化产业结构、扩大产业规模，有巨大的潜力。与此同时，中国医药行业的特点也逐渐突出。第一，中国医药工业的产量突出，增长率超过全国各行业的平均水平，且其增速不断扩大。第二，中国医药监管体系持续改善。政府通过三个举措来加强对医药行业的质量监督：加强对医药产业结构的审查；中国生物技术集团公司保证对中国医药新产品的监管；中国的GMP更加系统化、科学化、全面化。第三，医药产业的组织与地区分布被优化。第四，中国对外贸易在增长。虽然全球的贸易有所波动，但中国的医药行业整体是保持增长趋势的。第五，中国医疗市场吸引了越来越多外企投资。当前中国合资和独资企业的数量占中国医药企业总数的30%以上，其对应的销售收入占中国医药行业销售收入总额的26%以上，充分证明了外商已成为中国医药行业发展的重要组成部分。外商与外资在中国医药行业中重要性的增强也引起了学术界对另一相关话题的探讨：先进的医疗经济研究机构产生的个人动机网络在连接中国与全球知识网络的关键作用（Perri，Alessandra，Scalera，et al，2017）。医药行业作为一个基于多学科知识的行业，知识在其创新发展中的作用是极为关键的。Perri，Alessandra等学者正好对如何促进知识流入中国进行了深入的探讨。他们的研究表明，大学这一主体在连接本地医疗创新系统和全球知识网络方面的作用比跨国公司更显著，其中的原因是“个人的网络关系”（Perri，Alessandra，Scalera，et al，2017）。这一研究结果给中国的提醒在于，我们应该从学术角度重视大学及大学内的学者等参与者作为国际知识来源的渠道，充分发挥这些渠道在构建中国与全球知识联系中的作用，以高效高速推进中国医疗行业的创新发展。

中国的朝阳产业——医药产业在不同细分领域的发展情况是具有差异的。具体而言，中国化学药品的生产在医药行业中居于首位，中药则逐步转向由国内企业生产（Yajie Li，Ruqin，2017）。虽然从增长速度来看，中国医药行业的发展速度呈现出了放缓的趋势，但其增长速度仍然高于中国的其他行业，因此，它仍然是朝阳产业的典型代表。Li Yajie，Ruqin 等对中国医药行业的产值与社会价值进行了分析，指出几点内容：首先，产值越高，社会责任也就越大；其次，化学药在中国医药行业中的产值较高；再者，中国的中药、化学药、生物药主要是由内资企业、港澳台地区出资的企业和外资企业生产；最后，中国医疗企业在社会责任方面的作为还需加强（Yajie Li，Ruqin，2017）。

中国的医疗行业是在不断发展的，其为全球健康事业所做的贡献也在不断增加。从中药到化学药、生物药，中国充分借助本土的优势与政策支持推动医药企业的发展。虽然中国在医疗技术层面相对较弱，更多需要进口先进的医疗设备等产品，但随着各大企业的发展及创新政策的不断发布，中国的自主创新能力在不断加强，与他国的技术差距也在逐步缩小。作为有着庞大医疗需求的中国，在“非典”及新冠肺炎疫情等“大挑战”中都表现出了中国医疗产业的社会责任与担当。为了进一步促进中国医疗产业的集群化与国际化，中国不断借助各类一体化来发展医药行业。其中，最为典型的是长三角一体化下中国医药产业的发展。长江三角洲城市群被称为世界六大城市群之一，这里的经济结构与产业结构都是相对优化的。因此，如何借助长三角一体化战略来促进医药产业的高质量发展成为关注的焦点。当前中国的技术密集型企业集中于长三角核心区域，并且该区域知名大学等“研究潜力股”较多，加之区域自身的优越地理位置，都为中国医药产业的高质高效发展和国际化发展起到了推动作用。中国的医药产业总体是在不断发展的，实力也在不断增强，但产业内部结构的优化仍然是关键。长江三角洲在国家一体化建设的战略支持下不断优化产业结构，充分借助三省一市的优势互补与合作共赢来促进该区域医药企业的转型与升级。与此同时，中国要提升医疗产业在全球医疗体系中的地位，长三角地区便是最佳的窗口。独特的地理位置及发达的产业经济都使得长江三角洲与国际接轨，因此，借助长三角一体化的优势来发展中国医药产业是较佳的。

总体而言，医疗产业作为关系生命的重要产业，一直被全球所重视。随着医疗产业的深度发展，中药、化学药、生物药及医疗器械等细分领域蓬勃发展，但四者间的差距也确实存在。中药作为中国历史文化的组成部分，在全球的影响力不断增强，尤其是在屠呦呦获得诺贝尔生物学和医学奖之后。而化学药、生物药及医疗器械由于涉及的技术成分较高，目前是欧美等国家的发展较为领先，但中国等国家的实力也在不断增强。除了医疗细分领域的差距外，全球各个国家在医疗卫生事业的转型策略上有差异，也有共同点。共同点表现在，大多数国家都注重聚集经济带来的影响，充分利用与科研机构、研究型大学来获取可应用于医疗产业的知识，促进医疗产业的发展。差异化则是由各个国家的医疗实力基础的差异及文化、制度等方面的差别带来的。在全球医疗产业的发展中，中国显示出的大国形象是值得称赞的。具体而言，一方面，中国在世界面临大挑战时充分发挥中国医疗行业的作用。比如2019年底新冠肺炎疫情暴发后，中国医疗行业的防控与诊断经验是领先其他国家的，由此减少了中国在此次疫情中的损失，能较早地恢复正常的经济。另一方面，中国对全球化与国际化的把握是准确的。中国充分发挥集群城市在医疗产业结构调整方面的关键作用，借助长江三角洲一体化的战略优势及经济优势，有效结合三省一市的各生产要素，将其运用于该区域的医疗产业的发展中，促进了长三角地区医疗产业的发展，更促进了中国医疗产业在全球的发展。

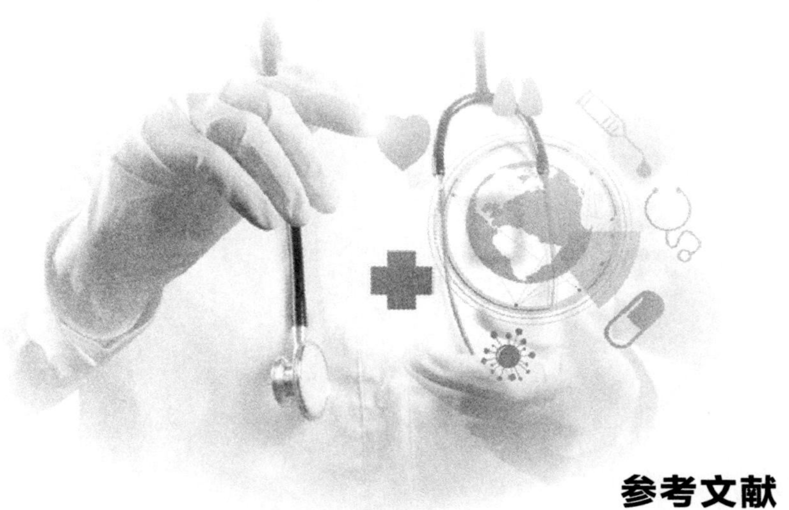

# 参考文献

[1]滕堂伟,欧阳鑫.长三角高质量一体化发展路径探究——基于城市经济效率视角[J].工业技术经济,2019,38(7):152-160.

[2]车俊.全省域全方位推进长三角高质量一体化发展[J].政策瞭望,2019(7):4-6.

[3]金碚.关于“高质量发展”的经济学研究[J].中国工业经济,2018(4):5-18.

[4]张子砚,曹阳.长三角医药上市公司创新效率研究——基于DEA-Malmquist指数分析方法[J].上海医药,2014,35(9):41-44.

[5]马仁锋.长江三角洲区域一体化政策供给及反思[J].学术论坛,2019,42(5):114-123.

[6]曹文彬,郭珊珊.泛长三角地区医药制造业的金融支持实证研究[J].福州大学学报(哲学社会科学版),2012(5):25-31.

[7]范纯增,姜虹.产业集群间互动发展的动力机制、合争强度与效应——以长三角医药产业集群为例[J].经济地理,2011,31(8):1319-1325.

[8]曹文彬,郭珊珊.不同融资方式对技术创新产出的差异性影响——以泛长三角地区医药制造业为例[J].西南交通大学学报

（社会科学版），2013（1）：79–85.

[9]吴玲霞，单兰倩，翟菲，等.基于协整分析的江苏省医药产业国际竞争力影响因素研究[J].中国医药导报，2019，16（15）：157–160.

[10]戴洁，黄蕾，胡静，等.基于区域一体化背景下的长三角环境经济政策优化研究[J].中国环境管理，2019，11（3）：77–81.

[11]段德忠，谌颖，杜德斌.技术转移视角下中国三大城市群区域一体化发展研究[J].地理科学，2019，39（10）：1581–1591.

[12]李鲁.民营经济推动长三角区域一体化：发展历程与互动机制[J].治理研究，2019，35（5）：59–67.

[13]陈雯，孙伟.长江三角洲区域一体化空间分工[J].城市规划学刊，2020（1）：37–40.

[14]王惠文，张雪姣，卜建华.基于产业链分析的京津冀医药产业协同发展研究[J].现代经济信息，2019（1）：477–478.

[15]姚鹏，王民，鞠晓颖.长江三角洲区域一体化评价及高质量发展路径[J].宏观经济研究，2020（4）：117–125.

[16]张学良，林永然，孟美侠.长三角区域一体化发展机制演进：经验总结与发展趋向[J].安徽大学学报（哲学社会科学版），2019，43（1）：138–147.

[17]张安驰，范从来.空间自相关性与长三角区域一体化发展的整体推进[J].现代经济探讨，2019（8）：15–24.

[18]黄征学.奋力共绘长三角高质量一体化发展“工笔画”——《长江三角洲区域一体化发展规划纲要》解读[J].旗帜，2020（1）：73–74.

[19]李玲.区域一体化战略下长三角区域经济差异与空间格局分析[J].商业经济研究，2020（2）：159–162.

[20]刘强，裘予荫.长三角医药制造业上市公司动态竞争力研究[J].

工业技术经济,2011(7):147-152.

[21]张少兵,王雅鹏.长三角地区医药产业链发展现状分析[J].江苏商论,2008(1):165-167.

[22]李树祥,庄倩,褚淑贞.社会网络分析视角下的长江经济带医药产业空间分布与关联网络分析[J].中国药房,2020,31(1):1-6.

[23]励惠红.长三角医药产业带形成对宁波医药行业发展的影响[J].宁波经济(三江论坛),2005(3):33-35.

[24]李成橙,韩京秀,李亚伟,等.2015年长三角地区三城市大气污染对成人急性呼吸系统疾病及症状的影响[J].卫生研究,2019,48(1):82-88.

[25]陈晓玉,王峻霞,夏毓琦,等.长三角地区医药制造业经济增长对产业集聚的影响——基于2008—2015年面板数据的实证分析[J].中国新药杂志,2020(3):241-245.

[26]费菲,张清涵.中医思维与现代科技结合催生原创成果——张伯礼院士谈新时代中医药发展的机遇和任务[J].中国医药科学,2019,9(21):4-8.

[27]刘自林,宣庆生.重视合肥"医药园"建设 促进安徽医药经济发展[J].安徽医药,2001,5(4):241-243.

[28]刘自林.加强监督、强化服务、促进安徽医药经济健康有序地发展[J].安徽医药,2001,5(1):1-2.

[29]王颖,陆赟,张小平,等.上海生物医药产业发展报告(2018年度)[J].上海医药,2020,41(7):46-48.

[30]王永,干荣富.基于上海医药市场现状与趋势探讨上海医药商业发展对策[J].上海医药,2017,38(17):46-51.

[31]孟长海,王冶英,张瑞雪,等.新冠肺炎疫情下中医药的社会化表达法[J].医学与哲学,2020,41(14):62-66.

[32]王斌.新冠肺炎疫情影响下的浙江省公立医院经济运行分析[J].卫生经济研究,2020,37(9):23–25.

[33]董登姣,雷勇恒,梅路瑶.新冠肺炎疫情下公立医院财务管理探析[J].卫生经济研究,2020,37(7):59–61.

[34]肖小河,陈士林,黄璐琦,等.中国道地药材研究20年概论[J].中国中药杂志,2009,34(5):519–523.

[35]杨殷凯,王琪瑞,孙思雅,等.浙江道地药材的质量影响因素和品质评价技术的现状与展望[J].浙江农业科学,2020,61(6):1039–1043.

[36]彭华胜,王德群,彭代银.道地药材"皖药"的形成及其界定[J].中国中药杂志,2017,42(9):1617–1622.

[37]王丹,张秋燕,杨兴鑫,等.基于HPLC 指纹图谱的黄芩道地药材与非道地药材的鉴别研究[J].中国中药杂志,2013,38(12):1951–1960.

[38]YIN L,ZHOU J,CHEN D,et al.A review of the application of near–infrared spectroscopy to rare traditional Chinese medicine[J].Spectrochimica Acta Part A,Molecular and Biomolecular Spectroscopy,2019,(5):117–208.

[39]张彩云,黄珊珊,颜海飞.DNA 条形码技术在中药鉴定中的应用进展[J].中草药,2017,48(11):2306–2312.

[40]孙宪民,任平.从日本津村株式会社的发展看我国中药产业面临的挑战[J].世界科学技术—中医药现代化,2001,3(4):73–75.

[41]张其成.让中医药走向世界[N].人民日报,2018–11–15(7).

[42]王思宇.药都亳州中医药旅游发展探析[J].区域经济,2016,18:193–194.

[43]柯尊洪.加快推进我国医药产业国际化[J].中国人大,2017

(19):51.

[44]吴晶晶,高山."一带一路"背景下中医药企业的国际化发展研究[J].中国研究型医院,2019,6(1):6-12.

[45]刘志彪.长三角区域经济一体化[M].北京:中国人民大学出版社,2010.

[46]张俊.新兴市场国家区域一体化开放与发展的经验借鉴及启示[J].企业改革与管理,2020(16):210-213.

[47]韩欢.都市圈到城市群:区域一体化的演进路径——基于长江三角洲区域的研究[J].改革与战略,2020,36(8):103-110.

[48]刘志彪.长三角区域高质量一体化发展的制度基石[J].人民论坛·学术前沿,2019(4):6-13.

[49]施翔.沪苏浙皖签署卫生健康一体化合作备忘录[J].中医药管理杂志,2019(10):102.

[50]洪净,吴厚新.对中医学术流派传承发展中一些关键性问题的思考[J].中华中医药杂志,2013,28(6):1641-1643.

[51]鲁兆麟,陈大舜.中医各家学说[M].北京:北京医科大学中国协和医科大学联合出版社,1996.

[52]冯丽梅,王景霞.明清苏徽杭三大医派异同之概说[J].医学与哲学(A),2016,37(3):84-87.

[53]方松春,杨杏林.论海派中医与海派中医学术流派[J].中医文献杂志,2010(2):27-39.

[54]杨杏林.简述海派中医及其流派传承特点[J].中医药文化,2012(4):27-31.

[55]刘金涛,陈叶,田广军,等.海派中医医家人文精神探究[J].中国中医基础医学杂志,2015,21(8):955-959.

[56]朱长刚.汪机与新安固本培元派[J].中华中医药学会第十六次

医史文献分会学术,2014(8):183-185.

[57]禄颖,吴莹,鲁艺,等.《三因极一病证方论》七情学说特点分析[J].吉林中医药,2013,33(8):858-860.

[58]方跃坤,方腾铎,陶方泽,等.浅谈永嘉医派陈无择七情诊疗学术思想[J].新中医,2019,51(8):310-312.

[59]刘玉玮.明代丹溪学派考[J].中华医史杂志,2001,31(3):165-170.

[60]陈仁寿."苏派中医"的历史渊源、特色与成就[J].南京中医药大学学报,2018,19(2):80-83.

[61]葛惠男,欧阳八四.吴门医派概要[J].江苏中医药,2016,48(10):63-67.

[62]周小敏,陶方泽.浅谈山阳医派历史、现状及保护[J].中医药导报,2016,22(20):15-17.

[63]陈宝明.从《伤寒论》的产生发展谈伤寒学派争鸣的作用[J].大同医专学报,1995,15(2):43-45.

[64]陈霖柏.清代温病学派蓬勃发展考略[J].兰台世界,2014,(34):165-166.

[65]储全根.论温补学派对中医理论体系的贡献[J].中华中医药杂志,2016,30(10):3948-3951.

[66]管家齐,宋捷民.浙派中医本草学派的源流与学术特色[J].浙江中医药大学学报,2018,42(1):64-66.

[67]林国建,宋伟.中华老字号企业品牌文化的创新发展[J].管理科学文摘,2006(12):52-53.

[68]华根元,杨年坤.百年老企业——苏州雷允上制药厂的变迁[J].中成药研究.1984(2):35.

[69]何鑫渠.胡庆余堂中药博物馆国药文化史料[J].中华医史杂志,

2000,30(4):240-242.

[70]马一平.吴门中药著名老字号掇萃[J].中医药文化,2014(1):36-38.

[71]陈沛沛,季伟苹."海派中医"特征及上海中药老字号[J].中医药文化,2007(6):27-29.

[72]汪思冰.苏州中药老字号的发展轨迹与品牌文化内涵[J].北方经贸,2016(11):54-55.

[73]陶家声,吴厚献.百年老店——张恒春药店简介[J].中成药研究,1983(3):43.

[74]石开玉.安徽芜湖中药业的源起与发展探论[J].淮海工学院学报:人文社会科学版,2013,11(14):28-30.

[75]卢冬虎,胡品福.杭州·叶种德堂国药号[J].中国药店,2012(1):80-81.

[76]胡金林,沈晓光.药店之魁——绍兴震元堂[J].中成药,1990(8):40.

[77]杨剑英.震元堂的永恒之道[J].中国药店,2015(14):38-39.

[78]杨剑英.震元堂国药馆[J].中国药店,2015(12):76-77.

[79]张健初.余良卿.一贴膏药的传奇[J].金融博览,2019(3):64-65.

[80]刘东.安徽百年老字号:余良卿膏药店[J].寻根,2015(2):75-80.

[81]杨启俊.安庆市余良卿制药厂今昔[J].中成药研究,1985(9):40.

[82]晓诗.国医 国药 国学——"蔡同德堂"百年大写意[J].上海企业,2012(4):11-13.

[83]朱国明.蔡同德堂药号[J].上海档案,2007(4):33.

[84]殷博武.百年中药店的仁心仁术[J].中国药店,2011(3):88.

[85]朱蓓君.记上海蔡同德堂药号[J].中成药研究,1988(4):39.

[86]郝国彩.中国人口老龄化地区差异分解及影响因素研究[J].中国人口资源与环境,2014(4),136-141.

[87]刘莎,卢硕,刘培松,等.苏北农村空巢老人健康状况及直接医疗费用的Tobit回归模型研究[J].中国卫生统计,2020(1):20-23.

[88]唐昌敏,杨凌鹤,闵锐,等.城镇医保高血压住院患者直接经济负担研究[J].中国医院,2018(10):37-39.

[89]张卫,马岚,后梦婷,等.长三角一体化与区域养老融合发展机制研[J].现代经济探讨,2018(4):80-87.

[90]陈瑞,荣宁,甘宁,等.浙江省养老机构护理员现状调查及问题分析[J].全科护理,2019(33):4113-4117.

[91]曹文彬,郭珊珊.泛长三角地区医药制造业的金融支持实证研究[J].福州大学学报(哲学社会科学版),2012(5):25-31.

[92]黄仲义,NI P.原研药多西他赛特点及仿制药与其差距[J].上海医药,2019(15):85-88.

[93]余丽丽.我国仿制药产业的发展困境与对策探讨[J].现代商贸工业,2020(25):11-12.

[94]胡慧美,陈定湾,高启胜,等.基于集聚度的浙江省区域卫生资源配置评价分析[J].中国卫生经济,2016(7):56-59.

[95]曹青,宋国强,郭玉秀,等.基于因子分析的安徽省卫生资源配置研究[J].中华医学图书情报杂志,2019(8):53-57.

[96]孟佳瑜,李宇阳,秦上人,等.浙江省基层医疗机构卫生人力区域配置公平性研究[J].中国社会医学杂志,2020(3):299-302.

[97]薛琪薪,吴瑞君.长三角人才集聚与流动的现状特征与人才协同政策建构[J].上海城市管理,2020(3):44-51.

[98]陆蒙华，吕明阳，孙明．长期护理保险的保障范围和护理时长——基于社会保险模式和商业保险模式的比较[J]．人口与发展，2020(3)：38-50.

[99]田勇，殷俊．“依托医保”长期护理保险模式可持续性研究——基于城乡居民与城镇职工的比较[J]．贵州财经大学学报，2019(2)：91-101.

[100]戴霞，陈青云，黎莹，等．糖尿病医体融合模式的构建和应用效果研究[J]．世界最新医学信息文摘(电子版)，2019(22)：39-40，48.

[101]姬瑞敏．太极拳运动对中老年人脑功能和有氧运动能力的影响[J]．中国康复理论与实践，2020(6)：637-642.

[102]蔡旭东，刘亚娜，赵焕刚．运动康复产业供给侧结构性改革研究[J]．北京体育大学学报，2017(6)：27-32，40.

[103]王洪娜．医养结合养老机构服务效率及其影响因素——基于山东省226家医养结合养老机构数据分析[J]．重庆社会科学，2020(5)：129-140.

[104]柏林，王婷，范平安，等．关于不同国家医生对仿制药认知和态度的分析[J]．中国医院药学杂志，2020(5)：474-480.

[105]项铮．正大天晴：科研引领发展[J]．中国科技财富，2017(4)：65-67.

[106]陈莉莉，葛广波，荣艳，等．中药在新冠肺炎防治中的应用和研究进展[J]．上海中医药大学学报，2020(3)：1-8.

[107]王靖君，邢花．基于Kano模型的互联网医疗用户满意度影响因素研究[J]．上海医药，2018(17)：51-55.

[108]张煜昊，马梦叶，倪杭丹，等．基层全科医生职业发展情况调查——以浙江省首批定向培养全科医生为例[J]．中国高等医

学教育,2020(2):27-28.

[109]王全纲,赵永乐.全球高端人才流动和集聚的影响因素[J].研究科学管理研究,2017(1):91-94.

[110]陈秋玲,黄天河,武凯文.人力资本流动性与创新——基于我国人才引进政策的比较研究[J].上海大学学报(社会科学版),2018(4):124-140.

[111]JIA H, FARQUHAR J. Chinese medicine in post-Mao China: Standardization and the context of modern science[M]. Chapel Hill: University of North Carolina at Chapel Hill Press, 1997.

[112]CHEN YING, ZHANG JINGJING, LIU YAN. Comprehensive comparison and analysis of the prevention and treatment of coronavirus disease 2019 and severe acute respiratory syndrome with traditional chinese medicine[J]. World Journal of Traditional Chinese Medicine, 2020,6(2):124.

[113]ZHAN M, YANAGISAKO S. The worlding of traditional Chinese medicine: A translocal study of knowledge, identity, and cultural politics in China and the United States[M]. San Francisco: Stanford University Press, 2002.

[114]LIAO Y. Traditional Chinese medicine (Updated ed., Introductions to Chinese culture)[M]. New York: Cambridge University Press, 2011.

[115]TU Y. Artemisinin-a gift from traditional chinese medicine to the world (Nobel Lecture) [J]. Angewandte Chemie (International Ed.), 2016, 55(35):10210-10226.

[116]HUANG D. Chemical medicine classification through chemical

properties analysis [J]. IEEE Access, 2017, 5(1): 1618-1623.

[117] ALLEN A. The biopharmaceutical industry and big data [J]. Journal of the American Academy of Child & Adolescent Psychiatry, 2016, 55(10): 308-309.

[118] MEHTA S. Commercializing Successful Biomedical Technologies: Basic Principles for the Development of Drugs, Diagnostics and Devices [M]. Cambridge: Cambridge University Press, 2008.

[119] LALOR FERGAL, FITZPATRICK JOHN. Sustainability in the biopharmaceutical industry: Seeking a holistic perspective [J]. Biotechnology Advances, 2019, 37(5): 698-707.

[120] LIU S, LAZONICK W. Sustainable development of an innovative enterprise in the US biopharmaceutical industry—a case study of Myriad Genetics, Inc [M]. Boston: University of Massachusetts Lowell Press, 2010.

[121] SONMEZ Z. The Geography of knowledge flows in the U.S. biopharmaceutical Industry [M]. Chicago: University of Illinois at Chicago Press, 2015.

[122] CANER T. Geographical clusters, alliance network structure, and innovation in the United States biopharmaceutical industry [M]. Pittsburgh: University of Pittsburgh Press, 2007.

[123] BECK ALAIN, JANICE M. Approval of the first biosimilar antibodies in Europe [J]. MAbs, 2013, 5(5): 621-623.

[124] ABRAMO, GIOVANNI. University - industry collaboration in Italy: A bibliometric examination. Technovation [J].

Technovation, 2009, 29(6-7): 498-507.

[125]JAFFER A. Real effects of academic research [J]. The American Economic Review, 1989, 79(5): 957-970.

[126]ZUCKER, LYNNE. Present at the biotechnological revolution: Transformation of technological identity for a large incumbent pharmaceutical firm [J]. Research Policy, 1997, 26(4-5): 429-446.

[127]COCKBURN, IAIN M. Absorptive capacity, coauthoring behavior, and the organization of research in drug discovery [J]. The Journal of Industrial Economics, 2003, 46(2): 157-182.

[128]HWAN WANG, JENN CHEN. In search of an innovative state: the development of the biopharmaceutical industry in Taiwan, South Korea and China [J]. Development and Change, 2012, 43(2): 481-503.

[129]CHOI, KWAN YONG. An overview of biotechnology in Korea [J]. Trends in Biotechnology (Regular Ed.), 1999, 17(3): 95-101.

[130]YAMBRACH F, MCCONNELL J. Geographic sources of competitive advantage driving innovation in the medical device industry: Proximity, place and milieu [M]. New York: State University of New York at Buffalo Press, 2005.

[131]MARSHALL A. Principles of economics [M]. NY: Prometheus Books, 1997.

[132]MASLACH D. Learning from interorganizational product failure experience in the medical device industry [M].

Canada: University of Western Ontario Press, 2011.

[133] VU D. Researching and analyzing the cost benefits of lean manufacturing within the medical device industry [M]. California: California State University Press, 2007.

[134] BAYON Y, BOHNER M. Innovating in the medical device industry - challenges & opportunities ESB 2015 translational research symposium [J]. Journal of Materials Science: Materials in Medicine, 2016, 27(9): 1-7.

[135] KALE DINAR, WIELD DAVID. In search of the missing hand of 'collaborative action': Evidence from the Indian medical device industry [J]. Innovation and Development, 2019, 9(1): 1-23.

[136] YEH JAMES, AUSTAD. Association of medical students' reports of interactions with the pharmaceutical and medical device industries and medical school policies and characteristics: a cross-sectional study [J]. PLoS Medicine, 2014, 11(10): 42-43.

[137] GAGNON M. The nature of capital in the knowledge-based economy: The case of the global pharmaceutical industry [M]. Canada: York University Press, 2009.

[138] HU YUANJIA. Internationalisation patterns in the global pharmaceutical industry: Evidence from a network analytic perspective [J]. Technology Analysis & Strategic Management, 2005, 27(5): 532-549.

[139] CHESBROUGH H. Open innovation: The new imperative for creating and profiting from technology [M]. Boston,

Mass: Harvard Business School Press, 2003.

[140] SIMONET D. The Strategies of Vertical Integration in the American Pharmaceutical Industry and the Quest for Market Power[J]. Competition and Change, 2007, 11(1): 19–38.

[141] CHATTERJEE C, BRANSTETTER L. Intellectual Property, Incentives for Innovation and Welfare – Evidence from the Global Pharmaceutical Industry [M]. Pittsburgh: Carnegie Mellon University Press, 2011.

[142] GARZA REYES, JOSE ARTURO. Lean readiness - the case of the European pharmaceutical manufacturing industry [J]. International Journal of Productivity and Performance Management, 2018, 67(1): 20–44.

[143] NENNI, MARIA ELENA. Improvement of manufacturing operations through a lean management approach: a case study in the pharmaceutical industry [J]. International Journal of Engineering Business Management, 2014, 6(1): 24.

[144] UMEMURA M. The Japanese pharmaceutical industry: Its evolution and current challenges (Routledge studies in the growth economies of Asia) [M]. Florence: Routledge Press, 2011.

[145] RESEARCH AND MARKETS. re–evaluating the attractions of chinese pharmaceutical market and chinese pharmaceutical industry. [N]. Business Wire, pp. Business Wire, 2014–04–03.

[146] ANON. Five characteristics of the chinese pharmaceutical industry[J]. China Chemical Reporter, 2010, 21(8): 15.

[147]PERRI, ALESSANDRA. What are the most promising conduits for foreign knowledge inflows? innovation networks in the Chinese pharmaceutical industry[J]. Industrial and Corporate Change, 2017,26(2):333–355.

[148]WANG M, ZHANG S. WTO, globalization and China's health care system. Basingstoke [England] [M]. New York: Palgrave Macmillan Press, 2007.

[149]WU JIAWEI, YUAN FENG. Economic transition and changing location of manufacturing industry in China: a study of the Yangtze River Delta[J]. Sustainability (Basel, Switzerland), 2018, 10(8):2624.

[150]YAJIA L I, RUQIN PENG. Research on output value and social responsibility of chinese pharmaceutical industry based on multivariate statistics[J]. Malaysian E Commerce Journal, 2017, 1(1): 9–10.

[151]ANON. China to practice DMMF system in medicine industry [J]. China Chemical Reporter, 2009, 20(8):20.